Maîtriser la grammaire allemande

niveaux A2-B2 du Cadre Européen Commun de Référence
(lycée et début des études supérieures)

René Métrich

Professeur de linguistique allemande
à l'Université Nancy II

Pascal Schweitzer

PLP allemand-lettres
Professeur à la Cité technique
Blaise Pascal, Forbach

ISBN **978-2-218-93211-3**

Sommaire

Mode d'emploi 6

01 L'accent de mot 8
02 *Haben* 10
03 *Sein* 12
04 *Haben* ou *sein* ? 14
05 *Werden* 16
06 Les verbes modaux : vue d'ensemble 18
07 Les verbes modaux : *können* et *dürfen* 20
08 Les verbes modaux : *müssen* et *sollen* 22
09 Les verbes modaux : *wollen* et *mögen* 24
10 Le présent et le futur de l'indicatif 26
11 Le prétérit et le parfait de l'indicatif 28
12 Le subjonctif I 30
13 Le subjonctif II 32
14 Le passif personnel en « *werden* + participe II » 34
15 Le passif impersonnel en « *werden* + participe II » 36
16 Le passif personnel en « *sein* + participe II » 38
17 Les constructions actives à sens passif 40
18 Le genre : généralités 42
19 Le genre : cas particuliers 44
20 Le pluriel des noms : vue d'ensemble 46
21 Les pluriels particuliers 48
22 L'article défini *(der, die, das)* 50
23 L'article indéfini *(ein, kein)* 52
24 L'absence d'article 54
25 Les déterminants démonstratifs et possessifs 56
26 Les chiffres et les nombres 58
27 La quantité non chiffrée 60
28 Le groupe nominal : structure 62
29 Le groupe nominal : déclinaison 64
30 L'emploi des cas : l'accusatif 66
31 L'emploi des cas : le datif 68
32 L'emploi des cas : le génitif 70
33 L'adjectif et ses compléments 72
34 Comparatif et superlatif 74
35 Les adjectifs substantivés 76

36 Les pronoms personnels, réfléchis et réciproques 78
37 Les emplois de *es* 80
38 Les pronoms indéfinis 82
39 Les pronoms démonstratifs et possessifs 84
40 Les pronoms relatifs 86
41 Les relatives 88
42 Les pronoms adverbiaux (*da* / *wo* + préposition) 90
43 Les pronoms en *w-* 92
44 Prépositions et groupe prépositionnel 94
45 Les relations spatiales 96
46 Les relations temporelles 98
47 La phrase déclarative 100
48 Les phrases interrogatives 102
49 La phrase impérative 104
50 La négation (1) : *nicht* et *kein* 106
51 La négation (2) : autres moyens 108
52 Les subordonnées en *dass* et *ob* 110
53 *Als* ou *wenn* ? 112
54 Les subordonnées temporelles 114
55 Les subordonnées de cause, de conséquence et de but 116
56 Les subordonnées conditionnelles 118
57 Les subordonnées concessives 120
58 Les subordonnées en *als (ob)* et en *zu* + adjectif + *um... zu...* / *als dass...* 122
59 Les participes I et II 124
60 L'infinitif : généralités 126
61 L'infinitif : avec ou sans *zu* ? 128
62 L'infinitif : constructions particulières 130
63 Le « double infinitif » 132
64 Conjonctions et connecteurs (1) 134
65 Conjonctions et connecteurs (2) 136
66 Les modalisateurs 138
67 Mise en relief, intensification, atténuation 140
68 Les particules modales (1) 142
69 Les particules modales (2) 144
70 Le discours rapporté (1) 146
71 Le discours rapporté (2) 148

Tableaux de synthèse 150

1. Nouvelle orthographe 150
2. Conjugaison de *sein, haben* et *werden* 150
3. Conjugaison des verbes faibles, forts et irréguliers 151
4. Conjugaison des verbes de modalité 152
5. Principaux verbes forts... et quelques verbes irréguliers 153
6. Verbes à préverbes toujours inséparables 155
7. Verbes à préverbes séparables 155
8. Verbes à préverbes tantôt séparables, tantôt inséparables 156
9. Principaux verbes à compléments prépositionnels 157
10. Locutions verbales 158
11. Structure du groupe nominal 159
12. Marques de pluriel 160
13. Masculins faibles 160
14. Adjectifs substantivés 161
15. Nombres cardinaux et ordinaux 161
16. Adjectifs dérivés 162
17. Adjectifs composés 162
18. Principaux adjectifs à compléments nominaux ou prépositionnels 163
19. Principales prépositions 164
20. Adverbes de lieu, de temps, de fréquence 166
21. Structure de la phrase indépendante en un coup d'œil 167
22. Choix du groupe en 1re position dans la déclarative 167
23. Subordonnées circonstancielles 168

Glossaire 171

Corrigés 172

Index 190

Mode d'emploi

Maîtriser la grammaire allemande est un outil destiné aux lycéens, étudiants et adultes de niveau A2 à B2 (début de 2de/début des études supérieures). C'est un concentré de tous les points clés en 71 fiches.

Les 71 fiches

Elles présentent chacune la même organisation : à gauche les explications, à droite l'entraînement.

des exercices classés par objectif (maîtriser la forme, repérer, employer)

un ou plusieurs exemples associés au titre

des encadrés en début de fiche pour signaler une difficulté particulière

des explications claires et concentrées sur une seule page

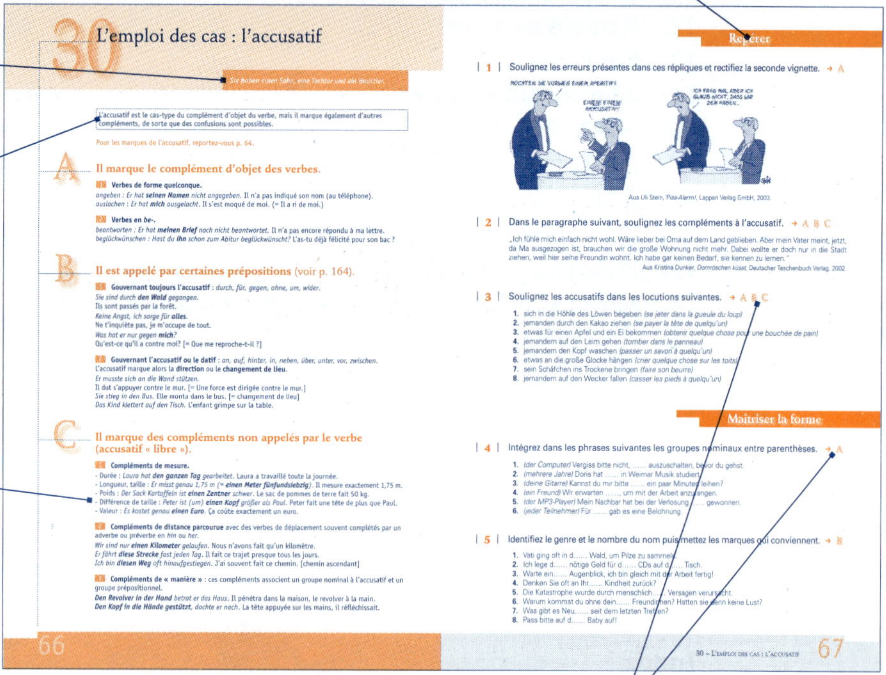

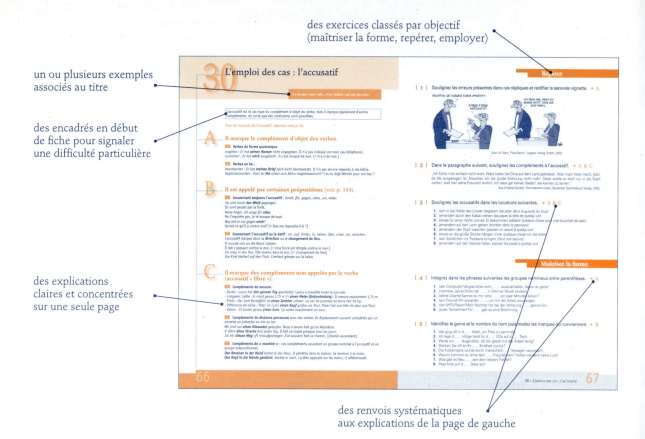

des renvois systématiques aux explications de la page de gauche

En page de gauche, l'explication grammaticale

Les explications, données à partir d'énoncés de l'allemand de tous les jours, ciblent les difficultés les plus fréquentes et permettent en peu de mots de comprendre et de ne plus se tromper. Elles rendent compte des faits de langue de l'allemand **écrit et parlé**.

La rubrique ❗ signale des difficultés auxquelles il convient d'être particulièrement attentif. La rubrique **Remarque** apporte des précisions sur des points particuliers.

En page de droite, les exercices s'organisent autour de trois rubriques :

- Maîtriser la forme ▸ entraînement des automatismes ;
- Repérer ▸ observation du point abordé en contexte (textes littéraires, bandes dessinées...) ;
- Employer ▸ mise en pratique des compétences acquises.

Les tableaux de synthèse

Regroupés à la suite des 71 fiches, ces tableaux de synthèse sur le groupe nominal, le groupe verbal et la phrase permettent une révision rapide et efficace avant ou après l'entraînement.

En fin d'ouvrage, un glossaire des termes grammaticaux, le corrigé de tous les exercices et un index détaillé.

Quelques conseils d'utilisation...

Par quelle fiche commencer ?

Chaque fiche fonctionne de façon indépendante. Vous pouvez donc commencer par les points de grammaire sur lesquels vous pensez avoir des difficultés. Adaptez vos choix à vos objectifs (révision pour un contrôle ou un examen, devoir à rendre).

Comment vous organiser ?

Faites-vous un planning de révision sur l'année, à raison d'une ou deux fiches par semaine. Prévoyez pour chaque fiche une heure de travail en tout (pour les explications et les exercices). En un an, vous aurez maîtrisé l'essentiel de la grammaire allemande.

Comment travailler ?

Chaque fiche forme un tout, mais vous pouvez commencer par la page de gauche pour réviser la grammaire ou par la page de droite pour faire un ou plusieurs exercice(s). Après correction, vous pourrez réviser en page de gauche ce que vous ne maîtrisez pas encore.

Liste des abréviations

° : marque l'accent principal

Nom.	: Nominatif	(m)	: masculin
Acc.	: Accusatif	(f)	: féminin
Dat.	: Datif	(n)	: neutre
Gén.	: Génitif	dét.	: déterminant
		adj.	: adjectif

jd = *jemand* [*jn* = *jemanden* (accusatif) /
jm = *jemandem* (datif)] : qqn = quelqu'un
etw. = *etwas* : qqch = quelque chose

fam. = familier
litt. = littéraire
littér. = littéralement

01 L'accent de mot

der °Lehrer, die Kar°toffel, der Be°fehl, der Kolonia°lismus, die Organisati°on

- Dans tout mot allemand, une syllabe est plus fortement accentuée que les autres : on dit qu'elle porte **l'accent principal** ou **accent de mot**.
- L'accent peut être sur la première syllabe, la deuxième, la troisième... jusqu'à la dernière.
- Pour repérer la syllabe accentuée, **il faut s'appuyer sur la forme du mot.**

❶ Mal accentuer un mot gêne plus la compréhension que mal prononcer une voyelle ou une consonne.

A Les mots simples

Les mots simples (= non décomposables) sont accentués sur la première syllabe :
die °Arbeit (le travail), *das °Alter* (l'âge), *der °Ofen* (le four), *°trinken* (boire).

❶ Exceptions : *die Fo°relle* (la truite), *die Hor°nisse* (le frelon), *die Kla°motten* (les fringues)...

B Les mots dérivés

Pour les mots dérivés, tout dépend du préfixe ou du suffixe : certains attirent l'accent de mot sur eux, d'autres prennent un accent secondaire (= moins fort que l'accent de mot), d'autres encore sont inaccentués. En cas d'hésitation, il faut consulter un dictionnaire.

1 **Préfixes attirant l'accent de mot :** les préverbes séparables et quelques autres préfixes :
*°**auf**passen* (faire attention), *°**un**möglich* (impossible), *der °**Ur**mensch* (l'homme préhistorique).

2 **Préfixes restant inaccentués :** les préverbes inséparables. L'accent est alors sur le radical :
*be°**fehl**en* (ordonner), *ent°**fern**en* (éloigner), *er°**find**en* (inventer), *ver°**steh**en* (comprendre)...

3 **Suffixes attirant l'accent de mot.**
-ei : *der °Bäcker* (le boulanger) ▸ *die Bäcke°**rei*** (la boulangerie)
-ieren : *der °Buchstabe* (la lettre) ▸ *buchsta°**bier**en* (épeler)...
Ces suffixes concernent souvent des mots d'emprunt : *die Tole°**ranz*** ; *der Fana°**tismus**.*

4 **Suffixes n'attirant pas l'accent de mot.**
- Suffixes inaccentués en ***-e*** : *die °Schule* ▸ *der °Schül**er**,* *°lachen* (rire) ▸ *°läch**eln*** (sourire).
- Suffixes à accent secondaire (*-bar, -haft, -heit, -isch, -lich, -keit, -schaft, -tum...*) : *°frei* (libre) ▸ *die °Frei**heit*** (la liberté), *°trinken* (boire) ▸ *°trink**bar*** (potable).

C Les mots composés

Dans les mots composés, l'accent principal est sur le mot qui précise le sens de l'autre, c'est-à-dire celui qui est **le plus à gauche**. L'autre reçoit un accent secondaire (ici souligné) :
*der °**Obst**sa<u>lat</u>* (la salade de fruits), *die °**Ba**de<u>ho</u>se* (le maillot de bain), *°**hoch**mo<u>dern</u>* (très moderne).

D Cas particuliers

1 **Les mots d'emprunt** sont généralement accentués sur la dernière ou l'avant-dernière syllabe :
*der Ka°**nal**, der Ro°**man**, der Archi°**tekt**, die Bürokra°**tie**, die Lek°**tü**re, die Apri°**ko**se* (l'abricot).

❶ Le suffixe *–isch* appliqué à des mots d'emprunt attire l'accent sur la syllabe qui le précède :
A°merika ▸ *ameri°kanisch, das °Drama* ▸ *dra°matisch, Eu°ropa* ▸ *euro°päisch.*

2 **Les mots grammaticaux** composés de deux éléments sont généralement accentués sur le second :
ob°wohl (bien que), *so°bald* (dès que), *zu°sammen* (ensemble). **Mais** : *°deshalb* (c'est pourquoi).

3 **Les sigles et les abréviations.**
- Ceux qui se prononcent lettre par lettre sont accentués sur la dernière syllabe : *das AB°C* (l'alphabet).
- Ceux qui se prononcent comme des mots sont accentués sur la 1re syllabe : *die °NATO* (l'OTAN), *der °Krimi = der Krimi°nalfilm / -roman* (le film / le roman policier).

Maîtriser la forme

1 Soulignez la syllabe accentuée dans les mots suivants puis prononcez-les à haute voix. → B

1. ausgehen
2. unsympathisch
3. mitmachen
4. loslassen
5. hinwerfen
6. abschneiden
7. missglücken
8. zerbrechen
9. gefallen
10. bekommen
11. verständlich
12. die Entfernung
13. die Kriminalität
14. blamieren
15. der Lieferant
16. das Projekt
17. der Radikalismus
18. die Malerei
19. bezahlbar
20. die Gesundheit
21. die Einsamkeit
22. furchtbar
23. die Mannschaft
24. aufwachen

2 Soulignez la syllabe accentuée dans les mots en gras. → A B C

1. Wir sind mit der Fähre **übergefahren** *(traverser)*.
2. Der Verkehrsrowdy *(chauffard)* hat beinah zwei Fußgänger **überfahren** *(écraser)*.
3. Du hättest mir das **vorher** sagen können.
4. Laut **Vorhersage** soll es morgen wieder regnen.
5. Gestern wurde hier ein Radfahrer **umgefahren** *(renverser)*.
6. Wir haben den Stau *(bouchon)* **umfahren** *(contourner)*.
7. Der Clown **August** ist weltweit bekannt.
8. Am liebsten fahre ich im **August** in Urlaub.
9. Manche Soldaten sind seit dem Konflikt zum Feind **übergelaufen**.
10. Es **überlief** mich eiskalt. *(J'en ai eu des frissons dans le dos.)*

3 Soulignez la syllabe accentuée dans les sigles suivants. → D

1. das ZDF (Zweites deutsches Fernsehen)
2. die BRD (Bundesrepublik Deutschland)
3. die FAZ (Frankfurter Allgemeine Zeitung)
4. die EU (Europäische Union)
5. die GmbH (Gesellschaft mit beschränkter Haftung – *Sàrl*)
6. die UNO (*engl.* United Nations Organisation – *ONU*)
7. der ADAC (Allgemeiner deutscher Automobilclub)
8. die NATO (*engl.* North Atlantic Treaty Organisation – *OTAN*)
9. der BMW (Bayrische Motorenwerke)
10. der Pkw (PKW) (Personenkraftwagen)

Repérer

4 Soulignez la syllabe accentuée de tous les mots de plus d'une syllabe. Dites ce qui a déterminé votre réponse. → A B C D

Oma schließt im Vorübergehen den Deckel ihres Klaviers. Sie unterrichtet für die Musikschule, aber die Schüler kommen zu ihr nach Hause. Sie hat meinem Vater schon Unterricht gegeben, als er noch ganz klein war. Und sie ist stolz darauf, dass er es weiter gebracht hat als sie. Er ist nämlich Lehrer am Konservatorium. Die drei wichtigsten Menschen in meinem Leben spielen Klavier. Das reicht, finde ich. Es ist ein weiterer Grund, warum ich selbst damit aufgehört habe.

Aus Irma Krauß, *Meerhexe*, Beltz & Gelberg, 2003.

02 Haben

Ich habe einen Bruder und eine Schwester.
Das habe ich nicht gewusst.

Pour réviser la conjugaison, reportez-vous au tableau p. 150.

A *Haben* auxiliaire

Haben est l'auxiliaire du **parfait** et du **plus-que-parfait** de la majorité des verbes.
*Ich **hatte** ihm eine SMS geschickt, er **hat** sie aber nicht gelesen.*
Je lui avais envoyé un SMS, mais il ne l'a pas lu.

Pour le choix entre *haben* et *sein*, voir p. 14.

B *Haben* verbe plein

1 Il exprime le plus souvent la « **possession** » au sens large.
Er hat ein Handy / viele Freunde / blaue Augen.
Il a un (téléphone) portable / beaucoup d'amis / les yeux bleus.

2 Il est employé pour exprimer la **date**, la **saison**.
Wir haben Montag, den 17. Mai.
Nous sommes le lundi 17 mai.
Wir haben Winter.
Nous sommes en hiver.

3 Associé à *können*, il signifie *bekommen* (recevoir, obtenir).
Kann ich mal das Salz haben?
Est-ce que je peux avoir le sel ?

4 Avec un infinitif complément en *zu* (voir p. 40), il exprime l'obligation (≈ *müssen*).
Ich habe zurzeit viel zu tun.
J'ai beaucoup à faire en ce moment.
Ich habe noch eine E-Mail zu schreiben.
J'ai encore un courrier électronique à faire.
Ich habe nichts zu tun.
Je n'ai rien à faire.

C *Haben* dans les locutions

1 Avec de nombreux **noms** qui sont alors généralement employés sans article.
Hunger / Durst / Angst / Kopfweh / Fieber haben
avoir faim / soif / peur / mal à la tête / de la fièvre
Glück / Sorgen / Zeit / schönes Wetter haben
avoir de la chance / des soucis / le temps / du beau temps
Morgen habe ich Geburtstag.
Demain, c'est mon anniversaire.

2 Avec ***es*** et d'autres éléments.
es eilig haben : être pressé
es schön haben : avoir la belle vie, être dans une situation privilégiée
es schwer haben : être dans une situation difficile
es im Magen / im Hals haben : avoir mal à l'estomac / à la gorge

3 Avec certaines **prépositions**.
etwas bei sich haben : avoir qqch sur ou avec soi
etwas für sich haben : avoir du pour, du bon
etwas hinter sich haben : en avoir terminé avec [un travail]
Ich habe kein Geld bei mir.
Je n'ai pas d'argent sur moi.
Sie hat etwas mit ihm.
Elle sort avec lui.

4 Dans des **expressions** idiomatiques figées.
wie gehabt [fam.] : comme d'habitude
Wir machen weiter wie gehabt.
Nous faisons comme par le passé.
Dich hat's wohl! [fam.]
Tu débloques ou quoi ?

Maîtriser la forme

1 Choisissez pour la première bulle la réplique qui convient. → A

1. Toor! Toor! Deutschland hat ein Toor!
2. Toor! Toor! Deutschland hat ein Toor geschossen!
3. Toor! Toor! Deutschland hatte ein Toor geschossen!
4. Toor! Toor! Deutschland hätte ein Toor geschossen!

Aus Uli Stein, *Viel Spass beim Sport*, Lappan Verlag GmbH, 1993.

2 Transformez les phrases suivantes en associant *können* et *haben*. → B

Gib mir bitte mal das Buch. ▸ *Kann ich bitte mal das Buch haben?*

1. Gib mir bitte mal den Zucker.
2. Gib mir bitte mal das Dokument.
3. Gib ihm bitte mal seinen Regenschirm.
4. Gib mir bitte mal meine Brille dort.
5. Gebt mir bitte mal eure Hefte.
6. Geben Sie mir bitte mal die Zeitung.
7. Geben Sie mir bitte mal Ihren Ausweis.
8. Geben Sie mir bitte mal die Unterlagen.

Repérer

3 Soulignez dans l'extrait suivant les groupes verbaux au passé employés avec *haben*. → A

Mit dieser, von Vater noch immer unbewältigten Vergangenheit *(un passé non surmonté)* sollten Bastian und ich nun leben. Das war ein bisschen viel verlangt. Bis zu jenem Tag der Wahrheit hatten wir ja nichts von der Flucht gewusst, wir hatten auch von diesem Berliner Opa namens Robert noch nie etwas gehört; Vater hatte ja immer so getan, als lebte von seiner Familie niemand mehr. Also war, seit wir denken konnten, allein Mutters Vater unser Großvater, Mutters Mutter unsere Großmutter. Beide lebten in Bremerhaven und gehörten zu uns, wie Großeltern nun mal zu ihren Enkelkindern gehören. Dass wir auch in Berlin Verwandte hatten – neben Robert noch seine West-Berliner Geschwister –, war uns verborgen geblieben.

Nach Klaus Kordon, *Hundert Jahre & ein Sommer*, Beltz & Gelberg, 1999.

Employer

4 Traduisez. → A B C

1. Er hat zehn Personen unter sich.
2. Diese Gewohnheit hat er von seinem Vater.
3. Du siehst so komisch aus, was hast du denn?
4. Er hat es nicht leicht.
5. Ich kann heute nichts essen, ich habe es im Magen.
6. Die beiden haben es eilig.
7. Hat er was gegen mich?
8. Hast du dein Handy dabei?
9. Haben Sie vielen Dank!
10. Er hat es gut.

03 Sein

Plötzlich ist er aufgestanden.
Sie ist sehr nett.

Pour réviser la conjugaison, reportez-vous au tableau p. 150.

A *Sein* auxiliaire sert à former :

1 Le **parfait** et le **plus-que-parfait** de certains verbes intransitifs.
Wir ***waren*** *frühmorgens losgefahren und* ***sind*** *spätabends angekommen.*
Nous étions partis tôt le matin et sommes arrivés tard le soir.
Pour le choix entre *haben* et *sein*, voir p. 14.

2 Le **passif** exprimant le résultat d'une action (« passif état »).
Die Brücke wird gebaut. ► *Die Brücke* ***ist*** *gebaut.*
On est en train de construire le pont. ► Le pont est construit.

B *Sein* verbe plein

1 Il exprime le fait d'être quelque part.
Er ist in Berlin / im Urlaub / im Bett.
Il est à Berlin / en vacances / au lit.

❶ Attention : on préfère souvent les verbes de position.
Die Flasche ***steht*** *auf dem Tisch.*
La bouteille est sur la table.
Die Zeitung ***liegt*** *auf dem Stuhl.*
Le journal est sur la chaise.

❶ Pour exprimer l'existence, on emploie plutôt *es gibt* (il y a).
In diesem See sind (plus courant : ***gibt es***) *viele Fische.*
Ce lac est très poissonneux.

2 Il sert à attribuer une qualité, un statut.
Sie ist hübsch / müde.
Elle est jolie / fatiguée.
Sie ist Kosmonautin.
Elle est cosmonaute.

❶ Attention : pour indiquer l'âge, l'allemand emploie *sein* alors que le français emploie « avoir ».
Sie ***ist*** *18 Jahre alt.* Elle a 18 ans.

3 Il s'emploie dans quelques tournures impersonnelles.
Es ist kalt / windig.
Il fait froid. / Il y a du vent.
Mir ist kalt / nicht wohl.
J'ai froid. / Je ne me sens pas bien.

4 Il exprime le résultat d'un calcul (au singulier !).
2 mal 3 ist 6. 2 fois 3 font 6.

5 Associé à *zu* + infinitif, il exprime la possibilité ou l'obligation avec valeur passive (voir p. 40).
Er ist nicht mehr zu retten.
(≈ Er kann nicht mehr gerettet werden.)
Il ne peut plus être sauvé.
Was ist noch zu tun?
(≈ Was muss noch getan werden?)
Qu'y a-t-il encore à faire ?

C *Sein* dans des expressions idiomatiques

1 Dans certaines locutions, *sein* exprime que l'état ou l'action sont en cours.
in Gefahr / in Verlegenheit sein : être en danger / être embarrassé
am Packen / beim Essen sein : être en train de faire ses valises / être en train de manger

2 Tournures idiomatiques courantes.
Das mag sein!
(C'est) possible !
Wie dem auch sei, ich geh hin!
Quoi qu'il en soit, moi, j'y vais !
Das kann nicht sein!
C'est impossible !
außer sich sein :
être dans tous ses états
„Wer ist da?" „Ich bin's!"
« Qui est là ? – C'est moi ! »
[Dans un magasin] *Das wär's!*
C'est tout ! / Ce sera tout !

1 Soulignez les phrases dans lesquelles *sein* est un verbe plein. Traduisez les phrases que vous avez soulignées. → B

Max ist in seinem Zimmer. ► *Max ist in seinem Zimmer. Max est dans sa chambre.*
Gestern ist er nach Köln gefahren. ► *Gestern ist er nach Köln gefahren.*

1. Es klingelt: „Wer ist da?" „Ich bin's."
2. Es ist elf Uhr.
3. Ist sie eine gute Verkäuferin?
4. Matthias ist noch nicht angekommen.
5. Ich bin einverstanden.
6. Es ist kaum zu glauben.
7. Meine Freundin ist seit zwei Wochen verschwunden.
8. Thomas ist nicht lange hier geblieben.

2 Repérez puis analysez les formes et les fonctions de *sein* dans les vignettes suivantes. → A C

Aus Goscinny – Morris, *Lucky Luke, Western Circus*, Delta Verlag GmbH, 1991.

Employer

3 Traduisez. → C

1. Da ist er!
2. Was ist los mit ihm? Er sieht so traurig aus.
3. Das ist doch die Höhe!
4. Als ich bei ihm angekommen bin, war er noch am Frühstücken.
5. Der Laden ist gut in Schwung.
6. Es braucht nicht sofort zu sein.
7. Hör doch zu! Sie ist gerade am Erklären.
8. Mir ist heute nicht nach Arbeiten!

04 Haben ou sein ?

Du hast dich geirrt.
Ich bin ihm gestern begegnet.

Les auxiliaires *haben* et *sein* ne s'emploient pas toujours comme « avoir » et « être ». Les principaux critères de choix sont :
- la construction du verbe (transitif, intransitif ou pronominal) ;
- le type d'événements qu'il exprime (déplacement, transformation, etc.).

A On emploie *sein* :

1 Avec *sein*, *werden* et *bleiben*.

Bist *du schon in Japan gewesen?*
As-tu déjà été au Japon ?

Petra ***ist*** *böse geworden.*
Petra s'est fâchée.

Ralf ***ist*** *hier geblieben.*
Ralf est resté ici.

2 Avec les verbes intransitifs exprimant un déplacement.

Er ***ist*** *nach Berlin gefahren / zu uns gekommen.*
Il est allé à Berlin / venu chez nous.

Sie ***ist*** *über den Ärmelkanal geschwommen.*
Elle a traversé la Manche à la nage.

3 Avec les verbes intransitifs exprimant un changement d'état.

Sie ***ist*** *sofort aufgewacht / eingeschlafen.*
Elle s'est réveillée / endormie aussitôt.

Er ***ist*** *verschwunden / gefallen / ertrunken.*
Il a disparu / est tombé / s'est noyé.

❶ Exceptions : *aufhören* et *enden* s'emploient avec *haben*.

Der Regen hat aufgehört ; es hat aufgehört zu regnen.
La pluie a cessé ; il s'est arrêté de pleuvoir.

Der Streit hat tragisch geendet.
La dispute s'est terminée tragiquement.

4 Avec les verbes intransitifs exprimant un événement.

Wir ***sind*** *uns gestern begegnet.*
Nous nous sommes rencontrés hier.

Es ***ist*** *ein Unfall geschehen / passiert.*
Il y a eu un accident.

So etwas ***ist*** *mir noch nie vorgekommen.*
Une telle chose ne m'est encore jamais arrivée.

B On emploie *haben* :

1 Avec les intransitifs n'exprimant ni déplacement, ni changement d'état, ni événement.

Er ***hat*** *den ganzen Tag* ***geschlafen***.
Il a dormi toute la journée.
[*den ganzen Tag* = complément de temps]

2 Avec les verbes transitifs et les verbes pronominaux.

Er ***hat*** *eine Cola getrunken.*
[*eine Cola* = objet à l'accusatif]
Il a bu un Coca.

Du ***hast*** *dich geirrt.*
[verbe *sich irren*, avec pronom obligatoire]
Tu t'es trompé.

Hat *er die Arbeit schon angefangen?*
A-t-il déjà commencé le travail ?

C Certains verbes s'emploient avec *haben* et *sein*, mais en changeant de sens.

fahren
transitif : *Sie* ***hat*** *ihn zum Bahnhof gefahren.* Elle l'a conduit à la gare.
intransitif (déplacement) : *Er* ***ist*** *nach Berlin gefahren.* Il est allé à Berlin.

folgen
intransitif marquant un déplacement (suivre)
Der Hund ***ist*** *mir bis nach Hause gefolgt.* Le chien m'a suivi jusqu'à la maison.
intransitif (obéir) : *Das Kind* ***hat*** *nicht gefolgt.* L'enfant n'a pas obéi.

Maîtriser la forme

| 1 | *Haben* ou *sein* ? Complétez par l'auxiliaire qui convient au présent. → A B

1. Wie lange ...... ihr am Strand geblieben?
2. Ich glaube, ich ...... geträumt.
3. Der Junge ...... mit dem Fahrrad zu seinen Großeltern gefahren.
4. ...... du deine Zähne schon geputzt?
5. Jennifer ...... ihren Weblog gestern gestartet.
6. Bismarck ...... mit 83 Jahren gestorben.
7. Der Reisende ...... den Zug verpasst.
8. Klaus Kordon ...... das Abitur an einer Abendschule gemacht.

| 2 | Transposez au parfait. → A B C

1. Matthias zieht mit seinen Eltern nach Heidelberg um.
2. Ich fliege immer mit der Lufthansa.
3. Sie kauft manchmal bei ALDI ein.
4. Der Arzt wäscht sich gründlich die Hände.
5. Der verletzte Spieler hinkt vom Spielfeld.
6. Mein Freund trinkt nie Bier.
7. Er schämt sich, weil er lügt.
8. Am Wochenende schlafen wir wirklich aus.

Employer

| 3 | Traduisez. → A B

1. Er ist um 7 Uhr aufgewacht.
2. Ich habe deine E-Mail noch nicht erhalten.
3. Letzte Woche sind wir nach Basel gefahren.
4. Lothar Leder ist beim ersten Versuch sehr weit gesprungen.
5. Er hat sich wirklich beeilt.
6. Hast du dich heute Morgen nicht gekämmt?
7. Seine Katze ist über die Straße gelaufen, als das Auto kam.
8. Hast du dich gewaschen, wie ich dich gebeten hatte?

| 4 | Traduisez. → A B

1. L'an dernier, il est allé au Danemark.
2. J'ai mangé une escalope de veau *(das Schnitzel)* et bu une bière.
3. En jouant, Lisa est tombée dans l'eau.
4. Il est arrivé *(geschehen)* quelque chose de terrible.
5. J'ai couru à la maison pour prévenir mes parents.
6. Hier, à la piscine, j'ai nagé une heure entière.
7. Ils se sont disputés à cause de l'émission de télévision.
8. Sabrina s'est finalement décidée à nous accompagner au musée.

05 Werden

Er wird sich freuen.
Er wurde rot vor Wut.

Pour réviser la conjugaison, reportez-vous au tableau p. 150.

A *Werden* auxiliaire

Il sert à former :

1 Le futur de l'indicatif : « ***werden*** + **infinitif »** du verbe (voir p. 26).
*Er **wird** bald **kommen**.* Il viendra bientôt.

2 Un faux futur, exprimant en fait la probabilité : « ***werden*** + **infinitif »** (voir aussi p. 18).
*Um diese Zeit **wird** er zu Hause **sein**.*
À cette heure, il est sans doute à la maison.
*Sie **wird** es über Ralf erfahren **haben**.*
Elle l'aura appris par l'intermédiaire de Ralf.

3 Le passif : « ***werden*** + **participe II »** du verbe (voir p. 34 et 36).
passif « action »
*Das Haus **wurde** letztes Jahr **gebaut**.*
La maison a été construite l'an dernier.
passif impersonnel
*Am Sonntag **wird** nicht **gearbeitet**.*
On ne travaille pas le dimanche.

4 Une forme complexe du subjonctif II : ***würde*** + **infinitif.** Cette forme est couramment utilisée en langue parlée pour remplacer la forme simple dans les constructions conditionnelles.
Wenn das Wetter besser wäre, würde ich wandern gehen. [au lieu de : *ginge ich wandern*]
Si le temps était meilleur, j'irais faire une balade / une randonnée.
Wenn du mehr Sport treiben würdest, würdest du dich besser fühlen. [au lieu de : *triebest / fühltest*]
Si tu faisais plus de sport, tu te sentirais mieux.

B *Werden* verbe plein

Il exprime le devenir, l'évolution, la transformation :

1 **Avec des adjectifs** (seuls, au comparatif ou avec des compléments).
arm / reich / krank / müde / rot werden : s'appauvrir / s'enrichir / tomber malade / se fatiguer / rougir
Das Wetter wird wärmer / schlechter.
Le temps se réchauffe / se gâte.
Gestern ist sie 17 Jahre alt geworden.
Hier, elle a eu 17 ans.

2 **Avec des noms** (sans article) : exprime le devenir.
Vater werden : devenir père
Wirklichkeit werden : devenir réalité
Er will Pilot werden.
Il veut devenir pilote.

3 **Avec des compléments prépositionnels en *zu*.**
*Das Wasser ist **zu** Eis geworden.*
L'eau s'est transformée en glace.
*Das wird bei dir **zur** fixen Idee.*
Ça devient une idée fixe chez toi !

4 **Avec des compléments prépositionnels en *aus***, normalement antéposés.
***Aus** Liebe ist Hass geworden.* [*Hass* est sujet.]
L'amour s'est transformé en haine.
*Was soll **aus** uns / mir werden?*
Qu'allons-nous / Que vais-je devenir ?
***Aus** diesem Plan wird nichts.*
Ce projet n'aboutira pas. / Ce plan ne donnera rien.
***Aus** ihm wird nichts.*
Il ne fera jamais rien de bon.

❗ *Werden* verbe plein peut se mettre au futur avec *werden* auxiliaire.
heiß werden ▶ *Heute **wird** es sehr heiß werden.*
Aujourd'hui, il fera très chaud.

C *Werden* dans des locutions ou tournures idiomatiques

Wird's bald? [fam.] Alors, ça vient ?
Es werde Licht! [citation biblique] Que la lumière soit !
Werde, was du bist! [maxime] Deviens ce que tu es !

Maîtriser la forme

| 1 | Complétez les phrases suivantes avec les formes de *werden* demandées.
→ Tableau p. 150

1. **Parfait** : Mensch, ... der Junge groß...!
2. **Futur** : Er ...... lange arbeiten müssen.
3. **Plus-que-parfait** : Mir ...... bei diesem Anblick schlecht ......
4. **Prétérit** : Nach einer Viertelstunde ...... der Film sehr spannend.
5. **Impératif (singulier)** : ...... doch nicht gleich böse!

Repérer

| 2 | Futur ou passif ? Cochez la case qui convient. → A

1. Das Paket wird vom Boten geliefert.
2. Wir werden ins Kino gehen.
3. Der Arbeitslose wird morgen eingestellt.
4. Sein Vater wird dich am Bahnhof abholen.
5. Heute Abend wird gefeiert!
6. Du wirst es nicht vergessen.

futur	passif

| 3 | Repérez les formes de *werden* puis traduisez la réplique. → B

Aus Sebby, *Wozu Männer gut sind*, Lappan Verlag GmbH, 2003.

Employer

| 4 | Traduisez. → B

1. Aus Liebe würde er alles für sie tun.
2. Nächste Woche wird das Wetter besser.
3. Piercings werden wieder Mode.
4. Es wird ihm schlecht.
5. Daraus wird nichts.
6. Der Himmel wird dunkler.

06 Les verbes modaux : vue d'ensemble

Sie kann gut Deutsch.
Er muss früh aufstehen.
Sie will nicht mitkommen.

On appelle « modaux » un groupe de six verbes qui expriment les notions de **possibilité**, de **nécessité** (ou obligation) ou de **volonté**. Ils correspondent aux verbes français « pouvoir », « devoir » et « vouloir » et peuvent être groupés deux par deux.
- **Possibilité** liée à une capacité : *können* / liée à une permission : *dürfen*
- **Nécessité** liée aux choses : *müssen* / liée à la volonté de qqn : *sollen*
- **Volonté** forte : *wollen* / atténuée (désir) : *mögen*

A Conjugaison

Pour réviser la conjugaison, reportez-vous au tableau p. 152.

1 Les verbes modaux ont au singulier du présent de l'indicatif les mêmes marques de personnes que les autres verbes au prétérit. Comparez.

- Présent des autres verbes :	*ich gehe*	*du gehst*	*er geht*
- Prétérit des autres verbes :	*ich ging_*	*du gingst*	*er ging_*
- Présent des verbes modaux :	*ich kann_*	*du kannst*	*er kann_*

2 Ils ont deux formes de participe II selon qu'ils sont employés :
- sans infinitif complément : **participe II en *ge-* + ...*-t*** (comme les verbes faibles, emploi rare) ;
*Er hat es **ge**wollt.* — Il l'a voulu.
*Sie hat gut Deutsch **ge**konnt.* — Elle savait bien l'allemand.

- avec un infinitif complément : **participe II identique à l'infinitif** (emploi très fréquent).
*Sie hat singen **wollen**.* — Elle a voulu chanter.
*Er hat arbeiten **müssen**.* — Il a dû travailler.

B Construction

1 Les modaux ont souvent un infinitif complément. Il n'est jamais accompagné de *zu*.
Ich muss es mir überlegen. — Il faut que j'y réfléchisse.
Er kann sehr gut schwimmen. — Il sait très bien nager.
Du solltest nicht so schnell fahren. — Tu ne devrais pas rouler si vite.

2 Quand l'infinitif complément est *gehen*, *fahren* ou *fliegen*, il peut être sous-entendu.
Sie will ins Kino (gehen). — Elle veut aller au cinéma.
Er muss nächste Woche nach Berlin (fahren / fliegen). — La semaine prochaine, il doit aller à Berlin.

3 Cas particuliers : avec *mögen*, on peut sous-entendre *essen* ou *trinken* ; avec *müssen*, en langage familier, on peut sous-entendre *zur Toilette*.
Ich mag jetzt keinen Kaffee (trinken). — Je n'ai pas envie de café maintenant.
Mama, ich muss mal! — Maman, j'ai envie (d'aller aux toilettes).

C Emplois : modalité et modalisation

1 Tout en conservant le même sens de base, ces verbes ont deux types d'emploi :
- Ils expriment une « **modalité** », c'est-à-dire l'obligation *(müssen, sollen)*, la possibilité *(können, dürfen)* ou la volonté et le désir *(wollen, mögen)*.
- Ils expriment une « modalisation », c'est-à-dire la **probabilité** que le locuteur accorde à son énoncé d'être vrai.

2 **Exemple** : ***müssen***
- Le sens (l'obligation) s'applique au sujet grammatical (= **modalité**).
Thomas muss zum Arzt (gehen).
Thomas doit aller voir le médecin. [Son état de santé l'exige.]

- Le verbe exprime une **probabilité** (= modalisation).
Walter muss zu Hause sein, sein Auto steht vor der Tür.
Walter doit être à la maison, sa voiture est devant la porte. [Probabilité justifiée par la présence de la voiture.]

Repérer

| **1** | Relevez dans les phrases suivantes les segments qui expriment une demande, un refus ou une nécessité / obligation, puis classez-les dans le tableau ci-dessous. Aidez-vous si nécessaire des fiches 7, 8 et 9. → A B C

Claire Bretécher, *Agrippine*, Hyphen s.a.

demande	refus	nécessité / obligation
......	......	......

07 Les verbes modaux : *können* et *dürfen*

In diesem Fluss kann man nicht baden. [Er ist schmuzig.]
In diesem Fluss darf man nicht baden. [Es ist verboten.]

Können exprime la **possibilité**, *dürfen* la **permission**.

A *Können*

1 *Können* exprime la **possibilité** découlant :

- d'une capacité inhérente ;

Das Flugzeug kann 300 Passagiere aufnehmen.
L'avion peut transporter 300 passagers.

- d'une capacité acquise ;

Er kann schwimmen.
Il sait nager.

Er kann Deutsch.
Il sait l'allemand.

- d'une absence d'obstacle.

Ich kann dich am Bahnhof abholen.
Je peux aller te chercher à la gare. [Rien ne s'y oppose.]

2 Avec la négation, on passe de la capacité à **l'incapacité**, inhérente ou ponctuelle.

Da kann ich dir nicht helfen.
Là, je ne peux pas t'aider. / Là, je ne peux rien pour toi.
Ich kann es dir nicht sagen, ich weiß es selber nicht.
Je ne peux pas te le dire, je ne le sais pas moi-même.

Er kann nicht kochen.
Il ne sait pas faire la cuisine.
Er kann kein Deutsch.
Il ne sait pas l'allemand.

3 En langue parlée, *können* s'emploie souvent pour *dürfen* quand l'autorisation n'est pas formelle.

Kannst du mich hinfahren?
Est-ce que tu peux m'y conduire ? [= Est-ce que tu veux bien ?]
Wenn es dir Spaß macht, kannst du mitkommen.
Si ça te fait plaisir, tu peux venir avec nous.

B *Dürfen*

1 *Dürfen* exprime la **permission**, qui n'est rien d'autre qu'une possibilité découlant d'une autorisation.

Mutti, darf ich heute Abend ins Kino (gehen)?
Maman, est-ce que je peux aller au cinéma ce soir ?

Hier darf man parken.
Ici, on a le droit de stationner.

2 *Dürfen* s'emploie dans les **demandes polies**.

Darf ich Sie fragen, wie alt Sie sind?
Puis-je vous demander votre âge ?

Darf ich Sie um etwas bitten?
Est-ce que je peux vous demander quelque chose ?

[avec ironie] *Du darfst auch helfen.*
Toi aussi, tu as le droit de donner un coup de main. [= Tu dois.]

3 Avec la négation, on passe de la permission à **l'interdiction**.

Hier darf man nicht rauchen.
Ici, on n'a pas le droit de fumer.

4 L'interdiction peut être simulée ou liée en fait à des conséquences désagréables.

Das schreibe ich mir auf, ich darf es nämlich nicht vergessen.
Je vais me le noter, car il ne faut pas que j'oublie.
Sie dürfen ihm nicht böse sein, er hat es nicht absichtlich getan.
Ne lui en veuillez pas, il ne l'a pas fait exprès.

5 On trouve *dürfen* dans une exclamation très courante suscitée par une mauvaise surprise.

Das darf doch nicht wahr sein!
[Oh non,] C'est pas possible !

Pour l'expression de la possibilité, voir aussi « ***sein* + infinitif en *zu*** », p. 40.

Maîtriser la forme

| 1 | Dans les phrases suivantes, remplacez *fähig sein* par *können*. → A

1. Meine norwegischen Freunde sind jetzt fähig, mehrere Fremdsprachen zu sprechen.
2. Mein kleiner Bruder ist bald fähig, zu lesen.
3. Ist er denn nicht fähig, zu antworten?
4. Ist das Baby fähig, schon ein paar Schritte allein zu gehen?
5. Er war nicht fähig, sich in dieser Stadt zu orientieren.

Employer

| 2 | *Können* ou *dürfen* ? Barrez la forme qui ne convient pas. → A B

1. Der Marathonläufer war so erschöpft, dass er nicht mehr gehen *konnte / durfte*.
2. Ich *kann / darf* nicht baden, ich bin erkältet.
3. Der Stuhl ist noch frei, du *kannst / darfst* dich setzen.
4. Sie *kann / darf* so um die zwanzig Jahre alt sein.
5. *Kannst / Darfst* du deinem Freund helfen? Allein schafft er es nicht.
6. *Kann / Darf* ich eintreten?
7. Wenn du willst, sage ich es dir, aber du *kannst / darfst* es nicht weitersagen.
8. Kennst du das Sprichwort *(proverbe)* „Wer will, der *kann / darf*"?

| 3 | Complétez par *können* ou *dürfen* au prétérit. → A B

1. Früher ...... die Frauen nicht wählen *(voter)*.
2. Das ...... er nicht wissen, er bekam die Nachricht erst heute.
3. Ich ...... nicht kommen, meine Eltern hatten es mir verboten.
4. Man ...... nicht zuviel von diesem Kind verlangen.
5. Es war nicht sein Fehler. Er ...... wirklich nichts dafür.

| 4 | *Können* ou *dürfen* ? Traduisez. → A B

1. Tu peux apporter ton MP3 ?
2. Tu peux ouvrir ton petit paquet.
3. Tu peux parler plus fort.
4. Tu peux me dire pourquoi tu ne me parles plus ?
5. Pouvez-vous me donner son numéro de téléphone ?

08 Les verbes modaux : *müssen* et *sollen*

Ich muss jetzt gehen, es ist schon spät.
Sag ihm, er soll mich heute Abend anrufen.

- *Müssen* exprime une obligation découlant de la **situation**.
- *Sollen* exprime une obligation découlant de la **volonté** d'une instance autre que le sujet du verbe.

A *Müssen*

1 *Müssen* exprime une obligation découlant de la **situation**, de l'ordre des choses.

Ich muss jetzt gehen, sonst verpasse ich den Zug.
Il faut que je parte, sinon je vais rater mon train.

Er musste lachen.
Il n'a pu s'empêcher de rire.

2 La négation de *müssen* exprime normalement **l'absence d'obligation**, mais dans la langue parlée, elle exprime parfois l'interdiction.

Du musst nicht mitkommen, aber du kannst.
Tu n'es pas obligé de venir, mais tu peux. [si tu veux]

So was musst du nicht tun.
Faut pas faire des choses comme ça. [fam.]

B *Sollen*

1 *Sollen* exprime une obligation découlant de la **volonté** d'une personne ou d'une autorité **autre que le sujet du verbe**.

Ich soll zum Chef.
Le patron (Le chef de bureau) me demande.

Du sollst mir die Wahrheit sagen.
Tu dois me dire la vérité. [C'est moi qui te le demande.]

2 Au subjonctif II, *sollen* peut exprimer un simple **conseil**.

Du solltest zum Arzt (gehen).
Tu devrais aller voir un médecin. [C'est moi qui te le conseille.]

3 La négation de *sollen* n'exprime pas l'absence d'obligation mais une **interdiction**.

Du sollst nicht töten.
Tu ne tueras point.
[commandement exprimant la volonté de Dieu]

Du sollst nicht lügen.
Tu ne dois pas mentir.
[C'est moi qui te l'interdis – ou la Loi morale.]

4 Par extension, *sollen* exprime « ce qui est prévu » et donc le futur proche (dans le passé).

- « **Ce qui est prévu** » :

Ich soll ihn am Bahnhof abholen.
Je dois aller le chercher à la gare.
[C'est convenu entre nous.]

Hier soll eine Schule gebaut werden.
Ici, il est prévu de construire une école.
[par décision des autorités]

- **Le futur proche (dans le passé)** :

Kurz nach seinem Sieg sollte er sterben.
Il allait mourir peu après sa victoire. [« volonté » du destin]

C Autres verbes exprimant l'obligation ou l'absence d'obligation

1 L'obligation peut être exprimée par la construction ***haben*** + **infinitif** en ***zu***.

*Ich **habe** für morgen zwei Texte **zu** schreiben.*
J'ai deux textes à rédiger pour demain.

2 Elle peut aussi être exprimée par ***sein*** + **infinitif** en ***zu*** (voir p. 40).

*Diese Aufgaben **sind** für morgen **zu** machen. / Diese Aufgaben müssen für morgen gemacht werden.*
Ces devoirs sont à faire pour demain.

3 L'absence d'obligation peut être exprimée par ***nicht brauchen***, verbe toujours accompagné d'une négation ou d'une restriction *(nur)*.

*Du **brauchst nicht** mit**zu**kommen.*
Tu n'es pas obligé de venir. [mais tu peux, si tu veux]

*Wenn du noch mehr willst, **brauchst** du es **nur zu** sagen.*
Si tu en veux plus, tu n'as qu'à le dire.

| 1 | *Müssen* ou *sollen* ? Barrez la forme qui ne convient pas. → A B

1. Du *musst / sollst* zuhören, sonst wirst du nichts verstehen.
2. Der Taxifahrer sagt, er *muss / soll* jetzt losfahren.
3. *Soll / Muss* ich dir Bescheid sagen, falls ich nach Mitternacht ankomme?
4. Alle Bürger *sollen / müssen* Steuern zahlen.
5. So eine komische Frage, was *soll / muss* ich da antworten?
6. Sag ihm, er *soll / muss* mir so schnell wie möglich meine CDs zurück geben.
7. Jeder Mensch *soll / muss* essen und trinken.
8. Du *sollst / musst* aufpassen: die Wellen *(les vagues)* sind heute gefährlich.

| 2 | *Müssen* ou *sollen* ? Complétez par le modal qui convient au présent. → A B

1. Du ...... schnell deine Eltern anrufen, sie haben versucht, dich zu erreichen.
2. Sagen Sie der Kandidatin, sie ...... morgen wieder kommen.
3. Morgen ...... du schon um 6 aufstehen, sonst verpasst du deinen Flug.
4. ...... immer alles so bleiben, wie es ist?
5. Er ...... noch schnell in die Stadt fahren, um ein paar Einkäufe zu machen.
6. ...... sie nicht zu ihrem Personalleiter gehen?
7. Stehlen ...... man nicht.
8. Er ...... wirklich reich sein, um sich jedes Jahr einen neuen BMW leisten zu können.

| 3 | Traduisez. → A B

1. Du sollst doch deine kleine Schwester beim Judo abholen, oder?
2. Das soll nicht wieder geschehen.
3. An diese Lösung hatte ich nicht gedacht, du musst Recht haben.
4. Die Nachbarn müssen verreist sein: Die Läden sind zu und ihr Auto steht nicht mehr vor der Tür.
5. Wir mussten lachen, als wir sie mit diesem komischen Hut sahen.
6. Ich muss es dir sagen, auch wenn es dir weh tut.
7. Du sollst nicht immer meckern *(râler)*, wenn ich etwas sage.
8. Der Mann, der mir den Weg beschrieben hat, muss sich geirrt haben: Wir müssten schon längst angekommen sein.

Maîtriser la forme

| 4 | Transformez ces phrases en utilisant la tournure *nicht brauchen* + infinitif en *zu*. → C

Wenn es dir nicht schmeckt, musst du es nicht essen.
▸ *Wenn es dir nicht schmeckt, brauchst du es nicht zu essen.*

1. Wenn du keine Zeit hast, musst du diesen Bericht nicht ganz lesen.
2. Das müssen Sie mir nicht sagen, ich weiß es.
3. Wundere dich nicht, wenn du es nicht schaffst!
4. Hab keine Angst, ich passe schon gut auf!
5. Wenn du keine Lust hast, musst du nicht mitkommen.
6. Mit dieser Buslinie müssen Sie nicht am Bahnhofsplatz umsteigen.

09 Les verbes modaux : *wollen* et *mögen*

Er will Pilot werden.
Sie möchte später in Deutschland arbeiten.

Wollen exprime la **volonté**, *mögen* le **souhait**. Mais chacun de ces verbes a aussi d'autres emplois.

A *Wollen*

1 *Wollen* exprime une **volonté forte**, une intention.

Sie wollen heiraten.
Ils veulent se marier.

Er will den Beruf wechseln.
Il veut changer de métier.

2 Avec la négation, *wollen* exprime le **refus**.

Thomas will es mir nicht sagen.
Thomas refuse de me le dire.

Ilse will nichts davon wissen.
Ilse ne veut pas en entendre parler.

3 Par extension, *wollen* exprime un **futur imminent**, dans le présent ou le passé.

Ich will ihn mal anrufen.
Je vais l'appeler. [au téléphone]

Wollen wir gehen?
On y va ? [pour inviter à partir, à « lever le camp »]

Er wollte sie anrufen, als es an der Tür klingelte.
Il allait lui téléphoner quand on sonna à la porte.

Es sieht aus, als wollte es schneien.
On dirait qu'il va neiger.

4 Avec un sujet non animé, l'emploi devient métaphorique.

Der Regen will nicht aufhören.
Il ne cesse de pleuvoir. [= La pluie ne « veut » pas cesser.]

Der Koffer will nicht aufgehen.
Rien à faire, la valise ne s'ouvre pas.

Das will überlegt sein.
Ça demande réflexion.

B *Mögen*

Le sens précis de *mögen* varie selon le mode auquel il est employé.

1 **À l'indicatif**, il exprime surtout **l'inclination** pour quelqu'un ou quelque chose, ou bien l'envie.

Ich mag ihn (nicht).
Je l'aime bien. (Je ne l'aime pas.)

Ich mag (keinen) Fisch.
J'aime (Je n'aime pas) le poisson.

Ich mag jetzt nichts essen.
Je n'ai pas envie de manger.

Horrorfilme mag ich nicht.
Les films d'horreur, je n'aime pas ça.

2 **Au subjonctif I**, il exprime un **souhait**, un vœu dont la réalisation est indépendante de la volonté de qui que ce soit (emploi soutenu, littéraire).

Möge er Recht haben!
Puisse-t-il avoir raison !

Möge es wirklich so sein!
Pourvu qu'il en soit vraiment ainsi !

3 **Au subjonctif II**, il exprime une **volonté atténuée**, un désir. On l'utilise pour les demandes polies.

Ich möchte noch ein bisschen Apfelsaft.
Je voudrais encore un peu de jus de pommes.

Sie möchte heute Abend ins Kino (gehen).
Ce soir, elle aimerait aller au cinéma.

Möchten Sie noch etwas?
Désirez-vous encore quelque chose ?

Ich möchte Sie nicht stören, aber...
Je ne voudrais pas vous déranger, mais...

Du sollst nicht sagen „Ich will", sondern „Ich möchte".
Tu ne dois pas dire « je veux », mais « je voudrais ».

Maîtriser la forme

1 Mettez au parfait les phrases suivantes. → A

1. Wegen des schlechten Wetters wollte Hanna nicht hinausgehen.
2. Wolltest du deiner Freundin nicht bei ihrer Hausaufgabe helfen? Sie hat die Übung nämlich nicht verstanden.
3. Entschuldigung, ich wollte dich nicht beleidigen.
4. Dein Vater hatte dich gewarnt *(mettre en garde)*, aber du wolltest ihm nicht glauben.
5. Das wollte ich nicht sagen, du hast mich falsch verstanden.
6. Lisa wollte ihre Freundin sowieso auf der Rückfahrt mitnehmen.

2 Reformulez ces phrases en utilisant *mögen* au subjonctif II. → B

1. Heute sehe ich mir diesen Film an.
2. Hier gefällt es uns so gut, dass wir noch bleiben.
3. Es ist zu laut hier, ich bleibe nicht länger in diesem Raum.
4. Wann stehen Sie morgen früh auf?
5. Er entscheidet nichts, bevor er jede Einzelheit über diese Affäre weiß.
6. Ich bringe es dir schon bei, aber du musst Geduld haben.
7. Mein Bruder sagt, dass er ab September einen neuen Sport treibt: Bogenschießen *(le tir à l'arc)*.
8. Wenn du heute Abend nichts vorhast, dann lade ich dich ein, mit deinem Freund vorbeizukommen.

Employer

3 *Wollen* ou *mögen* ? Complétez par le modal qui convient au présent. → A B

1. Seit ich klein bin, ... ich keinen Fisch.
2. Er versteht überhaupt nicht, was du von ihm ......
3. Obwohl er keine guten Noten hat, ... er immer noch Ingenieur werden.
4. Unsere Spanischassistentin ist sehr lustig. Alle ...... sie sehr.
5. Er ist 20 und ...... lieber mit Freunden in einer WG (Wohngemeinschaft : *colocation*) als zu Hause bei seinen Eltern wohnen.
6. Dieses Problem ...... der Lehrer unter die Lupe nehmen.
7. Schluss jetzt, von dieser Sache...... ich nichts mehr hören!
8. Ich bastle *(bricoler)* schon eine halbe Stunde an dem Gerät, aber es ...... und ...... nicht funktionieren.

4 Traduisez. → A B

1. On dirait que ce chien va se mettre à parler.
2. Christian a juste voulu t'aider dans ton travail !
3. Tu ne voudrais pas m'accompagner à la patinoire ce soir ?
4. Rien à faire, je ne trouve pas la bonne réponse.
5. Les employés étaient sur le point de partir lorsque le directeur est arrivé.
6. Pourvu que Marion vienne vite !
7. Je veux faire un don *(Geld spenden)* à la Croix Rouge mais j'aimerais savoir ce qu'il en advient.
8. Que tu le veuilles ou non, tu dois le faire.

10 Le présent et le futur de l'indicatif

Inge kommt morgen.
Du wirst es noch bereuen.

- Le présent allemand s'emploie souvent là où le français emploie le futur.
- Le futur allemand exprime plus souvent une probabilité qu'un véritable futur.

Pour réviser la conjugaison, reportez-vous au tableau p. 151.

A Le présent

1 Il s'emploie **comme le présent français** :

- pour situer un fait dans le présent ;
Fritz arbeitet schon 5 Jahre bei Siemens.
Cela fait cinq ans que Fritz travaille chez Siemens.

- pour relater des faits passés de façon plus vivante (présent historique) ;
Ich saß auf einer Bank auf der Straße. Plötzlich spricht mich einer an und will eine Zigarette [...].
J'étais assis sur un banc dans la rue. Soudain quelqu'un m'aborde et me demande une cigarette [...].

- pour exprimer des vérités générales ;
Wölfe greifen Menschen nicht an.
Le loup n'attaque pas l'homme.
Morgenstund' hat Gold im Mund.
[proverbe] L'avenir appartient à ceux qui se lèvent tôt.

- pour exprimer un ordre sec et sans appel.
Du isst jetzt deine Suppe und basta!
Tu manges ta soupe, un point, c'est tout !

2 Il s'emploie presque toujours **à la place du futur** pour situer un événement dans l'avenir. L'indication proprement future est exprimée par un adverbe ou un groupe prépositionnel.

*Ich schreibe ihm **morgen**, heute habe ich keine Lust.*
Je lui écrirai demain, aujourd'hui, je n'ai pas envie.
***Nächstes Jahr** fahren wir nach Schweden.*
L'année prochaine, nous irons en Suède.

B Le futur

1 Il s'emploie pour présenter un événement futur comme **absolument certain** :

- dans les promesses, les prophéties ;
Mach dir keine Sorgen, ich werde es nicht vergessen.
Ne te fais pas de souci, je n'oublierai pas.
In 100 Jahren wird es kein Erdöl mehr geben.
Dans cent ans, il n'y aura plus de pétrole.

- pour rassurer (avec la particule *schon*).
Keine Angst, ich werde den Weg schon finden.
Ne t'inquiète pas, je le trouverai bien, mon chemin.

2 Il exprime le plus souvent la forte probabilité du fait relaté (voir p. 18).

- Si le fait est situé dans le présent, on utilise le futur simple.
*Um diese Zeit **wird** er zu Hause **sein**.*
À cette heure, il **doit** être chez lui / il est **sans doute** chez lui.

- Si le fait est situé dans le passé, on utilise le futur antérieur (voir p. 152).
*Er **wird** den Zug **verpasst haben**.*
Il **a dû** rater le train. / Il a **sans doute** raté le train. / Il **aura** raté son train. [litt.]

C Comment rendre « aller + infinitif » ?

1 Au présent :

- par *wollen* pour exprimer le futur proche ;
Je **vais** te le dire. *Ich **will** es dir sagen.*

- par le futur pour exprimer la promesse.
Mais oui, je **vais** le faire ! *Aber ja, ich **werde** es **tun**!*

2 À l'imparfait par *wollen* + (souvent) *gerade*, si l'on veut marquer l'intentionalité.
J'allais me coucher quand on a sonné à la porte. *Ich **wollte** gerade ins Bett, als es klingelte.*

Maîtriser la forme

1 Complétez le texte suivant en mettant les verbes entre parenthèses au présent. → A

Wir ...... (fahren) in langer Reihe mit anderen Urlaubern auf einer schnurgraden *(tout droit)* Straße, die kein Ende nehmen ...... (wollen).
Da ...... (anfangen) Toni plötzlich ......, über Durst zu klagen. Onkel Paul ...... (versprechen) zu halten, sobald wir einen schönen Platz ...... (finden). Toni ...... (jammern) weiter, nicht irgendwo halten, nein, Limonade (wollen) er, jetzt gleich. Sein Bitten ...... (werden) so eindringlich *(insistant)*, dass Onkel Paul bei der nächsten Gelegenheit ...... (ausscheren) *(quitter la file)*. Da ...... (stehen) eine hässliche, unappetitliche Bude. Aber es ...... (geben) Limonade. Nach zehn Minuten ...... (fahren) wir weiter.

Aus Gudrun Pausewang, *Ich hab einen Freund in Leningrad*, Ravensburger TB, 1990.

2 Récrivez les phrases suivantes en exprimant l'avenir avec un présent. → A

1. Noch in diesem Monat werden wir Sabines Freund kennenlernen.
2. Bald wird die Ernte *(la récolte)* anfangen.
3. Im April wird Stefan sein Praktikum beenden.
4. Noch heute werde ich diesen Brief abschicken.
5. An Weihnachten werden meine Eltern wieder viel Geld für Geschenke ausgeben.

Repérer

3 Présent à valeur de présent ou à valeur de futur ? Cochez la case qui convient. → A B

1. Herr Ludwig empfängt Sie morgen. Heute Mittag ist er abwesend.
2. Für dich habe ich immer Zeit.
3. Die meisten Leute kaufen samstags ein.
4. Ich will dir sagen, was mit deiner Arbeit los ist.
5. Tante Christel kommt nächste Woche wieder.

valeur de présent	valeur de futur

4 Le fait relaté est-il présenté comme probable ou comme absolument certain ? Cochez la case qui convient. → A B

1. Im Fernsehen werden sie über die Hochzeit berichten.
2. Was du für mich getan hast, werde ich nie vergessen.
3. Sie wird dich nicht richtig verstanden haben.
4. Nach 19 Uhr wird Thomas nicht mehr im Büro sein.
5. Mach dir keine Sorgen, du wirst schon wieder gesund werden.

probable	certain

Employer

5 Traduisez. → C

1. J'allais lui répondre lorsque j'ai été interrompu *(unterbrechen)*.
2. Un instant, je vais t'expliquer la situation.
3. Il allait t'appeler quand il a été dérangé.
4. Sois sans crainte, je vais rester muet comme une carpe *(stumm wie ein Fisch)*.
5. Il n'y a pas de problème, je vais réussir.

11 Le prétérit et le parfait de l'indicatif

Sie kamen sehr verspätet an. „Wir haben eine Panne gehabt", erklärte Inge.

- Le prétérit allemand correspond à l'imparfait et au passé simple français.
- Le parfait allemand correspond au passé composé.

Pour réviser la conjugaison, reportez-vous au tableau p. 151.

A Le prétérit

1 Il s'emploie pour relater des situations et des événements situés dans le passé.

- Il correspond aussi bien à **l'imparfait**, qui décrit « la toile de fond » du récit qu'au **passé simple**, qui relate les événements nouveaux qui se produisent.

Es ***summte*** *unerträglich. Immer wieder* ***schlug*** *meine Hand zu, doch sie* ***zielte*** *schlecht. Ohr, Nase, Mund, unerbittlich* ***griff*** *sie alles an. [...] Endlich* ***schlug*** *ich die Augen auf und* ***ortete*** *die verdammte Fliege. Dick und schwarz* ***saß*** *sie auf der weißen Bettdecke. Ich* ***zielte*** *anständig und* ***stand*** *auf, um mir die Hand zu waschen.*

J. Arjouni, *Happy birthday Türke!* Zürich, Diogenes, 1987.

Le bourdonnement **était** infernal ! Encore et encore, ma main **frappait**, mais elle **visait** mal. Oreilles, nez, bouche - rien **n'était** à l'abri. [...] Enfin, **j'ouvris** les yeux et je **localisai** cette satanée mouche. Grosse et noire, elle **s'était** posée sur le dessus-de-lit blanc. Je **visai** correctement, puis je me **levai** pour me laver la main.

d'après J. Arjouni, *Bonne fête, le Turc !* Paris, Fayard, 1992.

- En allemand, la différence entre les deux plans est exprimée par des **adverbes** ou reste implicite.

Er duschte ***gerade****, als das Telefon klingelte.*
Il pren**ait** une douche, quand le téléphone sonn**a**.

2 Il peut s'employer comme l'imparfait français, avec certains verbes, pour faire référence à une volonté immédiatement antérieure au moment présent.

[Le garçon de café] *Wer bekam die Limo?*
La limonade, c'était pour qui ?

[Un ami téléphone] *Das trifft sich gut, ich wollte dich gerade anrufen.*
Ça tombe bien, je voulais t'appeler.

[Rappel] *Wolltest du heute nicht das Radio reparieren?*
Tu ne voulais pas réparer la radio, aujourd'hui ?

B Le parfait

1 Il s'emploie à la place du prétérit pour relater des faits passés, notamment en langue parlée.

Letztes Jahr ***haben*** *wir unseren Urlaub an der Nordsee* ***verbracht****. Wir* ***haben*** *die ganze Zeit schönes Wetter* ***gehabt*** *und jeden Tag* ***gebadet****.*
L'an dernier, nous avons passé nos vacances au bord de la mer du Nord. Nous avons tout le temps eu du beau temps et nous nous sommes baignés tous les jours.

2 Il s'emploie pour exprimer qu'un état ou une action situés dans le présent ou le futur proche sont **achevés** au moment considéré. **Le prétérit est alors impossible.**

- Le moment repère est le moment où l'on parle :

[Quelqu'un veut parler à Paul.] *Paul ist schon längst weggefahren.*
Paul est parti depuis longtemps.

[On propose à manger à quelqu'un.] *Danke, ich habe schon gegessen.*
Merci, mais j'ai déjà mangé.

- Le moment repère est donné par un complément de temps :

Bis morgen Abend *habe ich das Buch gelesen.*
D'ici à demain soir, j'aurai terminé la lecture du livre.

In einer halben Stunde *habe ich den Brief geschrieben.*
Dans une demi-heure, j'aurai terminé la lettre.

Maîtriser la forme

1 Mettez les verbes entre parenthèses au prétérit. → A

Montags ...... (gehen) es in der Schule immer besonders lebhaft zu. [...] Alle ...... (wirken) munterer als sonst. Erholt und erfrischt nach dem Wochenende, ... (haben) sie montags mehr Energie in sich als freitags. Stephanie ...... (sein) auf dem Weg zur ersten Unterrichtsstunde: Mathe. Sie ...... (haben) Probleme mit Mathe. Nicht, weil sie das Fach nicht ...... (mögen), sondern weil sie es nicht ...... (kapieren). [...] Sie ...... (setzen) sich auf ihren Platz ganz hinten im Klassenzimmer, ... (breiten) ihre Bücher auf dem Pult aus und ...... (warten), dass die Lehrerin ...... (kommen) und mit dem Unterricht ...... (beginnen).

Aus Catherine Brett, ... *total verknallt in Anne*, Deutscher Taschenbuch Verlag, 1997.

2 À l'écrit, les récits se font au prétérit. À l'oral, ils se font souvent au parfait. En retranscrivant le récit ci-après au parfait, vous lui donnerez automatiquement un ton de « langue parlée ». → B

Im letzten Sommer nahm ich an einem Workcamp *(chantier jeunes)* im Schwarzwald teil. Wir wohnten in einer Hütte im Wald und arbeiteten den ganzen Tag im Freien. Die Betreuer sorgten für abwechslungsreiche Arbeit. Als Erstes mussten wir den Wald sauber machen. Dabei sammelten wir fast drei Zentner Papier, Dosen, Flaschen und sonstigen Müll ein. Dann trugen wir dürres Holz zusammen, entfernten abgestorbene Äste und pflegten kranke Bäume. Junge Bäume schützten wir mit einem Drahtzaun gegen das Wild. Dabei lernten wir viel über die Bäume und die Pflanzen. Ein Betreuer brachte uns bei, wie man die Spuren von Rehen, Luchsen *(lynx)* oder Wildschweinen identifiziert. Für Naturliebhaber wie mich war das ein einmaliges Erlebnis.

3 Transposez les phrases suivantes au parfait. → B

1. Deine Meinung verstehe ich sehr gut.
2. Es ändert sich nichts mehr an der Sache.
3. Ich gewöhne mich nie an dieses exotische Essen.
4. Ein Kollege empfiehlt mir, diesen Bericht zu lesen.
5. Nach der Sportstunde dusche ich immer.
6. Seit dem letzten Jahr verliert die Regionalpresse wieder viele Leser.
7. Ulrich kauft sich den MP3-Player von seinem eigenen Taschengeld.
8. Ich sehe mir auf ARTE eine interessante Reportage über Solarenergie an.

Employer

4 Prétérit ou parfait ? Insérez le verbe au temps voulu par le contexte. → A B

1. *(finden)* Ich hoffe, dass ich bis nächste Woche eine Praktikantenstelle ....
2. *(zurückkommen)* Ich bin sicher, dass Martin schon gestern ....
3. *(anrufen)* Ich bin froh, dass du noch ....
4. *(kaufen)* Er verspricht, dass er den DVD-Player bis Montag ....
5. *(scheinen)* Der alte Mann klagte, dass die Sonne wieder sehr heiß ....
6. *(hängen)* Ich kann mich gut erinnern, dass letztes Jahr die Bäume voller Mirabellen ....
7. *(anfangen)* Weißt du, wie die ganze Geschichte ......?
8. *(kommen)* Ich wollte die Straße überqueren, als von links ein Motorrad ....
9. *(wegschicken)* Ich bin sicher, dass ich den Brief gestern ....
10. *(springen)* Ich sah, wie der Delfin plötzlich aus dem Wasser ....

12 Le subjonctif I

Er sagte uns, sie sei verreist.
Es lebe die Freiheit!

- Le subjonctif I n'a que trois temps : le présent, le parfait et le futur.
- Il ne s'emploie pas dans la langue courante, mais reste très utilisé dans le discours indirect, en littérature comme dans la presse écrite ou parlée.
- Il exprime aussi la virtualité, généralement dans des expressions toutes faites.

Pour réviser la conjugaison, reportez-vous au tableau p. 152.

A Dans le discours indirect (voir aussi p. 146)

1 Le subjonctif I s'emploie en langue soutenue pour le discours indirect (= **paroles ou pensées rapportées**).
- Discours rapporté sous forme de subordonnée.
Er teilte ihr mit, dass er die Firma wechseln ***wolle****.*
Il l'informa qu'il voulait changer d'entreprise.

- Discours rapporté sous forme d'une déclarative juxtaposée au verbe introducteur.
Er teilte ihr mit, er ***wolle*** *die Firma wechseln.*

- Quand plusieurs énoncés rapportés dépendent du même verbe introducteur.
Er hat geschrieben, er ***wolle*** *die Firma wechseln. Das Arbeitsklima* ***sei*** *nicht mehr auszuhalten. Er* ***habe*** *bei Siemens kandidiert und* ***sei*** *angestellt worden.*
Il a écrit qu'il voulait changer d'entreprise. L'ambiance n'était plus supportable. Il a posé sa candidature chez Siemens et a été embauché.

2 **Le temps** du discours indirect ne dépend **jamais** du temps du verbe introducteur, mais uniquement du temps du discours direct.

Sie sagt / hat gesagt / wird sagen,	*„Ich weiß es nicht"*	► *... dass sie es nicht* ***wisse****.*
	„Ich wusste es nicht"	► *... dass sie es nicht gewusst* ***habe***
	„Ich habe es nicht gewusst"	► *... dass sie es nicht gewusst* ***habe****.*
	„Ich werde nichts sagen"	► *... dass sie nichts sagen* ***werde****.*

B Autres emplois

Ils sont limités à des constructions littéraires ou des locutions contenant l'idée de virtualité.

1 Le **souhait** à valeur impérative.
Es ***lebe*** *die Freiheit!* — Vive la liberté !
So ***sei*** *es!* — Qu'il en soit ainsi !
Möge *er noch lange unter uns bleiben!* — Puisse-t-il rester encore longtemps parmi nous !
Gott ***sei*** *Dank!*
Dieu merci ! [formule de souhait devenue simple expression de soulagement]

2 **L'hypothèse** posée par convention.
[En cours de math] *AB sei eine Gerade.*
Soit la droite AB.

3 **La concession.**
Ich werde es tun, ***komme****,* ***was wolle****.*
Je le ferai, quoi qu'il arrive.
Wie dem auch sei...
Quoi qu'il en soit...
Du musst ihm antworten, und ***sei es nur*** *aus Höflichkeit.*
Il faut lui répondre, ne serait-ce que par politesse.
Sie erwartete ein Zeichen von ihm, ***sei es nur*** *ein kurzer Blick, aber es kam nichts.*
Elle attendait un signe de sa part, ne fût-ce qu'un bref regard, mais rien ne vint.

4 **L'exception**, dans la locution coordonnante *es sei denn*.
Ich kann leider nicht zu deinem Geburtstag kommen, ***es sei denn****, jemand holt mich ab.*
Je ne pourrai malheureusement pas venir à ton anniversaire, sauf si quelqu'un vient me chercher [en voiture].

Repérer

| 1 | Cochez les formes résultant de la transposition de l'indicatif au subjonctif I. → A B

1. sie geht ► sie gehe	
2. es regnete ► es habe geregnet	
3. er hat es nicht gewusst ► er hätte es nicht gewusst	
4. ich konnte ► ich hätte gekonnt	
5. wir sind gefahren ► wir seien gefahren	
6. es ist passiert ► es wäre passiert	
7. er schläft ► er schlafe	
8. du kommst ► du kommest	
9. ich verlor ► ich habe verloren	
10. er war ► er wäre	

Maîtriser la forme

| 2 | Transposez les phrases suivantes au discours indirect sans *dass*. → A B

1. Ich erklärte dem Passanten: „Der Bus hat 10 Minuten Verspätung."
2. Der Journalist sagte zu seiner Kollegin: „Ich muss noch über die Demonstration berichten."
3. Der Direktor teilte seinen Mitarbeitern mit: „Die Arbeit muss bis Ende der Woche fertig sein."
4. Tina sagte zu ihrem Freund: „Ich gehe jetzt, ich muss um Mitternacht zu Hause sein."
5. Mein Freund hat mir eine SMS geschickt: „Ich bin krank und kann leider nicht kommen."
6. Leo erzählte: „Ich bin gestern zum ersten Mal mit dem Zug gefahren."
7. Thomas sagte mir vorhin: „Ich will mir heute Abend den Thriller im Ersten ansehen."
8. Michaela seufzte und sagte: „Ich kann heute nicht zum Basketballspiel mitkommen."
9. Bernd erklärte uns: „Ich trainiere 2- bis 3-mal wöchentlich, um meine Leistungen zu verbessern."

Employer

| 3 | Traduisez en employant le subjonctif de style indirect. → A B

1. Charlotte m'a demandé si elle pouvait venir avec moi au cinéma ce soir.
2. Je lui ai dit que j'étais d'accord pour aller avec lui *(begleiten)* au bowling *(das Kegeln)* la semaine prochaine.
3. J'ai lu dans le journal qu'en Inde de nombreux villages étaient inondés.
4. Mon père nous a dit qu'il ne savait pas à quelle heure il rentrerait.
5. Dans le magazine *Focus*, j'ai lu que le Canada était un pays à forte croissance économique *(das Wachstum)*.
6. Peter nous a expliqué qu'il n'avait plus de bourse d'études *(ein Stipendium)*.
7. Je lui ai dit au téléphone de parler plus fort à cause du bruit de fond *(im Hintergrund)*.

13 Le subjonctif II

Wenn das Wörtchen „wenn" nicht wär', wär' mein Vater Millionär.

- Le subjonctif II a divers emplois dont la plupart tournent autour de la notion d'irréel.
- La principale difficulté reste la maîtrise des formes.

Pour réviser la conjugaison, reportez-vous au tableau p. 152.

A Il marque l'irréel dans diverses constructions exprimant :

1 L'hypothèse ou la condition irréelle.

Le subjonctif II affecte le verbe de la principale comme celui de la subordonnée.
Wenn er geschwiegen hätte, hätte niemand davon erfahren.
S'il s'était tu, personne n'en aurait rien su.
Hättest du aufgepasst, (dann) wäre es nicht passiert.
Si tu avais fait attention, ça ne serait pas arrivé.
Was würdest du an meiner Stelle tun?
Que ferais-tu à ma place [= si tu étais à ma place] ?

❶ Avec les verbes autres que *sein* et *haben*, on emploie souvent, à l'oral, « *würde* + infinitif ».
Wenn ich Geld hätte, würde ich um die Welt reisen. [et non : *reiste ich um die Welt*]
Si j'avais de l'argent, je voyagerais dans le monde entier.
Wenn er mehr lernen würde [et non *lernte*], *hätte er ein besseres Zeugnis.*
S'il travaillait plus, il aurait un meilleur bulletin scolaire.

2 Un souhait ou un regret, souvent avec des particules comme *nur* ou *doch*.

Wenn er nur käme!
Si seulement il arrivait !
Hätte er es mir doch gesagt!
Si seulement il me l'avait dit !
Würde er nur nicht so viel rauchen!
Si seulement il fumait moins !

3 Une injonction polie.

Wenn Sie mir bitte folgen würden…
Si vous voulez bien me suivre…
Würden Sie mir bitte das Brot reichen?
Voudriez-vous me passer le pain, s'il vous plaît ?

4 Une négation (l'emploi du subjonctif II est facultatif mais fréquent).

Ich kenne niemand, der dir das sagen könnte (ou *kann*).
Je ne connais personne qui puisse te le dire.
Nicht dass ich wüsste.
Pas que je sache.

5 Une comparaison irréelle en *als ob* ou *als* + verbe en 1re position.

Er tut / tat, als ob er nichts gesehen hätte.
Il fait / fit comme s'il n'avait rien vu.
Er sieht aus, als hätte er die ganze Nacht nicht geschlafen.
On dirait qu'il n'a pas fermé l'œil de la nuit.

6 Une irréalité feinte, dans des formules figées.

So, das wäre geschafft.
Voilà une bonne chose de faite. [quand on vient de terminer un travail]

B Autres emplois du subjonctif II

1 Il remplace un subjonctif I dans le discours indirect :

- quand le subjonctif I est identique au présent de l'indicatif ;

*Sie behaupteten, sie **haben** es nicht gewusst ▸ …, sie hätten es nicht gewusst.*
Ils prétendirent qu'ils ne le savaient pas.

- quasi systématiquement dans la langue courante.

Mir hat er gesagt, er hätte davon nichts gewusst.
Moi, il m'a dit qu'il n'était pas au courant.

2 Il exprime le futur dans une subordonnée en contexte passé : périphrase « *würde* + infinitif ».

Ich wusste, dass es so kommen würde.
Je savais (Je me doutais) qu'on en arriverait là.
Er hatte nicht geahnt, dass sein Buch so viel Erfolg haben würde.
Il ne s'était pas douté que son livre aurait autant de succès.

Maîtriser la forme

1 Exprimez la condition irréelle en utilisant *wenn* et le subjonctif II comme dans l'exemple. → A

Ich habe ein paar Tage Ferien; ich fahre ans Meer.
▸ *Wenn ich ein paar Tage Ferien hätte, würde ich ans Meer fahren.*

1. Ich habe mehr Geld; ich kaufe mir das neueste Snowboard.
2. Matthias ist nicht so schüchtern; er antwortet spontaner.
3. Thomas ist nicht so unsympathisch; ich lade ihn zur Grillparty ein.
4. Es regnet nicht; wir bleiben bis zum Wochenende hier.
5. Silke muss in Heidelberg übernachten; ich empfehle ihr die Jugendherberge.
6. Ich kann ein paar Tage Urlaub nehmen; ich komme mit auf den Kölner Karneval.

2 À partir des phrases ainsi formées, exprimez la condition sans *wenn*.

3 Exprimez un regret en mettant le verbe au passé du subjonctif II. → A

Bei dieser Übung verlor der Kandidat viel Zeit.
▸ *Hätte der Kandidat bei dieser Übung doch nicht so viel Zeit verloren!*

1. Ich musste den ganzen Tag lang auf die Nachbarskinder aufpassen.
2. Die Sonne schien die ganze Woche nicht.
3. Ich habe meinen Eltern die ganze Geschichte erzählt.
4. Bernd konnte gestern nicht vorbeikommen.
5. Ich habe nicht auf ihn gehört.
6. Ich habe im Unterricht nicht aufgepasst.

4 Faites une comparaison au subjonctif II avec *als ob*. Attention aux temps ! → A

1. Der Angeber tut so (er ist reich).
2. Mir war (ich lebe auf einem anderen Planeten).
3. Mein Bruder sieht aus (er hat schon drei Tage nicht geschlafen).
4. Ali spricht so gut Deutsch (er hat schon mehrere Jahre in Deutschland verbracht).
5. Meine Freundin machte den Eindruck (es geht ihr schon viel besser).
6. Ich hatte das Gefühl (ich kann in dieser Lage nicht anders handeln).

5 Mettez le verbe entre parenthèses au subjonctif II en *würde*. → B

1. Ich hoffte, dass mein Patenonkel mir den Computer (kaufen).
2. Keiner hätte gedacht, dass dieser Athlet den Wettbewerb (gewinnen).
3. Hattest du nicht behauptet, dass du mir (helfen)?
4. Du hattest doch gesagt, dass wir heute in den Zoo (gehen).
5. Niemand hatte erwartet, dass ich so früh (aufstehen).
6. Tina hoffte schon immer, dass sie dem Schriftsteller (begegnen).

Employer

6 Traduisez. → A B

1. Si ton frère dormait davantage, il pourrait plus se concentrer sur son travail.
2. Si seulement tu ne lui avais rien raconté !
3. Ce serait formidable si tu pouvais venir nous voir *(besuchen)* à Darmstadt.
4. Karl fait semblant de ne rien comprendre.
5. Pourrais-tu me dire où habite ta cousine ?
6. Ah, si je t'avais connu plus tôt !

14 Le passif personnel en « *werden* + participe II »

Das Kind ist von einem Hund gebissen worden.
Deutschland wurde am 3. Oktober 1990 wieder vereinigt.

- **Le mot « passif » a deux sens.**
- D'une part, il désigne les constructions en « ***werden*** + participe II » et certaines constructions en « ***sein*** + participe II ».
- D'autre part, il signifie que le sujet n'est pas l'auteur de l'action exprimée par le verbe, mais celui qui la subit.
- **Entre les deux, il n'y a pas correspondance parfaite** : les constructions en « *werden* ou *sein* + participe II » peuvent exprimer autre chose qu'un passif et le passif peut être exprimé par d'autres constructions.

A Les formes du passif en « *werden* + participe II »

1 Le passif en *werden* (dit passif « action ») se conjugue à tous les temps, modes et personnes. C'est *werden* que l'on conjugue, le participe II ne varie pas (voir tableau p. 152).

Présent / Prétérit
*Der Film **wird** / **wurde** in Marokko **gedreht**.*
Le film est / a été tourné au Maroc.

Parfait / Plus-que-parfait
*Sie **ist** / **war** nicht **informiert worden**.*
Elle n'a / n'avait pas été informée.

❶ Attention : ne confondez pas le passif avec le futur, qui se construit en « *werden* + **infinitif** ».
*Er wird den Film in Marokko **drehen**.* Il tournera le film au Maroc.

2 Le passif en *werden* peut se combiner avec un verbe de modalité.
Das Haus muss abgerissen werden.
Il faut abattre la maison.

B La correspondance entre passif et actif

Le sujet au passif correspond au complément d'objet à l'accusatif à l'actif ; le complément d'agent correspond au sujet à l'actif.

***Carl Benz** hat <u>das erste Automobil</u> gebaut.*
Carl Benz a construit la première automobile.

(sujet) <u>(complément d'objet accusatif)</u>

<u>(sujet)</u> **(complément d'agent)**

*<u>Das erste Automobil</u> wurde **von Carl Benz** gebaut.*
La première automobile a été construite par Carl Benz.

Remarque sur la place du sujet dans les phrases passives : si le sujet représente une donnée connue, il se place en tête de phrase ; s'il constitue l'information nouvelle, il se place après le verbe conjugué.

Die Uhr wurde ihr ge°schenkt.
La montre, elle l'a eue en cadeau.
[≈ Elle ne l'a pas volée.]

Ihr wurde eine °Uhr geschenkt.
On lui a offert une montre.
[≈ et non pas autre chose]

C Le complément d'agent : *durch* ou *von* ?

1 ***Von*** s'emploie lorsque l'agent est l'initiateur de l'action, ***durch*** lorsqu'il n'est qu'un moyen ou un intermédiaire.

Er wurde vom Direktor verständigt.
Il a été prévenu par le directeur [en personne].

Er wurde durch eine E-Mail / die Sekretärin verständigt.
Il a été prévenu par courriel / par la secrétaire.

2 Le complément d'agent est omis lorsque l'information importante est ce qui arrive au sujet.
Die Stadt ist mehrmals zerstört worden.
La ville a été détruite à plusieurs reprises.

❶ Le passif est plus fréquent en allemand qu'en français.

Er wurde von allen ausgelacht.
Tout le monde s'est moqué de lui.

Das Auto muss repariert werden.
Il faut réparer la voiture.

Repérer

1 Futur de l'actif ou présent du passif ? Identifiez les formes suivantes puis cochez la case qui convient. → A

1. Wir werden nicht genug Geld für die Fahrkarte haben.
2. Sie werden vom Bürgermeister erwartet.
3. Du wirst dich sehr über das Ergebnis wundern.
4. Die Eier werden an Ostern im Gras versteckt.
5. Wann wirst du mich wieder besuchen?
6. Max wird noch heute Abend vorbeikommen.
7. Nächsten Montag werden wir nicht nach Köln fahren.
8. Die Erdbeeren, die hier verkauft werden, kommen aus Spanien.

présent passif	futur actif

Maîtriser la forme

2 Mettez les phrases suivantes au passif en respectant le temps. → A B

1. Meine Kusine Emma schenkte mir dieses Armband.
2. Viele Touristen besuchten Berlin in diesem Sommer.
3. Der Techniker hat mir meinen Computer repariert.
4. In Zukunft werden Roboter den Haushalt erledigen.
5. Der Dolmetscher hat die Rede ausgezeichnet ins Französische übersetzt.
6. Simone und Matthias haben uns zu ihrer Hochzeit eingeladen.
7. Wer hat dieses Buch geschrieben?
8. Der Bundespräsident ernannte ihn zum Bundeskanzler.

3 Complétez les phrases suivantes avec le complément d'agent donné entre parenthèses. → C

1. Die Botschaft wurde zerstört. (das Attentat)
2. Der Patient wurde untersucht. (Professor Müller)
3. In dieser Fabrik wurden viele Arbeiter ersetzt. (leistungsfähige Maschinen)
4. Der Radfahrer wurde überfahren. (ein Wagen)
5. Das Getreide *(céréales)* wird bedroht. (neue Viren)
6. Die Autofahrer werden behindert. (dichter Nebel)
7. Der Dollar wird gestärkt. (die Zinserhöhung : *le relèvement du taux d'intérêt*)
8. Der FC Bayern wurde am ersten Spieltag geschlagen. (Hamburger SV)

Employer

4 Traduisez en utilisant le passif. → A B C

1. Il faut absolument retrouver *(wieder finden)* les clés.
2. Aujourd'hui les magasins ouvrent *(öffnen)* à 10 heures.
3. Cette usine n'embauche *(einstellen)* plus aucun ouvrier.
4. On l'a félicité *(loben)* pour la qualité de ses recherches.
5. Il nous faut élucider *(klären)* au plus vite la situation.

15 Le passif impersonnel en « *werden* + participe II »

Jetzt wird gearbeitet!

- La construction « *werden* + participe II » peut fonctionner sans sujet. On parle alors de passif impersonnel.
- Ce passif n'a pas un sens passif, puisqu'il n'y a plus de sujet pour « subir » l'action !
- Sa fonction principale est d'attirer l'attention sur **l'action elle-même**, indépendamment de celui qui l'accomplit ou la subit.

A Les caractéristiques

1 Le passif impersonnel en *werden* est une construction sans sujet, sans complément d'agent et qui ne fonctionne qu'à la **3e personne du singulier**. Il peut en principe être conjugué à tous les temps et modes, mais en fait, on ne le rencontre qu'au **présent** et au **prétérit**.

In Deutschland wird gern gefeiert.
Les Allemands aiment faire la fête.

Den ganzen Abend / Die ganze Nacht wurde getanzt.
On a dansé toute la soirée / toute la nuit. [Attention : les groupes nominaux ne sont pas sujets mais compléments de durée, c'est pourquoi ils sont à l'accusatif et non au nominatif.]

2 Le passif impersonnel est possible avec les **verbes intransitifs** ainsi qu'avec les verbes transitifs que l'on peut employer intransitivement, c'est-à-dire sans complément d'objet à l'accusatif à l'actif. Dans les deux cas, le sujet à l'actif doit désigner un **être humain**.

Ihm wurde sofort geholfen.
On lui vint immédiatement en aide. [*Jm helfen* est intransitif à sujet humain.]
Dann wurde gegessen.
Puis on se mit à table. [*Essen* est transitif mais le complément d'objet, qui pourrait devenir sujet du verbe au passif, est ici absent.]

3 Les phrases au passif impersonnel commencent parfois par un *es* explétif, qui disparaît lorsqu'on met un autre élément en 1re position.

Es wurde viel über diese Affäre geredet. ► *Über diese Affäre wurde viel geredet.*
On a beaucoup parlé de cette affaire.

4 Le passif impersonnel peut s'employer avec un verbe de modalité.

Am Sonntag sollte nicht gearbeitet werden.
On ne devrait pas travailler le dimanche.

B Les emplois

1 **Au prétérit**, le passif impersonnel sert à attirer l'attention sur l'action sans mentionner les acteurs ou l'objet concerné.

Den ganzen Tag wurde nur gegessen.
On n'a fait que manger toute la journée. [On ignore qui a mangé quoi.]

2 **Au présent**, il sert à exprimer un fait habituel ou un principe général.

Hier wird nicht geraucht.
Ici, on ne fume pas.

Bei uns wird um acht Uhr zu Abend gegessen.
Chez nous, on dîne à 8 heures.

3 **Au présent**, il peut aussi exprimer un ordre qui ne se discute pas (souvent introduit par *jetzt*).

Jetzt wird nicht mehr gelesen, jetzt wird geschlafen!
Pas question de lire maintenant, il faut dormir !

❶ Attention : ces emplois existent aussi avec le passif personnel.
In Österreich wird Deutsch gesprochen.
En Autriche, on parle l'allemand. [sujet : *Deutsch*]
Der Spinat wird gegessen!
Tu manges tes épinards, un point c'est tout ! [sujet : *der Spinat*]
Jetzt werden die Hausaufgaben gemacht!
Maintenant, tu fais tes devoirs ! [sujet : *die Hausaufgaben*]

Maîtriser la forme

1 Mettez au passif en commençant la phrase par *es*. → A

1. Man spricht viel von Aids.
2. Man denkt oft an die Geiseln.
3. Man sammelte für die Obdachlosen.
4. Man sang und trank die ganze Nacht.
5. In diesem Abteil raucht man nicht.
6. Man arbeitete Tag und Nacht in dieser Küche.

2 Mettez la proposition principale au passif sans *es*. → A

1. Uns erklärte man, wie man den Blinden das Lesen beibringt.
2. Man erzählte ihnen, dass die Polizei nichts von der Affäre gewusst habe.
3. Man riet ihm, nicht so viel zu essen.
4. Man teilte uns mit, dass der Zug Verspätung hatte.
5. In den Nachrichten berichtete man, wie das Unglück geschehen war.
6. Man sagte den Geschworenen *(jurés)*, dass sie kein Interview geben sollten.

3 Mettez au passif en utilisant *sollen*. → A

Am Sonntag arbeitet man nicht. ▸ *Am Sonntag sollte nicht gearbeitet werden.*

1. Im Museum spricht man nicht so laut.
2. Im Büro schläft man nicht.
3. In Anwesenheit von Kindern raucht man nicht.
4. In der Stadt fährt man nicht über 50 Stundenkilometer.
5. Während des Unterrichts plaudert man nicht.
6. Während einer Filmvorführung telefoniert man nicht.

Employer

4 Exprimez un ordre en utilisant une tournure passive. → B

Iss doch! ▸ *Jetzt wird gegessen!*

1. Singt doch kräftig mit!
2. Tanzt doch!
3. Pass doch gut auf!
4. Schlaf doch endlich!
5. Dusche jetzt zuerst!
6. Räum jetzt das Zimmer auf!

16 Le passif personnel en « *sein* + participe II »

Das Haus ist schon verkauft.

A Attention : « *sein* + participe II » correspond à trois cas de figure.

1 Avec les verbes **intransitifs** exprimant un déplacement ou une transformation, elle exprime le parfait actif (même sujet qu'au présent).

ankommen : *Er kommt an.* ► *Er ist angekommen.* Il arrive. ► Il est arrivé.
einschlafen : *Sie schläft ein.* ► *Sie ist eingeschlafen.* Elle s'endort. ► Elle s'est endormie.

2 Avec des adjectifs à forme de participe II, elle exprime une relation attributive (comme avec les adjectifs ordinaires).

Der Himmel ist stark bewölkt.
Le ciel est très couvert.

Anna ist bei ihren Schulkameraden sehr beliebt.
Anna est très aimée de tous ses camarades de classe.

3 Avec les verbes **transitifs**, elle exprime un passif, c'est-à-dire une construction à laquelle on peut faire correspondre une construction active, le sujet du passif devenant objet de l'actif.

Die Fenster sind geputzt. ► *Jemand hat die Fenster geputzt.*
Les fenêtres sont nettoyées. ► Quelqu'un a nettoyé les fenêtres.
[La transformation n'est pas possible avec la relation attributive :
Der Himmel ist bewölkt. ► ~~*Jemand hat den Himmel bewölkt.*~~]

B Les formes

Le passif en *sein* ne s'emploie qu'au présent et au prétérit de l'indicatif et aux subjonctifs.

Die Kirche ist / war frisch renoviert.
L'église vient / venait d'être restaurée.

Mir hat er gesagt, das Haus sei / wäre schon verkauft.
Moi, il m'a dit que la maison était déjà vendue.

C Passif en *sein* (passif « état ») ou passif en *werden* (passif « action ») ?

Le passif en *sein* exprime l'**état** qui résulte d'une action, alors que le passif en *werden* exprime **l'action dans son déroulement**.

*Die Kirche **wird** renoviert.*
On est en train de restaurer l'église.
Mais : *Die Kirche **ist** renoviert.*
L'église est restaurée.

*Das Schloss **wurde** 1640 zerstört.*
Le château a été détruit en 1640. [L'action a eu lieu en 1640.]
Mais : *1641 **war** das Schloss zerstört.*
Le château était détruit en 1641. [État du château en 1641, l'action a eu lieu avant.]

D La correspondance entre le passif et l'actif

Comme pour le passif personnel en « *werden* + participe II », le sujet du passif en *sein* correspond à l'objet à l'accusatif de l'actif tandis que le sujet de l'actif devient complément d'agent introduit par *von*.

Seine großzügige Geste *rührte* *<u>die ganze Familie</u>*.
Son geste généreux toucha toute la famille.

(sujet) (complément d'objet accusatif)

(sujet) (complément d'agent)

<u>Die ganze Familie</u> war ***von seiner großzügigen Geste*** *gerührt.*
Toute la famille fut touchée par son geste généreux.

Repérer

1 Passif, parfait ou relation attributive ? Cochez la case qui convient. → A

1. Julian ist schon längst weggefahren.
2. Die Tür ist leider noch geschlossen.
3. Simone ist heute erst um 10 Uhr aufgestanden.
4. Die Telefonleitung ist besetzt.
5. Die Wohnung ist seit gestern vermietet.
6. Steffi ist im letzten Sommer nach Wien geflogen.
7. Michael Schumacher ist auch in Frankreich sehr bekannt.
8. Dieser Techniker ist auf seinem Gebiet begabt.
9. Das Problem ist gelöst.

passif	parfait	relation attributive

Maîtriser la forme

2 Mettez au passif. → C

1. Die Leistungen der Maschine überraschten die Techniker.
2. Die Reaktion seiner Kollegen hat den Angestellten ermutigt *(encourager)*.
3. Die Show begeisterte die Zuschauer.
4. Die Qualität des Vortrags beeindruckte die Jury.
5. Dieser Roman von Thomas Bernhardt faszinierte mich sofort.
6. Die dummen Antworten irritierten mich wirklich.

Employer

3 Traduisez. → D

1. La moto était déjà vendue la semaine dernière.
2. Le public était déçu par la défaite de son équipe de hockey sur glace.
3. Mon nouvel ordinateur est commandé depuis hier.
4. Il était prévu qu'il vienne avec son amie.
5. Depuis cette nuit les routes sont recouvertes par la neige.

17 Les constructions actives à sens passif

Das lässt sich nicht ändern.
Die Tür öffnet sich selbsttätig.

- Ces constructions sont grammaticalement actives, mais leur sujet désigne la personne ou la chose qui subit l'action et non celle qui la fait.
- Le français n'a pas toujours de constructions équivalentes ou les utilise bien moins.

A *Bekommen* + participe II

1 Observez bien l'exemple suivant en *bekommen* et son équivalent au passif en *werden*.
***Er** bekam von seinem Onkel ein Fahrrad geschenkt.*
Il reçut de son oncle un vélo en cadeau.
***Ihm** wurde (von seinem Onkel) ein Fahrrad geschenkt.*
≈ Un vélo lui a été offert (par son oncle).
Vous constatez que le sujet *(er)* de *bekommen* correspond au complément au datif *(ihm)* du passif en *werden*. Le sens de ces deux énoncés est le même ; ce qui change, c'est la façon de le dire.

2 La construction « *bekommen* + participe II » ne s'emploie qu'avec des verbes qui expriment ou impliquent l'idée de « donner », mais elle est alors très fréquente.
*Man verlieh **ihr** den Nobelpreis für Literatur.* ► ***Sie** bekam den Nobelpreis für Literatur verliehen.*
On lui décerna le prix Nobel de littérature. ► Elle reçut le prix Nobel de littérature.

B Certaines constructions réfléchies

1 **Verbe réfléchi** + adjectif :
sich gut verkaufen ► *Der Roman verkauft sich gut.* Le roman se vend bien.

2 **Verbe réfléchi** avec sujet impersonnel *es* + adjectif :

Auf diesem Stuhl sitzt es sich schlecht.	*In Berlin lebt es sich angenehm.*
Sur cette chaise, on est mal assis.	Il fait bon vivre à Berlin.

3 ***Sich lassen*** + (**adjectif** +) **infinitif** : la tournure exprime en outre la possibilité *(können)*.
Die Tür lässt sich nicht öffnen. = Die Tür kann nicht geöffnet werden.
On n'arrive pas à ouvrir la porte. [littéralement : « La porte ne se laisse pas ouvrir. »]
Das lässt sich nicht leugnen. = Das kann nicht geleugnet werden.
[Littéralement : « Cela ne se laisse pas nier. »] On ne peut pas le nier. = Cela ne peut pas être nié.

C *Sein zu* + infinitif

Le sujet de *sein zu* correspond au complément à l'accusatif de l'actif. La tournure exprime en outre la possibilité (surtout avec une négation) ou la nécessité.

Sein Verhalten ist nicht zu erklären.
Son comportement est inexplicable.
► *Man kann sein Verhalten nicht erklären. / Sein Verhalten kann nicht erklärt werden.*
On ne peut pas expliquer son comportement. / Son comportement ne peut pas être expliqué.

Diese Rechnung ist noch zu bezahlen. [Littéralement : « Cette facture est encore à payer. »]
► Actif sans *sein zu* : *Ich muss / Du musst noch diese Rechnung bezahlen.*
► Passif sans *sein zu* : *Diese Rechnung muss noch bezahlt werden.*

Parfois, il y a ambiguïté : *Was **ist** noch **zu** tun?* (Qu'y a-t-il encore à faire ?) = *Was **kann / muss** noch getan werden?* [Littéralement : « Qu'est-ce qui peut / doit encore être fait ? »]

| 1 | Transformez ces phrases en employant la structure *bekommen* + participe II. → A

1. Die CDs der Paulys Realencyclopädie wurden meinen Eltern frei Haus *(franco de port)* geschickt.
2. Mein neuer Flachbildschirm wird mir morgen geliefert.
3. Der Kundin werden noch die Haare gewaschen.
4. Ein Glas Bier wird auch dem Herrn serviert.
5. Angelina verpasste Tania eine Ohrfeige.
6. Diese CD ist mir von meiner Freundin geschenkt worden.
7. Man teilte ihm die Einladung offiziell mit.

| 2 | Transformez ces phrases de manière à exprimer la possibilité avec *sich lassen* + infinitif. → B

1. Man kann das Handy sehr gut und einfach bedienen.
2. Man kann dieses sportliche Auto leicht fahren.
3. Man kann den Vorfall einfach erklären.
4. Bei großen Demonstrationen kann man Ausschreitungen *(actes de violence)* nur schwer verhindern.
5. Man kann nicht leugnen, dass er als Minister erfolgreich war.

| 3 | Transformez les phrases suivantes en employant *sein + zu.* → C

1. Man kann keine Eintrittskarten fürs Konzert mehr bekommen.
2. Man kann die Radfahrer von hier aus gut sehen.
3. Man kann die Regale jetzt zum halben Preis kaufen.
4. Man kann den Text gut ins Deutsche übersetzen.
5. Ich kann die Zahnschmerzen kaum ertragen.
6. Er spricht zu leise. Ich kann seine Worte kaum verstehen.

| 4 | Mettez les phrases suivantes au passif sans employer *sein + zu.* → C

1. Diese Arbeit ist noch zu erledigen.
2. Das Geschirr ist noch zu spülen.
3. Dieses Hemd ist noch zu bügeln *(repasser)*.
4. Der Tisch ist noch abzudecken.
5. Der Text ist noch ins Reine zu schreiben.
6. Der Rasen ist noch zu mähen.

18 Le genre : généralités

der Vater, die Mutter, das Kind

- Il y a trois genres en allemand : le masculin *(der)*, le féminin *(die)* et le neutre *(das)*.
- Le genre du nom allemand **ne correspond pas toujours** au genre du nom français, il faut donc l'apprendre avec le nom allemand.
- Le genre est cependant souvent **lié au sens** du nom ou **à sa forme** (voir p. 44).

A Le genre en fonction du sexe

1 Les noms d'êtres humains.

- Ils ont généralement le genre correspondant au sexe de l'être désigné : *der Vater* (le père) / *die Mutter* (la mère), *der Zeuge* (le témoin) / *die Zeugin* (la témoin).
- Mais certains noms désignent des humains sans référence à leur sexe : *das Kind* (l'enfant - garçon ou fille), *die Geisel* (l'otage - homme ou femme), *das Opfer* (la victime).

Remarque : pour *das Mädchen* (la fille), le neutre est dû au suffixe *-chen* (voir p. 44).

2 Les noms d'animaux.

- Les noms désignant le mâle ou la femelle ont le genre correspondant : *der Hahn* (le coq) / *die Henne* (la poule).
- Mais les noms désignant l'espèce indépendamment du sexe peuvent avoir les trois genres : *der Hund* (le chien - mâle ou femelle), *die Katze* (le chat - mâle ou femelle), *das Pferd* (le cheval - mâle ou femelle).

B Le genre en fonction du sens

1 **Sont généralement masculins** les noms désignant :

- les jours, mois et saisons : *der Montag* (le lundi), *der Juli* (juillet), *der Sommer* (l'été)
mais : *die Woche* (la semaine) ;
- les phénomènes atmosphériques : *der Wind* (le vent), *der Frost* (le gel), *der Sturm* (la tempête)
mais : *das Gewitter* (l'orage) ;
- les marques de voitures : *der Mercedes* (la Mercédès).

2 **Sont généralement féminins** les noms désignant :

- les arbres et les fleurs : *die Eiche* (le chêne), *die Pappel* (le peuplier), *die Nelke* (l'œillet) ;
- les chiffres et les lettres : *die Eins* (le un), *die Fünf* (le cinq), *die Null* (le zéro) ;
- les noms de cours d'eau : *die Donau* (le Danube), *die Elbe* (l'Elbe) **mais** : *der Rhein* (le Rhin).

3 **Sont généralement neutres** les noms désignant :

- des quantités et unités de mesure : *das Dutzend* (la douzaine), *das Kilo* (le kilo) ;
- les matières et les couleurs : *das Blau* (le bleu), *das Gold* (l'or), *das Holz* (le bois) ;
- les villes et les pays ; attention : ils ne prennent l'article que s'ils sont dotés d'un complément.
Comparez :
Dresden ist eine schöne Stadt. ▸ *das schöne Dresden*
Deutschland in den 90er Jahren ▸ *das Deutschland der 90er Jahre*

Mais certains noms de régions ou pays ont toujours l'article et peuvent avoir un autre genre : *der Iran* (l'Iran), *die Schweiz* (la Suisse), *das Elsass* (l'Alsace), *die Niederlande* (les Pays-Bas).

C Les noms à double genre

1 Certains noms ont la même forme mais des genres différents selon leur sens.

der Band : le volume (livre) ≠ *das Band* : le ruban, le lien ≠ *die Band* [mot anglais] : l'orchestre de jazz
der Junge : le garçon ≠ *das Junge* : le petit [d'un animal]
der Schild : le bouclier ≠ *das Schild* : le panneau
der See : le lac ≠ *die See* : la mer
die Steuer : l'impôt ≠ *das Steuer* : le volant [d'une voiture]...

2 Quelques noms ont deux genres tout en gardant le même sens :

der / das Filter ; der / das Joghurt ; der / das Liter (le litre) *; der / das Meter ; der / das Poster.*

Repérer

| 1 | Relevez les noms communs et les noms propres en rétablissant les majuscules nécessaires, puis classez-les dans le tableau ci-dessous. → A B

„Von allem das beste" sollte denn auch das motto Ihres aufenthaltes im dreiländereck deutschland – frankreich – luxemburg lauten. Drei weltkulturerbestätten in unmittelbarer nähe, herrliche unverfälschte natur, trutzige burgen, prachtvolle schlösser, antike kulturschätze, schicke restaurants und angesagte bistros – Sie haben die qual der wahl.

Savoir vivre Saarland, Die Edition Band 7, 2003.

masculin	féminin	neutre	sans article
……	……	……	……

Maîtriser la forme

| 2 | Mettez l'article défini devant les noms suivants. → A B

1. …… Student
2. …… Mechaniker
3. …… Neckar
4. …… Weiß
5. …… Kater
6. …… Pferd
7. …… Stühlchen
8. …… Bäckerin
9. …… Schweinchen
10. …… Sängerin
11. …… Schnee
12. …… Tochter
13. …… Königin
14. …… Löwe
15. …… Fahrer
16. …… Dienstag
17. …… Maler
18. …… Peugeot
19. …… Dezember
20. …… BMW
21. …… Eisen
22. …… Schüler
23. …… Sportler
24. …… Herbst
25. …… Größe
26. …… Tulpe
27. …… Zwei
28. …… Nebel

| 3 | Complétez par l'article défini à la forme qui convient. → A B

1. …… Sonntag ist der beliebteste Wochentag.
2. …… heutige Nachmittag mit dir war angenehm.
3. …… heutige Berlin ist wirklich eine Reise wert.
4. …… Eiche neben der Kirche ist über tausend Jahre alt.
5. …… Dreizehn bringt mir meistens Glück.
6. …… Kätzchen spielt mit der Wolle.
7. …… Rhein fließt in d… Nordsee.
8. …… Golf IV ist ein Wagen für junge Leute.

| 4 | Traduisez. → A B C

1. le gel : ……
2. la lune : ……
3. le printemps : ……
4. la place : ……
5. le bébé : ……
6. le raisin : ……
7. le temps : ……
8. la pluie : ……
9. la fille : ……
10. la Moselle : ……
11. la gare : ……
12. la coccinelle : ……

| 5 | En vous aidant d'un dictionnaire, indiquez les différents sens des noms suivants. Précisez à chaque fois leur genre. → C

1. Bund - Gehalt - Hut - Kiefer - Kunde - Leiter - Taube - Tor - Verdienst
2. Abscheu - Bonbon - Dschungel - Solo

19 Le genre : cas particuliers

der Sprung, die Bewegung, das Gebirge

Le genre du nom est **souvent lié à sa forme**, c'est-à-dire généralement à la présence de tel ou tel préfixe, suffixe ou syllabe finale.

A Noms dérivés de verbes sans préfixe ni suffixe

Ils sont normalement au **masculin.**

kaufen ► *der Kauf* (l'achat), *rufen* ► *der Ruf* (l'appel), *reißen* ► *der Riss* (la déchirure)
mais : *verbieten* ► *das Verbot* (l'interdiction), *arbeiten* ► *die Arbeit* (le travail)

B Noms formés avec le préfixe *ge-*

Ils désignent des réalités collectives et sont normalement au **neutre.**

das Gebäck (les gâteaux), *das Gebirge* (la montagne - région ou chaîne), *das Gebäude* (le bâtiment), *das Gemüse* (les légumes)
mais : *der Gedanke* (la pensée), *die Gefahr* (le danger), *die Gemeinde* (la commune), *die Geburt* (la naissance), *die Geduld* (la patience)

C Suffixes ou syllabes finales qui conditionnent le genre du nom

1 Suffixes ou syllabes finales entraînant le masculin.

- Indépendamment du sens : *-er, -ismus, -ist, -ling, -or, -us...*
der Lehrer, der Nationalismus, der Lehrling, der Diktator, der Rhythmus...

- Lorsque le mot désigne une personne (toujours un homme) : *-at, -ant, -eur, -ier, -iker...*
der Demokrat, der Demonstrant, der Ingenieur, der Offizier, der Politiker...

2 Suffixes ou syllabes finales entraînant le féminin.

- **Toujours** : *-age, -ei, -enz, -ette, -heit, -keit, -ion, -ive, -ose, -schaft, -ung*, finales en *-ie...*
die Etage (l'étage), *die Freundlichkeit* (l'amabilité), *die Universität* (l'université), *die Bäckerei* (la boulangerie), *die Initiative* (l'initiative), *die Fantasie* (l'imagination), *die Tendenz* (la tendance), *die Freundschaft* (l'amitié), *die Bürokratie* (la bureaucratie), *die Tablette* (le comprimé), *die Diagnose* (le diagnostic), *die Nation* (la nation), *die Freiheit* (la liberté), *die Umgebung* (les alentours)
mais : *das Stadion* (le stade)

- **Le plus souvent** : *-ik* et *-ur*
die Fabrik, die Kritik, die Musik, die Panik
mais : *der Katholik, das Mosaik*
die Frisur (la coiffure), *die Figur* (la silhouette), *die Diktatur*
mais : *das Abitur* (le baccalauréat)

3 Suffixes ou syllabes finales entraînant le neutre.

- **Toujours** : *-chen, -lein, -ett, -tum, -um...*
das Mädchen (la fillette), *das Häuschen* (la maisonnette), *das Vöglein* (l'oisillon), *das Tablett* (le plateau), *das Eigentum* (la propriété), *das Museum*
mais : *der Irrtum* (l'erreur), *der Reichtum* (la richesse)

- **Le plus souvent** : *-at, -ma*
das Fabrikat (le produit), *das Inserat* (l'annonce [dans un journal]), *das Drama, das Thema*
mais : *der Automat* (le distributeur automatique), *der Apparat* (l'appareil), *die Firma* (la firme)

Remarque : quelques suffixes produisent des noms de deux genres différents.
-mut ► masculin : *der Übermut* (l'excitation) / féminin : *die Armut* (la pauvreté), *die Wehmut* (la mélancolie)
-nis ► féminin : *die Erlaubnis* (l'autorisation) / neutre : *das Ereignis* (l'événement)
-teil ► masculin : *der Vorteil* (l'avantage) / neutre : *das Gegenteil* (le contraire)

Maîtriser la forme

1 | Retrouvez le verbe à partir de chacun des noms suivants. → A

1. der Biss	**5.** der Genuss	**9.** das Schloss	**13.** der Spruch
2. der Dank	**6.** der Griff	**10.** der Schnitt	**14.** der Trank
3. der Fall	**7.** der Gruß	**11.** der Schritt	**15.** der Trieb
4. der Flug	**8.** der Pfiff	**12.** der Schrei	**16.** der Zug

2 | Indiquez le genre des noms suivants et justifiez-le. → B C

1. Bewegung	**6.** Flüchtling	**11.** Mannschaft	**16.** Praktikum
2. Höflichkeit	**7.** Minister	**12.** Studentin	**17.** Datum
3. Journalist	**8.** Geschrei	**13.** Gesundheit	**18.** Wirtschaft
4. Nekrose	**9.** Praktikant	**14.** Gläschen	**19.** Christentum
5. Märchen	**10.** Optimismus	**15.** Kanzlei	**20.** Polizist

3 | Formez des noms par dérivation à partir des mots suivants. Précisez le genre à chaque fois. → B C

1. arbeitslos	**6.** gesund	**11.** Mensch	**16.** singen
2. Bank	**7.** groß	**12.** nah	**17.** tief
3. Buch	**8.** herrlich	**13.** öffnen	**18.** überraschen
4. dichten	**9.** kapital	**14.** schön	**19.** wahr
5. Fabrik	**10.** meinen	**15.** Schrei	**20.** dumm

4 | Relevez les noms qui figurent dans cette vignette, indiquez leur genre et justifiez-le. → B C

Aus Goscinny-Uderzo, *Asterix bei den Schweizern*, Delta Verlag GmbH, 1991.

Employer

5 | Reliez les phrases juxtaposées selon l'exemple indiqué. Attention aux accords ! → A B C

Ich <u>kaufe ein</u>. Ich schaue immer auf den Preis. (bei) ▸
<u>Beim Einkaufen</u> schaue ich immer auf den Preis.

1. Marco frühstückt. Er liest die Zeitung. **(bei)**
2. Wir wollen (etwas) Abwechslung haben. Wir fahren dieses Jahr nicht ans Meer, sondern aufs Land. **(zu)**
3. Wir wanderten. Wir haben mehrmals Eichhörnchen *(écureuils)* gesehen. **(während)**
4. Ich tanke. Ich brauche meine Kreditkarte. **(zu)**
5. Es regnete. Das Wimbledon-Endspiel wurde nicht unterbrochen. **(trotz)**
6. Die Konferenz begann. Alle Anwesenden waren aufmerksam. **(nach)**
7. Ich las die Bedienungsanleitung *(mode d'emploi)*. Ich verstand, wie der Camcorder funktioniert. **(bei)**
8. Der Autofahrer bremste. Er konnte den Unfall nicht vermeiden *(éviter)*. **(trotz)**

20 Le pluriel des noms : vue d'ensemble

ein Mädchen, zwei Mädchen ; ein Kind, drei Kinder
ein Tisch, mehrere Tische ; ein Haus, viele Häuser

- Les marques de pluriel sont très nombreuses en allemand.
- L'une des marques est l'*Umlaut* ou inflexion (" sur la voyelle), qui peut se combiner à d'autres.

A Les marques du pluriel

Huit des neuf marques les plus fréquentes peuvent être groupées par deux :
ø et **" + ø** (« zéro », avec ou sans inflexion) : *der Wagen* ▸ *die Wagen_*, *der Vogel* ▸ *die Vögel_*
-e ou **" + -e** : *der Tisch* ▸ *die Tische*, *der Ball* ▸ *die Bälle*
-er ou **" + -er** : *das Kleid* (le vêtement, la robe) ▸ *die Kleider*, *das Haus* ▸ *die Häuser*
-n ou **-en** : *die Nadel* (l'aiguille) ▸ *die Nadeln*, *die Frau* ▸ *die Frauen*
-s (mots d'emprunt) : *der Park* ▸ *die Parks*, *die Bar* ▸ *die Bars*, *das Auto* ▸ *die Autos*

B La répartition des marques selon les genres

Il n'y a pas de règle absolue, mais des tendances tout de même assez nettes.
Pour les détails, reportez-vous au tableau p. 160.

1 Les masculins faibles font leur pluriel en **-en** : *der Franzose* (le Français) ▸ *die Franzosen*.

2 Les masculins forts ont majoritairement « **ø** » ou **-e**, **avec ou sans "** :
der Spiegel ▸ *die Spiegel_*, *der Laden* ▸ *die Läden_*, *der Tisch* ▸ *die Tische*, *der Stuhl* ▸ *die Stühle*.

3 Les féminins ont très majoritairement **-(e)n** et parfois **-e avec "** : *die Frau* ▸ *die Frauen*, *die Blume* ▸ *die Blumen*, *die Hand* ▸ *die Hände*.

4 Les neutres ont majoritairement « **ø** », **-e** ou **" + -er** : *das Messer* ▸ *die Messer_*, *das Jahr* ▸ *die Jahre*, *das Dach* ▸ *die Dächer*.

Remarque : les seuls féminins et neutres à avoir « ø + " » sont :
die Mutter (la mère) ▸ *die Mütter*, *die Tochter* (la fille) ▸ *die Töchter*,
das Kloster (le monastère) ▸ *die Klöster*, *das Abwasser* (les eaux usées) ▸ *die Abwässer*.

C Pluriels différents selon le sens

Un certain nombre d'homonymes ont des marques de pluriels différentes.

1 **Mots de même genre mais de sens différents et à pluriels différents.**
das Band ▸ *die Bande* (les liens) ≠ *die Bänder* (les rubans)
die Bank ▸ *die Banken* (les banques) ≠ *die Bänke* (les bancs)
der Strauß ▸ *die Strauße* (les autruches) ≠ *die Sträuße* (les bouquets) [de fleurs]

2 **Mots de genres et de sens différents et à pluriels différents.**
der Band (le volume) [livre] ▸ *die Bände* ≠ *die Band* (l'orchestre de jazz) ▸ *die Bands*
der Kiefer (la mâchoire) ▸ *die Kiefer_* ≠ *die Kiefer* (le pin) ▸ *die Kiefern*
der Leiter (le dirigeant, le responsable) ▸ *die Leiter* ≠ *die Leiter* (l'échelle) ▸ *die Leitern*
das Steuer (le volant, le gouvernail) ▸ *die Steuer* ≠ *die Steuer* (l'impôt) ▸ *die Steuern*

1 | Cochez la case correspondant à la marque correcte. → A B

	ø	¨ + ø	¨ + -e	¨ + -er	-e	-er	-n	-en	-s
Auge									
Brief									
Bücherei									
Disco									
Farbe									
Fehler									
Feld									
Formel									
Foto									
Held									
Hut									
Jahr									
Land									
Messer									
Rad									
Schlüssel									
Staat									
Stadt									
Streik									
Volk									

2 | Soulignez les groupes nominaux puis mettez-les au pluriel. → A B

1. Ruf doch bitte deinen Hund zurück!
2. Habt ihr euere Ausrüstung?
3. Warte bitte auf deinen Freund!
4. Hörst du denn den Vogel nicht?
5. Ich habe sein Motorrad nicht gesehen.
6. Öffnen Sie bitte das Fenster!
7. Diese Zeitschrift habe ich noch nicht gelesen.
8. Du sollst Brigitte das Glas bringen.
9. Siehst du das Kind dort?
10. Zeigen Sie mir das Zimmer, bitte!

3 | Mettez les groupes nominaux au pluriel. Accordez les verbes si nécessaire. → A B

1. Was kostet dieses Buch von Peter Härtling?
2. Nachts hört man den Zug vorbeifahren.
3. Wie heißt der Sänger?
4. Sonntags schließt die Disco hier in Köln um fünf Uhr morgens.
5. Dort liegt die CD-ROM.
6. Die Nacht wird langsam kalt.
7. Wo steht die Flasche?
8. Der Bau wird ein Jahr dauern.

4 | Pluriel des homonymes : complétez par la marque qui convient. → C

1. Der Autofahrer hat die Verkehrsschild...... bestimmt nicht beachtet.
2. Die Porta Nigra in Trier, das Holstentor in Lübeck und das Brandenburger Tor in Berlin sind berühmte deutsche Stadttor......
3. Schillers Werke gibt es in 8 Band......
4. Die Personalleiter...... haben eine wichtige Entscheidung *(décision)* getroffen.
5. In diesem Park stehen sehr hohe Kiefer......
6. Der Wächter hat mehrere Schlüsselbund...... , um alle Türen öffnen zu können.
7. Wort......, Wort...... nichts als Wort......! (W. Shakespeare).

21 Les pluriels particuliers

die Firma ▸ die Firmen, der Virus ▸ die Viren

Certains noms ont des formes particulières de pluriel, soit en raison de leur **forme** au singulier, soit en raison de leur **sens** (noms de matière, collectifs). Voici un aperçu général à compléter au fil de l'année.

A Pluriels particuliers liés à la forme des mots

Certains mots d'origine gréco-latine, peu nombreux mais d'usage assez courant, ont des pluriels particuliers. En voici quelques-uns parmi les plus fréquents.

1 Mots terminés par *-a*.

- Pluriel en ***-ata*** ou ***-as*** : *das Komma* (la virgule) ▸ *die Komm**ata***, *das Klima* ▸ *die Klim**as***.
- Pluriel en ***-en*** (fréquent) : *das Drama* (le drame) ▸ *die Dram**en***, *die Firma* (la firme) ▸ *die Firm**en***.

2 Mots terminés par *-um* ou *-ium*.

- Pluriel en ***-a*** : *das Praktikum* (le stage) ▸ *die Praktik**a***.
- Pluriel en ***-en*** (fréquent) : *das Museum* (le musée) ▸ *die Muse**en***,
das Datum (la date, la donnée) ▸ *die Dat**en***, *das Gymnasium* (le lycée) ▸ *die Gymnasi**en***.

3 Mots terminés par *–us*.

- Pluriel en ***-en*** : *der Virus* (le virus) ▸ *die Vir**en***, *der Rhythmus* ▸ *die Rhythm**en***.
- Pluriel en ***-se*** : *der Bus* (le bus) ▸ *die Bu**sse***.

4 Mots divers.

*das Kont**o*** (le compte [en banque]) ▸ *die Kont**en***, *das Stadi**on*** (le stade) ▸ *die Stadi**en***,
das Adverb (l'adverbe) ▸ *die Adverb**ien***, *das Lexik**on*** (le dictionnaire) ▸ *die Lexik**a***

Les mots suivants ne sont pas d'origine étrangère et ont quand même un pluriel particulier :
der Bau (la construction) ▸ *die Bau**ten*** , *der S**aa**l* (la salle) ▸ *die S**ä**le*.

B Pluriels particuliers liés au sens des mots

1 En principe, les noms de matière et les collectifs n'ont pas de pluriel. Lorsque l'on veut évoquer des « variétés » d'une même matière ou des éléments d'une collection, on recourt à des composés.
das Holz (le bois) ▸ *die Holz**arten*** (les variétés de bois)
der Schnee (la neige) ▸ *die Schnee**fälle*** (les chutes de neige)
das Brot (le pain), *der Käse* (le fromage) ▸ *die Brot**sorten***, *die Käse**sorten*** (les sortes de pain, de fromage)
das Spielzeug (le jouet ou l'ensemble des jouets) ▸ *die Spiel**sachen*** (les jouets)

2 Cas particulier : *der Kaufmann / die Kauffrau* (le / la commerçant(e)) ▸ *die Kauf**leute***.

C L'emploi du pluriel avec certains noms

1 Les noms de famille prennent un ***-s*** pour désigner la famille toute entière : *Müllers* (les Muller).

2 Les abstraits, au pluriel, désignent des réalités concrètes comportant la qualité indiquée :
die Grausamkeit (la cruauté) ▸ *die Grausamkeiten* (les atrocités - littéralement : les actes de cruauté).

3 Quelques noms n'existent qu'au pluriel : *die Eltern* (les parents), *die Geschwister* (les frères et sœurs)...

4 Les noms masculins et neutres employés comme **unité de mesure** restent au singulier, sauf si la mesure concerne le temps.
der Mann (l'homme) ▸ *eine hundert Mann starke Kompanie* (une compagnie de 100 hommes [armée]),
das Glas (le verre) ▸ *zwei Glas Bier* (deux verres de bière), *das Blatt* (la feuille) ▸ *zehn Blatt Papier* (dix feuilles de papier), *das Pfund* (la livre) ▸ *zwei Pfund Äpfel* (un kilo de pommes)
mais : *der Tag* ▸ *zehn Tag**e** Ferien* (dix jours de vacances)

Maîtriser la forme

1 Pour chacun des noms suivants, cochez la case correspondant à la marque correcte du pluriel. → A

	-a	-en	-s
Büro			
Café			
Datum			
Dogma			
Examen			
Gremium			
Konto			
Mechanismus			
Minimum			
Sofa			
Stipendium			
Villa			
Zyklus			

2 Désignez les ensembles suivants par un collectif. → B

Schweine, Pferde, Kälber: das Vieh

1. Hammer, Schraubenzieher, Bohrer : ......
2. Puppen, Kinderrennbahn, Roboter : ......
3. Trauben, Kiwis, Erdbeeren : ......
4. Könige, Prinzen, Fürsten : ......
5. Erbsen, Kartoffeln, Bohnen : ......
6. Perlenketten, Taschenuhren, Ringe : ......

Employer

3 Traduisez. → A B C

1. Die Feuerwehrleute waren in 10 Minuten an der Unfallstelle.
2. Zur Herstellung von Möbeln werden mehrere Holzarten benutzt.
3. Haben Sie Geschwister?
4. Während seiner Ausbildung hat Thomas zwei Praktika absolviert.
5. Die Busse fahren alle 5 Minuten.
6. Die meisten deutschen Banken haben Konten für Jugendliche in ihrem Angebot.
7. In Deutschland werden mehrere hundert Brotsorten hergestellt.
8. Um gesund zu bleiben, sollte man Obst und Gemüse essen.

4 Traduisez. → A B C

1. De nombreuses entreprises sont fermées le week-end.
2. Avez-vous des bagages ?
3. Il y a de nombreux musées à Munich.
4. En peu de temps, les mauvaises herbes envahissent le jardin.
5. Pour bricoler, tu trouveras les outils nécessaires dans l'atelier.
6. Cette librairie propose un grand choix de dictionnaires.
7. À cause de la sécheresse, les fruits sont chers actuellement.
8. Vous trouverez les jouets au deuxième étage de notre magasin.

22 L'article défini *(der, die, das)*

Der Vater, die Mutter, das Kind: Familienmitglieder.

- L'article défini signale que l'être ou l'objet désignés par le nom ou le groupe nominal sont déjà identifiés ou qu'ils sont facilement repérables dans la situation donnée.
- Son emploi peut aussi résulter de contraintes grammaticales ou de choix stylistiques.

Pour les formes déclinées, reportez-vous p. 64.

A L'article défini s'emploie :

1 Pour désigner une réalité évoquée dans le contexte antérieur.
Vor der Tür lag ein Paket. ***Das*** *Paket war schwer.*
Devant la porte, il y avait un paquet. Le paquet était lourd.

2 Pour désigner une réalité identifiable dans la situation.
Gib mir bitte ***das*** *Wasser.*
Donne-moi l'eau, s'il te plaît. [= l'eau qui est sur la table]

3 Pour désigner une réalité dans sa généralité (valeur générique).
Der *Wal ist ein Säugetier.*
La baleine est un mammifère.

B L'article défini est obligatoire :

1 Devant les adjectifs et verbes **substantivés** : *das Schöne* (le beau), *der Blinde / die Blinde* (l'aveugle - homme / femme), *das Spielen* (le fait de jouer).

2 Pour **faire apparaître le cas** d'un complément du nom : *ein Gefühl* ***der*** *Angst /* ***der*** *Freude /* ***der*** *Unsicherheit* (un sentiment de peur / de joie / d'insécurité).

3 Dans des expressions figées : *die Geduld verlieren* (perdre patience), *die Verantwortung für etw. tragen* (porter la responsabilité de qqch).

C L'article défini est contracté avec la préposition :

1 **De façon obligatoire** quand le nom ne désigne pas une réalité particulière.
- Au **datif :**
bei + dem ▸ *Ich war* ***beim*** *Frisör.* J'étais chez le coiffeur. [chez un coiffeur quelconque]
an + dem ▸ ***am*** *Arbeiten sein* : être au travail
in + dem ▸ ***im*** *Sommer* : en été
von + dem ▸ ***vom*** *Lande sein* : être de la campagne [par opposition à la ville]
zu + der ▸ ***zur*** *Miete wohnen* : habiter en location
- À **l'accusatif :** ***ins*** *Wasser fallen* (tomber à l'eau / ne pas avoir lieu), ***fürs*** *Erste* (pour le moment)

2 **De façon facultative** (mais fréquente).
- À **l'accusatif** dans les compléments directifs : ***ans*** *Meer fahren* (aller à la mer), ***ins*** *Wasser fallen* (tomber dans l'eau).
- Dans la langue familière, à l'accusatif comme au datif : *vorm Haus stehen* (être devant la maison), *aufs Dach steigen* (monter sur le toit), *auf'm Boden sitzen* (être assis par terre).

D L'article défini devant les noms propres

1 Il est obligatoire devant les noms accompagnés d'un complément : ***der*** *arme Florian* (ce pauvre Florian), ***das*** *Europa des letzten Jahrhunderts* (l'Europe du siècle dernier).

2 Il est familier mais non populaire devant les noms de personne (on peut l'entendre à la télévision).

Der Peter hat es mir gesagt.	*Wo ist denn die Natascha?*
C'est Peter qui me l'a dit.	Où est donc Natascha ?

Maîtriser la forme

1 Complétez par l'article défini au cas qui convient. → A

Dann stand ich da, in Adam Dermans Wohnzimmer, und sah mich um. Alles war ordentlich und sauber. Die Wände waren weiß gestrichen, und ein großer, leuchtend blauer Teppich lag am Boden. ...... Möblierung bestand aus einem beigen, mehrteiligen Sofa mit einem großen weißen Couchtisch davor. Dann ein paar Lampen, ... Stereoanlage, ... Fernseher und ein einziges, großes rotblaues Gemälde an einer Wand. Wie wohl ...... Rest ...... Wohnung aussah, fragte ich mich. Ich hatte ...... Küche gesehen – die ebenfalls sehr aufgeräumt und sauber gewesen war, hell und mit neuen Regalen. Ganz vorsichtig begann ich, ... Wohnung zu erkunden. ...... Badezimmer war blaßblau gestrichen, und ...... Bild einer rosafarbenen, nackten Meerjungfrau hing an ...... Wand.

Aus Marilyn Sachs, *Fast fünfzehn*, Beltz & Gelberg, 1996.

Repérer

2 Soulignez l'article défini obligatoire. → B

1. Das Fahren hat er allein gelernt.
2. Nimm das Messer!
3. Er hat das Geld verloren.
4. Sie soll mit dem Singen aufhören.
5. Mephisto hat das Böse in sich.
6. Der Pinguin ist ein Vogel, der nicht fliegen kann.

Employer

3 Complétez par *in (im / ins)* ou *an (am / ans)*. → C

1. Stell die Gitarre ...... die Wand.
2. Liegst du noch ...... Bett?
3. Leg die Servietten bitte ...... Badezimmer!
4. Gehst du manchmal ...... Kino?
5. ...... Winter fahren wir wieder ...... die Berge.
6. ...... Montag war meine Schwester krank.
7. Das Mofa steht ...... Keller.
8. Letztes Jahr verbrachten wir den Urlaub ...... Meer.
9. Eine Schülerin soll jetzt ...... die Tafel gehen.
10. Er war leider noch nie ...... Theater.

4 Ajoutez l'article défini, si nécessaire, devant les noms propres. → D

1. ...... Österreich ist ein herrliches Land.
2. Nächsten Sommer macht Familie Fischer Urlaub an ...... schönen Donau.
3. Es gibt einen neuen Friedensplan für ...... Nahen Osten.
4. ...... England nennt man zu Unrecht ...... Großbritannien.
5. Liegt ...... Polen in Asien?
6. ...... EU besteht schon aus 25 Ländern.
7. ...... Julian kommt bestimmt nächstes Wochenende.
8. ...... Vereinigten Staaten sind kaum sechs Flugstunden von ...... Europa entfernt.
9. Sie kommt aus ...... Berlin.
10. ...... schöne Elsass ist auch eine Reise wert.

23 L'article indéfini *(ein, kein)*

Wir haben einen Papagei.
Sie wohnen in einem Hochhaus.

- L'article indéfini *ein* est en fait un nombre. Il désigne normalement une réalité unique non identifiée, mais peut aussi désigner la classe à laquelle elle appartient (valeur générique).
- Sa forme négative est *kein*, qui s'emploie au singulier comme au pluriel.

Pour les formes déclinées, reportez-vous p. 64.

A L'article indéfini *(ein)* s'emploie :

1 Pour désigner un exemplaire quelconque d'une **réalité dénombrable** :

- par opposition à d'autres nombres ;
*Sie hat **einen** Teddybär / acht Teddybären.*
Elle a un / huit ours en peluche.

- par opposition à l'absence d'article.
Ich möchte Apfelsaft.
Je voudrais du jus de pommes.
*Ich möchte **einen** Apfelsaft.*
Je voudrais un jus de pommes. [= un verre, une bouteille]

2 Pour marquer l'**appartenance à une catégorie**.
*Der Pinguin ist **ein** Vogel.*
Le pingouin est un oiseau.
*Hans ist **ein** Dummkopf.*
Hans est un imbécile.

3 Pour désigner le genre à travers l'**exemplaire unique** (valeur générique) surtout dans des maximes.
***Ein** großer Junge weint doch nicht!*
Un grand garçon, ça ne pleure pas !

❶ Le même énoncé peut ainsi avoir deux sens.
Ein Hund bellt.
Un chien, ça aboie. [emploi générique] / Il y a un chien qui aboie. [= un chien particulier]

4 Pour exprimer une **intensité**.
*Mensch, habe °ich **einen** Durst!*
Bon Dieu, j'ai une de ces soifs !
*Der hatte **eine** Angst!*
Il a eu une de ces peurs !

5 Dans quelques expressions figées.
*Wann wird das **ein** Ende nehmen?*
Quand est-ce que ça se terminera? [marque d'impatience]
***Ein** Glück, dass er nichts gemerkt hat!*
Une chance qu'il n'ait rien remarqué !

B La négation de l'article indéfini : *kein* et *nicht ein*

1 La négation avec *kein*.

- Elle exprime la négation simple (« pas de »).
*Wir haben **keinen** Hund.*
Nous n'avons pas de chien.
*Der Wal ist **kein** Fisch.*
La baleine n'est pas un poisson.

- Elle s'utilise aussi devant des noms désignant des réalités non dénombrables.
Er hatte Mut. Il avait du courage. ► *Er hatte **keinen** Mut.* Il n'avait pas de courage.

- Elle peut s'utiliser au pluriel pour nier une réalité plurielle.
*Es waren **keine** Wolken am Himmel.*
Il n'y avait pas de nuages dans le ciel. [Quand il y en a, il y en a généralement plus d'un.]

- Elle peut être renforcée par *einzig* : *kein einziger Mensch* (pas un seul homme), *kein einziges Mal* (pas une seule fois).

2 La négation avec *nicht ein*.

- Elle souligne l'absence (« pas un seul », emploi peu fréquent, *ein* accentué).
*Wir haben **nicht °einen** Menschen getroffen.*
Nous n'avons pas rencontré une seule personne.

- Elle s'emploie avant une rectification en *sondern* : *nicht °eine Woche, **sondern** mehrere* (non pas une semaine, mais plusieurs).

Maîtriser la forme

| 1 | Remplacez l'article indéfini par l'article défini. → A

1. eine Nummer
2. ein Ding
3. ein Mensch
4. ein Paar
5. ein Glas
6. ein Klima
7. eine Stunde
8. ein Jahr
9. ein Gefühl
10. ein Gruß
11. ein Hemd
12. eine Formel
13. ein Regentropfen
14. ein Tier
15. ein Spiel
16. ein Sonnenschirm

| 2 | Complétez par les marques qui conviennent, y compris, le cas échéant, la marque (Ø). → A

1. Meine Tante hat ein...... Hund und auch ein...... Meerschweinchen.
2. Er hat es in ein...... Zeitschrift gelesen.
3. Hanna lebt seit ein...... Jahr in Österreich.
4. Bald fahren wir durch ein...... kleines Dorf.
5. Arbeitest du zu Hause auch an ein...... Computer?
6. Sein Wagen ist ein...... Audi.
7. Ich habe ein...... tollen Preis gewonnen.
8. Matthias ist ein...... netter Freund.

Employer

| 3 | Récrivez les phrases en mettant au singulier tous les noms ou groupes nominaux au pluriel. Attention à l'accord du verbe. → A

1. Nachher treffe ich Freunde in einer Kneipe.
2. Heidi will noch Briefe schreiben.
3. Sie liest Science-Fiction-Bücher von Michael Shea.
4. Kinder spielen dort im Sandkasten.
5. Ältere Personen hören meistens schlecht.
6. Die Forscher vom Pariser Observatorium haben neue Planeten entdeckt.

| 4 | Complétez par *kein* ou *nicht ein* au cas qui convient. → B

1. Heute habe ich mich ...... einziges Mal müde oder schlapp gefühlt.
2. Er besitzt ...... Haus, sondern zwei.
3. Das ist ...... gute Idee.
4. „Möchtest du was trinken?" „Nein danke, ich habe ...... Durst."
5. Seit Stefan in Heidelberg studiert, hat er ...... einziges Mal angerufen.
6. Du hast ...... Fehler gemacht, sondern mehrere.
7. Er hat ...... 100 Euro gewonnen, sondern 1 000.

24 L'absence d'article

Ich habe Durst.
Er trinkt gern Cola.
Es ist Winter.
Sie hat blaue Augen.

- L'absence d'article se rencontre au singulier comme au pluriel.
- Elle exprime normalement la quantité indéfinie ou partielle (« partitif »), mais peut aussi exprimer la totalité d'une chose (emploi générique).
- Elle peut aussi résulter de contraintes grammaticales ou être motivée par des raisons stylistiques.

A L'absence d'article peut exprimer :

1 Une **quantité indéfinie** de quelque chose (« partitif ») :

- au singulier avec des noms désignant des réalités non dénombrables ;

Er hat Wasser getrunken.
Il a bu de l'eau.

Wir brauchen Zeit.
Nous avons besoin de temps.

- au pluriel avec des noms désignant des réalités dénombrables.

Er isst Kirschen.
Il mange des cerises.

Kinder spielen auf dem Platz.
Des enfants jouent sur la place.

2 Une réalité prise dans sa **généralité** (valeur générique) :

- au singulier avec des noms désignant des réalités non dénombrables ;

Kaffee macht nervös.
Le café, ça rend nerveux.

Fleisch ist teuer.
La viande, c'est cher.

- au pluriel avec des noms désignant des réalités dénombrables.

Bellende Hunde beißen nicht.
Les chiens qui aboient ne mordent pas.

B L'absence d'article est la règle :

1 Avec les noms attributs du sujet, eux-mêmes sans complément.

- Noms désignant des métiers, des fonctions ou des nationalités.

Er ist Anwalt.
Il est avocat. [**mais** : *Er ist ein guter Anwalt.* C'est un bon avocat.]

Sie ist Deutsche.
Elle est allemande.

- Noms désignant des jours ou saisons, sauf s'ils sont introduits par une préposition.

Es ist Montag.
On est lundi.

Es ist Winter.
C'est l'hiver. [**mais** : *im Winter* (en hiver)]

2 Avec un complément au génitif antéposé (dit « génitif saxon », langue soutenue). Le génitif antéposé remplace l'article défini : *Peters Fahrrad = das Fahrrad von Peter* [fam.] (le vélo de Peter).

3 Avec certains noms.

- Noms de langues : *Er spricht gut Polnisch.* (Il parle bien le polonais.)
- Noms de matières scolaires : *Sie ist gut in Mathe.* (Elle est bonne en maths.)
- Noms de villes et beaucoup de noms de pays : *Kennst du Berlin?* (Tu connais Berlin ?) / *Sie wohnt in Frankreich.* (Elle habite en France.)

❶ **Exceptions** : *die Schweiz* (la Suisse), *die Türkei* (la Turquie), *der Irak...*
❶ L'article réapparaît si le nom a un complément : ***das** vereinigte Deutschland* (l'Allemagne réunifiée).

4 Dans des expressions plus ou moins figées.

- Expressions temporelles (sauf si elles sont introduites par une préposition) : *nächsten Montag* (lundi prochain), *letzte Woche* (la semaine dernière) **mais** : *im April* (en avril).
- Expressions introduites par une préposition : *aus guten Gründen* (pour de bonnes raisons), *bei Gelegenheit* (à l'occasion), *nach Belieben* (à volonté), *ein Zimmer ohne Fenster* (une chambre sans fenêtre), *zu Mittag essen* (déjeuner).

Remarque : pour gagner de la place et frapper l'esprit, les titres d'article sont souvent en « style télégraphique » : *Zug gegen Auto : Fahrer unversehrt.* (**Une** voiture est percutée par **un** train : **le** conducteur est indemne).

Maîtriser la forme

| 1 | Introduisez les groupes entre parenthèses au cas qui convient. → A B

Auf der Insel Föhr genießen die Touristen (Strände / schön).
▸ *Auf der Insel Föhr genießen die Touristen schöne Strände.*

1. In Rom habe ich (Pizzas / toll) gegessen.
2. Er trinkt gern (Bier / hell).
3. Sie liest gern (Romane / japanisch).
4. Dieses Geschäft verkauft nur (Obst / frisch).
5. Nach der Arbeit hat er oft (Hände / schmutzig).
6. Nur mit (Mühe / groß) gelang es ihm, die schwere Kiste in den Kofferraum zu laden.

Employer

| 2 | Article défini, article indéfini ou absence d'article ? Complétez le texte suivant. → A B

...... Andrang ist groß an diesem Vormittag. ...... Alte Herren am Stock stehen in ...... Schlange hinter ...... Arbeitern im Blaumann, die ihre Mittagspause für ...... Umtausch nutzen, und ...... Schülern mit ...... tief hängenden Jeans und ...... Baseball-Kappe, die sich mit ...... Bargeld aus ...... elterlichen Wohnung ...... Taschengeld aufbessern. An ...... 100 Kunden kommen im Laufe dieses Tages mit ...... D-Mark-Resten in ...... Bundesbank. Sie wollen ...... Pfennigmünzen umtauschen, die sie in ...... alten Spardose *(tirelire)* gefunden haben, oder ...... Scheine aus ...... Sparstrumpf ...... verstorbenen Oma.

Aus *Die Welt*, 16.10.2004.

| 3 | Traduisez. → A B

1. Er wird morgen von Bundespräsident Köhler empfangen.
2. Sie möchte gern Polnisch lernen.
3. Er spielt nicht Gitarre, sondern Mandoline.
4. Geld allein macht nicht glücklich.
5. In Deutschland isst man meistens kein Brot zum Mittagessen.
6. Es ist leichter aus dem Deutschen ins Französische zu übersetzen als umgekehrt.

25 Les déterminants démonstratifs et possessifs

Diese Sportschuhe gehören mir. Es sind meine Sportschuhe.

A Les démonstratifs

Les démonstratifs permettent de désigner un objet de façon plus appuyée que les articles définis ordinaires. On peut en distinguer trois.

1 ***Dieser, dieses, diese*** (pluriel : *diese*) se décline comme l'article défini (voir p. 64).

- Il s'emploie pour désigner un objet devant lequel on se trouve. Il est souvent renforcé par *da*.
[À la boulangerie] *Geben Sie mir* ***dieses*** *(lange) Brot (da).*
Donnez-moi ce pain long, là.

- Il s'emploie aussi pour reprendre une donnée qu'on vient d'évoquer.
Der König hatte einen Sohn. ***Dieser*** *Sohn wollte eines Tages...*
Le roi avait un fils. Ce fils voulut un jour...

2 ***Jener, jenes, jene*** (pluriel : *jene*) se décline comme l'article défini (voir p. 64).
Il désigne une réalité plus éloignée, dans le temps ou dans l'esprit. Il est plutôt littéraire.
zu ***jener*** *Zeit* : en ce temps-là

3 ***Derselbe, dieselbe, dasselbe*** (pluriel : *dieselben*) / ***der gleiche, die gleiche, das gleiche*** (pluriel : *die gleichen*) se déclinent comme *der* + adjectif (avec marques faibles, voir p. 64).

- *Derselbe* s'écrit en un mot sauf si l'article fusionne avec une préposition : ***am selben*** *Tag* (le même jour).

- *Derselbe* exprime l'identité d'objet (= le même), *der gleiche* l'identité d'aspect (= le pareil).

Sie kommen aus ***demselben*** *Dorf.*
Ils sont du même village.

Sie haben das ***gleiche*** *Auto.*
Ils ont la même voiture. [= même modèle, mais chacun la sienne]

❗ En langue courante, on néglige la distinction : *Sie haben dasselbe Auto.* (Ils ont la même voiture.)

B Les possessifs

1 Formes : ***mein*** (mon / ma), ***dein*** (ton / ta), ***sein*** ou ***ihr*** (son / sa), ***unser*** (notre), ***euer*** (votre), ***ihr*** (leur).

2 Déclinaison : au singulier, le possessif se décline comme l'indéfini *ein*, au pluriel comme *keine*.

	masculin	féminin	neutre	pluriel
Nom.	mein_	mein**e**	mein_	mein**e**
Acc.	mein**en**	mein**e**	mein_	mein**e**
Dat.	mein**em**	mein**er**	mein**em**	mein**en**
Gén.	mein**es**	mein**er**	mein**es**	mein**er**

❗ Particularités phonétiques / orthographiques : le *e* de *euer* disparaît aux cas autres que le nominatif (*euren, eurem, eures*, pluriel : *eure*...).

3 ***Sein*** ou ***ihr*** ?

- En français, le choix entre « son » et « sa » dépend du genre de l'objet possédé. En allemand, le choix entre *sein* et *ihr* dépend du genre du possesseur.
Peter, ***sein*** *Vater und* ***seine*** *Mutter* : Peter, son père et sa mère
Brigitte, ***ihr*** *Vater und* ***ihre*** *Mutter* : Brigitte, son père et sa mère

- S'il y a plusieurs possesseurs possibles et que c'est le dernier nommé qui est visé, le possessif est remplacé par *dessen* si le possesseur est masculin ou neutre, *deren* s'il est féminin.
Peter, Ralf und ***dessen*** *Freundin Ute* [Ute est l'amie de Ralf.]
Inge ist mit Brigitte und ***deren*** *Freund Peter gekommen.* [Peter est l'ami de Brigitte.]
[Si Peter est l'ami de Inge...] *Inge ist mit* ***ihrem*** *Freund Peter und Brigitte gekommen.*

4 L'emploi du possessif est moins fréquent en allemand qu'en français.
Il passe tout **son** dimanche devant la télé.
Er verbringt ***den*** *ganzen Sonntag vor dem Fernseher.*

Maîtriser la forme

1 Complétez par les marques qui conviennent. → A

1. D......selbe Mann hat mich schon vorhin angesprochen.
2. Mareike und ich nehmen morgens d......selben Bus.
3. Jeden Tag hören wir d......selben Lieder im Radio.
4. Wir haben d......selbe Auto seit 5 Jahren.
5. Heiko und ich kommen aus d......selben Ort.
6. Peter und seine Freundin Klara sind an d......selben Tag geboren.
7. D......selben Film habe ich schon vor einem Monat gesehen.
8. Meine Großeltern und wir wohnen in d......selben Hochhaus.
9. D......selbe Dartboard (neutre : *jeu de fléchettes*) wollte ich mir auch kaufen!
10. Mein Freund hat mir d......selben Orchideen wie diese hier gestern geschenkt.

2 Complétez les phrases suivantes avec le possessif correspondant au pronom personnel entre parenthèses. → B

1. Komm, ich zeige dir ...... neue Digitalkamera. **(ich)**
2. Wir haben ...... Autoschlüssel verloren. **(wir)**
3. An ...... Stelle würde ich gleich zu Hause anrufen. **(du)**
4. Kommen die Blumen aus ...... Garten? **(ihr)**
5. Sag ...... Freund, dass wir bis 20.00 Uhr auf ihn warten. **(du)**
6. Herr Simmer, Sie haben ...... Terminkalender vergessen. **(Sie)**
7. Simone, wo hast du ...... Unterlagen hingelegt? **(wir)**
8. Fahrt ihr am Wochenende mit ...... Kollegen an den Bodensee? **(ihr)**
9. Habe ich dir schon ...... Austauschspartnerin Christa aus Innsbruck vorgestellt? **(ich)**
10. Wo ist denn ...... chinesische Vase? **(ihr)** Ist sie kaputt?
11. Was hast du mit ...... ganzen Taschengeld gemacht? **(du)** Doch nicht schon ausgegeben?
12. Herrn Rothenmacher, ... älteren Untermieter (*sous-locataire*) sehen wir kaum. **(wir)**

Employer

3 *Sein* ou *ihr* ? Complétez les phrases suivantes en faisant l'accord si nécessaire. → B

1. Monika und ...... Kusine Lea lade ich auch zur Rave-Veranstaltung ein.
2. Ich sehe Herrn Hamann, aber ...... Frau sehe ich nicht.
3. Heiko probiert den Roller ...... Freundes Bruno.
4. Frau Clemens geht jeden Abend mit ...... Hund spazieren.
5. Matthias wartet auf ...... Rollenspielpartner.
6. Katja und ...... Tanzpartner Klaus kommen auch zur Salsaparty.
7. Und Brigitte? Braucht sie auch ...... Unterlagen?
8. Franz erzählte ...... Gästen, wie schön es in Nürnberg war.
9. Ist dein Onkel mit ...... neuen DVD-Player zufrieden?
10. Unserer Nachbarin, Frau Reitinger, ist ...... Wellensittich (*perruche*) heute Morgen entflogen.
11. Schau mal, da kommt Axel mit ...... neuen Freundin Rebecca.
12. Christel ist mit ...... Eltern letzten Sommer nach Mallorca geflogen.

26 Les chiffres et les nombres

dreizehn, siebenundzwanzig, hundertvier, zweitausendfünf

Pour la formation des nombres, reportez-vous au tableau p. 161.

A Les nombres cardinaux

1 Rappel des règles d'écriture des nombres entiers.

- En dessous du million, les nombres s'écrivent en un seul mot.
- Ils s'écrivent dans le même ordre qu'en français **sauf** les dizaines et les unités qui sont inversées par rapport au français et reliées par *und* à partir de 21 : *einundzwanzig, zweiundzwanzig* (22), *dreiundzwanzig* (23), *dreihundertfünfunddreißig* (335).

2 Emploi : les nombres peuvent fonctionner comme premier élément de composés.

- Adjectifs : *ein fünftüriges Auto* (une voiture à cinq portes), *ein zwölfjähriges Kind* (un enfant de douze ans) [on peut aussi écrire : *ein 12-jähriges Kind*], *ein dreifacher Millionär* ([une personne] trois fois millionnaire), *eine fünfstellige Summe* (une somme à cinq chiffres).
- Noms : *das Dreirad* (le tricycle), *der Dreisatz* (la règle de trois), *der Dreisprung* (le triple saut).

3 Accord du nom : à partir de *zwei* (2), le nom se met au pluriel, sauf si le nombre se termine par *-undein* : *drei Tag**e*** (trois jours), *zweihundertundein Tag_* (201 jours), *tausendundeine Nacht_* (1001 nuits).

4 Les quatre opérations se font au singulier.

5 + 3 = 8	*5 und (plus) 3 ist (gleich) 8.*
9 - 3 = 6	*9 weniger (minus) 3 ist (gleich) 6.*
3 x 2 = 6	*3 mal 2 ist 6.*
6 : 2 = 3	*6 durch 2 ist 3.*

Remarque : au lieu de *ist*, on peut dire aussi : *macht, gibt.*
Pour la répétition, *mal* s'attache au nombre : *Er hat es **dreimal** versucht.* (Il a essayé trois fois.)

5 Les numéros de téléphone.

- On épèle normalement les chiffres un à un : 0913 4685 = *null-neun-eins-drei – vier-sechs-acht-fünf.*
- Le chiffre 2 se prononce *zwo* pour éviter la confusion avec *drei* (3).
- Pour les numéros spéciaux, on opère des regroupements : 0800 666 444 = *null-acht-null-null, dreimal die Sechs, dreimal die Vier.*

B Les regroupements d'un même nombre d'individus

Pour exprimer un regroupement par deux, trois, quatre..., on utilise, jusqu'à huit, le nombre augmenté du suffixe *-t* : *zu zweit* (à deux), *zu dritt* (à trois), *zu viert, zu fünft, zu sechst, zu siebt* ou *zu sieben, zu acht...*
Au-delà de douze, le suffixe disparaît : *zu dreizehn, zu vierzehn...*

C Les nombres ordinaux

1 Les nombres ordinaux s'emploient et se déclinent comme des **adjectifs épithètes.**
*Peter hat den zweiten Platz erobert, Hans hat nur den fünfundzwanzig**sten** erreicht.*
Peter a obtenu la deuxième place, Hans n'a eu que la vingt-cinquième.

2 Expression de la date.

- Dans les en-têtes de lettres : 10.05.05 ou *Dienstag, den 10. Mai 2005* (Mardi 10 mai 2005).
- Au fil du texte : on met un point après le chiffre pour montrer que c'est un ordinal.

*Heute ist Dienstag, der 10. (= zehnt**e**) Mai.*
[groupe nominal au nominatif car apposé à *Dienstag*, attribut de *ist*]
*Heute haben wir Dienstag, d**en** 10. (= zehnt**en**) Mai.*
[groupe nominal à l'accusatif car apposé à *Dienstag*, complément d'objet de *haben*]

Maîtriser la forme

| 1 | Lisez puis écrivez en toutes lettres. → A

6	30	831	7 065
12	60	1789	11 111
17	201	1993	456 789
27	664	2005	800 333

Telefonnummer des ARD-Hauptstadtstudios Berlin : (+49) 30 2288-0

| 2 | Écrivez les éléments chiffrés en toutes lettres. → A

1. Meine Freundin wurde 1989 geboren.
2. Der Kuchen muss ¾ Stunde backen.
3. In 1 oder 2 Tagen geht es mir bestimmt wieder besser.
4. Ein Fussballspiel dauert 1 ½ Stunden.
5. Der Zweite Weltkrieg endete 1945.
6. Bei 35 Grad ist die Hitze unerträglich.
7. Das ist Ware 1. Qualität.

| 3 | Écrivez ces opérations en chiffres puis donnez leur résultat en toutes lettres. → A

1. fünfhundertzweiundachtzig + hundertsiebenundsiebzig = ...
2. siebenhundertzwölf + zweiundachtzig = ...
3. neunundneunzig – dreiunddreißig = ...
4. fünfundzwanzig x einundsechzig = ...
5. sechzehn x zehn = ...
6. vierhundert : fünfzig = ...
7. zweitausendsechshundertfünfundsiebzig : zehn = ...

| 4 | Écrivez les chiffres en toutes lettres. → C

1. Wir leben im 21. Jahrhundert.
2. Im 16. Jahrhundert war Berlin noch ein Dorf.
3. Tania geht in die 12. Klasse.
4. Heute haben wir den 1. Januar.
5. ZDF bedeutet 2. Deutsches Fernsehen.
6. Laure Manaudou wurde 3. über 100 Meter Rücken bei den Olympischen Spielen 2004 in Athen.

Employer

| 5 | Traduisez en écrivant les chiffres en toutes lettres. → A B C

1. Cette histoire s'est déroulée dans les années 80.
2. Le 1er mai est férié.
3. Le premier chapitre est crucial *(entscheidend)* pour comprendre le reste.
4. Berlin compte environ 3,47 millions d'habitants.
5. À deux, nous obtiendrons probablement de meilleurs résultats.
6. Le 3 octobre est depuis 1990 le Jour de la réunification allemande.
7. Plusieurs milliers de personnes étaient dans la rue.

27 La quantité non chiffrée

Manche sind dafür, andere sind dagegen.
Viele haben gar keine Meinung.

A Définition

1 Pour exprimer une quantité sans la chiffrer, on emploie des mots déclinables comme *einige* (quelques) ou *viele* (beaucoup), qui s'utilisent pour la plupart au singulier comme au pluriel.

2 Ils peuvent s'employer comme :
- **déterminants** (**avec** un groupe nominal) : *Alle Menschen sind Brüder.* (Tous les hommes sont frères.)
- **pronoms** (**à la place** d'un groupe nominal sous-entendu) : *Alle sind gekommen.* (Tous sont venus.)

B Emploi comme déterminant

all- : *Aller Anfang ist schwer.* (Tout commencement est difficile.), *alle Bücher* (tous les livres)

ander- : *ein anderes Mal* (une autre fois), *andere Länder, andere Sitten* (autres pays, autres mœurs)

beide (pluriel) : *Beide Methoden sind richtig.* (Les deux méthodes sont bonnes.)

einig- : *mit einiger Mühe* (avec un certain effort), *einige Städte* (quelques villes)

folgend- : *mit folgendem Argument* (avec l'argument suivant), *folgende Sätze* (les phrases suivantes)

manch- : *in mancher Hinsicht* (à plus d'un égard), *manche Leute* (certaines personnes)
Manch einer ist sich der Lage gar nicht bewusst. (Plus d'un n'a pas conscience de la situation.)

mehrere (pluriel) : *eine Familie mit mehreren Kindern* (une famille avec plusieurs enfants)

solch- : *in solch einem Fall* (dans un tel cas), *mit solchen Leuten* (avec des gens comme eux)

viel- : [souvent invariable au singulier] *mit viel Liebe* (avec beaucoup d'amour),
[toujours décliné au pluriel] *in vielen Fällen* (dans beaucoup de cas)

wenig- : *wenig Zeit haben* (avoir peu de temps), *in wenigen Sekunden* (dans quelques secondes)

jed- (singulier) : *jedes Kind* (chaque enfant), *in jedem Fall* (dans tous les cas)

was für (ein) : *Was für einen Wagen hat er?* (Qu'est-ce qu'il a comme voiture ?) /
In was für Filme gehst du gern? (Quel genre de films aimes-tu voir ?)

welch- : *Welcher Film hat dir besser gefallen:* Lola rennt *oder* Goodbye Lenin?
(Quel film t'a plu le plus, *Cours, Lola, cours* ou *Goodbye Lenin ?*)

❶ La déclinaison de l'adjectif fait hésiter même les Allemands. Retenez simplement :
- **Avec *alle, beide, jeder, solche, welche***, l'adjectif qui suit prend toujours les marques faibles : *alle verkauften Bücher* (tous les livres vendus), *jedes kleine Kind* (tous les petits enfants)
- **Avec les autres**, l'adjectif a toujours les marques fortes au pluriel et souvent aussi au singulier : *andere kleine Kinder* (d'autres petits enfants), *mit einigem guten Willen* (avec un peu de bonne volonté).

C Emploi comme pronom

1 Au singulier, ils sont généralement neutres et désignent une collection indéfinie de choses.

*Er hat **alles** gegessen.*
Il a tout mangé.

*Hier fehlt noch **einiges**.*
Il manque pas mal de choses, ici.

*Er will **beides** haben.*
Il veut les deux. [choses]

*Er weiß **vieles**.*
Il sait beaucoup de choses.

- ***Manch-*** a un sens pluriel et se rencontre aux trois genres selon ce qu'il désigne.

Mancher / Manche glaubt das gar nicht.
Plus d'un [homme] / Plus d'une [femme] n'y croit pas.

Es passiert manches, was man nicht weiß.
Il se passe bien des choses qu'on ne sait pas.

- ***Viel*** et ***wenig*** restent généralement invariables.
Er hat viel / wenig getrunken. Il a beaucoup / peu bu.

2 Au pluriel, ils se déclinent comme l'article défini.

***Viele** sind gekommen.*
Beaucoup sont venus.

*Ich habe mit **einigen** geredet.*
J'ai parlé à certains d'entre eux.

Maîtriser la forme

| 1 | Complétez si nécessaire par les marques qui conviennent. → A B

1. Schnell! In wenig...... Minuten fährt der Zug ab.
2. All...... anwesenden Gäste waren froh, sich wieder zu sehen.
3. Wegen einer Demonstration blieben wir mehr...... Stunden in einem Stau *(bouchon)* stecken.
4. Hast du noch ander...... interessante DVDs?
5. Beeile dich, wir haben nicht viel...... Zeit, um all...... Einkäufe zu erledigen.
6. Manch...... Leute brauchen wenig...... Schlaf.
7. Meiner Meinung nach ist eine solch...... Entscheidung nicht akzeptabel.
8. Ich habe ihn schon lange nicht mehr gesehen. Er ist ein ganz ander...... Mensch geworden.
9. Jed...... Mal, wenn man sie anspricht, ist sie verlegen.
10. Du willst immer viel...... Geld für wenig...... Arbeit verdienen.
11. In Deutschland gibt es viel...... herrliche Urlaubsorte zu entdecken.
12. Welch...... Jahreszeit magst du am liebsten: Frühling, Sommer, Herbst oder Winter?
13. Einig...... deutsche Freunde haben mich diesen Sommer besucht.
14. Du kannst zu jed...... Zeit zu mir kommen.
15. Mit solch...... guten Verkaufsergebnissen hatten die Autohändler bestimmt nicht gerechnet.
16. An welch...... Tag hast du nur bis 14 Uhr Schule?
17. Folgend...... Bücher von Erich Kästner habe ich schon gelesen: *Das doppelte Lottchen, Pünktchen und Anton, Emil und die Detektive.*

| 2 | Complétez si nécessaire par les marques qui conviennent. → A C

1. Hör zu, ich habe dir manch...... zu erzählen.
2. Jed...... wusste gleich, dass Max sich aufregen würde.
3. Im Folgend...... wird erklärt, wie man mit dem Computer umgeht.
4. Solch...... einen wie du kann man in der Küche gut gebrauchen.
5. Er hat schon so manch...... erlebt.
6. Nur wenig...... Zeitungen haben über dieses Ereignis berichtet.
7. Jed...... hier kann dir bestätigen *(confirmer)*, dass dieses Handy mir gehört.
8. Sahnetorte oder Apfelstrudel? Am liebsten möchte ich beid......!
9. Komm, wir gehen. Hier gibt es wirklich nicht viel...... zu sehen.
10. Mit solch...... einem wie dir ist es nicht sehr angenehm, den Abend zu verbringen.
11. Fühlst du dich besonders gestresst? Wird dir alles ein wenig...... zu viel? Dann setz mal aus!
12. Ich mache mehr als manch...... meinen.

Employer

| 3 | Traduisez. → A B C

1. Le repas était très bon mais j'ai beaucoup trop mangé.
2. Quel maillot de bain préfères-tu, le bleu ou le rouge ?
3. Mes deux sœurs sont plus âgées que moi.
4. Hormis celles-ci, j'ai d'autres pièces de monnaie *(die Münze)* intéressantes.
5. Les cambrioleurs ont disparu avec la totalité des bijoux *(der Schmuck).*
6. De tous mes collègues, il n'y en a qu'un qui est venu.
7. Tout rassemblement *(die Versammlung)* est interdit devant le Palais présidentiel.
8. Avec les adresses Internet suivantes, vous verrez sur une seule page toutes les offres d'emploi disponibles.

28 Le groupe nominal : structure

ein kleines rothaariges Mädchen mit einem Pferdeschwanz

Le groupe nominal est constitué d'un nom et de tous les éléments qui gravitent autour. **Seul ce qui est à gauche du nom** (déterminants et adjectifs) **peut se décliner avec lui.**

Pour les détails, reportez-vous au tableau p. 159.

A Le nom comme base du groupe nominal

1 Le nom peut être **simple**, **dérivé** à l'aide d'un préfixe ou d'un suffixe, ou **composé** : *der Freund* (l'ami), *die Freundschaft* (l'amitié), *der Schulfreund* (le camarade de classe).

Remarque : tout mot ou expression peut être substantivé et être la base d'un groupe nominal (voir p. 76).
Das Interessante an diesem Film ist... L'intéressant dans ce film est...

2 Le groupe nominal peut s'étendre à gauche ou à droite de la base. Seuls les éléments à gauche peuvent se décliner avec le nom (voir p. 64).
*Das alte **Haus** am Teich war abbruchreif.*
La vieille maison au bord de l'étang était bonne à démolir.

B Les éléments à gauche de la base

1 Structure du groupe à gauche de la base.

article	quantifieur	épithète (adjectif, participe ou groupe adjectival ou participe)	nom
–	ein	(sehr) spannender	Film [1]
–	drei	kleine	Mädchen [2]
der	–	von der Feuerwehr gerettete	Mann [3]
die	vier	gestern verschickten	Pakete [4]
die	vielen	Tag für Tag auf die Freilassung der Geiseln wartenden	Freunde [5]

1. un film (tout à fait) passionnant 2. trois petites filles 3. l'homme sauvé par les pompiers
4. les quatre paquets envoyés hier 5. les nombreux amis qui attendent chaque jour la libération des otages

2 Quand séparer les épithètes par une virgule ?

- La présence d'une virgule indique que les deux épithètes sont sur le même plan (≈ coordonnés) : *runde, tiefliegende Augen* (des yeux ronds et profonds), *ihre hohe, freie Stirn* (son front haut et dégagé).
- L'absence de virgule indique que l'épithète la plus proche du nom constitue avec lui un premier groupe de sens modifié par l'épithète située plus à gauche : *ein kleines blondes Mädchen* (une petite fille blonde).

3 Ordre des épithètes.

L'épithète exprimant la qualité la plus inhérente (donc la plus objective) se place le plus près du nom. Celle qui exprime la qualité la plus aléatoire (donc la plus subjective) se place le plus à gauche.

article	jugement	taille	âge	couleur	origine / matière	nom
die	nette	kleine	ältere			Dame [1]
das	hässliche	kleine	alte		eiserne	Bett [2]
der	schöne	große	alte	bemalte	bayrische	Schrank [3]

1. la sympathique petite dame d'un certain âge 2. l'affreux vieux petit lit de fer 3. la belle, grande et vieille armoire bavaroise peinte

C Les éléments à droite de la base

Ils peuvent être d'une grande diversité : adjectif non décliné, nom juxtaposé, adverbe, groupe nominal au génitif, groupe prépositionnel, relative... : *die Stadt Berlin* (la ville de Berlin), *der Mann links* (l'homme à gauche), *der Hut meines Vaters* (le chapeau de mon père), *das Auto vor dem Haus* (la voiture devant la maison).

Repérer

| 1 | **Dans le texte suivant, entourez les noms et soulignez les compléments qui s'y rattachent.** → A B C

Das Erlebnis, das ich im Sinn habe, begann im Theater, und zwar im Old Vic Theater von London, bei einer Aufführung Richards II. von Shakespeare. Ich war damals zum ersten Mal in London und mein Mann auch, und die Stadt machte einen gewaltigen Eindruck auf uns. Wir wohnten ja für gewöhnlich auf dem Lande, in Österreich, und natürlich kannten wir Wien und auch München und Rom, aber was eine Weltstadt war, wussten wir nicht. Ich erinnere mich, dass wir schon auf dem Weg ins Theater, auf den steilen Rolltreppen der Untergrundbahn hinab- und hinaufschwebend und im eisigen Schluchtenwind der Bahnsteige den Zügen nacheilend, in eine seltsame Stimmung von Erregung und Freude gerieten und dass wir dann vor dem noch geschlossenen Vorhang saßen, wie Kinder, die zum ersten Mal ein Weihnachtsmärchen auf der Bühne sehen.

Aus Marie-Luise Kaschnitz, *Gespenster*, Claassen Verlag GmbH, 1983.

| 2 | **Dans les phrases suivantes, délimitez les groupes nominaux complexes en les soulignant et identifiez leur base.** → B C

1. Seit Inkrafttreten *(l'entrée en vigueur)* des Abkommens *(l'accord)* über die Personenfreizügigkeit *(la libre circulation des personnes)* im Jahr 2002 dürfen Schweizer bei der Passkontrolle an Flughäfen die gleichen Schalter *(le guichet)* wie EU-Bürger benutzen.
2. Der Absatz *(la vente)* von biologisch angebauten *(cultivé)* Lebensmitteln ist im vergangenen Jahr um zehn Prozent gestiegen.
3. Der geographische Mittelpunkt aller 25 EU-Länder, verkündete *(annoncer)* im April das Pariser Institut Géographique National, liege im rheinland-pfälzischen Kleinmaischeid, 20 Kilometer von Koblenz.
4. 6,6 Millionen Roboter werden bis 2007 weltweit in Privathaushalten als Hilfsarbeiter oder zur Unterhaltung im Einsatz sein, fünfmal so viel wie 2003.

Maîtriser la forme

| 3 | **Reformulez les phrases suivantes en transformant les adjectifs attributs en épithètes. Vous utiliserez l'amorce : *Es ist ein(e)...*** → B

1. Die Wohnung ist hell, modern und gut eingerichtet.
2. Der Handwerker ist fleißig, pünktlich und zuverlässig.
3. Das Buch ist brandneu, gut geschrieben und spannend.
4. Die Tulpen *(les tulipes)* sind duftig, bunt und kommen aus Holland.
5. Eckers Brezeln sind frisch, schön, braun und knusprig.
6. Dieser VW-Käfer ist alt, verrostet *(rouillé)* und schmutzig aber nicht wertlos.

Employer

| 4 | **Écrivez des phrases cohérentes à partir des éléments proposés en commençant par l'élément souligné.** → B C

1. Jugendliche (am kommenden Wochenende / aus verschiedenen europäischen Ländern / in Brüssel) : sich treffen
2. Meine zwölfjährige Schwester (ein neues Handy / von meinen Eltern / zum Geburtstag) : bekommen
3. Der blaue Smart Roadster (der vor der Tür steht / meines Nachbarn / ganz neu) : sein
4. Anne (noch heute / wegen der Einladung / ihre Kusine Lea / am Samstag) : anrufen
5. Thomas (eine Wanderreise / im nächsten Sommer / an der Küste Florida / mit seinem Freund Alex) : machen
6. Bettina (ihren Großeltern / aus Kopenhagen / eine Ansichtskarte) : schicken
7. Die Tageszeitung (passiert sind / gestern / Ereignisse / im Irak) : berichten über
8. Meine Eltern (einen intensiven Sprachkurs / in Köln / mir / im Juli) : finanzieren

29 Le groupe nominal : déclinaison

ein schönes Fest, das schöne Fest

La déclinaison est en fait moins compliquée qu'elle n'en a l'air – à condition de se placer **au niveau du groupe nominal tout entier** et non au niveau des éléments pris séparément.

A Principes

1 Les marques de déclinaison n'affectent pas isolément l'article, l'adjectif et le nom, mais les trois **solidairement**. C'est donc **solidairement** qu'il faut les examiner.

2 Les marques de déclinaison varient selon le genre, le critère « défini / indéfini », le nombre et le cas du groupe nominal. Elles aident à déterminer la fonction du groupe nominal. Concrètement :
– Pour chaque cas et genre, il y a une marque caractéristique, dite « forte », une autre dite « faible ».
– La marque « forte » affecte prioritairement l'article, l'adjectif recevant alors la marque « faible ».
– Quand le déterminant (article ou possessif) est absent ou non marqué *(ein, sein)*, c'est l'adjectif qui reçoit la marque « forte ».

B Les marques du groupe nominal

1 Si l'article a la marque « forte », l'adjectif a la marque « faible ».

	masculin	féminin	neutre	pluriel
Nom.	**der** klein**e** Hund	**die** blau**e** Blume	**das** groß**e** Tier	**die** schön**en** Städte
Acc.	**den** klein**en** Hund	**die** blau**e** Blume	**das** groß**e** Tier	**die** schön**en** Städte
Dat.	**dem** klein**en** Hund	**der** blau**en** Blume	**dem** groß**en** Tier	**den** schön**en** Städte**n**
Gén.	**des** klein**en** Hund(**e**)**s**	**der** blau**en** Blume	**des** groß**en** Tier**s**	**der** schön**en** Städte

! On voit que certaines combinaisons de marques sont ambiguës, d'autres non :
- non ambiguë : ***-er* + *-e*** ne peut correspondre qu'au nominatif masculin singulier ;
- ambiguë : ***-er* + *-en*** peut correspondre au datif ou au génitif féminin singulier.

! On voit que l'adjectif n'a que deux marques : ***-e*** au nominatif des trois genres et à l'accusatif féminin et neutre, ***-en*** partout ailleurs.

2 Si l'article n'est pas marqué ou s'il n'y a pas d'article, l'adjectif prend une marque « forte ».

	masculin	féminin	neutre	pluriel (négateur *keine*)
Nom.	ein__ klein**er** Hund	ein**e** blau**e** Blume	ein__ groß**es** Tier	kein**e** schön**en** Städte
Acc.	ein**en** klein**en** Hund	ein**e** blau**e** Blume	ein__ groß**es** Tier	kein**e** schön**en** Städte
Dat.	ein**em** klein**en** Hund	ein**er** blau**en** Blume	ein**em** groß**en** Tier	kein**en** schön**en** Städte**n**
Gén.	ein**es** klein**en** Hund(**e**)**s**	ein**er** blau**en** Blume	ein**es** groß**en** Tier**s**	kein**er** schön**en** Städte

	masculin	féminin	neutre	pluriel
Nom.	rein**er** Apfelsaft	warm**e** Milch	kalt**es** Wasser	frisch**e** Eier
Acc.	rein**en** Apfelsaft	warm**e** Milch	kalt**es** Wasser	frisch**e** Eier
Dat.	rein**em** Apfelsaft	warm**er** Milch	kalt**em** Wasser	frisch**en** Eier**n**
Gén.	rein**en** Apfelsaft**s**	warm**er** Milch	kalt**en** Wasser**s**	frisch**er** Eier

Repérer

| 1 | Quel est le cas du groupe nominal souligné ? Cochez la case qui convient. → A B

1. Ich esse gern frisches Brot.
2. Er hat es mit eigenen Augen gesehen.
3. Ich suche einen Taschenrechner.
4. Das lustige Theaterstück „Der Floh im Ohr" gefiel mir wirklich gut.
5. Sind das die Skulpturen der Künstlerin Rebecca Horn?
6. Tante Klaras guter Kartoffelsalat schmeckt am besten.
7. Geh nicht mit leerem Magen zum Training.
8. Einer meiner älteren Brüder half mir beim Puzzle.
9. Er ist ein abscheulicher Heuchler *(hypocrite)*.
10. Wie stellst du dir einen typischen Urlaubstag vor?

Nom.	Acc.	Dat.	Gén.

Maîtriser la forme

| 2 | Transformez les couples « nom / adjectif » en groupes nominaux selon l'exemple proposé. → A B

Faschingskostüm (n) / neu ▸ Ich habe ein neues Faschingskostüm. / Willst du das neue Faschingskostüm mal sehen?

1. Digitalkamera (f) / toll
2. Chefsessel (m) / bequem
3. Wörterbuch (n) / aktuell
4. Briefmarke (f) / wertvoll
5. Uhr (f) / sportlich
6. Taschentuch (n) / bestickt *(brodé)*
7. Squashschläger (m) / teuer
8. Sonnenbrille (f) / modisch

| 3 | Mettez le groupe nominal en italique au pluriel. → A B

1. Auf dem Tisch steht *ein leerer Suppenteller.*
2. Im Schrank findest du *eine kleine Kaffeetasse.*
3. Hast du noch *ein frisches Taschentuch?*
4. Auf dem Regal steht *ein rotes Feuerwehr-Modellauto.*
5. Auf der Kellertreppe steht *eine gute Flasche Rotwein.*
6. Da im Korb liegt *ein grüner Apfel.*
7. Hier unter dem Schuhschrank liegt bestimmt noch *ein alter Sportschuh.*
8. Dort an der Wand hängt *ein schönes Gemälde* von Gustav Klimt.

Employer

| 4 | Complétez par la marque qui convient. → A B

Der Vater stand ohne Zweifel, so wie immer, in seinem groß......, still...... Atelier und malte an seinen Bildern. Da war es eigentlich nicht gut, ihn zu stören. Aber er hatte ja erst kürzlich gesagt, Pierre solle nur immer zu ihm kommen, wenn er Lust habe. [...]
Vorsichtig drückte er die Klinke herab, öffnete die Tür leise und steckte den Kopf hinein. Der heftig...... Geruch von Terpentin und Lack war ihm zuwider aber die breit......, stark...... Gestalt des Vaters erweckte Hoffnung. Pierre trat ein und schloss die Tür hinter sich [...]
Der Junge sah den Maler auf sein Bild blicken, sah seine Augen gespannt starren und seine stark...... , nervös...... Hand mit dem dünn...... Pinsel zielen.

Aus Hermann Hesse, *Rosshalde* (1914), Suhrkamp Taschenbuch, 2003.

30 L'emploi des cas : l'accusatif

Sie haben einen Sohn, eine Tochter und ein Haustier.

L'accusatif est le cas-type du complément d'objet du verbe, mais il marque également d'autres compléments, de sorte que des confusions sont possibles.

Pour les marques de l'accusatif, reportez-vous p. 64.

A Il marque le complément d'objet des verbes.

1 Verbes de forme quelconque.

*angeben : Er hat **seinen Namen** nicht angegeben.* Il n'a pas indiqué son nom (au téléphone).
*auslachen : Er hat **mich** ausgelacht.* Il s'est moqué de moi. (= Il a ri de moi.)

2 Verbes en *be-*.

*beantworten : Er hat **meinen Brief** noch nicht beantwortet.* Il n'a pas encore répondu à ma lettre.
*beglückwünschen : Hast du **ihn** schon zum Abitur beglückwünscht?* L'as-tu déjà félicité pour son bac ?

B Il est appelé par certaines prépositions (voir p. 164).

1 Gouvernant toujours l'accusatif : *durch, für, gegen, ohne, um, wider.*

*Sie sind durch **den Wald** gegangen.*
Ils sont passés par la forêt.
*Keine Angst, ich sorge für **alles**.*
Ne t'inquiète pas, je m'occupe de tout.
*Was hat er nur gegen **mich**?*
Qu'est-ce qu'il a contre moi? [= Que me reproche-t-il ?]

2 Gouvernant l'accusatif ou le datif : *an, auf, hinter, in, neben, über, unter, vor, zwischen.*

L'accusatif marque alors la **direction** ou le **changement de lieu**.
Er musste sich an die Wand stützen.
Il dut s'appuyer contre le mur. [= Une force est dirigée contre le mur.]
Sie stieg in den Bus. Elle monta dans le bus. [= changement de lieu]
Das Kind klettert auf den Tisch. L'enfant grimpe sur la table.

C Il marque des compléments non appelés par le verbe (accusatif « libre »).

1 Compléments de mesure.

- Durée : *Laura hat **den ganzen Tag** gearbeitet.* Laura a travaillé toute la journée.
- Longueur, taille : *Er misst genau 1,75 m (= **einen Meter fünfundsiebzig**).* Il mesure exactement 1,75 m.
- Poids : *Der Sack Kartoffeln ist **einen Zentner** schwer.* Le sac de pommes de terre fait 50 kg.
- Différence de taille : *Peter ist (um) **einen Kopf** größer als Paul.* Peter fait une tête de plus que Paul.
- Valeur : *Es kostet genau **einen Euro**.* Ça coûte exactement un euro.

2 Compléments de distance parcourue avec des verbes de déplacement souvent complétés par un adverbe ou préverbe en *hin* ou *her*.

*Wir sind nur **einen Kilometer** gelaufen.* Nous n'avons fait qu'un kilomètre.
*Er fährt **diese Strecke** fast jeden Tag.* Il fait ce trajet presque tous les jours.
*Ich bin **diesen Weg** oft hinaufgestiegen.* J'ai souvent fait ce chemin. [chemin ascendant]

3 Compléments de « manière » : ces compléments associent un groupe nominal à l'accusatif et un groupe prépositionnel.

***Den Revolver in der Hand** betrat er das Haus.* Il pénétra dans la maison, le revolver à la main.
***Den Kopf in die Hände gestützt**, dachte er nach.* La tête appuyée sur les mains, il réfléchissait.

Repérer

| 1 | Soulignez les erreurs présentes dans ces répliques et rectifiez la seconde vignette. → A

Aus Uli Stein, *Pisa-Alarm!*, Lappan Verlag GmbH, 2003.

| 2 | Dans le paragraphe suivant, soulignez les compléments à l'accusatif. → A B C

„Ich fühle mich einfach nicht wohl. Wäre lieber bei Oma auf dem Land geblieben. Aber mein Vater meint, jetzt, da Ma ausgezogen ist, brauchen wir die große Wohnung nicht mehr. Dabei wollte er doch nur in die Stadt ziehen, weil hier seine Freundin wohnt. Ich habe gar keinen Bedarf, sie kennen zu lernen."

Aus Kristina Dunker, *Dornröschen küsst*, Deutscher Taschenbuch Verlag, 2002.

| 3 | Soulignez les accusatifs dans les locutions suivantes. → A B C

1. sich in die Höhle des Löwen begeben *(se jeter dans la gueule du loup)*
2. jemanden durch den Kakao ziehen *(se payer la tête de quelqu'un)*
3. etwas für einen Apfel und ein Ei bekommen *(obtenir quelque chose pour une bouchée de pain)*
4. jemandem auf den Leim gehen *(tomber dans le panneau)*
5. jemandem den Kopf waschen *(passer un savon à quelqu'un)*
6. etwas an die große Glocke hängen *(crier quelque chose sur les toits)*
7. sein Schäfchen ins Trockene bringen *(faire son beurre)*
8. jemandem auf den Wecker fallen *(casser les pieds à quelqu'un)*

Maîtriser la forme

| 4 | Intégrez dans les phrases suivantes les groupes nominaux entre parenthèses. → A

1. *(der Computer)* Vergiss bitte nicht, ... auszuschalten, bevor du gehst.
2. *(mehrere Jahre)* Doris hat ...... in Weimar Musik studiert.
3. *(deine Gitarre)* Kannst du mir bitte ...... ein paar Minuten leihen?
4. *(ein Freund)* Wir erwarten ......, um mit der Arbeit anzufangen.
5. *(der MP3-Player)* Mein Nachbar hat bei der Verlosung ...... gewonnen.
6. *(jeder Teilnehmer)* Für ...... gab es eine Belohnung.

| 5 | Identifiez le genre et le nombre du nom puis mettez les marques qui conviennent. → B

1. Vati ging oft in d...... Wald, um Pilze zu sammeln.
2. Ich lege d...... nötige Geld für d...... CDs auf d...... Tisch.
3. Warte ein...... Augenblick, ich bin gleich mit der Arbeit fertig!
4. Denken Sie oft an Ihr...... Kindheit zurück?
5. Die Katastrophe wurde durch menschlich...... Versagen verursacht.
6. Warum kommst du ohne dein...... Freundinnen? Hatten sie denn keine Lust?
7. Was gibt es Neu...... seit dem letzten Treffen?
8. Pass bitte auf d...... Baby auf!

31 L'emploi des cas : le datif

Er gibt seiner Freundin einen Kuss.

- Le datif est souvent le cas du deuxième complément des verbes qui ont par ailleurs un complément à l'accusatif.
- Il est loin de toujours correspondre au complément indirect en français.

Pour les marques du datif, reportez-vous p. 64.

A Il marque le complément d'objet des verbes.

1 Le complément au datif correspond parfois à un **complément indirect** en français.

*Die Oma hat **dem Jungen** ein Handy geschenkt.*
La grand-mère a offert un portable **au garçon**.

*Maria hat **ihrem Freund** eine Ansichtskarte geschickt.*
Maria a envoyé une carte postale **à son ami**.

2 Mais il correspond souvent aussi à un **complément direct** en français.

*In der Stadt bin ich heute **einem alten Freund** begegnet.*
En ville, j'ai rencontré aujourd'hui **un vieil ami**.
*Sie hilft **ihrem kleinen Bruder** bei der Mathe-Aufgabe.*
Elle aide **son petit frère** à faire son devoir de math.

3 De nombreux verbes à préverbe *bei-*, *ent-*, *nach-*, *vor-* ou *zu-* ont un complément au datif : *jemandem beistehen* (assister qqn), *den Erwartungen entsprechen* (correspondre aux attentes), *jemandem nachblicken* (suivre qqn des yeux), *einem Unfall vorbeugen* (prévenir un accident).

B Il est appelé par certaines prépositions (voir p. 164) :

1 Gouvernant toujours le datif : *aus, bei, mit, nach, seit, von, zu* et *gegenüber* :
***aus** der Flasche trinken* (boire à la bouteille), ***bei** der Post arbeiten* (travailler à la poste), ***mit** dem Bus fahren* (prendre le bus), ***nach** wenigen Minuten* (après quelques minutes), ***seit** dem Unfall* (depuis l'accident), ***von** der Schule zurückkommen* (revenir de l'école), ***zu** einem Freund gehen* (aller chez un ami), ***gegenüber** der Post wohnen* (habiter en face de la poste).

2 Gouvernant le datif ou l'accusatif : *an, auf, hinter, in, neben, über, unter, vor, zwischen*. Le datif marque alors **un lieu** (qu'il y ait ou non déplacement dans ce lieu).
*Die Zeitung liegt **auf dem Stuhl**.* Le journal est sur la chaise. [localisation du journal]
*Karin geht **im Wald** spazieren.* Karin se promène dans la forêt. [déplacement à l'intérieur d'un même lieu]

C Il marque des compléments non appelés par le verbe (datif « libre »).

Cet emploi du datif est très fréquent dans la langue courante. Il marque diverses relations.

1 Le bénéficiaire de l'action exprimée par le verbe, celui pour qui on fait quelque chose.
*Er öffnet **der alten Dame** die Tür.*
Il ouvre la porte à la vieille dame. [pour qu'elle n'ait pas à le faire elle-même]

2 Une relation d'appartenance inaliénable, de partie à tout.
*Wasche **dir** zuerst die Hände.*
Va d'abord te laver les mains.

3 Le jugement subjectif de la personne désignée par le datif, qui n'est pas forcément le locuteur.
*Ich fahre nicht mit ihm, er fährt **mir** zu schnell.*
Je ne pars pas avec lui, **je trouve** qu'il roule trop vite.

4 La participation affective du locuteur qui montre qu'il se sent concerné par ce qu'il dit.

*Mach **mir** keine Dummheiten!*
Surtout ne fais pas de bêtises!

*°Du bist **mir** einer!*
Quel drôle de type tu es !

Repérer

| 1 | Dans le paragraphe suivant, soulignez les compléments au datif. → A B C

Ich drückte meine Zigarette aus und wollte mich abwenden. Da fiel mein Blick auf ein blondes Mädchen, das bei den Möbelträgern stand. Es lehnte neben dem Hauseingang. Ich behielt das Mädchen im Auge, bis es im Haus verschwand. Dann suchte ich die Fenster des gegenüberliegenden Hauses ab. [...] Ich fand die Wohnung; sie gehörte zu einem Balkon im dritten Stock. Nicht lange, und das Mädchen stand auf diesem Balkon.

Aus Klaus Kordon, *Die Einbahnstraße*, Ravensburger Bücherverlag, 1987.

| 2 | Soulignez les datifs dans les locutions suivantes. → A B C

1. sein Fähnchen nach dem Wind drehen *(retourner sa veste)*
2. in der Tinte sitzen *(être dans le pétrin)*
3. jemandem den Boden unter den Füßen wegziehen *(couper l'herbe sous le pied de quelqu'un)*
4. zwei Fliegen mit einer Klappe schlagen *(faire d'une pierre deux coups)*
5. jemandem einen Bären aufbinden *(mener quelqu'un en bateau)*
6. einen Frosch im Hals haben *(avoir un chat dans la gorge)*
7. das Pferd beim Schwanz aufzäumen *(mettre la charrue avant les boeufs)*
8. wie aus dem Ei gepellt sein *(être tiré à quatre épingles)*

Maîtriser la forme

| 3 | Complétez par les marques du datif qui conviennent. → A

1. Meine Praktikumswahl hängt nicht nur von m...... ab.
2. Thomas hat an d...... Wettbewerb unbedingt teilnehmen wollen.
3. Sebastian begegnete unerwartet sei...... ehemalig...... Freund in d...... Stadt.
4. Vera zu ihr...... Freundin Katrin: Musst du denn immer d...... neuest...... Mode folgen?
5. Der Mörder wurde zu ein...... lebenslänglich...... Freiheitsstrafe verurteilt.
6. Meine Freunde fragen mich oft nach mein...... Muttersprache, Koreanisch.
7. Daniel sieht sein...... Bruder wirklich nicht ähnlich.

| 4 | Intégrez dans les phrases suivantes les groupes nominaux entre parenthèses. → B

1. *(seine Freunde)* Er hatte gelogen und schämte sich vor ......
2. *(ihre Eltern)* Bettina zieht mit ...... nach Köln um.
3. *(das Fremdwort Hijacker)* Was versteht man unter ...... ?
4. *(mein Geburtstag)* Ich lade dich herzlich zu mein ...... ein.
5. *(die Dame)* Sie sprachen mit ......, als wäre sie eine Freundin.
6. *(eine schwere Grippe)* Mein Vater leidet an ....

Employer

| 5 | Traduisez. → A B C

1. Tu peux aussi prendre et envoyer des photos avec ton téléphone portable ?
2. Tu veux faire une partie d'échecs avec moi ?
3. Il souffre de la sévérité excessive *(übertrieben)* de ses parents.
4. Elle se pencha vers lui pour lui murmurer quelque chose *(etwas zuflüstern)*.
5. Avec cette étrange montgolfière *(Heißluftballon)*, Bertrand Piccard a fait le tour du monde en 19 jours.

32 L'emploi des cas : le génitif

während des Schlafes, die Hauptstraße der Stadt

Le génitif est un cas en perte de vitesse, qui se maintient cependant après certaines prépositions et comme marque du complément du nom.

Pour les marques du génitif, reportez-vous p. 64.

A Il marque le complément du nom.

Ce génitif complément du nom peut avoir de multiples valeurs. Les principales sont :

1 La partie d'un tout : *die Hälfte* ***der Summe*** (la moitié de la somme), *ein Teil* ***der Zuschauer*** (une partie des spectateurs).
Remarque : en langue familière, ce génitif est souvent remplacé par *von (die Hälfte von der Summe)*.

2 La possession : *das Rad seines* ***Bruders*** (le vélo de son frère), *das Gesicht* ***der Mutter*** (le visage de la mère).

3 La qualification : *ein Mann* ***mittleren Alters*** (un homme d'âge moyen).

4 La relation sujet : *die Entscheidung* ***des Ministers*** [= *der Minister entscheidet*] (la décision du ministre).

5 La relation objet : *die Ausbildung* ***der Lehrlinge*** *[= man bildet die Lehrlinge aus]* (la formation des apprentis).

Remarque : en poésie et dans les proverbes, le complément au génitif se place parfois devant le nom qu'il détermine ; ce dernier perd alors l'article (toujours défini).
Müßigkeit ist der Anfang ***aller Laster***. ► *Müßigkeit ist* ***aller Laster*** *Anfang*.
L'oisiveté est la mère de tous les vices.

B Il est appelé par certaines prépositions (voir p. 165).

- ***Trotz*** : *Er hat die Baustelle* ***trotz des Verbots*** *betreten*. Il a pénétré sur le chantier malgré l'interdiction.
- ***Während*** : *Er starb* ***während des Schlafes***. Il est mort pendant son sommeil.
- ***Wegen*** : *Das Spiel musste* ***wegen des Regens*** *unterbrochen werden*. Il a fallu interrompre le match à cause de la pluie.
- ***Außerhalb*** : *Wir wohnen* ***außerhalb der Stadt***. Nous habitons à l'extérieur de la ville.

C Il marque le complément d'objet de certains verbes.

Les verbes ayant un objet au génitif sont peu nombreux et plutôt littéraires, voire archaïques.
- ***Bedürfen*** : *Das bedarf* ***keiner Erklärung***. Cela ne nécessite pas d'explication.
- ***Sich vergewissern*** : *Er wollte sich* ***ihrer Zustimmung*** *vergewissern*. Il voulait s'assurer de son accord.
- ***Verdächtigen*** : *Er wurde* ***des Mordes*** *verdächtigt*. Il a été soupçonné du meurtre.
- ***Bewusst sein*** : *Er war sich* ***seines Irrtums*** *bewusst*. Il était conscient de son erreur.

D Il marque des compléments non appelés par le verbe (génitif « libre »).

1 Temps : *eines Abends* (un soir), *samstags* (le samedi) [de façon habituelle].

2 Manière (littéraire, sans article) : *Er ging gesenkten Hauptes nach Hause*. Il rentra chez lui tête baissée.

3 Lieu (littéraire) : *linker Hand / rechter Hand* (à main gauche / à main droite).

4 Locutions figées : *meines Erachtens* (abrév. : *m.E.* - à mon avis), *letzten Endes* (en fin de compte), *meines Wissens* (à ma connaissance), *erster / zweiter Klasse fahren* (voyager en première / en seconde).

Repérer

| 1 | Repérez dans l'extrait suivant les emplois du génitif. → A B

Es war im Juni 1988, als eines Abends das Telefon klingelte und ich zum ersten Mal Rudolfs Stimme hörte mit ihrem weichem Akzent: *Guden Abend*, hier ist Rudolf. Ich bin hier in Paris! Ich rufe vom Hotel aus an! Ich stehe mitten im *Quartier Ladin!* Er hatte eine Reiseerlaubnis bekommen, um seine kranke Großmutter in Stuttgart zu besuchen, und plötzlich die Idee gehabt, noch weiter zu reisen.

Aus Michael Kleeberg, *Der Kommunist von Montmartre*, Deutsche Verlagsanstalt GmbH, 1997.

Maîtriser la forme

| 2 | Complétez par les marques du génitif qui conviennent. → C

1. Ich habe den neuen Wagen mein...... Schwester...... noch nicht ausprobiert.
2. Ich habe mich sehr über den Besuch mein...... best...... Freundin gefreut.
3. Die schönste Stadt ein...... Land...... ist oft seine Hauptstadt.
4. Hast du die Fotos dein...... letzt...... Ferien wieder gefunden?
5. Die Besichtigung dies...... Museum...... ist heute leider nicht möglich.
6. Das Ende d...... Roman...... ist wirklich spannend.
7. Ich habe den neuen Computer mein...... Nachbarn...... noch nicht ausprobiert.
8. Ein...... Tag...... wirst du verstehen, dass meine Entscheidung die richtige war.

| 3 | Accordez les groupes nominaux entre parenthèses. → B

1. Unweit (die Großstadt) liegt ein ländliches Gasthaus.
2. Wegen (ein plötzlicher Streik) fahren in der Stadtmitte keine Busse.
3. Außerhalb (das Gebäude) ist das Rauchen erlaubt.
4. Längs (der Kanal) können die Spaziergänger unberührte Natur bewundern.
5. Trotz (das dritte Mahnschreiben) *(la lettre de rappel)* blieb die Zahlung aus.
6. Diesseits (der Rhein) wirkt die Landschaft romantischer.

Employer

| 4 | Traduisez les phrases suivantes. → A B C D

1. Voyons, tu n'as pas honte de tes bêtises *(die Dummheit)* ?
2. Au lieu du directeur, c'est son adjoint *(der Stellvertreter)* qui est venu.
3. Tu te souviens du vainqueur de la dernière coupe du monde de football ?
4. Malgré le froid, le maçon est obligé de travailler dehors.
5. Tu connais l'amie allemande de Michaël ?
6. À ma connaissance, il était absent hier.
7. Le clavier *(die Tastatur)* de mon ordinateur ne marche plus.
8. Pendant les vacances, j'en profite pour dormir plus longtemps.

33 L'adjectif et ses compléments

ein zwanzig Meter hoher Turm
eine schnell erledigte Sache

Pour les détails, reportez-vous au tableau p. 163.

A Forme des adjectifs

Du point de vue de la forme, on distingue en allemand des adjectifs :

1 **Simples** : *alt* (âgé / vieux), *breit* (large), *dick* (gros), *dünn* (mince), *hart* (dur), *teuer* (cher).

2 **Dérivés** à l'aide de **suffixes** *(-bar, -haft, -ig, -isch, -lich, -sam, -ern...)* : *hörbar* (audible), *bildhaft* (imagé), *hügelig* (vallonné), *grünlich* (verdâtre), *teuflisch* (diabolique), *eisern* (en fer).

3 **Dérivés** à l'aide de **préfixes** *(ur-, super-, über-, un-...)* : *uralt* (archivieux), *superbequem* (ultraconfortable), *überbelichtet* (surexposé), *unehrlich* (malhonnête).

4 **Composés**, dont le premier élément peut être un nom, un verbe ou un autre adjectif : *weltberühmt* (célèbre dans le monde entier), *fahrbereit* (prêt à partir), *dunkelblau* (bleu foncé).

B Compléments de l'adjectif

Les adjectifs peuvent recevoir divers compléments, **placés à gauche et invariables.**

1 Un adjectif ou adverbe d'intensité (voir aussi p. 140) : *ein sehr **großes** Haus* (une très grande maison), *ein unheimlich **netter** Kerl* (un type vachement sympa).

2 Un adjectif de point de vue : *eine politisch **gefährliche** Maßnahme* (une mesure politiquement dangereuse).

3 Un groupe nominal dont le cas est imposé par l'adjectif :
- Acc. : *Der Tisch ist einen halben Meter **breit**.* La table fait 50 cm de large.
- Dat. : *Er ist seinen Rettern **dankbar**.* Il est reconnaissant à ses sauveteurs.
- Gén. : *Er war sich seines Erfolges **sicher**.* Il était sûr de sa réussite / de réussir.

4 Un groupe prépositionnel dont la préposition est imposée par l'adjectif : *eine bei allen Jugendlichen **beliebte** Sängerin* (une chanteuse aimée de tous les adolescents).

❗ En langue parlée, quand l'adjectif n'est pas épithète, le complément se place plutôt après.
*Jochen war **stolz** auf sein neues Handy.* [au lieu de : *Jochen war auf sein neues Handy stolz.*]
Jochen était fier de son nouveau portable.

C Fonctions

1 **Les principales fonctions de l'adjectif sont :**
- Attribut du sujet : *Der Graben war fast einen Meter **breit**.* Le fossé faisait presque un mètre de large.
- Attribut de l'objet : *Ich finde den Film sehr **spannend**.* Je trouve le film très intéressant.
- Déterminant de nom (= épithète) : *eine wenigen Leuten **bekannte** Stadt* (une ville connue de peu de gens).
- Déterminant d'adjectif ou de participe : *ein **schnell** gefasster Beschluss* (une décision rapidement prise).
- Déterminant de verbe : ***schnell** fahren* (rouler vite), ***gewissenhaft** arbeiten* (travailler consciencieusement).

❗ L'adjectif ne s'accorde **que** lorsqu'il est déterminant de nom.

2 **Seuls les adjectifs qualitatifs**, c'est-à-dire ceux qui expriment une qualité que l'on peut intensifier ou atténuer, peuvent remplir les cinq fonctions.
Der Kuchen ist (sehr) gut. Le gâteau est (très) bon.
ein (sehr) guter Spieler : un (très) bon joueur
ein (sehr) gut geschriebener Brief : une lettre (très) bien écrite
Er lernt (sehr) gut. Il travaille (très) bien. [à l'école]

3 Les autres ne fonctionnent que comme épithètes : *das biologische Institut* (l'institut de biologie), *eine milchige Substanz* (une substance laiteuse).

4 Quelques adjectifs sont seulement attributs : *barfuß* (pieds nus), *schuld* (responsable).

Maîtriser la forme

1 Formez des adjectifs en *-ig*, *-isch* ou *-lich*. Utilisez si nécessaire un dictionnaire. → A

1. Zu schnell fahren ist gefähr...... .
2. Peter will immer alles wissen, er ist sehr neugier...... .
3. Anja joggt, geht zweimal pro Woche schwimmen und spielt Tennis. Sie ist sehr sport...... .
4. Uli regt sich selten auf. Er ist immer sehr ruh...... .
5. Diese Wirtschaftsreportage interessiert mich nicht, ich finde sie langweil...... .
6. Nils erzählt immer Witze, die lust...... sind.
7. Mein Onkel spielt Gitarre, Klavier und Trompete. Er ist sehr musikal...... .
8. Der Alpinist Reinhold Messner hat sehr hohe Berge besiegt. Ich finde ihn sehr mut...... .
9. Martin spricht fließend 4 Sprachen : Deutsch, Französ...... , Engl...... , Span...... .
10. Essen und Trinken ist absolut notwend...... .

2 Formez des adjectifs composés à partir des éléments proposés. → A

1. hübsch wie ein Bild ▸ ......
2. stark wie ein Bär ▸ ......
3. voll Humor ▸
4. ein Getränk frei von Alkohol ▸ ......
5. hart wie Stein ▸ ......
6. groß wie ein Riese ▸ ......
7. klar wie Glas ▸ ......
8. weiß wie Schnee ▸ ......
9. schnell wie der Blitz ▸ ......

Repérer

3 Dans les phrases suivantes, soulignez le complément de l'adjectif. → B

1. Ich war völlig sprachlos, als man mir deine endgültige Entscheidung mitteilte.
2. Deine jüngere Schwester ist eine unglaublich sympathische Person.
3. Den Mindestlohn um 20% erhöhen? Das wäre eine wirtschaftspolitisch problematische Entscheidung.
4. Lass diesen anderthalb Zentner schweren Koffer nicht vor der Tür stehen!
5. Dieser unendlich lange Film war nicht so interessant, wie ich gedacht hatte. Ich bin sogar eingeschlafen.
6. Der gut ausgerüstete Wanderer wurde vom plötzlich schlechten Wetter nicht überrascht.
7. Er ist sich seines Fehlers bewusst.

4 Identifiez la fonction de l'adjectif et accordez si nécessaire. → C

1. Sie ist eine **(gut)** aussehende Person. : ....
2. Die Sportlerin Daniela Rath springt sehr **(hoch)**. : ....
3. Die Schweizer Swissair bekam eine **(staatlich)** Hilfe. : ....
4. Sprich doch nicht so **(laut)**! : ....
5. Das ist eine **(schwer)** verständliche Aufgabe. : ....
6. Diese Website von Uschi Disl ist sehr **(attraktiv)**. : ....
7. Der Vortrag des Bundeskanzlers war **(leicht)** verständlich. : ....
8. Er muss noch in die **(mündlich)** Prüfung. : ....
9. Der Film *Das Wunder von Bern* war **(interessant)**. : ....
10. Fliegen ist ein **(unglaublich)** teurer Spaß. : ....
11. Dieser Lehrling war schon immer **(fleißig)**. : ....

34 Comparatif et superlatif

schön, schöner, das schönste Lied, sie singt am schönsten

A Les trois degrés de l'adjectif

1 **Forme neutre** (degré « zéro ») : *kurz* (court), *leicht* (léger, facile).

2 **Comparatif** (degré 1), marqué par *(") -er-* : *klein* ▸ *klein**er*** (plus petit), *lang* ▸ *läng**er*** (plus long).
❗ Prennent *l'Umlaut (")* une vingtaine d'adjectifs en *a*, *o* ou *u*, dont : *alt* (vieux), *arm* (pauvre), *dumm* (bête), *gesund* (en bonne santé), *groß* (grand), *hart* (dur), *hoch* (haut), *jung* (jeune), *klug* (malin), *kurz* (court), *lang* (long), *nah* (proche), *stark* (fort), *schwarz* (noir), *warm* (chaud).

3 **Superlatif** (degré 2), marqué par *(")* **-st-** : *klein* ▸ *kleinst-* (le plus petit), *lang* ▸ *längst-* (le plus long).

4 **Formes irrégulières** ou particularités orthographiques.

gern ▸ *lieber* ▸ *liebst- / am liebsten* : volontiers, de préférence, le préféré / ce que (je / il) préfère
gut ▸ *besser* ▸ *best- / am besten* : bon, meilleur, le meilleur / le mieux (est de...)
viel ▸ *mehr* ▸ *meist- / am meisten* : beaucoup, plus, le plus
*ho**ch*** ▸ *hö**h**er* ▸ *am hö**ch**sten* : le plus haut
*na**h*** ▸ *nä**h**er* ▸ *am nä**ch**sten* : le plus proche

❗ *Oft* (souvent) est le seul adverbe à prendre le degré : *öfter* (plus souvent), *am öftesten* (le plus souvent).

B Le comparatif

1 **L'égalité** : ***so*** **+ adjectif +** ***wie*** ... peut être modulée par *genau*, *fast*...
Er ist fast so alt wie du. Il a presque le même âge que toi.
ein so schönes Haus wie dieses : une maison aussi belle que celle-ci
Das Wetter ist genauso schlecht wie gestern. Le temps est tout aussi mauvais qu'hier.

2 **L'infériorité** : ***nicht*** **+** ***so*** **+ adjectif +** ***wie*** ...
Benjamin ist nicht so zuverlässig wie Caroline. Benjamin n'est pas aussi fiable que Caroline.

3 **La supériorité** : (") ***-er*** ... + ***als***...
Inge ist viel aufgeschlossener als ihr Bruder. Inge a l'esprit bien plus large que son frère.
❗ Le complément introduit par *als* se place après le verbe final.
... *weil Mädchen besser arbeiten als Jungen*
... parce que les filles travaillent mieux que les garçons

4 **La progression** parallèle s'exprime par des constructions qui se ressemblent.
je ...-er, desto ...-er
Je älter er wird, desto dümmer wird er. Plus il vieillit, plus il devient bête.
je ...-er, umso ...-er
Je früher, umso besser. Le plus tôt sera le mieux.
je mehr..., je mehr...
Je mehr du schimpfst, je mehr lachen sie. Plus tu cries, plus ils rient.

5 **Autres emplois du comparatif :**
- pour exprimer un degré élevé mais sans excès : *eine größere Summe* (une somme assez élevée), *ein älterer Herr* (un monsieur d'un certain âge) ;
- à la place du superlatif quand il n'y a que deux entités en jeu : *Mein älterer Sohn heißt Fritz*. (L'aîné de mes deux fils s'appelle Fritz.)

C Le superlatif

Deux constructions sont possibles selon la fonction de l'adjectif.

1 Pour les adjectifs épithètes ou attributs : ***der / die / das -st-*** + (éventuellement) ***(")*** :
schön ▸ *die schönste Frau* (la plus belle femme), *lang* ▸ *der längste Tag* (le jour le plus long).

2 Pour les adjectifs déterminant un verbe : ***am ...-sten*** + (éventuellement) ***(")***.
schnell ▸ *Sie läuft am schnellsten*. C'est elle qui court le plus vite.

Repérer

| 1 | Relevez les comparatifs de cette publicité puis traduisez-la. → A B

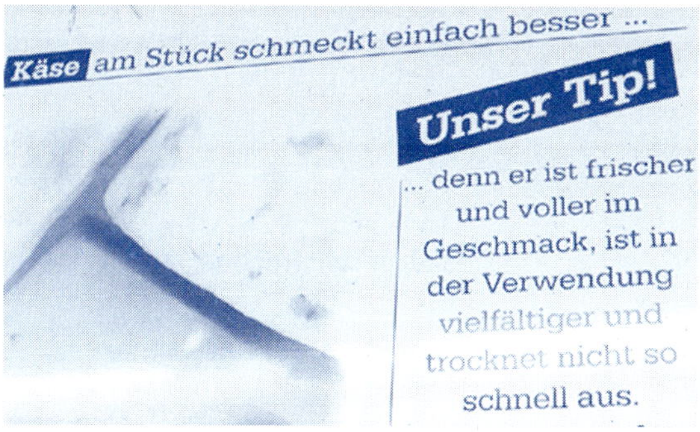
Käse am Stück schmeckt einfach besser ...
Unser Tip!
... denn er ist frischer und voller im Geschmack, ist in der Verwendung vielfältiger und trocknet nicht so schnell aus.

http://www.dartmouth.edu

Maîtriser la forme

| 2 | Dans les phrases suivantes, soulignez l'adjectif puis remplacez-le par son contraire. → A

1. In Deutschland war das Benzin billiger.
2. Susanne möchte mehr arbeiten.
3. Jonas arbeitet wirklich schneller.
4. Gestern war es wärmer.
5. Im September regnet es hier öfter.
6. Sprich bitte leiser!
7. Mit dieser Brille sehe ich besser.
8. Seit gestern ist Peter um 1000 Euro reicher.

| 3 | Construisez les phrases sur le modèle suivant. → A B

die Donau – der Rhein – lang (sein) ▸ Die Donau ist länger als der Rhein.

1. der Mont Blanc – die Zugspitze – hoch (sein)
2. ein ICE-Zug – ein IR-Zug – schnell (fahren)
3. die Diddl-Maus – der Lumi-Bär – bekannt (sein)
4. Michael Schumacher – Ralf Schumacher – erfolgreich (sein)
5. Goethe – Schiller – lang (leben)
6. das Saarland – Bayern – klein (sein)
7. Cola – Sprudel – süß (sein)
8. Wasser – Alkohol – gesund (sein)

| 4 | Mettez au superlatif les adjectifs donnés entre parenthèses. → C

1. In diesem Antiquariat findet man die (interessant) ...... Bücher.
2. Das sind die (bequem) ...... Schuhe, die ich je trug.
3. Der 31. Juli war dieses Jahr der (warm) ...... Sommertag.
4. Im Konditorei-Café Nideregger findest du das (gut) ...... Marzipan von ganz Lübeck.
5. Dieser Mann hat den (hoch) ...... Lotto-Gewinn gewonnen, der je verteilt *(distribuer)* wurde.
6. Das ist der (wertvoll) ...... Orientteppich, den ich gesehen habe.
7. In diesem Garten stehen die (verrückt) ...... Gartenzwerge *(nain de jardin)*, die es gibt.

Employer

| 5 | Traduisez. → A B C

1. À deux, c'est plus facile *(einfach)*.
2. Plus on avance dans la soirée, plus je parle avec des gens étonnants *(erstaunlich)*.
3. Est-ce que tu te sens mieux ?
4. Ma sœur aînée a 22 ans.
5. Ce que je préfère dans ce menu, c'est le dessert.
6. C'est le plus beau cadeau que j'aie jamais reçu.
7. Je préfère les films de Wim Wenders à ceux de Margarethe von Trotta.

35 Les adjectifs substantivés

der Alte, die Alte, das Alte

Les adjectifs substantivés présentent deux difficultés : leur **déclinaison**, qui reste celle d'adjectifs, et leur **construction**, semblable tantôt à celle des noms, tantôt à celle des adjectifs.

A Définition et déclinaison

1 On appelle adjectifs substantivés les adjectifs **utilisés comme des noms.** Ils se caractérisent par :

- une **majuscule** à l'initiale : *schön* (beau) ▸ *das Schöne* (le beau), *gut* (bon, bien) ▸ *das Gute* (le bien) ;
- un **genre** motivé par ce qu'ils désignent : masculin / féminin lorsqu'ils désignent un homme / une femme *(der Deutsche / die Deutsche)*, neutre quand ils désignent une qualité : *das Interessante daran* (ce qu'il y a d'intéressant là-dedans).

❗ Les participes I et II peuvent également être substantivés : *der Besiegte* (le vaincu), *das Entscheidende* (le point décisif).

2 Les adjectifs substantivés se déclinent comme les adjectifs épithètes ordinaires, c'est-à-dire que leurs marques dépendent des marques de l'article (voir p. 64) :

- marque faible quand l'article porte les marques fortes : *der Deutsche, dem Deutschen...* ;
- marque forte quand l'article n'est pas marqué ou absent : *ein Deutscher* (pluriel : *Deutsche...*).

3 Attention à la confusion avec les masculins faibles (voir tableaux p. 160 et 161) : les adjectifs substantivés masculins ont comme les masculins faibles la marque -*e* au nominatif avec l'article défini. Pour voir la différence, il faut mettre l'article indéfini :

- masculin faible : *der Franzose / ein Franzose* ▸ on a –*e* dans les deux cas ;
- adjectif substantivé : *der Deutsche / ein Deutscher* ▸ on a –*er* quand l'article est *ein* (non marqué).

B Fonctionnement

1 L'adjectif substantivé peut recevoir des **compléments à gauche et à droite.**

- Le complément à gauche est un adjectif **décliné** s'il qualifie l'être humain désigné : *ein großer Deutscher* (un grand Allemand), *eine sportliche Deutsche* (une Allemande sportive).
- Le complément à gauche est un adjectif **non décliné** ou un adverbe s'il modifie la qualité désignée par l'adjectif substantivé : *der leicht Verletzte* (le blessé léger = légèrement blessé), *das sehr Positive* (ce qu'il y a de très positif).
- Les compléments à droite peuvent être les mêmes que pour le nom.

das typisch Deutsche an ihm : ce qu'il a de typiquement allemand
das Lustige dabei : ce qu'il y a d'amusant

2 L'adjectif substantivé peut lui-même fonctionner comme :

- complément de nom : *die Behandlung des leicht Verletzten* (les soins apportés au blessé léger) ;
- complément des pronoms indéfinis *etwas*, *nichts* et *jemand* avec une marque forte sur l'adjectif substantivé.

*mit etwas Größer**em*** : avec quelque chose de plus grand
*Es gibt nichts Schöner**es**.* Il n'y a rien de plus beau.
*mit jemand Fremd**em*** : avec un étranger [= quelqu'un d'étranger]

Maîtriser la forme

1 Complétez le texte suivant avec les adjectifs proposés entre parenthèses en accordant si nécessaire. Attention aux adjectifs substantivés. → A B

Meine Großmutter war ...... (schön). Sie kam mit meinem Großvater nach Russland, weil mein Großvater dort Öfen *(fourneaux)* baute für das ...... (russisch) Volk. Mein Großvater nahm eine ...... (groß) Wohnung für meine Großmutter auf der Petersburger Insel Wassilij Ostrow. [...]
Auf der Petersburger Insel Wassilij Ostrow lebten in diesen Jahren neben den ...... (ausländisch) Kaufmännern und ihren Familien auch viel ...... (russisch) Künstler und Gelehrte *(intellectuels)*. Es blieb nicht aus, dass diese von der ...... (deutsch) hörten, der ...... (schön), ... (blass) mit dem ...... (hell) Haar.

Nach Judith Herrmann aus *Sommerhaus, später*, S. Fischer Verlag, 1999.

2 Complétez en utilisant l'adjectif entre parenthèses sous sa forme substantivée. → A

1. Ich habe etwas ...... erfahren. (interessant)
2. Na, was gibt's ...... ? (neu)
3. Eintritt frei für ...... (erwachsen)
4. Konnte man als ...... bis 1989 stolz auf das geteilte Deutschland sein? (deutsch)
5. Wir bleiben im ...... wie im ...... beisammen. (gut / böse)
6. Im Konzertsaal saßen nur wenige .... (jugendlich)
7. Hoffentlich ist deinem Freund nichts ...... passiert. (schlimm)

3 Complétez avec les marques qui conviennent. → B

1. Der schwer...... Verletzt...... starb noch vor Ankunft des Arztes.
2. Ein alt...... Verwandt...... kam mich heute überraschend besuchen.
3. Thomas ist mit einer nett...... Deutsch...... aus Leipzig verheiratet.
4. Ich habe euch etwas Klein...... mitgebracht.
5. Am kommenden Wochenende werden wieder viel...... Reisend...... mit der Bahn fahren.
6. Gegen Stress kenne ich nichts Besser...... als Musik.
7. Das hoch...... Interessant...... an der Geschichte ist Folgend...... : „...".

Repérer

4 Adjectif substantivé ou masculin faible ? Classez les groupes suivants dans le tableau ci-dessous : *der Arbeitslose - der Junge - der Kamerad - der Reisende - der Fremde - der Chinese - der Mensch - der Angeklagte - der Student - der Beamte.* → B

adjectif substantivé	....
masculin faible	....

Employer

5 Traduisez en utilisant des adjectifs substantivés. → A B

1. C'est écrit en français dans le texte.
2. J'ai à te faire part de quelque chose de bizarre.
3. On n'oublie pas facilement ce qui est désagréable.
4. Il ne m'a rien raconté de particulier.
5. On ne sait rien de précis concernant l'agresseur.
6. Ce qu'il y a de curieux *(merkwürdig / sonderbar)* dans son comportement, c'est qu'il ne réagit pas.

36 Les pronoms personnels, réfléchis et réciproques

Sie geben sich / einander die Hand.

La principale difficulté avec ces pronoms, c'est la diversité des formes.

A Les pronoms personnels

1 Les formes.

	singulier			pluriel			forme de politesse
	1re pers.	2e pers.	3e pers.	1re pers.	2e pers.	3e pers.	
Nom.	ich	du	er / sie / es	wir	ihr	sie	Sie
Acc.	mich	dich	ihn / sie / es	uns	euch	sie	Sie
Dat.	mir	dir	ihm / ihr / ihm	uns	euch	ihnen	Ihnen
Gén.	meiner	deiner	seiner / ihrer / seiner	unser	eurer	ihrer	Ihrer

❶ Notez qu'en allemand, c'est la **3e personne du pluriel** qui sert de forme de politesse.

2 Quelques emplois particuliers.

- Pour mettre en valeur le pronom personnel, le français utilise les formes « moi, toi, lui... », alors que l'allemand recourt à l'accentuation et conserve la forme normale.
Toi, ça ne te regarde pas. °*Dich geht das nichts an.* [formulation neutre : *Es geht dich nichts an.*]
- La 2e personne du singulier peut servir pour attirer l'attention de la personne à qui on s'adresse.
***Du**, weißt du, ob der Zug am Sonntag fährt?* **Dis**, est-ce que tu sais si le train circule le dimanche ?
- À la 1re et à la 2e personne, le pronom peut recevoir certains compléments.
***Wir Deutschen** trinken gern Kaffee.* Nous autres les Allemands, nous aimons le café.

3 L'ordre des pronoms personnels.

L'ordre habituel des compléments est : datif puis accusatif. Si l'accusatif est représenté par un pronom, l'ordre s'inverse, que le complément au datif soit représenté par un nom ou un pronom.
Er hat seinem Neffen eine Gitarre geschenkt. Il a offert une guitare à son neveu.
► *Er hat **sie** dem Neffen geschenkt.* Il l'a offerte au neveu. / *Er hat **sie** ihm geschenkt.* Il la lui a offerte.

B Les pronoms réfléchis

1 Ils n'existent pas au nominatif, puisqu'un pronom réfléchi n'est jamais sujet. Aux autres cas, ils ont la même forme que les pronoms non réfléchis, sauf à la 3e personne.
- Réfléchi de 1e ou 2e personne : *Ich kämme **mich**.* (Je me coiffe.) / *Du kämmst **dich**.* (Tu te coiffes.)
- Réfléchi de 3e personne : *Anna sieht **sich** im Spiegel.* (Anna **se** voit dans le miroir.)

2 Le pronom réfléchi s'emploie quand sujet et complément du verbe désignent la même personne.
*Hast du Geld bei **dir**?* As-tu de l'argent sur toi ?
*Er hat kein Geld bei **sich**.* Il n'a pas d'argent sur lui.

C Le pronom réciproque : *einander* ou *sich*

1 *Einander* (l'un l'autre) est invariable.
Wir lieben einander sehr. Nous nous aimons (l'un l'autre) beaucoup.

2 *Einander* s'attache aux prépositions avec lesquelles il est employé.
Sie sprechen miteinander. Ils se parlent.
Sie verlassen sich aufeinander. Ils se reposent l'un sur l'autre.

3 Il est le plus souvent remplacé par le pronom réfléchi, parfois renforcé par *gegenseitig*.
Sie helfen sich (gegenseitig). Ils s'entraident.
Ce n'est pas le cas quand il y a risque de confusion.
Sie denken aneinander. Ils pensent l'un à l'autre.
Sie denken nur an sich. Ils ne pensent qu'à eux-mêmes.

Repérer

| 1 | Dans l'extrait suivant, soulignez les différents pronoms et définissez-les. → A B

„Tritt näher, mein Kind", sagte er. Er rückte den Stuhl etwas zurück und lehnte sich nach hinten. Seine Blicke ruhten prüfend auf mir, und für einen Augenblick wollten sich meine Beine nicht bewegen, aber dann gab ich mir einen kleinen Ruck und ging zum Schreibtisch. Ich blieb einige Schritte davor stehen. Er lächelte. „Willst du dich nicht setzen, Lara?"

Nach Werner J. Egli, *Martin und Lara*, Deutscher Taschenbuch Verlag, 1994.

Maîtriser la forme

| 2 | *Mich* ou *mir* ? *Dich* ou *dir* ? Complétez par la forme qui convient. → A B

mich ou ***mir***

1. Dieser Film interessiert ...... nicht.
2. Kannst du ...... sagen, wie spät es ist?
3. Ich frage ...... , wo Anton nur steckt.
4. Gib ...... bitte den Schlüssel.
5. Das habe ich ...... auch gedacht.
6. ...... geht diese Geschichte nichts an.
7. Das ist ...... egal.

dich ou ***dir***

1. Willst du ...... diesen Fotoapparat wirklich kaufen?
2. Grüß ......! *(Bonjour)*
3. Hat es ...... denn eigentlich geschmeckt?
4. Ich habe ...... etwas Schönes mitgebracht.
5. Ich muss ...... vor unserem Hund warnen.
6. Möchtest du ...... nicht zuerst erfrischen?
7. ... soll er die Wahrheit gesagt haben?

| 3 | Complétez par le pronom réfléchi qui convient. → B

1. Interessiert sie ...... wirklich nicht für klassische Musik?
2. Nun müssen wir ...... beeilen.
3. Was wünschst du ...... zu Weihnachten?
4. Hast du ...... auf die Prüfung gut vorbereitet?
5. Wie fühlt man ...... nach einem solchen Erlebnis? *(expérience vécue)*
6. Ihr solltet ...... heute Abend den Film von Rainer W. Fassbinder ansehen.
7. Haben Sie ...... von Ihrer schweren Grippe gut erholt?

Employer

| 4 | Remplacez le groupe de mots souligné par un pronom personnel. → A

1. <u>Bob und Harry</u> kamen gegen Ende des Zweiten Weltkriegs als US-Soldaten nach Deutschland.
2. Der Museumsführer erklärte <u>den Besuchern</u> das berühmte Gemälde „Der Kuss" von Gustav Klimt.
3. <u>Meine Freundin und ich</u> fahren nächsten Sommer zusammen in die Dolomiten.
4. Während der Wahlkampagnen drücken Politiker oft <u>den Passanten</u> auf den Märkten die Hand.
5. Ich möchte <u>den Projektleiter</u> noch sprechen.
6. Das Kind lief hinter <u>seiner Mutter</u> her.
7. Der Film *Der Untergang* rührte <u>die Fachjury</u>.
8. Ein Jugendlicher braucht <u>Fremdsprachen</u>, wenn er durch Europa reisen will.

| 5 | Traduisez. → A B C

1. Je suis désolé, mais tu ne penses qu'à toi.
2. Nous nous sommes rencontrés l'an dernier à l'aéroport.
3. Ce bruit bizarre, l'entends-tu aussi ?
4. Prends cet argent. Il est à toi.
5. Est-ce que tu regardes le match à la télé ce soir ?

37 Les emplois de *es*

Es ist kalt.
Er glaubt es nicht.
Es war im Sommer.

Pour identifier les divers emplois de *es*, il faut toujours **se reporter au contexte.**

Pour réviser les formes déclinées, reportez-vous p. 78.

A *Es* pronom personnel

1 Il remplace un groupe nominal au neutre et fonctionne comme sujet ou objet du verbe.
*Wo ist denn das Fernglas? **Es** liegt in der Schublade.*
Où sont les jumelles ? Elles sont dans le tiroir.
*Gefällt dir das Buch? – Ach, ich finde **es** langweilig.*
Il te plaît, le livre? – Bof, je le trouve ennuyeux.

2 Il peut aussi remplacer d'autres éléments, notamment des adjectifs ou des verbes.
*„Ist der Film interessant?" „Ja, er ist **es**." [es = interessant]*
« Le film est-il intéressant? – Oui, il l'est. »
*Er sollte mich anrufen, aber er hat **es** vergessen. [es = anrufen]*
Il devait m'appeler, mais il a oublié.

B *Es* pronom impersonnel

Il ne remplace rien. Il fonctionne comme sujet :

1 De verbes toujours impersonnels : *es regnet* (il pleut), *es schneit* (il neige), *es donnert* (il tonne).

2 De verbes impersonnels pouvant aussi avoir un sujet personnel ; il équivaut alors à « on » : *es klingelt* (on sonne), *es klopft an der Tür* (on frappe à la porte), *es brennt!* (il y a le feu !).

3 De constructions attributives en *sein*, *bleiben* ou *werden* : *es ist spät* (il est tard), *es wird Nacht* (la nuit tombe), *es wird gefährlich* (ça devient dangereux).

4 De constructions pronominales : *Auf diesem Stuhl sitzt es sich bequem.* (On est bien assis sur cette chaise.)

Remarque : on le retrouve dans des constructions courantes, où il n'est pas sujet.
Es war einmal ein König... Il était une fois un roi...
*„Wer ist da?" „Ich bin es." (*fam. : *Ich bin's.)* « Qui est là? - C'est moi. »

C *Es* pronom-relais

1 Il sert à « accrocher » une subordonnée, le plus souvent infinitive, à des verbes qui ne peuvent pas avoir directement une subordonnée comme complément.
Sie liebt es, jeden Morgen zu joggen.
Elle aime faire du jogging tous les matins.
Er kann es nicht leiden, wenn man mit Verspätung kommt.
Il ne supporte pas qu'on arrive en retard.

2 On peut aussi le trouver avec des verbes qui acceptent les subordonnées comme complément direct. Il sert alors à annoncer la subordonnée.
Ich habe (es) gestern dreimal versucht, ihn anzurufen.
Hier, j'ai essayé trois fois de l'appeler [au téléphone].

D *Es* « explétif »

1 Il n'est ni sujet ni objet du verbe. On ne le trouve que dans la phrase déclarative où il occupe toujours la première place. On le met là lorsqu'on veut placer le sujet plus loin dans la phrase pour le « faire attendre » et ainsi le mettre en valeur.
Viele Leute kamen. ► *Es kamen viele Leute.* Beaucoup de gens sont venus. [mise en valeur de *viele Leute*]

2 Il disparaît quand un autre membre de phrase occupe la première place.
Es haben viele gegen den Beschluss protestiert. ► *Gegen den Beschluss haben viele protestiert.*
Beaucoup de gens ont protesté contre la décision.

Repérer

| 1 | Quelle est la valeur de *es* dans les phrases suivantes ? Cochez la case qui convient.
→ A B C D

1. Sie meint es gut mit dir.
2. Er versteht es, mit Kindern umzugehen.
3. Es haben viele protestiert.
4. Tag für Tag schneite es.
5. Dein Sweat-shirt? Es liegt im Schrank.
6. Es liegen 20 Euro für dich auf dem Tisch.
7. Er mag es, früh aufzustehen.
8. Es ärgert mich wirklich.
9. Es wundert mich.
10. Wo ist denn mein Banjo? Ich finde es nicht mehr.
11. Es wird getanzt und gelacht.
12. Es kamen Tausende zur Demonstration.
13. Es ist eine interessante Zeitschrift.
14. Er kann es kaum glauben, dass er gewonnen hat.
15. Ich bin es leid. *(j'en ai assez)*
16. Es warten schon Leute vor dem Geschäft.
17. Erzähle es bitte nicht weiter, dass ich dir geholfen habe.
18. Was hältst du von meinem Angebot? – Ich nehme es an.
19. Ich finde es schade, dass du schon gehen musst.
20. Das Kind weint. Es ist sicher müde.

pronom personnel	pronom impersonnel	pronom relais	*es* explétif

| 2 | Complétez les phrases suivantes avec *es* si nécessaire. → B C D

1. Wie geht ...... dir?
2. Gestern ist ...... viel Schnee gefallen. Ja, ... hat wirklich viel geschneit.
3. Mir wurde ...... nicht gesagt, dass du Verspätung hast.
4. Gefällt ...... dir hier?
5. Ich halte ...... vor Müdigkeit nicht mehr aus.
6. Während du in Weimar warst, ist ...... nichts Besonderes passiert.
7. Ist ...... nicht erstaunlich, dass Christel und Gilbert sich nicht mehr melden?
8. Dass du ...... nicht vergessen hast, freut ...... mich sehr.
9 Mir hat ...... in Salzburg besonders gut gefallen.

Employer

| 3 | Traduisez. → A B C D

1 « Tu entends ce sifflement *(Pfeifen)* ? – Oui, je l'entends. – Qu'est-ce que c'est ? »
2. Et le cadeau pour ton ami Rudi ? Tu lui as donné ?
3. C'est à désespérer !
4. Il y a là deux personnes qui t'attendent.
5. Tu es toujours en retard. J'en ai assez.
6. Il y a des sujets importants dont j'aimerais te parler.
7. « Il t'appartient, ce bracelet ? – Oui, il est à moi, c'est Martha qui me l'a donné. »
8. S'il est bien arrivé ? Je ne le sais pas encore.

38 Les pronoms indéfinis

Man weiß nicht, was einem passieren kann.

La principale difficulté avec les pronoms indéfinis, c'est que certains se déclinent, d'autres non ou pas systématiquement.

A Les pronoms indéfinis personnels

Ils désignent des personnes non identifiées. Chacun a ses particularités aussi bien du point de vue de la déclinaison que des constructions dans lesquelles il peut fonctionner.

1 ***Man*** = « on » n'existe qu'au nominatif et ne peut être que sujet. Pour la fonction objet et donc les autres cas, on utilise *einer*.
Man weiß nicht, was er denkt, denn er sagt nichts.
On ne sait pas ce qu'il pense, car il ne dit rien.

2 ***Jemand*** = « quelqu'un » peut être sujet ou objet à l'accusatif ou au datif, mais peut rester invariable.
Wenn jemand anruft, ich bin nicht da.
Si quelqu'un téléphone, je ne suis pas là.
Ich kenne jemand(en), der dir Auskunft geben könnte.
Je connais quelqu'un qui pourrait te renseigner.

! *Jemand anders* (quelqu'un d'autre) est toujours invariable.
mit / für jemand anders : avec / pour quelqu'un d'autre

3 ***Niemand*** (personne) est la négation de *jemand*. Il se comporte exactement comme lui.
Ich habe niemand / niemandem etwas gesagt.
Je n'ai rien dit à personne.

4 ***Jedermann*** (tout un chacun) est invariable sauf au génitif, toujours antéposé.
Jedermann weiß, wie schwierig das ist.
Tout le monde sait comme c'est difficile.
Das ist nicht jedermanns Geschmack.
Tout le monde n'aime pas ça.

B Les pronoms indéfinis impersonnels

Il n'y en a que deux : *etwas* et sa négation *nichts*. Ils désignent des choses ou des abstractions.

1 ***Etwas*** (quelque chose) peut être sujet ou objet à tous les cas, mais reste invariable.
Komm mal her, ich will dir etwas sagen.
Viens voir là, j'ai quelque chose à te dire.

! Le caractère « quelconque » peut être renforcé par *irgend*.
„Was soll ich ihm sagen?" „Ach, erzähl' ihm irgend etwas."
« Qu'est-ce que je vais pouvoir lui dire ? – Bah, raconte-lui n'importe quoi. »

2 ***Nichts*** (rien) fonctionne comme *etwas*.
Nichts ist schöner als nichts tun.
Rien n'est plus beau que de ne rien faire.

! *(et)was* et *nichts* peuvent être complétés par un adjectif substantivé (voir p. 76) ou par *ander-*.
mit etwas / nichts anderem
avec quelque chose / rien d'autre [sans majuscule à *ander-*]

C Le pronom *einer / eine / ein(s)*

1 Il peut désigner des personnes ou des choses : « un / une », « quelqu'un / quelqu'une », « l'un d'eux / l'une d'elles ».

2 Il peut être sujet ou objet à l'accusatif ou au datif. Il se décline comme l'article défini *der* (voir p. 64).
*Was ist das für ein**er**?*
[fam.] Qu'est-ce que c'est que ce type ?
*So etwas tut ein**em** weh.*
Ce genre de choses, ça fait mal.
*Wenn die Bilder dir gefallen, schenke ich dir ein**es** / ein**s**.*
Si ces images te plaisent, je t'en offre une.
*Es kamen drei Männer. Ein**er** trug einen Hut.*
Trois hommes sont venus. L'un d'eux portait un chapeau.

Maîtriser la forme

| 1 | Faites les accords nécessaires (m = masculin, f = féminin, n = neutre). → A

1. Brauchst du auch ein Lexikon **(n)**? – Nein, ich habe schon ein...... .
2. Möchtest du auch ein Croissant **(n)**? – Nein, danke, ich möchte kein...... .
3. Hat jemand einen Stadtplan **(m)** für mich? – Ja, hier habe ich ein...... .
4. Weißt du, wo ich eine Serviette **(f)** bekommen kann? Ich habe noch kein...... .
5. Und du, hast du noch keinen MP3-Player **(m)**? – Nein, ich habe noch kein...... .
6. Brauchen Sie vielleicht einen Schraubenzieher *(un tournevis)* **(m)**? – Nein, ich habe ein...... dabei.
7. Haben Sie noch Zeit **(f)**? - Nein, ich habe kein...... Zeit mehr. Überhaupt kein...... mehr.
8. Möchten Sie ein...... Kaffee **(m)**? - Nein danke, ich möchte jetzt kein... .

| 2 | Complétez les phrases suivantes avec *jemand* ou *niemand*. Attention aux accords. → A

1. Überlegen hat noch ...... geschadet *(porter préjudice)*.
2. Stellen Sie sich vor, Sie treffen ...... zufällig auf dem Markt und er erkennt Sie nicht.
3. Hat ...... hier noch eine Frage?
4. Wir mussten alles allein erledigen. ...... hat uns geholfen.
5. Hast du ...... gefunden, der dir dein Motorrad reparieren kann?
6. Ich kenne glücklicherweise ......, mit dem du über dieses Problem reden könntest.
7. Sein Geheimnis hat er leider ...... verraten. Keiner wird wirklich wissen, was genau passiert ist.

| 3 | Complétez par *einer, einen, einem*. → A C

1. Es ist eine Freude mit ...... zu reden, der etwas von Kunstgeschichte versteht.
2. ...... von den beiden darfst du mitnehmen.
3. Gérard ist ......, der immer Recht haben will.
4. Was ...... gefällt, muss nicht unbedingt allen gefallen.
5. Weiß ...... von euch, was man unter dem Begriff „downloaden" versteht?
6. Die Tasche hier kann nur ...... meiner Kollegen gehören.
7. Herr Haas ist ...... der ältesten, die hier arbeiten.
8. ...... von ihnen muss es gewesen sein, es war ja sonst niemand da.

Employer

| 4 | Traduisez. → A B C

1. Walter, un de mes meilleurs amis, te connaît aussi.
2. On ne comprend pas bien ce qu'il dit.
3. Veux-tu que je te rapporte quelque chose de Bâle ?
4. Avez-vous encore quelque chose à ajouter *(hinzufügen)* ?
5. Chacun ici sait que tu as réussi tout seul.
6. L'un d'entre vous devra répondre à la question.
7. En vacances, on peut faire ce qu'on veut.
8. Tais-toi, je n'entends rien.

39 Les pronoms démonstratifs et possessifs

Die Jacke? Das ist nicht deine, sondern meine!

Comme pour les autres pronoms, il faut être attentif à la diversité des formes.

A Les pronoms démonstratifs

Le français ne possède que deux séries de formes, « celui-ci » et « celui-là ». L'allemand en possède plusieurs.

1 ***Der, die, das*** **(pluriel :** ***die*****)** se déclinent comme l'article défini, sauf au datif pluriel et à tous les génitifs.

	masculin	féminin	neutre	pluriel
Nom.	der	die	das	die
Acc.	den	die	das	die
Dat.	dem	der	dem	**denen**
Gén.	**dessen**	**deren**	**dessen**	**deren** / **derer**

Exemple : ***der*** **= masculin**
Der *war es!* C'était celui-là !
Gib mir ***den*** *da!* Donne-moi celui-là !
Ich fahre mit ***dem****!* Je prends celui-là !
Ist er sich ***dessen*** *bewusst?* Il en est conscient ?

- Ce sont les plus utilisés dans la langue courante. Ils sont souvent renforcés par *da*.
Nimmst du den (da) oder den (da)? Tu prends celui-ci (celui-là) ou celui-là ?

- *Deren / derer* ne s'emploient qu'à l'écrit : *deren* renvoie à ce qui précède, *derer* annonce une relative.
Sie kamen mit Ute, Ilse, Inge und ***deren*** *Freund.*
Ils vinrent avec Ute, Ilse, Inge et son ami. [celui de Inge]
Groß war die Freude ***derer****, die gewonnen hatten.*
Grande était la joie de ceux qui avaient gagné.

2 ***Dieser, diese, dies(es)*** **(pluriel :** ***diese*****)** **et** ***jener, jene, jenes*** **(pluriel :** ***jene*****)** se déclinent comme l'article défini. À l'écrit, *dieser* renvoie à un objet censé proche, *jener* à un objet censé éloigné.
Der Vater kam mit seinem Sohn. ***Dieser*** *trug eine Mütze,* ***jener*** *einen Hut.*
Le père vint avec son fils. Celui-ci [= le fils] portait une casquette, celui-là [= le père] un chapeau.

3 ***Derjenige, diejenige, dasjenige*** **(pluriel :** ***diejenigen*****)** signifient « celui / celle / ceux (qui...) ».
Ils se déclinent comme *der* + adjectif (marques faibles) : *denjenigen, demjenigen, desjenigen...*
Ils ne s'emploient qu'à l'écrit et sont toujours suivis d'une relative.
Wir helfen ***denjenigen****, die unsere Hilfe brauchen.*
Nous aidons ceux qui ont besoin de notre aide.

B Les pronoms possessifs

1 Ils se déclinent comme les démonstratifs, mais n'ont pas de génitif.

2 Ils varient :
- selon la personne du possesseur : *mein-, dein-, sein- / ihr-, unser-, eur-, ihr-* ;
- selon le genre et le cas de l'objet possédé.

Das ist ***meiner****.* *Gib mir* ***deine****. [Uhr]*
C'est le mien. Donne-moi la tienne. [montre]
Mein Fahrrad ist kaputt, kann ich ***dein(e)s*** *haben?*
Mon vélo est cassé, est-ce que je peux avoir le tien ?

3 *Sein-* renvoie à un possesseur masculin ou neutre, *ihr-* à un possesseur féminin.
der Pulli (le pull) ▸ *Das ist* ***seiner****.* C'est le sien (**à lui**). *Das ist* ***ihrer****.* C'est le sien (**à elle**).
das Fahrrad (le vélo) ▸ ***Er*** *leiht mir* ***sein(e)s****.* Il me prête le sien. ***Sie*** *leiht mir* ***ihres****.* Elle me prête le sien.

Maîtriser la forme

| 1 | Repérez le cas des groupes nominaux suivants puis donnez leur féminin. → A

1. nach diesem Mann
2. trotz dieses Beamten
3. mit jenem Freund
4. von dem Architekten
5. wegen jenes Hundes
6. bei jenem Anwalt *(avocat)*
7. durch denjenigen Abgeordneten *(député)*
8. für jenen Kaufmann

| 2 | Complétez les formes des pronoms démonstratifs dans les phrases suivantes. → A

1. „Interessierst du dich für diese Musik?" „D...... möchte ich mir anhören."
2. Hast du den Mann dort auch bemerkt? D...... sind wir vorhin schon begegnet.
3. Welchen Kuchen wollen Sie: D...... hier oder d...... da?
4. Diese Schuhe gefallen mir wirklich gut. D...... muss ich unbedingt haben.
5. Ich bin mit Heiko, Daniel und d...... Freunden durch die Stadt gebummelt.
6. D......, die nicht mit dem Auto hinfahren wollen, können mit dem Bus fahren.
7. Ralf? Nein, mit d...... möchte ich nicht ausgehen.
8. All diese Comics waren interessant. Aber d...... da von Uli Stein gefielen mir am besten.
9. All d......jenigen, die ich haben wollte, habe ich auch bekommen.

| 3 | Complétez les formes des pronoms possessifs dans les phrases suivantes. → B

1. Mir hat dein Gedicht wirklich gut gefallen. Und wie hat dir m...... gefallen?
2. Ist das jetzt dein Tennisschläger oder m......?
3. Leih ihm doch dein Fernglas *(jumelles)*. Er hat s...... vergessen.
4. Meine Schwester sieht stundenlang fern. Und d......?
5. Unsere Klasse fährt nächsten Monat nach Rom. Und eur......?
6. Vati, Herr Maier hat sein Auto schon gewaschen. Wann wäschst du d......?
7. In meiner Akte *(dossier)* fehlt das Dokument 3a. Und in Ihr......?
8. Unsere Ferien sind schon seit einem Monat gebucht *(réservés)*. Wie steht's mit eur......?

Employer

| 4 | Traduisez. → A B

1. Voici ta copine. Tu ne vois pas la mienne ?
2. Je le répète pour ceux qui n'ont pas entendu.
3. Tous les jours c'est pareil. Il arrive en retard.
4. Quelle coïncidence *(der Zufall)* ! Nous portons le même prénom.
5. Cette version-là de *Word* est plus récente que celle-là.
6. Quoi ? Cette voiture-ci te plaît vraiment plus que celle-là ?
7. « Je peux te prêter un seul DVD. – Alors donne-moi plutôt celui-ci que celui-là ! »
8. Ce bonnet ? C'est le mien et non le tien !

40 Les pronoms relatifs

Leute, die viel lesen, wissen mehr.

Plusieurs types de pronoms peuvent fonctionner comme relatifs. Les relatifs en *d-* sont de loin les plus courants.

A Formes

1 **Le pronom relatif en *d-*** est identique à l'article défini, sauf au datif pluriel et aux génitifs.

	masculin	féminin	neutre	pluriel
Nom.	der	die	das	die
Acc.	den	die	das	die
Dat.	dem	der	dem	**denen**
Gén.	**dessen**	**deren**	**dessen**	**deren**

2 Dans des textes littéraires, on trouve aussi la forme ***welch-***, qui se décline comme l'article, mais ne possède pas de génitif (masculin : *welcher, welchen, welchem*...).
*Er unterbrach den Redner, **welcher** empört reagierte.*
Il interrompit l'orateur, qui réagit avec indignation.

❶ Les pronoms en *w-* peuvent également fonctionner comme relatifs (voir p. 92).

B Fonctionnement

1 Le pronom relatif introduit une subordonnée relative **en la greffant** sur un nom (l'antécédent). La relative devient membre du groupe nominal.
*Der Baum, **der vor dem Rathaus steht**, ist eine Linde.*
L'arbre qui se trouve devant la mairie est un tilleul.

2 Le pronom relatif exerce une **fonction** dans la relative qu'il introduit : il est sujet, complément d'objet (aux trois autres cas) ou complément du nom (au génitif).
[sujet] *Der Mann, **der** uns angezeigt hat,...* L'homme qui nous a dénoncés...
[objet à l'accusatif] *Der Mann, **den** die Polizei verhaftet hat,...* L'homme que la police a arrêté...
[objet au datif] *Der Mann, **dem** sie begegnet sind...* L'homme qu'ils ont croisé...
[objet au génitif, rare] *Der Fehler, **dessen** er sich bewusst war...* L'erreur dont il avait conscience...
[complément du nom, génitif] *Das Kind, **dessen** Rad gestohlen wurde...* L'enfant dont le vélo a été volé...

3 Le choix de la **forme du pronom** dépend :
- du **genre** ou **nombre** de l'antécédent ;
- du **cas** imposé par la fonction du pronom dans la relative.

*Ist das der Schlüssel, **den** du suchst?* Est-ce que c'est la clé que tu cherches ?
► Le pronom a pour antécédent un nom masculin et fonctionne comme objet à l'accusatif du verbe *suchen*, donc ***den***.

*Die alte Dame, **der** Hans geholfen hat...* La vieille dame que Hans a aidée...
► Le pronom a pour antécédent un nom féminin et fonctionne comme objet au datif du verbe *helfen*, donc ***der***.

*Das Kind, **dessen** Vater / Mutter man auf dem Bild sieht...* L'enfant dont on voit le père / la mère sur la photo...
► Le pronom a pour antécédent un nom neutre et fonctionne comme complément des noms *Vater / Mutter*, donc : ***dessen***.

4 Avec le relatif complément du nom au génitif (*dessen / deren*), le nom qui suit (dont le relatif est complément) ne prend **jamais** l'article mais est toujours défini.
*Das Haus, **dessen** Fassade renoviert wurde...* La maison dont **la** façade a été ravalée...
[Quand le relatif disparaît, l'article défini réapparaît : *Die Fassade des Hauses wurde renoviert.*]

Repérer

| 1 | Dans l'extrait suivant, soulignez les pronoms relatifs et indiquez leur antécédent. → A B

Mein Vater rief mich am nächsten Morgen zu sich ins Büro. Er saß hinter seinem riesigen Schreibtisch und blätterte in Geschäftspapieren. [...] Ich machte die Tür hinter mir zu und blieb auf dem Teppich stehen, der zum Schreibtisch führte.
Die Parkettböden im Haus waren der Stolz meiner Mutter gewesen. Unsere Finca[1] war alt. Sie hatte früher einem steinreichen Spanier gehört, der das große Wohnhaus von einem bekannten europäischen Architekten hatte entwerfen lassen. Es gab in unserem Land keine Finca mehr, die in einem so luxuriösen und großzügigen Stil gebaut war.

Nach Werner J. Egli, *Martin und Lara*, Deutscher Taschenbuch Verlag, 1994.

1. *die Finca* : la maison de maître d'une propriété

Maîtriser la forme

| 2 | Complétez par le pronom relatif qui convient après avoir souligné l'antécédent. → A

1. Ich gehe heute Abend zu meinem Freund Max,
  a. ...... in der Heinrich-Heine-Straße wohnt.
  b. ...... ich die CD zurückbringen muss.
  c. ...... du doch auch kennst.

2. Wer ist die Person,
  a. mit ...... du gerade gesprochen hast?
  b. ...... so laut spricht?
  c. ...... dort steht?

3. Hast du das Buch gelesen,
  a. ...... hier auf dem Tisch liegt?
  b. ...... ich dir letzte Woche empfohlen habe?
  c. von ...... der Lehrer eben gesprochen hat?

4. Mayers, ... haben eben angerufen.
  a. ...... mit uns auf Majorca waren,
  b. ...... es gestern bei uns so gut gefallen hat,
  c. ...... am Sonntag kommen sollen,

| 3 | Complétez par le pronom relatif au génitif. → B

1. Michele Tiziano, ... Belcantostimme so rein ist, ist auch Solotänzer in der Deutschen Oper.
2. Matthias, mit ...... Bruder ich schon lange befreundet bin, hat sich in meine Schwester verliebt.
3. Martina, ... Söhne auch Fussball spielen, schlägt vor, uns zum Sportplatz mitzunehmen.
4. Frau Rebstock, ... Wohnung wirklich zu klein ist, will demnächst umziehen.
5. Thomas, ... Ausweis nicht mehr gültig war, durfte nicht an der Klassenfahrt teilnehmen.
6. Gillian und David, ... Mutter so krank war, wurden bei der Nachbarin untergebracht.

Employer

| 4 | Employez une proposition relative pour définir les groupes nominaux suivants. → A

*ein schwieriges Problem ▸ ein Problem, **das** schwierig ist*

1. eine schicke Jacke
2. ein tolles Spiel
3. ein erfolgreicher Künstler
4. eine nette Kollegin
5. eine unglaubliche Geschichte
6. ein unsympathischer Mensch
7. ein unlösbares Problem
8. ein fauler Apfel

| 5 | Reliez les deux propositions par un pronom relatif. → B

1. Lena spricht von ihrem Motorrad. Es ist brandneu *(flambant neuf)*.
2. Wem gehört das Foto? Es liegt da auf dem Tisch.
3. Wo ist dein Cousin? Er wollte doch auch mitkommen.
4. Dort liegt der Kugelschreiber. Du hast ihn gestern gesucht.
5. Das ist Max, mein Austauschpartner. Ich soll ihm die Schule zeigen.

41 Les relatives

Das Dorf, in dem er lebt, hat kaum 300 Einwohner.

A La place du pronom et du verbe

Le pronom est toujours au début de la relative et ne peut être précédé que d'une préposition. Le verbe conjugué est à la fin.

*Das ist ein Land, in **dem** ich noch nie war.*
C'est un pays dans lequel je ne suis jamais allé.

B Préposition et pronom relatif

Quand le pronom relatif est précédé d'une préposition, c'est elle qui va, en liaison avec le verbe, déterminer le cas et donc la forme du pronom.

1 ***Durch* exige l'accusatif.**
*Der Wald, durch **den** er geht, ist schön.* La forêt qu'il traverse est belle.

2 ***Aus* exige le datif.**
*Das Land, aus **dem** er stammt, ist Italien.* Le pays dont il est originaire est l'Italie.

3 ***Jenseits* exige le génitif.**
*Die Berge, jenseits **deren** die Wüste beginnt,...* Les montagnes au-delà desquelles commence le désert...

4 ***Über* exige l'accusatif ou le datif, selon le verbe en jeu.**
*Die Brücke, über **die** er fährt, ist alt.*
Le pont qu'il traverse est vieux.
*Die Stadt, über **der** eine Giftwolke schwebt,...*
La ville sur laquelle plane un nuage toxique...

❶ Quand une préposition précède le relatif au génitif ***dessen*** ou ***deren***, ce dernier n'est pas modifié, puisqu'il reste complément du nom qui suit.
*Der Mann, mit **dessen** Hilfe er den Dieb gefasst hat,...*
L'homme avec l'aide duquel il a attrapé le voleur...
*[mit **dessen** Hilfe = mit der Hilfe **des Mannes**]*

C L'insertion de la relative dans la phrase d'accueil

1 La relative se place normalement **tout de suite après l'antécédent** du pronom relatif. Elle est toujours encadrée de virgules.
*Der Zug, **mit dem ich fahren wollte**, fährt heute nicht.*
Le train que je voulais prendre ne circule pas aujourd'hui.

2 Mais quand il ne reste qu'un ou deux mots après la relative, on les place **entre l'antécédent et le pronom relatif.**
*Ich ziehe den Pulli **an**, den du mir gestrickt hast.*
Je mets le pull que tu m'as tricoté. [et non pas : ~~*Ich ziehe den Pulli, den du mir gestern gekauft hast, an.*~~]
*Ich will den Pulli **anziehen**, den du mir gestrickt hast.*
Je veux mettre le pull que...
*Sie will den Pulli **nicht anziehen**, den du ihr gestrickt hast.*
Elle ne veut pas mettre le pull que...

D Le relatif *wo*

Lorsque le relatif a pour antécédent un nom de lieu, on utilise couramment la forme *wo* lorsque la relation est purement locative et que la position n'a pas besoin d'être précisée.
*Wie heißt die Stadt, **wo** das schöne Schloss steht?*
Comme s'appelle la ville où se trouve ce beau château ?
*Das ist die Stelle, **wo** der Unfall passiert ist.*
Voici l'endroit où a eu lieu l'accident.

❶ En langue parlée familière, on utilise aussi *wo* avec certains noms de temps *(Tag, Jahr...)*.
An dem Tag, wo er angekommen ist, war es sehr heiß.
Le jour où il est arrivé, il faisait très chaud !

Pour les autres pronoms relatifs en *w-*, voir p. 92.

Maîtriser la forme

| 1 | Reliez les deux propositions par un pronom relatif. → A C

1. Da kommt gerade Benno. Er kann dir die ganze Geschichte erzählen.
2. Das Eis hat gut geschmeckt. Ich habe es dort in der italienischen Eisdiele gekauft.
3. Hier ist die Dame. Sie hat mir die Auskunft gegeben.
4. Der Camcorder HC20 ist ultrakompakt und sehr preisgünstig. Er wird hier vorgeführt.
5. Der Personalleiter kann bestimmt etwas für dich tun. Du hast ihm deine Bewerbung persönlich gegeben.
6. Die Dokumentarfilme werden oft spätabends ausgestrahlt *(diffuser)*. Sie interessieren mich.
7. Dort steht ein Polizist. Er kann dir sagen, wie du zum Zeppelin-Museum kommst.
8. Das kleine Mädchen sucht seine Mutter. Es irrt im Supermarkt herum.
9. Ich warte auf den Bus. Er fährt zum Schwimmbad.
10. Ich möchte das Geld zurück haben. Ich habe es dir letzte Woche geliehen.
11. Mit dem Motorroller fahre ich nur bei gutem Wetter. Ich habe ihn Anfang April gekauft.
12. Für die Diddl-Maus begann 1990 eine internationale Karriere. Thomas Goletz entwarf *(concevoir)* sie.

Employer

| 2 | Reliez les deux propositions par un pronom relatif précédé d'une préposition. → A B

1. Hier kommt gerade meine Kollegin. Ich spiele zweimal in der Woche Squash mit ihr.
2. Frau Niederländer ist nicht da. Du wolltest noch zu ihr gehen.
3. Im Berufsleben gibt es viele unangenehme Situationen. Ich könnte mich oft über sie ärgern.
4. Mein Onkel hat mir sein neues Home Cinema System erklärt. Ich war gestern bei ihm.
5. Die Stelle als Dolmetscher im Institut „Perl" ist sehr interessant. Ich bewerbe mich darum.
6. Der Mann an der Theke ist bestimmt ein Privatdetektiv. Die Bedienung *(serveuse)* spricht mit ihm.
7. Mein Hund Bello ist unermüdlich. Ich jogge jeden Tag mit ihm.
8. Deine Freundin Christiane ist krank. Du bist heute Nachmittag bei ihr eingeladen.

| 3 | Reliez les deux propositions en utilisant le relatif *wo*. → D

1. Wie heißt denn das Restaurant? Wir waren am Sonntag dort.
2. *Im Wald*: Das ist die Stelle. Wir haben uns hier schon letztes Mal verlaufen.
3. Das Ferienhaus liegt am Bodensee. Es gibt dort gute Möglichkeiten für Radtouren.
4. Ich zeige dir noch das Büro. Dort arbeitet mein Vater.
5. Hier ist die Kneipe. Wir treffen uns hier nach der Arbeit.
6. Wir fuhren am Wochenende zur Wartburg. Luther hat dort das neue Testament ins Deutsche übersetzt.
7. Das Museum „Checkpoint Charlie" steht in Berlin. Dort war früher ein Grenzübergang zwischen der BRD und der DDR.
8. Er erklärte uns die Geschichte der Paulskirche in Frankfurt. Dort trat 1848 die erste deutsche Nationalversammlung zusammen.

| 4 | Traduisez. → A B C D

1. Je cherche quelqu'un qui va à la bibliothèque tout à l'heure.
2. Nous avons rencontré une amie qui a une voiture et qui nous a emmenés.
3. Où sont les photos que tu veux me montrer ?
4. Est-ce que c'est le tube *(der Schlager)* dont tout le monde parlait hier ?
5. Ce soir, je mets le jeans que j'ai acheté hier.
6. Le film qu'on a vu au cinéma est de Wim Wenders.
7. L'église devant laquelle nous nous trouvons, c'est la *Gedächtniskirche*.
8. Le bâtiment que tu aperçois là-bas se trouve sur la *Museumsinsel*.

42 Les pronoms adverbiaux (*da* / *wo* + préposition)

Ich kann nichts dafür.
Wofür interessierst du dich?

- Ces éléments, aussi appelés « adverbes pronominaux », sont invariables et fonctionnent comme des pronoms.
- Ils posent deux problèmes : bien identifier la donnée à laquelle ils renvoient et savoir avec quels verbes il faut les utiliser.

A Formation et conditions d'emploi

1 Ces éléments associent les pronoms *da* ou *wo* et une préposition : *dafür, damit...* ; *wofür, womit...*

2 Quand la préposition commence par une voyelle, un ***r*** s'intercale : *daran, darauf...* ; *woran, worauf...*

3 L'élément auquel renvoient *da* ou *wo* ne peut désigner ni des humains ni des animaux.

*Sie erinnert sich **an diese Geschichte**.* ► *Sie erinnert sich **daran**.*
Elle se souvient de cette histoire. ► Elle s'en souvient.

mais :
*Sie erinnert sich **an diesen Mann**.* ► *Sie erinnert sich **an ihn**.*
Elle se souvient de cet homme. ► Elle s'en souvient.

***Worauf** wartest du?* Qu'est-ce que tu attends?
mais : ***Auf wen** wartest du?* Qui attends-tu?

B Les deux emplois de « *da* + préposition »

1 **Reprendre une donnée** ou une information connue pour éviter une répétition.

*Das Kind schob **den Stuhl** vor das Fenster und kletterte **darauf**.*
L'enfant fit glisser la chaise devant la fenêtre et grimpa dessus.

***Er hatte den ersten Platz erobert** und war stolz **darauf**.*
Il avait conquis la première place et en était fier.

2 **Servir de relais** pour « accrocher » une subordonnée en *dass*, *ob*, *w-* ou une infinitive aux verbes, adjectifs ou noms gouvernant une préposition.

- **Verbe + subordonnée :**

*Denke **daran**, deiner Tante zum Geburtstag zu gratulieren.*
Pense à souhaiter un bon anniversaire à ta tante.

*Ich rechne fest **damit**, dass er die Prüfung besteht.*
Je compte ferme sur sa réussite à l'examen.

*Er dachte **darüber** nach, wie er das Problem lösen sollte.*
Il se demandait comment résoudre ce problème.

- **Adjectif + subordonnée :**

*Er war stolz **darauf**, das Rennen gewonnen zu haben.*
Il était fier d'avoir remporté la course.

*Er war dankbar **dafür**, dass ich ihm geholfen hatte.*
Il m'était reconnaissant de l'avoir aidé.

- **Nom + subordonnée :**

*Welches sind die Gründe **dafür**, dass so viele Leute rauchen?*
Quelles sont les raisons pour lesquelles tant de gens fument ?

C Les deux emplois des éléments en « *wo* + préposition »

1 **Comme pronoms interrogatifs.**

***Woran** denkst du?* À quoi penses-tu ?
***Worin** besteht die Arbeit?* En quoi consiste ce travail ?
***Worum** handelt es sich?* De quoi s'agit-il ?
***Worauf** spielst du an?* À quoi fais-tu allusion ?

2 **Comme pronoms relatifs.**

*Er hat das Angebot angenommen, **worüber** wir uns alle freuen.*
Il a accepté l'offre, ce dont nous nous réjouissons tous.

Maîtriser la forme

| 1 | Transformez ces affirmations en questions selon l'exemple proposé. → A

Ich interessiere mich für Hiphop-Musik. ► *Wofür interessierst du dich? Interessierst du dich wirklich dafür?*

1. Du erkennst ihn an seinem Tattoo.
2. Ich warte auf den Bus.
3. Stefan kommt mit seinem Mofa.
4. Wenn ich das Foto sehe, muss ich an die Ferien in Österreich denken.
5. Vitamin B ist gut für das Gedächtnis und die Konzentration.
6. Bei den Olympischen Spielen streben *(aspirer à)* die Sportler nach Gold.
7. Im letzten Deutschunterricht haben wir über Jugendverbände in Deutschland gesprochen.

| 2 | Complétez par les pronoms en « *da* + préposition » qui conviennent. → B

1. Denk bitte ......, die Rechnung noch heute zu bezahlen.
2. Ich danke dir ......, so schnell gekommen zu sein.
3. Jetzt ist er ...... überzeugt, dass er seine Chance verpasst hat.
4. Gestern war die Rede ......, dass du mit mir arbeiten würdest.
5. Marsmenschen? Ach was, ... kann doch kein Mensch glauben!
6. Der Minister hätte ...... beginnen sollen, den Betroffenen die Wahrheit zu sagen.
7. Nun geht es ......, schnell zu reagieren.
8. Alkohol und Rauchen: ...... kann man lange diskutieren.

| 3 | Complétez par les pronoms en « *wo* + préposition » qui conviennent. → C

1. ...... hilft dieses Spray? Ist es gegen Mücken *(moustiques)*?
2. ...... entstehen die hohen Temperaturen am Rande unserer Atmosphäre?
3. ...... könnte er mich erkennen? Er hat mich doch noch nie gesehen!
4. ...... hast du denn Angst? Doch nicht vor dieser kleinen Spinne?
5. Ich weiß wirklich nicht, ... es geht.
6. Er will mit mir nach Frankfurt fahren, ... ich aber gar keine Lust habe.
7. Rede nicht so viel von etwas, ... du nichts verstehst.
8. Die Dunkelheit ist das, ... sich ein Kind am meisten fürchtet *(craindre)*.

Employer

| 4 | Traduisez. → A B C

1. Me dire la vérité, c'est tout ce que je te demande.
2. À quoi vois-tu qu'il a triché *(mogeln)* ?
3. Vous avez fait l'impossible et nous vous en sommes reconnaissants.
4. Je ne m'attendais pas à cela *(mit etw. rechnen)*.
5. Je l'ai convaincu *(überzeugen)* qu'il lui faut prendre des vacances.
6. As-tu pensé à envoyer une carte postale à ton correspondant canadien ?
7. J'aimerais savoir de quoi vous avez discuté en mon absence.

43 Les pronoms en *w-*

Wer will, der kann.
Wo bist du?
Was er nicht will, will er nicht.

A Définition

1 Les pronoms en *w-* désignent un être, une chose, un lieu, un temps, une cause ou une manière : *wann* (quand), *warum* (pourquoi), *wer* (qui), *was* (quoi), *wo / wohin* (où : lieu / direction), *wie* (comment, quel).

❶ Attention : *wenn* (quand, si) n'est pas un pronom relatif, malgré le *w-*.

2 Ils s'emploient comme interrogatifs ou comme relatifs sauf *wann*, toujours interrogatif.

***Wer** hat das gesagt?*
Qui a dit ça ?

***Wer** fährt, soll nicht trinken.*
Celui qui conduit ne doit pas boire.

B Emplois comme pronoms interrogatifs

1 **En interrogative indépendante.**

- Ils introduisent une question partielle. Le verbe conjugué est en 2e position.

***Wann** kommt er?*
Quand est-ce qu'il vient ?

***Warum** lachst du?*
Pourquoi ris-tu ?

***Wer** ist da?*
Qui est là ?

***Was** hat er gesagt?*
Qu'est-ce qu'il a dit ?

***Wo** wohnt sie?*
Où habite-t-elle ?

***Wohin** gehst du?*
Où vas-tu ?

***Wie** war der Film?*
Comment était le film ?

- Ils peuvent être précédés d'une préposition.

*Seit **wann** ist er weg?*
Depuis quand est-il parti ?

*An **wen** denkst du?*
À qui penses-tu ?

2 **En interrogative subordonnée.**

Ils introduisent alors une subordonnée dépendant d'un verbe exprimant le savoir. Elles sont le plus souvent complément d'objet.

*Ich weiß nicht, **wann** er kommt / **warum** er schreit.*
Je ne sais pas quand il arrive / pourquoi il crie.

*Er fragt mich, **wohin** wir gehen / **wer** mitkommt.*
Il me demande où nous allons / qui nous accompagne.

C Emplois comme pronoms relatifs

1 La plupart des pronoms relatifs en *w-* ont ou peuvent avoir un antécédent.

- *Wo* a pour antécédent *da* ou *dort*.

*Bleib (da / dort), **wo** du bist.* Reste (là) où tu es.

Il remplace souvent le pronom en *d-* dans l'expression du lieu.

*das Hotel, **wo** wir waren (= das Hotel, in dem wir waren)* : l'hôtel où nous étions

- *Wie* a pour antécédent *Art*, *warum* a pour antécédent *Grund*.

*die Art, **wie** er das gesagt hat...* : la manière dont il a dit ça...

*der Grund, **warum** ich anrufe, ist...* : la raison pour laquelle j'appelle est...

- *Was* ne peut avoir comme antécédent que *das* (éventuellement décliné) ou *(et)was*.

*Ich bin nicht einverstanden mit dem, **was** du gesagt hast.*
Je ne suis pas d'accord avec ce que tu as dit.

*Das ist etwas, **was** ich nicht wusste.*
C'est quelque chose que je ne savais pas.

2 ***Wer*** n'a jamais d'antécédent.

- Il est le seul pronom en *w-* variable : ***wen*** (accusatif), ***wem*** (datif), ***wessen*** (génitif). Il se met au cas voulu par sa fonction dans la relative.

[sujet] ***Wer** so etwas sagt, ist ein Dummkopf.*
Celui qui dit une chose pareille est un imbécile.

- Quand la fonction de *wer* dans la relative ne correspond pas à la fonction de la relative dans la phrase d'accueil, la relative doit être placée **hors-phrase** et reprise par un pronom en *d-*.

***Wem** geholfen wird, der sollte dankbar sein.*
Celui à qui l'on vient en aide devrait se montrer reconnaissant. [*Wem* est complément au datif dans la relative, mais la relative est sujet dans la phrase d'accueil : la relative est placée hors-phrase et reprise par *der*.]

1 Formulez des questions cohérentes à partir des éléments donnés. → A B

1. spät / denn / wie / es / ist ?
2. gehst / mit wem / Kino / ins / heute Abend / du ?
3. geht / Ihrem / wie / es / Mann ?
4. du / wann / die CD / zurück / gibst / mir ?
5. kann / erklären / wer / das / mir ?
6. Geldbeutel / gehört / dieser / wem ?
7. ist / nicht / warum / er / noch / da ?
8. ihr / wovon / geredet / eben / habt ?
9. du / nicht mehr / seit wann / gesehen / ihn / hast ?
10. wie oft / in /schon / Heidelberg / warst / du ?

2 Posez la question portant sur les éléments soulignés. → A B

1. Konrad Adenauer war der erste deutsche Bundeskanzler.
2. Das KunstHausWien war früher eine alte Möbelfabrik.
3. Das Bundesland Hessen zählt ungefähr 6 Millionen Einwohner.
4. 1960 wurde die Deutsche Fernsehlotterie gegründet.
5. König Ludwig II. ließ Schloss Neuschwanstein errichten.
6. Schloss Nymphenburg befindet sich in München.
7. Der Bundeskanzler ist am Wochenende nach Brüssel geflogen.
8. Julis neuer Song heißt „Perfekte Welle."

3 Complétez en choisissant parmi les propositions suivantes : *wo, mit wem, seit wann, wie, wieso.* → A B

...... HABEN SIE EINEN MAGNETEN UND ...... STEHT ER IN IHREM WOHNZIMMER AUF DEM FUSSBODEN?
STEIN

Aus Uli Stein, *Viel Spass beim Sport*, Lappan Verlag GmbH, 1993.

4 Complétez par le pronom qui convient. → C

1. Ich weiß nicht, ... du davon hältst.
2. Ich kann mir nicht erklären, ... er das getan hat.
3. So schlimm, ... er erzählt hat, war es bestimmt nicht.
4. In der Kneipe, ... wir gestern waren, war es sehr gemütlich.
5. Michèle hat mir nicht gesagt, ... sie auf mich wütend war.
6. Er hat mir erklärt, ... ich zum Schwimmbad komme.

44 Prépositions et groupe prépositionnel

durch das Land, in der Stadt, auf dem Land, aus Angst, vor Kälte...

La préposition présente deux difficultés : quel cas choisir et les différences d'emploi avec la préposition française correspondante.

Pour la liste des prépositions, reportez-vous au tableau p. 164.

A Quel cas employer ?

Certaines prépositions gouvernent un cas précis, d'autres en gouvernent deux, d'autres encore laissent le choix ou ne gouvernent aucun cas.

1 **Préposition + accusatif** : *durch* (à travers), *für* (pour), *gegen* (contre), *ohne* (sans), *um* (autour)...

2 **Préposition + datif** : *aus* (de = origine), *bei* (chez), *mit* (avec), *nach* (à, vers), *seit* (depuis), *von* (de), *zu* (chez)...

3 **Préposition + génitif** : *diesseits* (de ce côté-ci de), *jenseits* (de l'autre côté de), *zwecks* (dans le but de)...

4 **Préposition + accusatif** (= direction) **ou datif** (= lieu) : *an* (contre = contact), *auf* (sur), *in* (dans), *über* (au-dessus de).

5 **Préposition + choix du cas** sans variation de sens :
- génitif (langue soignée) ou datif (familier) : *trotz* (malgré), *während* (pendant), *wegen* (à cause) ;
- génitif ou datif (indifférent) : *dank* (grâce à) ;
- accusatif ou datif : *ab* (à partir de).

6 **Préposition sans cas** : *als* (en tant que) et *wie* (comme). Le cas ne dépend que de la fonction du nom ou pronom auquel le groupe prépositionnel en *als* ou *wie* est attaché.
*mit ihm als Vorsitzend**em*** : avec lui comme président
*mit einem Auto wie dies**em*** : avec une voiture comme celle-là [datif appelé par *mit*]

B Les positions de la préposition

1 Les prépositions introduisent divers éléments, groupes nominaux, pronoms, adverbes... : *aus Italien* (d'Italie), *bei uns* (chez nous), *nach oben* (vers le haut), *mit dem Auto* (avec la voiture).

2 La plupart des **pré**positions sont **pré**posées à l'élément. Toutefois certaines peuvent être **post**posées : *ihm gegenüber* (en face de lui), *den Fluss entlang* (le long de la rivière), *dem Arzt zufolge* (selon le médecin).

C Prépositions + prépositions

1 Quelques prépositions **s'associent** pour exprimer un point de départ et un point d'arrivée :
- *von... bis...* : ***von** Montag **bis** Donnerstag* (de lundi à jeudi), *von hier bis dort* (d'ici à là) ;
- *von... auf / zu...* : *in der Nacht **von** Samstag **auf** / **zu** Sonntag* (dans la nuit de samedi à dimanche).

2 D'autres prépositions **encadrent** un seul élément ou groupe :
- *von... ab / an* : ***von** morgen **ab*** (à partir de demain), ***von** nun **an*** (à partir de maintenant) ;
- *von... an / auf* : ***von** Kindheit **an** /**auf*** (dès l'enfance).

3 Les prépositions sont parfois **accompagnées de *hin* ou *her*** seuls ou associés à une préposition. Ils renforcent ou précisent la relation exprimée.
- Renforcement : ***durch** all die Jahre **hindurch*** (à travers toutes ces années), ***in** den Wald **hinein*** ([pénétrer] dans la forêt), ***aus** dem Bett **heraus*** ([sortir] hors du lit), ***um** das Haus **herum*** (tout autour de la maison).
- Précision : ***von** allen Seiten **her*** ([venir] de toutes parts) / ***nach** allen Seiten **hin*** ([aller] dans toutes les directions) / ***hinter** dem Baum **hervor*** ([bondir] de derrière l'arbre).

❗ *Hin / her* + préposition fonctionne comme préverbe séparable du verbe dont le groupe prépositionnel est complément.
*Er hat mich gestern um 2 Uhr morgens **aus** dem Bett **heraus**telefoniert.*
Hier, il m'a tiré du lit à 2 heures du matin en me téléphonant.

Maîtriser la forme

| 1 | Complétez par la désinence ou la forme du pronom qui convient. → A B

1. Aus *(sie)* ...... wird mit Sicherheit später was!
2. Ist der Fahrlehrer mit dein...... Technik zufrieden?
3. Ich brauche eine Batterie für mein...... MP3-Gerät.
4. Sie wurde von ein...... Unbekannten überfallen.
5. Mit mein...... Eltern kann ich über alles reden.
6. Zu dies...... Bedingungen kaufe ich das Gerät nicht!
7. Zu dein...... Vorführung kann ich leider nicht kommen.
8. Was hast du gegen ihr...... Outfit *(n)*?
9. Ich tue alles für *(du)* ......
10. Mein...... Meinung nach kommt Theo nicht.
11. Gehen wir zu *(ich)* ...... oder zu *(du)* ......
12. Fährst du auch mit d...... Bahn in Urlaub?
13. Wann kommst du aus d...... Urlaub zurück?
14. Ohne *(du)* ...... fühle ich mich einsam.

Employer

| 2 | *Durch / für / gegen / ohne / um* : complétez par la préposition qui convient. → A B

1. Unsere Firma spendete ...... das Rote Kreuz.
2. Ich bin mit Freunden ...... die Altstadt gebummelt.
3. ...... Modem kannst du keine E-Mail schicken.
4. ...... diesen kleinen See herum führt ein Wanderweg.
5. Es ist schwer ...... den Wind zu segeln *(naviguer)*.
6. Ich verreise nie ...... meinen Laptop.
7. Ich erfuhr die Nachricht ...... die Presse.
8. Die Temperatur ist ...... 10 Grad gesunken.
9. Es kamen ...... die 100 Personen.
10. Das ist ...... meinen Willen geschehen.

| 3 | *Aus / bei / mit / nach / seit / von / zu (zum)* : complétez par la préposition qui convient. → A B

1. ...... zwei Monaten arbeite ich an dem Projekt.
2. Ist dieses Schmuckstück ...... echtem Gold?
3. ...... diesem Wetter bleibe ich ...... Hause.
4. Dieses Glossar erklärt Begriffe ...... der Computerwelt.
5. Fred habe ich ...... einer Woche nicht gesehen.
6. Ich nehme ein Taxi und fahre ...... meinem Hotel.
7. Ich habe schon lange nichts mehr ...... ihm gehört.
8. Ich habe die Uhr ...... Petra bekommen.
9. Bist du ...... dem Auto gekommen?
10. Geh doch endlich ...... Arzt!
11. ...... Antje gefällt es mir besonders gut.
12. Er kommt gerade ...... Italien zurück.
13. ...... dir komme °ich dran.
14. Fährt dieser Zug ...... Frankfurt?

| 4 | *Von + ab / an / auf / aus / bis / her* : complétez par la préposition qui convient. → C

1. Von Anfang ...... wusste ich, dass hier irgendetwas nicht stimmt.
2. Die wirtschaftliche Lage wird sich bestimmt nicht von heute ...... morgen bessern.
3. Dieses Buch dokumentiert die Architektur von der Antike ...... heute.
4. Die Chinesische Mauer ist vom All *(espace)* ...... sichtbar.
5. Von Norden ...... wehte ein kalter Wind.
6. Von klein ...... hat er sich immer für Musik interessiert.
7. Er beschloss: „Von heute ...... trinke ich keinen Tropfen Alkohol mehr."
8. Vom Fernsehturm ...... hast du einen schönen Blick auf ganz Berlin.

| 5 | Traduisez en renforçant ou précisant par *hin / her* (+ préposition). → A B C

1. Le chien marchait derrière son maître.
2. Le renard sortit de son terrier *(der Bau)*.
3. Les clients se précipitèrent dans les magasins dès le début des soldes *(der Schlussverkauf)*.
4. Elfriede Jelinek a été félicitée de toutes parts pour son Prix Nobel de littérature.
5. La région autour de Cologne a une forte densité de population *(dicht besiedelt sein)*.
6. Tout autour de la place il y a des platanes centenaires.
7. Soudain les assaillants *(die Angreifer)* surgirent de toutes parts : mon vaisseau spatial *(das Raumschiff)* était perdu. Heureusement je me suis réveillée.

45 Les relations spatiales

Er wohnt in der Stadt direkt gegenüber der Post.

A L'indication du lieu (relation locative)

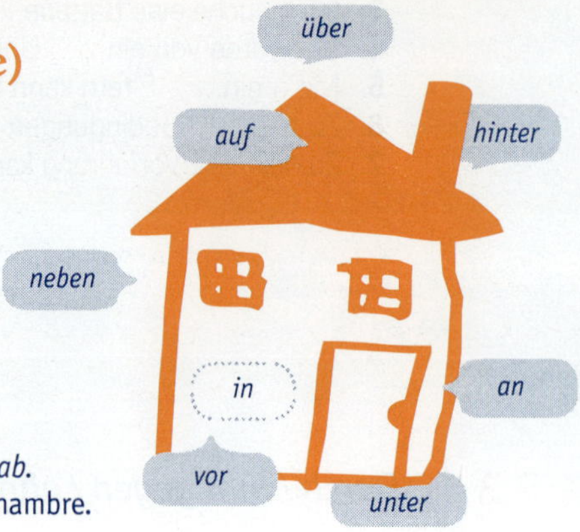

1 Elle impose le **datif** : *auf dem Dach* (sur le toit).

an : contre (contact latéral)
auf : sur (contact sur le dessus)
bei : près de (proximité)
zwischen : entre
über : au-dessus de
neben : à côté
in : dans
unter : sous
vor : devant
hinter : derrière

2 La relation locative est compatible avec le déplacement si celui-ci a lieu à l'intérieur du lieu.

*Er geht **im Wald** spazieren.*
Il se promène dans la forêt.

*Er geht **im Zimmer** auf und ab.*
Il fait les cent pas dans la chambre.

B L'indication de direction (relation directive)

1 Elle impose **l'accusatif**, sauf avec les prépositions toujours suivies du datif.

*Ich gehe **ins Kino**.*
Je vais au cinéma.

mais : *Ich gehe **zu meinem Freund**.*
Je vais chez mon ami.

2 Le choix de la préposition dépend du **point de destination** du déplacement.

- ***Nach*** avec les noms de villes et de pays sans article : ***nach** Rom / Italien fahren* (aller à Rome / en Italie).
- ***In*** avec les noms de pays dotés d'un article ou lorsque l'on entre dans le lieu de destination : ***in** die Schweiz fahren* (aller en Suisse), ***in** den Keller gehen* (descendre à la cave).
- ***Zu*** avec les autres noms : ***zum** Bahnhof / Onkel fahren* (aller à la gare / chez son oncle).
- ***Auf*** si le point de destination est une surface : *Die Vase ist auf den Boden gefallen.* (Le vase est tombé par terre.) [Il se retrouve sur le sol.]

3 La direction peut être précisée par des adverbes comme *hinauf / hinunter* (vers le haut / vers le bas)...

*Sie wollten zum Gipfel **hinauf** (gehen).*
Ils voulaient aller au sommet.

*Sie gingen ins Tal **hinunter**.*
Ils descendirent dans la vallée.

❗ *Nach* et *zu* peuvent exprimer une direction sans déplacement, c'est-à-dire une orientation.
*Das Zimmer liegt **nach** Norden / **nach** der Straße.*
La chambre est orientée au nord / donne sur la rue.

C L'opposition directif / locatif et les verbes de position

[Directif] ***stellen*** + Acc. (v. faible) : *Er stellt die Flasche auf den Tisch.* Il pose la bouteille sur la table.
[Locatif] ***stehen*** + Dat. (v. fort) : *Die Flasche steht auf dem Tisch.* La bouteille est sur la table.

[Directif] ***setzen*** + Acc. (v. faible) : *Er setzt sich auf den Stuhl.* Il s'assied sur la chaise.
[Locatif] ***sitzen*** + Dat. (v. fort) : *Er sitzt auf dem Stuhl.* Il est assis sur la chaise.

[Directif] ***legen*** + Acc. (v. faible) : *Er legt das Kind auf den Rücken.* Il couche l'enfant sur le dos.
[Locatif] ***liegen*** + Dat. (v. fort) : *Das Kind liegt auf dem Rücken.* L'enfant est couché sur le dos.

[Directif] ***hängen*** + Acc. (v. faible) : *Er hängte das Bild an die Wand.* Il accrocha le tableau au mur.
[Locatif] ***hängen*** + Dat. (v. fort) : *Das Bild hing an der Wand.* Le tableau était accroché au mur.

D La relation d'origine : *aus* et *von*

1 ***Aus*** signifie « venir de l'intérieur de quelque chose » : *Trauben **aus** Italien* (du raisin d'Italie).

2 ***Von*** marque simplement le point de départ : *Der Zug kommt **von** Berlin.* (Le train vient de Berlin.)

3 ***Von*** et ***aus*** peuvent se combiner (voir aussi p. 164).
***Vom** Fenster **aus** sieht man den Turm.* Depuis la fenêtre, on voit la tour.

Maîtriser la forme

| 1 | Complétez par la préposition et la désinence qui conviennent. Vous indiquerez la contraction si elle est possible. → A B

1. Es liegt viel Schnee ...... d...... Dächern.
2. Komm doch mit ...... d...... Fußballspiel!
3. ...... d...... Wolken ist der Himmel immer blau.
4. Soll ich das Bild dort ...... d...... Wand hängen?
5. Bist du schon mal ...... d...... Alpen geflogen?
6. Pass auf! Eine Spinne *(araignée)* hängt ...... d...... Bett.
7. Wohnst du ...... d...... Land oder ...... d...... Stadt?
8. Spielkonsolen werden hauptsächlich ...... Japan importiert.
9. Mein Nachbar ist gestern ...... d...... USA zurückgekommen.
10. Hugo sitzt ...... sein...... Freund Nico und sein...... Freundin Clara.

Employer

| 2 | Directif ou locatif ? Complétez par les désinences qui conviennent. → A B

1. Darf ich dieses Poster an d...... Wand hängen?
2. Deine neue CD von Rammstein liegt hier neben d...... von Phil Collins.
3. Auf ein...... Hocker *(tabouret)* sitzt man bestimmt nicht so bequem wie in ein...... Sessel.
4. Deine Tasche steht dort in d...... Ecke.
5. Er setzte sich auf ein...... Bank und las gemütlich die Zeitung.
6. Warum hängt nur ein Gemälde an dies...... Wand?
7. Leg bitte deine Sachen hier in d...... Schrank!
8. Stellt bitte beide Kartons hier auf d...... Tisch!

| 3 | Complétez par les désinences qui conviennent. → A B

Der Heidelberger Philosophenweg: Auf d...... Naturbalkon des Philosophenweges sitzt jeder Zuschauer in d...... ersten Reihe und kann Natur und Ausblick auf d...... Stadt gleichzeitig auf sich wirken lassen. Ungeschützt gedeihen *(pousser)* auf dies...... Klima-Insel (...) die Exoten: japanische Wollmistel und amerikanische Zypresse (...) Bambus, Palmen, Pinien. Alles blüht um Wochen früher als in d...... Tal.

http://www.cvb-heidelberg.de/

| 4 | *Aus* ou *von / vom* ? Complétez par la préposition qui convient. → D

1. Sie kommt gerade ...... Friseur zurück.
2. Das Boot entfernt sich langsam ...... dem Ufer *(rivage)*.
3. Messer und Gabel nimmst du bitte ...... der Schublade *(tiroir)* links.
4. Marwin sprang ...... der Mauer herunter.
5. Mein Freund Janosch stammt ...... Polen.
6. HH? Kommt dieses Auto ...... Hamburg?
7. Dieser kalte Wind weht ...... Norden.
8. Das Buch *Maus* von Art Spiegelman wurde ...... dem Englischen ins Deutsche übersetzt.

| 5 | Traduisez. → A B C

1. Der Zug nach Frankfurt fährt um 10.12 ab.
2. Diese Münzen sind aus dem 18. Jahrhundert.
3. Die Tür zur Toilette ist die Linke.
4. Wann kommst du zu mir?
5. Sagen Sie es bitte auf Deutsch!
6. Leverkusen liegt bei Köln.
7. Stell die Leiter an den Kirschbaum.
8. Die Sonne steht schon hoch am Himmel.

46 Les relations temporelles

im Winter, um fünf Uhr, jeden Sonntag, den ganzen Tag

Pour le choix du cas après les prépositions, reportez-vous au tableau p. 164.

A Le temps « absolu » (non relatif à un moment repère)

1 Le jour : *am Montag* (le lundi), *am Dienstag, dem dritten März* (le mardi 3 mars).
Wir haben Samstag, den 9. (neunten) April 2005. Nous sommes le samedi 9 avril 2005.

2 L'heure : *um drei Uhr nachmittags* (à trois heures de l'après-midi), *um halb fünf* (à quatre heures et demie), *um Viertel vor / nach acht* (à huit heures moins le quart / et quart), *gegen drei Uhr* (vers trois heures).

3 Le mois, la saison, l'année : *im Juni* (en juin), *im Sommer* (en été), *im Jahre 2005* (l'année 2005).
❶ La date en tête d'une lettre se met à l'accusatif : *München, den 12. Mai 2005* (Munich, le 12 mai 2005).

B Le temps relatif

1 Relatif au moment de l'énonciation (= moment où l'on parle).
- Simultanéité : *jetzt* (maintenant), *heute* (aujourd'hui), *heutzutage* (de nos jours), *dieses Jahr* (cette année), *heute Morgen* (ce matin), *diesen Monat* (ce mois-ci).
- Antériorité : *gerade, soeben* (à l'instant), *gestern Abend* (hier soir), *vorgestern* (avant-hier), *letzte Woche* (la semaine dernière), *vor drei Tagen* (il y a trois jours), *vorhin* (tout à l'heure) [passé].
- Postériorité : *bald* (bientôt), *gleich, sofort* (tout de suite), *morgen früh* (demain matin), *nachher* (après), *übermorgen* (après-demain), *nächstes Jahr* (l'an prochain), *später* (plus tard), *in drei Tagen* (dans trois jours).

2 Relatif à un moment différent de celui de l'énonciation.
- Simultanéité : ***um** diese Zeit* (à cette heure-là), ***zu** dieser Zeit* (à cette époque-là), ***an** diesem Tag* (ce jour-là), ***zur** gleichen Zeit* (au même moment), ***zu** (an) Ostern* (à Pâques), ***um** Ostern herum* (autour de Pâques).
- Antériorité : *vorher, zuvor* (auparavant), *am Tag zuvor* (la veille), *eine Stunde vorher* (une heure avant).
- Postériorité : *danach, darauf* (là-dessus, ensuite), *am Tag danach, darauf* (le lendemain), *einen Tag später* (un jour plus tard), *nachher* (ensuite), *später* (plus tard), *hinterher* (par la suite).

C Fréquence et durée

1 Fréquence. (Wie oft?)
- Sans préciser l'intervalle : *nie* (jamais), *selten* (rarement), *ab und zu* (de temps en temps), *manchmal* (parfois), *oft* (souvent), *ständig* (constamment), *immer* (toujours), *dreimal* (trois fois), *mehrmals* (plusieurs fois).
- Pour préciser l'intervalle : *jed-* (chaque) là où le français utilise « tous / toutes ».
jede Stunde, stündlich : toutes les heures
jeden Monat, monatlich : tous les mois
jeden Tag, täglich : tous les jours
jedes Jahr (jährlich) jede Woche (wöchentlich)
- Pour indiquer la régularité : adverbes en *-s*.
abends : le soir [de façon régulière]
Sonntags geht er ins Kino. Le dimanche, il va au cinéma.

2 Durée. (Wie lange dauert es?)
- Sans indication de début ou de fin, avec des adverbes ou des groupes nominaux à l'accusatif.
den ganzen Tag : toute la journée
nur einen Tag bleiben : ne rester qu'un jour
lange : longtemps
vorübergehend : provisoirement
- Avec indication de la fin : *bis* + accusatif.
bis nächstes Jahr : jusqu'à l'année prochaine
bis zu diesem Tag : jusqu'à ce jour
bis morgen : jusqu'à demain
bis vor kurzem : jusqu'à récemment
- Avec indication du début : *seit* + datif (depuis), *ab* + datif, *von... ab / an* (à partir, depuis).
seit letztem Jahr : depuis l'an dernier
seitdem : depuis ce temps-là
von diesem Tag an : depuis ce jour
seit drei Tagen : depuis trois jours
ab nächstem Monat : à partir du mois prochain
von Montag bis Freitag
von eins bis drei

Maîtriser la forme

| **1** | Exprimez l'heure d'une manière différente. → A

1. zwei Uhr fünfzehn
2. elf Uhr fünfzig
3. zehn Uhr zehn
4. drei Uhr dreißig
5. ein Uhr fünfundvierzig
6. neun Uhr fünfundzwanzig
7. vier Uhr zwanzig
8. fünf Uhr vierzig

Employer

| **2** | Classez les expressions temporelles suivantes dans l'ordre chronologique. → A

Es geschah…

vorgestern ......
heute Morgen ......
soeben ......
vorhin ......
vorige Woche ......
letzten Monat ......
vor kurzem ......
gestern ......

| **3** | Complétez les phrases suivantes avec la préposition qui convient. → A B

1. ...... Weihnachten trifft sich die ganze Familie.
2. ...... Wochenende habe ich ein wichtiges Handballturnier.
3. ...... kurzem habe ich Tanja in der Stadt getroffen.
4. ...... elf (Uhr) muss ich wieder zu Hause sein.
5. ...... Februar wollen wir in die Alpen fahren.
6. ...... dieser Stunde war kaum ein Mensch draußen.
7. ...... 1. Dezember feiere ich meinen 17. Geburtstag.
8. ...... einer Woche beginnen die Sommerferien.
9. ...... diese Zeit wirst du deine Freundin Marianne wohl nicht antreffen.

| **4** | Reformulez les phrases suivantes en utilisant l'adjectif ou l'adverbe correspondant au groupe entre parenthèses. → C

1. Ich bekomme von meinen Eltern ...... Taschengeld. (jeden Monat)
2. ...... sehen wir uns die 20 Uhr-Nachrichten an. (jeden Abend)
3. ...... muss ich zur Musikprobe. (jeden Donnerstag)
4. Man hört die Kirchenglocken ...... läuten. (jede Stunde)
5. ...... schlafe ich länger als gewöhnlich. (jeden Sonntag)
6. Der Unterricht beginnt ...... um Punkt 8 Uhr. (jeden Tag)
7. ...... stehe ich als erster auf. (jeden Morgen)
8. Wir fahren mindestens einmal ...... in den Urlaub. (jedes Jahr)
9. ...... machen die Babies einen Mittagsschlaf *(sieste)* im Kindergarten. (jeden Nachmittag)

| **5** | Traduisez. → C

1. La piscine est provisoirement fermée.
2. Tu peux rester chez moi jusqu'à demain.
3. Le prix de l'essence doit baisser à partir de la semaine prochaine.
4. Léa est malade depuis une semaine.
5. Guillaume a participé au programme Brigitte Sauzay : il est resté trois mois à Cologne.
6. Il a plu toute la journée.
7. Mes résultats en français se sont améliorés depuis septembre dernier.
8. Mon ordinateur fonctionnait correctement jusqu'à récemment.

47 La phrase déclarative

Er wollte nicht.
Dann hat es geregnet.
Im Winter ist es kalt.

- Dans la phrase déclarative, le verbe conjugué est par définition en 2e position. Ce qui se trouve à gauche du verbe (1re position) constitue un seul et même groupe.
- Le groupe en 1re position n'est jamais séparé du verbe par une virgule.
- **Attention** : au groupe en 1re position peuvent s'ajouter des éléments qui « ne comptent pas ».

A Où placer le verbe conjugué ? En 2e position.

1 Cette règle ne signifie pas qu'il n'y a qu'un mot avant le verbe. Elle signifie que celui-ci n'est précédé que d'un seul groupe, qui peut être long et complexe.
In der dritten Straße links nach der Ampel ***ist*** *eine Bäckerei.*
Dans la troisième rue à gauche après le feu, il y a une boulangerie.

2 Dans certains contextes, le premier groupe peut être omis, mais il reste là « en filigrane ».
„Er kommt nicht." „(Das) hab' ich mir gedacht."
« Il ne viendra pas. – Je m'en doutais. » [absence de *das* = « en »]

B Qu'y a-t-il en 1re position ? Un seul groupe ou un adverbe connecteur.

1 **On ne peut pas trouver en 1re position :**
- deux groupes exerçant deux fonctions différentes, par exemple « complément de temps + sujet » ;
~~Morgen, wir~~ wollen wandern.
Demain, nous allons faire une randonnée. ► ***Morgen*** *wollen* ***wir*** *wandern.*
- un adverbe connecteur plus un groupe.
Ich denke, ~~also ich~~ bin. Je pense, donc je suis. ► *Ich denke,* ***also*** *bin* ***ich***.

2 **Exceptions apparentes.**
- Les conjonctions de coordination *(aber, denn, oder...)* « ne comptent pas ».
Die Feuerwehr kam sofort, aber für die Opfer ***war*** *es zu spät.*
Les pompiers sont venus tout de suite, mais pour les victimes, il était trop tard.
- Les éléments ou groupes qui précisent ou complètent le premier groupe forment bloc avec lui.
Das Mädchen links auf dem Bild ***ist*** *meine Kusine.*
La fille à gauche sur la photo est ma cousine.
Auch am Sonntag steht er früh auf.
Il se lève tôt même le dimanche.
- Les éléments placés en tête de phrase mais séparés par une virgule sont considérés hors-phrase.
Ach, du ***bist*** *so lieb!* Ah, tu es si gentil !
- Entre le premier groupe et le verbe, il peut y avoir une apposition, toujours entre deux virgules.
Unser Lehrer, ein sehr netter Kerl, wird auch dabei sein.
Notre prof, un type très sympa, sera de la partie.
- Deux groupes de même fonction peuvent être coordonnés ou juxtaposés en première position.
In Köln und in Berlin haben die Leute eine ganz andere Mentalität.
À Cologne et à Berlin, les gens n'ont pas du tout la même mentalité.

C Nature et fonction du groupe en 1re position

1 Le groupe en 1re position peut être de **nature** quelconque : adverbe, groupe nominal, groupe prépositionnel, subordonnée et même adjectif.
Froh *waren sie °alle.* Contents, ils l'étaient tous.

2 Il peut être aussi de **fonction** quelconque : connecteur, sujet, complément, même à l'accusatif.
Deinen Bruder *habe ich °nicht gesehen.* Ton frère, je ne l'ai pas vu.

3 Le choix du groupe en 1re position dépend du contexte et des intentions du locuteur (reportez-vous au tableau p. 167).

Maîtriser la forme

1 Reformulez chaque phrase en commençant par les groupes de mots entre parenthèses. → A B

1. Der erste und der achte Mai sind Feiertage. (In Frankreich)
2. Wir sind in Salzburg angekommen. (Gegen 10 Uhr morgens)
3. Mein Nachbar wäscht sein Auto. (Jeden Samstag)
4. Ich möchte schlafen. (Nun)
5. Ich möchte studieren. (Nach meinem Abitur)
6. Er sitzt im Sessel und sieht fern. (Abends)
7. Man kann einen interessanten Bericht lesen. (Im letzten *Spiegel*)
8. Der Zug nach Dresden fährt ein paar Minuten später (Am Sonntag)
9. Du kannst bei deinen Freunden übernachten. (Ausnahmsweise)
10. Wir wollen uns heute Abend treffen. (Am Brunnen auf dem Marktplatz)

Repérer

2 Quelle est la nature de l'unité en première position ? Cochez la case qui convient. → C

	adverbe	groupe prépositionnel	groupe nominal	adjectif
1. Schön war es in dieser Jugendherberge.				
2. Gestern bin ich aus Mallorca zurückgeflogen.				
3. Damals standen hier noch keine Häuser.				
4. Auf dem Tisch liegt das Geld für das Buch.				
5. Diesen Krimi fand ich wirklich toll.				
6. Riesig sind die Windräder, die in Norddeutschland stehen.				
7. Mein Computer funktioniert nicht mehr richtig.				
8. Das Haus meines Onkels ist ein Fachwerkhaus.				
9. Hier wird nicht geraucht.				
10. An der Abendkasse bekommst du bestimmt noch Karten.				
11. Der kleine Julian sucht seine Eltern.				
12. Leider konnte ich nicht auf Theos Abschiedsfete gehen.				
13. Plasma-Fernseher haben sich als attraktive Alternative zum konventionellen Röhrenfernseher entwickelt.				

Employer

3 Écrivez des phrases déclaratives cohérentes à partir des éléments proposés. Vous commencerez par le groupe souligné. → A B C

1. immer noch nicht / in der dritten Reihe / abgeschaltet / sein Handy / <u>Der Kerl</u> / hat
2. schon / habe / ich / für morgen Abend / <u>Die Kinokarten</u> / gekauft
3. bestimmt / meinem kleinen Bruder / gefällt / <u>Dieser neue Zeichentrickfilm</u>
4. hilft / ihr / <u>Ihre ältere Schwester</u> / bei den Hausaufgaben
5. organisiert / ein Sommerfest / <u>Dieses Jahr</u> / unsere Klasse
6. der Skipisten / liegt / am Fuß /<u>Die urige *(très typique)* Berghütte</u>
7. mit einem gemütlichen Kachelofen / <u>Der Aufenthaltsraum</u> / ausgestattet / ist
8. losgeworden / noch für 3 000,- Euro / <u>Meinen alten VW-Käfer</u> / bin / ich
9. <u>Heute</u> / am Himmel / keine einzige Wolke / war
10. ist / <u>So etwas</u> / noch nie / mir / vorgekommen

48 Les phrases interrogatives

Kommst du mit?
Ralf kommt doch auch, oder?
Wer ist da?

On en distingue deux grands types :
- Les interrogatives globales, qui appellent une réponse en *ja* ou *nein* (oui / non) : leur verbe est en 1re position, mais parfois aussi en 2e.
- Les interrogatives partielles, qui appellent en réponse une information précise : elles commencent par un interrogatif en *w-* et leur verbe est en 2e position.

A Les interrogatives globales à verbe en 1re position

1 De forme positive.

- Elles sont normalement neutres, c'est-à-dire qu'elles n'orientent pas la réponse vers *ja* ou *nein*.

Hat Peter angerufen?
Pierre a-t-il téléphoné ?

Kommst du auch mit?
Tu nous accompagnes ?

- Elles peuvent exprimer un doute.

Das hatte er gesagt, aber hat er es auch getan?
C'est ce qu'il avait dit, mais l'a-t-il fait ? [sous-entendu : j'en doute]

2 De forme négative.

- Comme en français, elles orientent la réponse vers le positif, exprimé par *doch* (si).

*„Du, war das nicht am letzten Montag?" **„Doch."***
« Dis, c'était pas lundi dernier ? – Si. »

- Elles contiennent souvent *denn*, qui ajoute des nuances affectives, notamment de reproche.

Hast du denn das Schild nicht gesehen?
Tu n'as pas vu le panneau [que tu aies grillé le stop] ?

- Elles expriment souvent l'étonnement.

Ach, bist du noch nicht weg?
Eh bien, tu n'es pas encore parti(e) ?

Was, hat er nicht angerufen?
Quoi, il n'a pas téléphoné ?

- Elles sont souvent « rhétoriques » et équivalent alors à une affirmation « déguisée ».

Hab' ich nicht recht gehabt? J'avais pas raison? [sous-entendu : bien sûr que si]

B Les interrogatives globales à verbe en 2e position

Elles contiennent généralement la particule *doch* et expriment :
- quand elles sont positives, une demande de confirmation ;

*Du kommst **doch** auch mit, oder?* Tu nous accompagnes, non?

- quand elles sont négatives, une inquiétude.

*Er ist **doch** nicht durchgefallen?* Il n'a pas raté, quand même ? (≈ Ne me dis pas qu'il a raté !)

C Les interrogatives partielles : pronom en *w-* + verbe

1 Elles commencent par un pronom (ou groupe) interrogatif suivi du verbe en 2e position.

- Pronom interrogatif seul.

***Wo** ist er?*
Où est-il ?

***Wer** will mitkommen?*
Qui veut venir avec (moi / nous) ?

- Groupe interrogatif réduit à « préposition + pronom ».

***Mit wem** fährst du hin?*
Tu y vas avec qui ?

- Groupe interrogatif nominal.

***In welchem Jahrhundert** lebte er?*
En quel siècle a-t-il vécu ?

2 Elles peuvent contenir des particules qui leur donnent diverses nuances.

- ***Noch*** : *Wann war das **noch**?* C'était quand, **déjà** ?
- ***Nur*** : *Wo hab' ich nur meine Brille hingelegt?* Où est-ce que j'ai **bien pu** mettre mes lunettes ?
- ***Wohl*** : *Was kostet der Pulli **wohl**?* [**À ton avis,**] qu'est-ce qu'il **peut bien** coûter, ce pull ?

Maîtriser la forme

| 1 | **Rétablissez l'espace entre les mots, la ponctuation et les majuscules dans le texte suivant.** → A C

Norbertsagtdiefraustrenghastdudasautoabgeschlossennorbertnicktmüdebistdusichernorbertnicktdashierist zwardieschweizabermankanniewissenfürdiekindernurobstsalatihrwolltdochobstsalatoderdieKinderschweigenundstarrendumpfindasorangerotelichtalsozweimalobstsalatsagtnorbertgehorsamwieeinkellnerundstehtwied eraufwassollichfürdichmitbringenegalsagtdiefrau[...]dukennstmichdochbringirgendwasmitwasichmag.

Aus Doris Dörrie, *Was machen wir jetzt*, Diogenes Verlag AG, 1999.

| 2 | **Transformez les phrases ci-dessous en interrogatives globales.** → A B

1. Ich muss wirklich zum Zahnarzt gehen.
2. Er bekommt nicht genug Taschengeld von seinen Eltern.
3. Sie können heute Nachmittag im Büro vorbeikommen.
4. Meine Schwester kann morgen wirklich nicht mit ins Wellenbad.
5. Deine Klamotten sind in der Waschmaschine.
6. Im Keller steht noch eine Kiste Apfelschorle.

Employer

| 3 | **Écrivez des phrases interrogatives cohérentes à partir des éléments donnés.** → A B C

1. mein Outfit / nun / wie gefällt / dir / und
2. warten / können wir / wieso / nicht / deine Mutter / zurückkommt / bis
3. Ampel / an / welcher / links / ich / muss / abbiegen
4. nichts / ist / passiert / doch / Guillaume
5. was / immer / er / dir / dein Heft / hat / noch / zurück gegeben / nicht
6. Elaine / hat / dir / doch / nicht / weh getan / oder
7. der Film / im Fernsehen / schon / lief / denn / letzten Monat / nicht
8. nicht / kommt / denn / warum / dein Freund / mit
9. Amélie / Deutsch / doch / auch / spricht / oder

| 4 | **Posez la question qui correspond au mot ou groupe de mots souligné.** → C

1. Fahrradtaxis fahren <u>Touristen und Berliner</u> durch die deutsche Hauptstadt.
2. <u>350 Millionen</u> Handys liegen laut Schätzungen unbenutzt in europäischen Haushalten herum.
3. Sarah Biasini ist die Tochter <u>von Romy Schneider</u>.
4. <u>2004</u> investierte die ostdeutsche Industrie ungefähr 7,3 Mrd. Euro.
5. 1990 gewann die deutsche Fußballnationalmannschaft <u>in Italien</u> die Weltmeisterschaft.
6. <u>Der Hamburger Hafen</u> ist der zweitgrößte Hafen Europas nach Rotterdam.
7. <u>Mit dem Kinoerfolg „Good bye Lenin!"</u> kam Anfang 2003 die „Ostalgie" in Mode.
8. <u>Denglisch</u> nennt man mit englischen Ausdrücken vermischtes Deutsch.
9. <u>Ab 2010</u> soll jährlich eine Million Tonnen umweltfreundlicher Treibstoff *(carburant)* produziert werden.

49 La phrase impérative

Komm mal her!
Lasst mich vorbei!
Setzen Sie sich!

L'impérative a deux caractéristiques essentielles :
- Le verbe conjugué est normalement en 1re position.
- À la 2e personne, le verbe n'a pas de sujet (comme en français).

Elle est généralement ponctuée par un point d'exclamation.
Elle sert normalement à exprimer une exhortation, mais elle peut aussi, dans certains cas, exprimer l'hypothèse.

Pour les formes conjuguées du verbe à l'impératif, reportez-vous au tableau p. 152.

A La position du verbe conjugué

1 Le verbe est normalement **en 1re position.**

Hör auf mit dem Lärm!
Arrête de faire du bruit !

Gib mir bitte ein Taschentuch!
Donne-moi un mouchoir, s'il te plaît !

2 Il peut néanmoins être précédé de particules comme *also* et *nun* ainsi que d'un *das* complément d'objet.

„Papa, ich möchte mit." „Also komm!"
« Papa, je voudrais aller avec (toi). – Alors viens ! »

Nun hör doch auf!
Arrête, à la fin !

B Le sujet du verbe conjugué

1 Comme en français, il n'est pas exprimé à la 2e personne du singulier et du pluriel.

Lass / Lasst mich vorbei! Laisse-moi / Laissez-moi passer.

2 Il peut cependant être exprimé lorsque l'on veut signifier « toi et pas moi ». Il est alors accentué.

Geh °du hin!
Vas-y toi ! [Moi, je n'ai pas envie.]

Führ' °du mal den Hund aus!
À ton tour de sortir le chien.

3 Contrairement au français, le sujet est toujours exprimé à la 1re personne du pluriel et à la forme de politesse (= 3e personne du pluriel).

Besuchen wir ihn, das wird ihn freuen!
Allons le voir, ça lui fera plaisir !

Kommen Sie doch rein!
Entrez-donc !

Setzen Sie sich!
Asseyez-vous !

C Les fonctions de l'impérative

1 Elle exprime toutes sortes d'exhortations : ordre, invitation, conseil, suggestion...

Lass mich jetzt in Ruhe!
Fiche-moi la paix, maintenant !

Kommen Sie doch am Samstag zum Abendessen!
Venez donc dîner samedi !

„Was soll ich ihm zum Geburtstag schenken?" „Kauf ihm doch einen Computer!"
« Qu'est-ce que je peux lui offrir pour son anniversaire ? – Achète-lui donc un ordinateur ! »

2 Elle peut contenir un datif libre (voir p. 68) ou des particules comme *nur* ou *ja* qui marquent la participation affective du locuteur à ce qu'il dit (généralement l'inquiétude ou la menace).

*Pass auf, fall **mir** nicht ins Wasser!*
Fais attention de ne pas tomber dans l'eau ! [avec sollicitude]

*Lass die Vase **nur** nicht fallen!*
Surtout, ne fais pas tomber le vase ! [avec une inquiétude dans la voix]

*Lass die Vase **ja** nicht fallen!*
Gare à toi si tu fais tomber le vase ! [ton menaçant]

3 Elle peut aussi exprimer l'hypothèse lorsqu'elle est suivie d'une phrase coordonnée par ***und*** exprimant une conséquence généralement menaçante.

*Sag das noch einmal **und** du wirst was erleben!*
Répète et tu vas voir ce qui t'arrivera.

*Mach' das noch einmal **und** es ist aus zwischen uns!*
Recommence et c'en est fini entre nous !

Maîtriser la forme

| 1 | Transformez ces demandes polies en ordres à l'impératif (2e personne du singulier). → A

1. Kannst du mir bitte den Senf reichen?
2. Kannst du bitte herkommen?
3. Kannst du bitte einen Augenblick warten?
4. Kannst du mir bitte zeigen, wo das Rathaus ist?
5. Kannst du das bitte wiederholen?
6. Kannst du mir bitte die Zeitung geben?
7. Kannst du mir bitte sagen, was ich jetzt tun soll?

Employer

| 2 | Transformez les phrases suivantes en ordres en y introduisant le mot indiqué entre parenthèses. → A

1. Du musst stehen bleiben. (mal)
2. Du sollst mit deinen Faxen *(grimaces)* aufhören. (endlich)
3. Du sollst nicht mehr an diese Geschichte denken. (bitte)
4. Wir sollten es versuchen. (doch)
5. Du kannst deine Mutter fragen. (doch)
6. Du darfst nicht zu spät losfahren. (bitte)
7. Du darfst es aber nicht weiter erzählen. (bitte)

| 3 | Transformez le conseil en ordre. → A B C

1. Ich verstehe dich nicht. Du solltest lauter sprechen.
2. Theo macht sich Sorgen. Ihr solltet ihm die Wahrheit sagen.
3. Ich kann Ihnen nicht helfen. Sie sollten sich am Schalter erkundigen *(se renseigner)*.
4. Es ist fast Mittag. Du solltest jetzt endlich aufstehen.
5. Ich kann das nicht entscheiden. Sie sollten lieber Jutta fragen.
6. Ihr habt das nicht verstanden? Ihr solltet besser aufpassen.
7. Im Park sind viele Kinder. Du solltest deinen Hund festhalten.

| 4 | Mettez les consignes de ce mode d'emploi à l'impératif. → A B C

Bedienungsanleitung
Waschen, inkl. Waschpulver 6 kg 3.50 €
Waschen, inkl. Waschpulver 12 kg 7.00 €
Schleudern, Trocknen je 0,50 €
Mangeln 0,50 €
Weichspüler drücken 0,10 €
Waschpulver extra drücken 0,50 €
1. Maschinennummer wählen
(grüne Lampe = frei)
(rote Lampe = besetzt)
2. Entsprechenden Betrag einwerfen
3. Aufleuchtenden Knopf drücken
Waschpulver entnehmen
4. Maschine starten

http://www.dartmouth.edu/

50 La négation (1) : *nicht* et *kein*

Er ist nicht da.
Das ist kein Problem.

Nicht et *kein* peuvent tous deux exprimer une négation **globale** ou une négation **partielle**.
- Dans la négation globale, c'est toute la phrase qui est niée : le fait évoqué n'a pas lieu.
- Dans la négation partielle, seule une partie de la phrase est niée.

A *Nicht*

1 ***Nicht*** exprimant une **négation globale** est généralement accentué et se place devant la partie de la phrase qui relate le fait proprement dit.

*Heute Abend kann ich °**nicht** kommen / ins Kino gehen / mit dir Karten spielen.*
Ce soir, je ne peux pas venir / aller au cinéma / jouer aux cartes avec toi.
[Les divers événements n'auront pas lieu.]

2 ***Nicht*** exprimant une **négation partielle** est généralement inaccentué et se place devant le membre ou l'élément de phrase qu'il nie. Cet élément est, lui, fortement accentué. La négation est le plus souvent suivie d'une rectification introduite par *sondern*.

*Das Auto haben wir **nicht** °letztes Jahr, sondern °vorletztes Jahr gekauft.*
La voiture, nous ne l'avons pas achetée l'année dernière, mais l'année d'avant.
[La voiture a bel et bien été achetée.]

3 Même le sujet peut faire l'objet d'une négation partielle.

Nicht °Peter ist gekommen, sondern Florian.
Ce n'est pas Peter qui est venu mais Florian.

4 Dans les phrases réduites à « sujet + verbe » ou « sujet + adjectif attribut », nier le verbe ou l'adjectif attribut revient à nier toute la phrase, mais la rectification par *sondern* reste possible :
- sans rectification (accent sur *nicht*) ;
Peter spielt °nicht. Peter ne joue pas.
- avec rectification (accent sur le verbe ou l'adjectif).

Das Kind °spielt nicht, es schläft.
L'enfant ne joue pas, il dort.

Das Auto ist nicht °grün, sondern °blau.
La voiture n'est pas verte, mais bleue.

B *Kein*

1 ***Kein*** s'emploie à la place de *nicht* devant un groupe nominal indéfini (= sans article ou avec *ein*). Il peut lui aussi exprimer une négation globale ou une négation partielle.

- **Négation globale** :

Ich habe kein Geld bei mir.
Je n'ai pas d'argent sur moi.

Ich habe °keine Zeit für dich.
Je n'ai pas de temps à te consacrer.

- **Négation partielle** :

Sie sind keine Woche dort geblieben.
Ils n'y sont pas restés une semaine.

❶ Mais attention : quand *ein* signifie « un seul », on emploie *nicht* et non *kein*. *Ein* est alors fortement accentué.

*Sie sind **nicht °eine Woche** dort geblieben, sondern °zwei.*
Ils n'y sont pas restés une semaine mais deux.

*Sie haben **nicht °ein Kind**, sondern °zwei.*
Ils n'ont pas un enfant mais deux.

2 ***Kein*** peut exprimer une négation globale à travers la négation du sujet.

*Heute fährt **kein** Zug.*
Aujourd'hui aucun train ne circule.

***Kein Mensch** ist auf der Straße.*
Il n'y a personne dans la rue.

3 Devant un groupe nominal attribut, ***kein*** exprime une négation globale mais la rectification par *sondern* reste possible.

*Das ist **keine °Eiche**, sondern eine °Linde.*
Ce n'est pas un chêne, mais un tilleul.

❶ Attention : quand le nom forme locution avec le verbe, c'est *nicht* qu'on emploie pour nier.
Bescheid wissen (être au courant). ► *Er hat damals nicht Bescheid gewusst.* À l'époque, il ne savait pas.

1 | *Nicht* ou *kein*? Complétez par la négation qui convient. Accordez si nécessaire. → A B

1. Ronald isst ...... Käse zum Frühstück.
2. Peter sollte heute anrufen, er hat es aber ...... getan.
3. Leider habe ich ...... Geld mehr, um mir dieses Videospiel zu kaufen.
4. Nein, ich habe ...... Lust, länger über diese Sache zu diskutieren.
5. Nein, dieses Wochenende machen wir ...... Fahrt ins Grüne *(à la campagne)*.
6. Wurst esse ich ...... gerne.
7. Er hatte ...... die Absicht *(intention)*, dir weh zu tun.
8. Meinen Motorroller habe ich ...... zu Weihnachten bekommen, sondern zu meinem Geburtstag.
9. Ob ich einen Laptop *(ordinateur portable)* habe? Nein, ich habe noch ....
10. An diesem Wochenende will ich ...... zu Hause bleiben.

2 | Transformez ces phrases affirmatives en phrases négatives. → A B

1. Das ist mein Problem.
2. In Deutschland gibt es so viele Käsesorten wie in Frankreich.
3. Ich habe Zeit, dich zum Roiten zu begleiten.
4. In Sachen Rettungsschwimmen bin ich ein Anfänger.
5. Ich spreche fließend Deutsch.
6. Die Fahndung *(recherches)* nach den Tätern hatte Erfolg.
7. Ich fühle mich wohl.
8. Ich kaufe mir einen neuen Skianzug für die Wintersportferien.
9. Heute Nacht habe ich gut geschlafen.
10. Ich habe ein Haustier.

3 | Répondez négativement aux questions suivantes en reprenant les termes de chaque question. → A B

1. Bist du vorhin dem Direktor begegnet?
2. Hast du dein Taschengeld schon ausgegeben?
3. Bist du mir böse?
4. Weißt du, was du am Wochenende machst?
5. Willst du heute Abend mit zur Fete gehen?
6. Musst du schon nach Hause gehen?
7. Hast du Lust, dir Nenas neuesten Song anzuhören?
8. Warst du schon auf der Website der Deutschen Botschaft in Paris?
9. Entschuldigung, brauchen Sie Hilfe?
10. Hat Ihnen der letzte Roman von Kristina Dunker gefallen?

4 | Traduisez. → A B

1. Il ne pleut pas, je n'ai pas besoin de parka.
2. Nos voisins n'ont pas une voiture mais deux : une Trabant et une Opel.
3. Je n'ai pas envie de lui parler.
4. Mon copain n'est pas venu me chercher hier après l'entraînement.
5. Je n'aurai le temps ni samedi, ni dimanche.
6. Il n'a pas gagné 100 mais 1 000 euros au Loto.
7. Tu ne viens pas au parc avec moi ?
8. N'avez-vous pas eu de difficultés pour arriver à l'heure ?

51 La négation (2) : autres moyens

Niemand ist da.
Nirgends ist Licht.

La négation peut être réalisée par des moyens autres que *nicht* et *kein* : pronoms, adverbes, préfixes ou suffixes.

A Pronoms indéfinis et adverbes négatifs

1 Les pronoms : *keiner, niemand, nichts* (voir aussi p. 82).

- *Keiner* se décline comme l'article défini *d-*. Son emploi suppose un ensemble de référence.
*Er hat seine Freunde gefragt, **keiner** wusste es.* Il a posé la question à ses amis, aucun ne le savait.
[*seine Freunde* = ensemble de référence de *keiner*]

- *Niemand* se décline comme l'article défini *d-* mais peut rester invariable à l'accusatif et au datif. Son emploi ne suppose pas d'ensemble de référence.

*Es war **niemand** auf der Straße.*
Il n'y avait personne dans la rue.

*Er hat es **niemand(em)** gesagt.*
Il ne l'a dit à personne.

- *Nichts* reste invariable et signifie « rien ».

*Er hat **nichts** gesehen.*
Il n'a **rien** vu.

***Nichts** ist schöner als die Liebe.*
Rien n'est plus beau que l'amour.

2 Les adverbes : ***nie, niemals*** (temps), ***nirgends, nirgendwo*** (lieu), ***nirgendwohin*** (direction).

- *Nie* (« jamais ») et sa forme d'insistance *niemals* se combinent souvent avec *noch* (« encore »).

*Das werde ich **niemals** tun.*
Je ne le ferai jamais.

*Er war **noch nie** in Schweden.*
Il n'a encore jamais été en Suède.

- *Nirgends* (« nulle part ») a pour synonyme *nirgendwo / nirgendwohin.*

Das habe ich noch nirgends gesehen.
Je n'ai encore vu ça nulle part.

„Wo gehst du hin?" „Nirgendwohin!"
« Où vas-tu? – Nulle part. »

B Pas de double négation en allemand !

Contrairement au français, la phrase allemande ne peut pas combiner deux négations.

Personne n'a **rien** vu.
***Niemand** hat etwas gesehen.*

Je **n'**ai **rien** vu.
*Ich habe **nichts** gesehen.*

Je **n'**ai vu **personne**.
*Ich habe **niemand** gesehen.*

Je **ne** l'ai **jamais** vu.
*Ich habe ihn noch **nie** gesehen.*

Il **ne** se trouve **nulle part**.
*Er ist **nirgendwo** zu finden.*

Il **ne** va **nulle part**.
*Er geht **nirgendwohin**.*

C Préfixes et suffixes : *un-, -frei, -los*

1 *Un-* s'accole à un adjectif pour fabriquer un adjectif de sens opposé.
möglich ▸ *unmöglich* : impossible
angenehm ▸ *unangenehm* : désagréable

2 *-frei* s'accole à un nom pour fabriquer un adjectif signifiant l'absence de l'objet désigné par le nom. Cet objet est toujours perçu comme négatif et son absence comme « une bonne chose ».

bleifreies Benzin : de l'essence sans plomb
ein arbeitsfreier Tag : un jour chômé
schulfrei haben : ne pas avoir classe

3 *-los* s'emploie comme ***-frei*** mais sans jugement de valeur.

ein wolkenloser Himmel : un ciel sans nuages
ein arbeitsloser Mensch : une personne sans emploi

D *Weder... noch...*

Ces éléments servent à coordonner deux négations et correspondent à « ni... ni... » en français.
Sie ist weder groß noch klein.
Elle n'est ni grande ni petite.

Maîtriser la forme

| 1 | Complétez par la marque qui convient. → A C

1. Niemand...... kann genau erklären, wie der Streit angefangen hat.
2. Judith trat ein, begrüßte jedoch niemand...... .
3. Es hat mich niemand...... gefragt, ob ich mit dem Vorschlag einverstanden bin.
4. Er möchte mit niemand...... außer dir über diesen Fall reden.
5. Sprich bitte lauter! Kein...... hier versteht, was du sagst.
6. Kein...... von den hier liegenden Sachen gehört mir.
7. Lesen hat noch niemand...... geschadet.
8. Ich kenne niemand......, der mir weiterhelfen kann.
9. Es ist eine belanglose *(insignifiant)* Angelegenheit *(affaire)* und ich glaube, niemand...... erinnert sich daran.

| 2 | Fabriquez les adjectifs qui correspondent aux définitions suivantes en utilisant *un-*, *-frei* ou *-los*. → C

*Ein Himmel ohne Wolken ist **wolkenlos**.*

1. Ein Gegenstand *(objet)*, der keinen Wert hat, ist ......
2. Eine Person, die keine Mittel *(moyens)* hat, ist ......
3. Ein Kind, das keine Geduld hat, ist ......
4. Ein Haus, das nicht mehr bewohnbar ist, ist ......
5. Ein Mensch ohne Gefühle, ist ......
6. Ein Apfel, der nicht reif ist, ist ......
7. Eine Anzeige, die nichts kostet, ist ......
8. Ein Tag, an dem es nicht regnet, ist ......
9. Ein Spender *(donateur)*, den man nicht nennt, ist ......
10. Ein Tag ohne Auto ist ......
11. Eine Person, die nicht auffällt, ist ......
12. Ein Kind ohne Mutter, ist ......

Employer

| 3 | Traduisez. → A B C D

1. *Nulle part en Afrique*, le film de Caroline Link, a reçu un Oscar à Munich en 2003.
2. Jure-moi de ne jamais trahir mon secret !
3. Rien n'est plus rapide que la lumière.
4. J'étais à Vienne l'année dernière. Nulle part ailleurs je n'avais mangé de si bons gâteaux.
5. Il n'y a rien de neuf dans cet article de journal.
6. La soirée d'hier est inoubliable.
7. Les alcopops ne sont pas des boissons sans alcool.
8. Tous ses collègues étaient invités à son pot de départ *(Abschiedsfeier)* mais aucun n'est venu.
9. N'as-tu donc vraiment rien à faire ?
10. Mieux vaut tard que jamais. [proverbe français]

52 Les subordonnées en *dass* et *ob*

Ich weiß nicht, ob es stimmt, dass er krank ist.

Les subordonnées en *dass* et *ob* sont aussi appelées **complétives**, car elles fonctionnent comme compléments obligatoires de verbes.

A Fonctions et positions

1 Les subordonnées en *dass* et *ob* sont **sujet**, **objet** ou, beaucoup plus rarement, attribut.

- Sujet : *Es wundert mich, dass er nicht gekommen ist.* Ça m'étonne qu'il ne soit pas venu.
Es ist noch ungewiss, ob er da mitmacht. Il n'est pas encore certain qu'il y participe.

❗ Dans les phrases ci-dessus, *es* ne fait qu'annoncer les subordonnées (voir p. 80).

- Objet direct : *Ich hätte nicht gedacht, dass er schon so alt ist.* Je n'aurais pas cru qu'il était déjà aussi âgé.
Ich weiß nicht, ob er morgen kommt. Je ne sais pas s'il viendra demain.

- Objet prépositionnel (avec *dass*) : *Ich rechne damit, dass du kommst.* Je compte sur ta venue.

- Attribut : *Das Problem ist, dass er nicht zuverlässig ist.* Le problème est qu'il n'est pas fiable.

2 Elles sont **souvent placées en tête de phrase**, dont elles constituent alors le premier membre suivi du verbe conjugué.

- Sujet : *Dass er nicht gekommen ist, wundert mich sehr.*
Qu'il ne soit pas venu m'étonne beaucoup.

Ob er da mitmacht, ist noch ungewiss.
Il n'est pas encore certain qu'il y participe.

- Objet : *Dass er schon so alt ist, hätte ich nicht gedacht.*
Je n'aurais pas cru qu'il était aussi âgé.

Ob er morgen kommt, weiß ich nicht.
Je ne sais pas s'il viendra demain.

3 Elles peuvent aussi fonctionner comme complément de certains noms.

Die Behauptung, dass ich ihn gekannt habe, ist falsch.
L'affirmation selon laquelle je l'ai connu est fausse.

Die Frage, ob das Klima sich zurzeit ändert, beunruhigt viele Leute.
La question de savoir si le climat est en train de changer inquiète beaucoup de gens.

B *Dass* (que) ou *ob* (si) ?

1 *Dass* s'emploie lorsque le verbe exprime un fait ou une certitude. *Ob* s'emploie lorsque le verbe exprime une question ou une incertitude.

*Ich bin sicher, **dass** er mir die Wahrheit gesagt hat.*
Je suis sûr qu'il m'a dit la vérité.

*Ich frage mich, **ob** es nicht zu spät ist.*
Je me demande s'il n'est pas trop tard.

*Es ist nicht sicher, **ob** er daran interessiert ist.*
Il n'est pas sûr qu'il soit intéressé.

2 Avec *wissen*, tout dépend si le fait est assuré (= *dass*) ou non (= *ob*).

*Er weiß nicht, **dass** Ute da war.*
Il ne sait pas que Ute était là.

mais : *Er weiß nicht, **ob** Ute da war.*
Il ne sait pas si Ute était là.

*Weiß er, **dass** Ute da war?*
Sait-il que Ute était là ?

mais : *Weiß er, **ob** Ute da war?*
Sait-il si Ute était là ?

C Absence de *dass*

Avec les verbes exprimant la parole *(sagen)*, l'opinion *(meinen)*, la croyance *(glauben)*, la crainte *(fürchten)* ou l'espoir *(hoffen)*, la subordonnée est souvent introduite sans *dass*. Elle a alors la forme d'une déclarative, mais reste subordonnée, puisqu'elle reste objet du verbe. Elle est séparée du verbe introducteur par une virgule.

*Er **sagt / meint**, es ist zu spät.*
Il dit / pense qu'il est trop tard.

*Ich **glaube**, es ist Zeit.*
Je crois qu'il est temps.

*Ich **fürchte**, er will nicht.*
Je crains qu'il ne veuille pas.

*Ich **hoffe**, du verstehst.*
J'espère que tu comprendras.

❗ *Dass* peut également introduire une subordonnée de but ou de conséquence (voir p. 116 et 169).

1 Récrivez ces phrases en commençant par l'amorce proposée. → A

In der Zeitung habe ich gelesen, dass…

1. Die LKW-Maut *(péage)* wurde auf deutschen Autobahnen am 1. Januar 2005 eingeführt.
2. Ab 2010 soll in Deutschland jährlich eine Million Tonnen umweltfreundlicher Treibstoff produziert werden.
3. Am Ende des Jahrzehnts werden weltweit 1,3 Mrd. PCs im Einsatz sein.
4. Apple stattet seinen Musik-Player iPod mit einer aktualisierten Software aus *(équiper)*.
5. Deutsche Frauen halten sich beim Online-Kauf weniger lange in der virtuellen Welt auf als Männer.
6. Berliner Velotaxis liegen voll im Trend.
7. Der Gartenzwerg feiert seit der Ostalgie-Welle ein Comeback.
8. Berlin ist das beliebteste deutsche Reiseziel.

2 *Dass* ou *ob* ? Choisissez en vous appuyant sur le contexte. → B

1. Es ist noch nicht sicher, …… ich diesen Sommer wieder auf der Insel Sylt verbringen werde.
2. Er behauptet, …… der Teddybär 1998 hundert Jahre alt wurde.
3. Ich bin sicher, …… Franka Potente die Hauptdarstellerin im Film *Lola rennt* ist.
4. Stefan fragt sich, …… er eines Tages als Journalist bei der FAZ arbeiten wird.
5. Ich möchte gern wissen, …… Karl Lagerfeld immer noch bei Chanel ist.
6. Ich glaube, …… Jan Ulrich als erster Deutscher die Tour de France gewonnen hat.
7. Es ärgert ihn, …… er den Film *Kebab Connection* im Kino verpasst hat.
8. Ich glaube, …… die Weltausstellung *Expo 2000* in Hannover stattfand.
9. Die Wirtschaftsexperten sind sich nicht einig, …… die Arbeitszeit weiterhin sinken wird.
10. Es ist zu hoffen, …… wir keine zweite Katastrophe wie Tschernobyl erleben werden.

3 Transformez la seconde proposition en subordonnée sans *dass*. → C

1. Ich habe immer gedacht, dass du es bis zum Abitur schaffen wirst.
2. Ich hoffe, dass du noch vor dem Wochenende kommen kannst.
3. Er erzählt, dass er nächstes Jahr am Voltaire-Programm teilnehmen will.
4. Lisa fürchtet, dass ihre Eltern mit dem Vorschlag, allein nach Linz zu trampen, nicht einverstanden sind.
5. Der Redakteur weiß, dass es sich um etwas Wichtiges handelt.
6. Wir hoffen alle, dass Sabine die Schachmeisterschaft gewinnen wird.
7. Ich glaube, dass Beatrice immer noch im Norden wohnt.
8. Ich bin sicher, dass Gabi die Wahrheit gesagt hat.

4 Traduisez. → A B C

1. Je suppose qu'il a oublié notre rendez-vous.
2. Réponds-lui donc, pour qu'elle arrête enfin de poser des questions inutiles.
3. Tout le monde sait que tu aimerais travailler plus tard en Allemagne.
4. Je ne sais pas encore si j'aurai ce job de vacances *(Ferienjob)*.
5. Ça m'étonne que ton frère ne soit pas encore rentré.
6. Il se peut que nous soyons obligés de dîner tard aujourd'hui.
7. Sais-tu s'il a eu son permis *(den Führerschein bestehen)* ?
8. Ça m'embête que tu ne puisses pas venir samedi soir.

53 Als ou wenn ?

Als ich ein Kind war...
Wenn ich zwanzig bin...
Wenn er anruft, sag ihm, dass...

Le choix entre *als* et *wenn* est l'une des difficultés « classiques » de l'allemand. En fait, ce choix n'est pas si difficile, si l'on prend conscience qu'il dépend du **temps du verbe et de ce que l'on veut exprimer**.

A Avec un verbe au prétérit

1 ***Als*** indique que le fait relaté est **unique**.
Als sie in Berlin ankamen, fing es an zu schneien.
Quand ils arrivèrent à Berlin, la neige se mit à tomber.

Remarque : la relation temporelle en *als* prend souvent un sens causal.
Als er das hörte, wurde er fuchsteufelswild.
En entendant cela, il devint fou-furieux.

2 ***Wenn*** indique que le fait relaté **se répète**, qu'il est **habituel**.
Wenn das Wetter schön war, gingen wir baden.
Quand il faisait beau, on allait se baigner.

B Avec un verbe au présent

Tout dépend ici de la **valeur du présent**.

1 ***Als*** ne s'emploie qu'avec le présent « historique », qui sert à relater des faits passés et a donc valeur de **prétérit**. *Als* signifie que le fait relaté est **unique**.
Als der König den Verrat seines Dieners erfährt, lässt er ihn sofort verhaften.
Quand le roi apprend la trahison de son serviteur, il le fait aussitôt arrêter.

2 ***Wenn*** s'emploie quand le présent a d'**autres valeurs**.
- Quand la phrase exprime un fait général, le présent est dit « intemporel » et *wenn* indique que le fait est **répété**.
Wenn er arbeitet, will er nicht gestört werden.
Quand il travaille, il ne veut pas être dérangé.

- Quand la phrase exprime un fait particulier, le présent peut situer le fait relaté dans le présent ou dans le futur et *wenn* peut être compris comme **temporel (quand)** ou comme **conditionnel (si)**. C'est le contenu de la phrase qui permet de décider, mais parfois les deux valeurs sont possibles.
Wenn ich achtzehn bin, will ich den Führerschein machen.
Quand j'aurai dix-huit ans, je passerai le permis.
Wenn ich das Abitur schaffe, bezahlt mir meine Tante eine Reise nach Berlin.
Si je réussis le bac, ma tante me payera un voyage à Berlin.
Wenn Peter anruft, sag ihm, dass ich heute Abend nicht kommen kann.
Quand Peter téléphonera / **Si** Peter téléphone, dis-lui que je ne pourrai pas venir ce soir.

C Avec un verbe au parfait

Tout dépend là aussi de la **valeur du parfait**.

1 ***Als*** s'emploie lorsque le parfait exprime un fait **unique** dans le passé. Il équivaut alors à un prétérit et relève de la langue parlée.
Als ich angekommen bin (= ankam), war ich todmüde. Quand je suis arrivé, j'étais mort de fatigue.

2 ***Wenn*** s'emploie quand le parfait n'a pas la valeur d'un prétérit mais qu'il sert à envisager le fait comme **accompli à un moment donné**.
- ***Wenn*** **temporel (= quand)** :
Wenn wir angekommen sind, will ich als Erstes duschen.
Quand on sera arrivés, la première chose que je ferai, c'est de prendre une douche.
- ***Wenn*** **conditionnel (= si)** :
Wenn er das allein gemacht hat, dann kann ich ihm nur gratulieren.
S'il a fait ça tout seul, je ne peux que l'en féliciter.

| 1 | Reliez les deux phrases avec *wenn* ou *als* en faisant du premier énoncé une subordonnée. → A

1. Das Telefon klingelte. / Katja war schon weg.
2. Ich antworte ihm nicht sofort. / Mein Vater ärgert sich.
3. Mein Bruder wachte nachts auf. / Er rief immer nach meiner Mutter.
4. Gestern war ich einkaufen. / Es hat stark geregnet.
5. Ich war acht Jahre alt. / Wir zogen nach Düsseldorf um.
6. Die Prüfungen sind vorbei. / Alle Schüler sind froh.
7. Er sah sie. / Er verliebte sich in sie.
8. Ich war drei Jahre alt. / Ich kam in den Kindergarten.

| 2 | *Als* ou *wenn* ? Complétez par le subordonnant qui convient. → A B C

1. ...... das Wetter morgen schön ist, machen wir einen Ausflug ins Grüne.
2. ...... wir ankommen, wird es sicher schon dunkel sein.
3. ...... ich in Zürich bin, verstehe ich die Leute kaum, weil sie Dialekt sprechen.
4. ...... ich den letzten Roman von Dan Brown gelesen habe, leih ich ihn dir.
5. ...... Jamel Debbouze mit seiner Show begann, wurde das Publikum still.
6. ...... du älter bist, verstehst du besser, was ich meine.
7. ...... er mich erblickte, lief er davon.
8. ...... ich schlafe, höre ich nichts.
9. Gerade ...... ich gehen wollte, rief er mich an.

| 3 | *Als* ou *wenn* ? Complétez par le subordonnant qui convient. → A B C

1. ...... Thomas mir gezeigt hat, wie die Software funktioniert, verstehe ich sie vielleicht besser.
2. ...... wir zu Hause ankamen, schliefen meine Eltern schon.
3. ...... ich im Lotto gewinne, spende ich einen Teil des Geldes einer Hilfsorganisation.
4. ...... wir den Weg nicht bald gefunden haben, weiß ich mir keinen Rat mehr.
5. ...... ich hier angefangen habe zu arbeiten, war die Stimmung noch gut.
6. ...... ich dich richtig verstanden habe, willst du mich verlassen.
7. ...... Erich Kästner starb, warst du noch nicht geboren.
8. ...... Luise und Erich da sind, geht die Party erst richtig los.

| 4 | Traduisez. → A B C

1. Quand j'avais peur, ma grand-mère restait toujours auprès de moi.
2. Quand je serai arrivée chez ma correspondante, je t'enverrai un courriel.
3. Quand il prit la parole, le silence se fit.
4. Quand Mareike viendra, dis-lui que je l'attends chez Max.
5. Quand je vais au marché de Noël, j'achète toujours du pain d'épice.
6. Quand mon père était enfant, il n'y avait pas encore de téléphones portables.
7. Quand il faisait chaud, nous mangions une glace.
8. Si je réussis le permis de conduire, mon père me prêtera la voiture.

54 Les subordonnées temporelles

Als er kam...
Seit er in Berlin lebt...
Bis er kommt...

Les subordonnées temporelles expriment quatre grandes relations : la simultanéité, l'antériorité / postériorité, le début ou la fin du fait relaté et le déroulement parallèle de deux faits distincts.

A Simultanéité

1 Pour ***als*** et ***wenn***, reportez-vous à la fiche 53.

2 ***Kaum*** (à peine... que), ***sobald*** (dès que).

- *Kaum* est toujours suivi du verbe et la subordonnée est toujours en tête.

***Kaum** war er da, ging der Streit los.*
À peine était-il arrivé que la dispute éclata.

- La subordonnée en *sobald* peut être antéposée ou postposée.

*Ich rufe dich an, **sobald** ich angekommen bin.*
Je t'appelle dès que je suis arrivé.

B Antériorité et postériorité : *bevor, ehe* (avant de / que) et *nachdem* (après que)

1 *Bevor* et *ehe* indiquent que le fait relaté dans la principale est antérieur à celui de la subordonnée.

*Er hat aufgehängt, **bevor (ehe)** ich antworten konnte.*
Il a raccroché avant que je puisse répondre.

2 *Nachdem* indique que le fait relaté dans la principale est postérieur à celui de la subordonnée.

***Nachdem** er gegessen hatte, machte er ein Nickerchen.*
Après avoir mangé, il piqua un roupillon. [fam.]

C Début ou fin : *seit, seitdem* (depuis que) et *bis* (jusqu'à ce que)

1 *Seit* et *seitdem* indiquent que le fait relaté dans la principale commence au moment où se produit le fait de la subordonnée.

***Seit (Seitdem)** er nach Berlin umgezogen ist, sehen wir uns kaum noch.*
Depuis qu'il a déménagé à Berlin, nous ne nous voyons plus guère.

2 *Bis* indique que le fait relaté dans la principale se termine au moment où se produit le fait relaté dans la subordonnée.

*Ich warte hier, **bis** du zurückkommst.*
J'attends ici jusqu'à ce que tu reviennes.

D Déroulement parallèle : *während* (pendant que)

Während die einen Urlaub machen, müssen die anderen hart arbeiten.
Pendant que les uns sont en vacances, les autres doivent travailler dur.

❗ *Während* a aussi un sens contrastif.

Paul war zufrieden, während Tanja enttäuscht war.
Paul était satisfait, alors que Tanja était déçue.

| 1 | *Als* ou *wenn* ? Complétez par le subordonnant qui convient. → A

1. ...... ich die Gewinnzahlen *(les bons numéros)* sah, schlug mein Herz doppelt so schnell.
2. ...... meine Freundin Carla aus Berlin mich wiedererkannte, umarmte sie mich.
3. ...... ich älter bin, kaufe ich mir ein Motorrad.
4. ...... die Party zu Ende war, mussten wir alles aufräumen.
5. Immer ...... du dich ärgerst, fängst du an zu schreien.
6. Heute Morgen, ... ich aufgestanden bin, war der Himmel ganz schwarz.
7. Ich freue mich immer, ... der Schultag zu Ende ist.
8. Jedesmal ...... ich den *Ketchup Song* höre, muss ich an die Sommerferien in Spanien denken.

| 2 | Formez de nouvelles phrases en faisant du premier énoncé une subordonnée introduite par *als* ou *wenn*. → A

1. Ich öffnete den Briefumschlag. / Ich sah einen Scheck über 100,- Euro.
2. Ich bin im Kino. / Ich esse Popcorn.
3. Ich habe meiner Freundin eine E-Mail geschickt. / Ich warte ungeduldig auf ihre Antwort.
4. Es klingelte. / Unser Hund bellte immer.
5. Wir waren am Wochenende im Freibad. / Es fing plötzlich an zu regnen.
6. Ich gehe abends aus. / Meine Mutter will wissen, wann ich zurückkomme.
7. Mein Vater war noch ein Kind. / Es gab noch keine DVDs.
8. Ich traf gestern meine Freundin Martina im Supermarkt. / Ich freute mich sehr.
9. Er hat Geld. / Er gibt es aus.
10. Ich war Student. / Ich reiste durch ganz Europa.

| 3 | Reliez les phrases suivantes par *bevor, nachdem* ou *während*. Attention, il peut être nécessaire d'adapter le temps de la subordonnée. → B D

1. Mein Freund und ich betreten das Restaurant. Wir schauen uns draußen die Speisekarte an.
2. Ich warte auf den Zug. Ich mache Kreuzworträtsel *(mots croisés)*.
3. Wir fahren in Urlaub. Wir müssen die Koffer packen.
4. Ich gehe zu Tisch. Ich wasche mir die Hände.
5. Ich war 10 Kilometer gejoggt. Ich war total erschöpft.
6. Ich telefonierte mit meinem Freund Otto. Mein kleiner Bruder störte mich dauernd.
7. Meine Schwester sah sich eine DVD an. Dann spielte sie mit meinem Gameboy.
8. Ich hatte den Horrorfilm *Sleepy Hollow* gesehen. Ich konnte die ganze Nacht nicht schlafen.

| 4 | *Seit* ou *bis* ? Complétez. → C

1. Viele Preise sind gestiegen, ... der Euro eingeführt wurde.
2. Einige Stadien müssen noch umgebaut werden, ... die Fußball-WM 2006 in Deutschland beginnt.
3. Es vergehen bestimmt noch Jahre, ... die Türkei der EU beitreten kann.
4. Zu viele Menschen werden noch sterben, ... im Irak wieder Frieden herrscht.
5. Meine Eltern sind von Heidelberg total begeistert, ... sie dort ein Wochenende verbracht haben.
6. Wie lange sollen wir noch warten, ... endlich wieder bessere Zeiten kommen?
7. Auf deutschen Autobahnen bezahlen die LKWs 0,12 Euro pro km, ... die Maut eingeführt wurde.
8. Es dauert bestimmt noch lange, ... die Ozonschicht wieder dichter *(épais)* wird.
9. Es gibt für die Deutschen wieder Grund zur Enttäuschung *(déception)*, ... die Ergebnisse von PISA II veröffentlicht wurden.

55 Les subordonnées de cause, de conséquence et de but

Ich bin gekommen, weil ich dir helfen möchte.
Ich bin gekommen, um dir zu helfen.

La cause, la conséquence et le but peuvent être exprimés par divers subordonnants. Il faut savoir utiliser au moins *weil*, *sodass* et *damit / um zu*.

A Les subordonnées de cause

Par « cause », on entend aussi bien la cause proprement dite que l'explication ou la justification. Les subordonnées de cause sont introduites par :

1 ***Weil*** (parce que) : la subordonnée en *weil* se place parfois en tête mais surtout en fin de phrase.
*Er kam zu spät, **weil** er eine Panne hatte.*
Il est arrivé en retard parce qu'il a eu une panne.
***Weil** er so hilfsbereit war, mochten ihn alle sehr.*
Serviable comme il l'était, il était apprécié de tous.

2 ***Da*** (étant donné que) : elle présente la relation causale comme évidente et se place plutôt en tête.
***Da** er krank war, konnte er nicht kommen.*
Comme il était malade, il n'a pas pu venir.

3 ***Insofern als*** (dans la mesure où), ***umso mehr als*** (d'autant plus que) et ***zumal (da)*** (d'autant que).
*Der Kompromiss ist gut, **insofern als** er niemanden benachteiligt.*
Le compromis est bon dans la mesure où il ne désavantage personne.
*Es ärgerte ihn, den Bus verpasst zu haben, **umso mehr als** er mit Freunden verabredet war.*
Ça le faisait râler d'avoir raté le bus, d'autant plus qu'il avait un rendez-vous avec des copains.
*Ich kann die Einladung nicht ablehnen, **zumal (da)** ich ihn schon lange nicht mehr gesehen habe.*
Je ne peux pas refuser l'invitation, d'autant que cela fait longtemps que je ne l'ai pas vu.
Pour les connecteurs exprimant la cause, voir p. 136.

B Les subordonnées de conséquence

1 En ***sodass*** (de sorte que) : elles sont toujours en fin de phrase et expriment la conséquence d'un fait.
*Das Auto war frisch gewaschen, **sodass** (so dass) es in der Sonne glänzte.*
La voiture venait d'être lavée de sorte qu'elle brillait au soleil.

2 Avec ***so*** intensifiant le verbe.
*Es hat **so** geregnet, **dass** das Dorf überschwemmt wurde.*
Il a plu si fort que le village a été inondé.

3 Avec ***so*** intensifiant un adjectif (« si + adjectif + que »).
*Die Düsenjäger sind **so** tief geflogen, **dass** die Wände bebten.*
Les avions à réaction sont passés si bas que les murs ont tremblé.

C Les subordonnées de but (voir aussi p. 169)

1 En ***damit*** (pour que, afin que).
*Schreib es dir auf, **damit** du es nicht wieder vergisst.*
Note-le pour ne pas oublier une nouvelle fois.

2 En ***um... zu*** (pour que, afin que).
*Er tut das nur, **um** dich **zu** ärgern.*
Il fait ça rien que pour t'embêter.
*Ich bin gerannt, **um** den Bus nicht **zu** verpassen.*
J'ai couru pour ne pas rater le bus.

❶ Ces deux subordonnées s'emploient aussi pour annoncer et commenter ce qu'on va dire.
Damit du es weißt: Das war die letzte Warnung!
Sache-le : c'était le dernier avertissement !
Um mich kurz zu fassen: Ich will nicht.
En un mot comme en cent : je ne veux pas !

| 1 | Remplacez *denn* par *weil* et effectuez les modifications qui s'imposent. → A

1. Er bleibt heute zu Hause, denn er fühlt sich nicht wohl.
2. Thomas muss zu Fuß gehen, denn er hat die Straßenbahn verpasst.
3. Ich bin erleichtert, denn ich habe den Job als Babysitter bekommen.
4. Toni macht sich Sorgen, denn sein Großvater musste ins Krankenhaus.
5. Sophie hat sich heute verspätet, denn ihr Wecker hat nicht geklingelt.
6. Mein Kollege ärgert sich, denn er findet seinen Datastick *(clé USB)* nicht mehr.
7. Ich komme nicht mit in die Kneipe *(bistrot)*, denn ich vertrage keinen Zigarettenrauch.
8. Er kann sich endlich einen 4x4-Geländewagen leisten, denn er hat im Lotto gewonnen.

| 2 | Transformez selon le modèle. → B

Der Sänger war krank, das Konzert musste abgesagt werden.
▸ *Der Sänger war krank, sodass das Konzert abgesagt werden musste.*

1. Ich hatte die ganze Woche gut geübt, meine Gitarrenlehrerin war froh.
2. Unser Auto war in der Reparatur, wir mussten den Bus nehmen.
3. Die Musik war zu laut, wir hörten unsere Eltern nicht kommen.
4. Mein Vater bekam keinen Urlaub, wir mussten unsere Reise verschieben.
5. Unser Team gewann kein einziges Spiel, wir wurden nicht qualifiziert.
6. Es hatte den ganzen Tag geschneit, der Fernpass *(le* Fernpass, *un col autrichien)* wurde gesperrt *(fermé)*.
7. Eric hat sich beruhigt, ich kann endlich mit ihm reden.
8. Die Leute haben nicht verstanden, dass ein Tsunami auf sie zukam. Sie sind zu spät geflohen.

| 3 | Reliez l'une des deux phrases par *sodass* (de sorte que) et l'autre par *so... dass* (si / tellement que). Puis traduisez. → B

1. **a.** Stefan hat fest geschlafen. Er hat uns nicht kommen hören.
   b. Stefan hat geschlafen. Er hat uns nicht kommen hören.
2. **a.** Die Kinder hatten laut geschrien. Wir erschraken alle.
   b. Die Kinder hatten geschrien. Wir erschraken alle.
3. **a.** Gestern hat Alex viel Alkohol getrunken. Es war ihm die ganze Nacht übel.
   b. Gestern hat Alex Alkohol getrunken. Es war ihm die ganze Nacht übel.

| 4 | *Damit* ou *um... zu* ? Complétez. → C

1. Ich komme heute Nachmittag, ... dir beim Einstellen deines Computers ...... helfen.
2. Hier einige Tipps, ... die Arbeit dir leichter ...... fällt.
3. Sprich deutlicher, ... er dich auch verstehen ...... kann!
4. Doris nahm die 10 Euro, ... mit Frank kegeln *(jouer au bowling)* gehen ...... können.
5. Ich surfe im Internet, ... möglichst viele Informationen ...... sammeln.
6. Er brauchte Ruhe, ... über alles nachdenken ...... können.
7. Kauf dir doch einen Organizer, ... du keinen Termin mehr ...... verpasst.
8. Lea lernt drei Fremdsprachen zugleich, ... sich später fast überall verständlich machen ...... können.

56 Les subordonnées conditionnelles

Wenn das Wörtchen 'wenn' nicht wär', wär' mein Vater Millionär. [dicton]

A Construction

Les subordonnées conditionnelles sont introduites par un subordonnant ou par le verbe.

1 ***Wenn*** (si) : c'est le subordonnant conditionnel le plus fréquent (il peut aussi être temporel).
Wenn es dir gefällt, kaufe ich es dir. Si ça te plaît, je te l'achète.

2 ***Falls, im Falle, dass*** ou ***für den Fall, dass*** (au cas où).
Sein Vater hat eine Lebensversicherung abgeschlossen, falls ihm etwas passiert.
Son père a contracté une assurance-vie, au cas où il lui arriverait quelque chose.
Ich gebe dir meine Telefonnummer, im Falle / für den Fall, dass etwas schief geht.
Je te donne mon numéro de téléphone, pour le cas où il y aurait un pépin.

3 **Verbe conjugué en tête** : la tournure est littéraire avec la plupart des verbes, mais courante avec *haben, sein* et *sollen* au subjonctif II.
Hätte ich das gewusst, wäre ich nicht gekommen.
Si j'avais su, je ne serais pas venu.
Sollte das Geschenk nicht gefallen, können Sie es natürlich umtauschen.
Si jamais le cadeau ne convient pas, vous pouvez bien sûr l'échanger.

B Mode : indicatif ou subjonctif II ?

1 Avec le verbe à **l'indicatif**, condition et conséquence sont données comme réalisables.
Wenn du das Abitur bestehst, bekommst du einen Motorroller.
Si tu réussis le bac, tu auras un scooter.

2 Avec le verbe au **subjonctif II**, condition et conséquence sont données comme irréelles.
Wenn ich Geld hätte, würde ich es kaufen.
Si j'avais de l'argent, je l'achèterais.
Wenn ich Geld gehabt hätte, hätte ich es gekauft.
Si j'avais eu de l'argent, je l'aurais acheté.

C Position et sens

1 **Trois positions sont possibles** : première, dernière ou médiane.
- **En première position**, la conditionnelle exprime souvent une condition suffisante.
Wenn er kommt, gehen wir ins Kino.
S'il vient, nous irons au cinéma.
- **En dernière position**, elle exprime plutôt la condition nécessaire, qui peut être soulignée par *aber nur.*
Morgen darfst du zu deinem Freund, (aber nur) wenn du deine Hausaufgaben gemacht hast.
Demain tu pourras aller voir ton ami, (mais seulement) si tu as terminé tes devoirs.
- **En position médiane**, elle exprime plutôt la condition nécessaire.
Morgen möchte er, wenn er Zeit hat, ins Kino gehen.
Demain, s'il a le temps, il aimerait aller au cinéma.
- Mais dans **toutes ces positions**, la conditionnelle peut aussi exprimer une précaution oratoire.
Wenn ich mich recht erinnere, war das an einem Sonntag.
Si je me souviens bien, c'était un dimanche.

2 **Cas particulier : la position hors-phrase.**
- La conditionnelle sans *wenn* est souvent reprise par ***so*** (litt.) ou par ***dann*** au début de la principale.
Brauchst du einen Rat, ***dann*** *ruf mich an.*
Si tu as besoin d'un conseil, téléphone-moi.
Und bist du nicht willig, ***so*** *brauch' ich Gewalt.* (Goethe)
Et si tu n'acceptes pas de ton plein gré, alors j'userai de la force.
- **Hors-phrase et sans reprise**, la principale commence par le sujet ou un complément. La conditionnelle n'exprime pas une vraie condition, mais le cadre dans lequel la principale est pertinente.
Wenn du Durst hast, im Kühlschrank ist Cola.
Si tu as soif, il y a du Coca au Frigidaire.

1 Reliez les phrases en faisant du premier énoncé une subordonnée introduite par *wenn*. → A B C

1. Du hast einen DSL Anschluss. / Ich schicke dir eine 2 MByte schwere Datei *(fichier)*.
2. Paul hört nicht auf mit seinem Blödsinn *(bêtises)*. / Ich gehe sofort.
3. Ihr hört früher auf. / Ich kann euch abholen.
4. Du bist bei mir. / Es geht mir besser.
5. Sophie kommt mit. / Ich zeige ihr mein neues Home-Cinema.
6. Sie warten hier. / Sie werden ihn bestimmt sehen.
7. Sie haben Fragen. / Es gibt mehrere Möglichkeiten uns zu kontaktieren.
8. Ich soll Tom anrufen. / Ich brauche seine Telefonnummer.

2 Transformez les phrases obtenues dans l'exercice 1 de manière à exprimer la condition sans employer *wenn*. Vous introduirez la principale par *dann*. → A B C

3 Réexprimez les phrases au subjonctif II puis reliez-les en faisant du second énoncé une condition du premier. → A B C

Ich gehe spazieren. / Das Wetter ist schön.
▸ *Wenn das Wetter schön gewesen wäre, wäre ich spazieren gegangen.*

1. Ich fahre ins Grüne. / Ich habe ein paar Tage Urlaub.
2. Ich frage nicht so dumm. / Ich habe die Antwort gewusst.
3. Ich bekomme eine ausgezeichnete Note. / Ich habe keinen Fehler gemacht.
4. Die Fotos fallen besser aus. / Deine Digitalkamera ist besser.
5. Du verpasst deinen Bus nicht. / Du bist pünktlich gewesen.
6. Du bist am anderen Morgen nicht so müde. / Du gehst früher ins Bett.
7. Wir kaufen uns ein Haus und machen eine Weltreise. / Wir gewinnen im Lotto.
8. Es ist hier angenehm gewesen. / Es ist nicht so kalt gewesen.

4 Formez des phrases avec les groupes de mots proposés en transformant le second en conditionnelle. → A B C

sich beeilen / den 9 Uhr-Zug nicht verpassen wollen
▸ *Beeile dich, wenn du den 9 Uhr-Zug nicht verpassen willst!*

1. langsamer fahren / heil *(indemne)* ankommen wollen
2. ein Taxi nehmen / es eilig haben
3. mich einfach anrufen / mich brauchen
4. mitkommen / den Film sehen wollen
5. sich wärmer anziehen / dir kalt sein
6. die Augen schließen / sich entspannen *(se détendre)* wollen

5 Indicatif ou subjonctif II ? Traduisez. → A B C

1. J'ai emporté un médicament pour le cas où je serais malade sur le bateau.
2. Si Fanny était à la maison, elle aurait déjà décroché *(abheben)*.
3. Si j'avais su, j'aurais apporté mes affaires de sport.
4. Prends ta clé pour le cas où personne ne serait à la maison.
5. Achète des fraises *(Erdbeeren)* si tu vas au marché !
6. Si tu étais arrivé deux minutes plus tôt, tu aurais rencontré Denis.
7. Voici mon numéro de téléphone si tu as besoin de moi.
8. Tu retrouverais tes papiers si tu avais plus d'ordre.

57 Les subordonnées concessives

Sie rauchen, obwohl sie wissen, dass Rauchen der Gesundheit schadet.

- Elles expriment diverses relations qui relèvent de la notion d'**opposition**.
- Les difficultés principales sont la variété des subordonnants et la diversité des positions.
- Contrairement au français, le verbe des concessives allemandes est toujours à **l'indicatif**.

Pour les connecteurs exprimant l'opposition / la concession, voir p. 136.

A Concessives en *obwohl*

1 Elles expriment la coexistence de deux faits qui devraient s'exclure (« bien que »).

Die Lichter brennen, ***obwohl*** *es hell ist.*
Les lumières sont allumées, bien qu'il fasse jour.

Obwohl *die Sonne schien, war es ziemlich kalt.*
Bien que le soleil brillât, il faisait relativement froid.

2 Elles peuvent aussi exprimer une remise en cause de ce qui vient d'être dit. Dans ce cas, elles sont en fin de phrase et peuvent avoir la forme de phrases indépendantes (« encore que »).

Er wird die Einladung bestimmt annehmen, ***obwohl*** *man ja bei ihm nie wissen kann.*
Il acceptera sans doute l'invitation, encore qu'avec lui, on ne sait jamais.

Das Wasser ist nicht sehr warm. ***Obwohl****, wirklich kalt ist es auch nicht.*
L'eau n'est pas très chaude. Encore qu'elle ne soit pas non plus vraiment froide.

B Concessives en *auch wenn* et *wenn… auch*

1 En ***auch wenn***.

- Elles expriment une **condition** qui n'empêche pas la réalisation d'un fait (« même quand » / « même si »).

Auch wenn *das Fenster zu ist, hört man die Züge.*
Même quand la fenêtre est fermée, on entend les trains.

Er sagt immer ja, ***auch wenn*** *er nein denkt.*
Il dit toujours oui, même quand il pense non.

- Elles expriment aussi un fait **en contradiction** avec un autre. Quand la phrase commence par la subordonnée, celle-ci est **hors-phrase** et la principale commence **après** la subordonnée (« même si »).

Du musst es versuchen, ***auch wenn*** *es schwerfällt.*
Il faut essayer, même si c'est difficile.

Auch wenn *er nicht danach aussieht, er ist ein Halunke.* Même s'il n'en a pas l'air, c'est un voyou.
(hors-phrase ; *er* 1, *ist* 2)

2 En ***wenn… auch***.

- En tête de phrase, elles expriment la concession et sont hors-phrase (« avoir beau »).

Wenn *er* ***auch*** *noch jung war, er sah schon alt aus.*
Il avait beau être encore jeune, il avait déjà l'air vieux.

- En fin de phrase, elles expriment une restriction, un « bémol » et sont **souvent elliptiques**.

Er sieht nicht schlecht aus, ***wenn*** *er* ***auch*** *etwas abgemagert ist.*
Il n'a pas l'air en mauvaise santé, même s'il est un peu amaigri.

Er fährt gut, ***wenn auch*** *etwas schnell.*
Il conduit bien, quoique un peu vite.

C Autres concessives

1 En ***ob… oder (nicht)*** : elles expriment une alternative sans effet sur la vérité de la principale.

So wird es gemacht, ***ob*** *es Ihnen passt* ***oder nicht****.*
On fera comme ça, que ça vous plaise ou non.

Ob *es regnet* ***oder*** *schneit, er ist immer unterwegs.*
Qu'il pleuve ou qu'il neige, il est toujours sur les routes.

2 En ***was / wer / wie / wo / wann… auch (immer)*** : toujours hors-phrase, elles indiquent que la principale est ou sera vraie quelles que soient les valeurs de la variable désignée par le pronom en *w-*.

Was *er auch sagt, ich tue, was ich will.*
Quoi qu'il dise, je ferai ce que je veux.

Wo *du auch bist, ich werde dich finden.*
Où que tu sois, je te trouverai.

Wer *auch immer mein Nachfolger wird, er wird es schwer haben.*
Qui que soit mon successeur, il n'aura pas la tâche facile.

1 Formez des phrases en faisant de la deuxième proposition une subordonnée de concession introduite par *obwohl.* → A

1. Nun gut, ich erzähle dir alles; ich dürfte es aber nicht tun.
2. Ich erkannte John sofort wieder; er hatte sich aber sehr verändert.
3. Es war immer noch heiß; die Sonne stand aber schon ziemlich tief.
4. Peter fühlte sich schuldig; er hatte aber nichts getan.
5. Er steckte sich eine Zigarette an; das Rauchen war aber verboten.
6. Ich erkannte sie sofort; sie trug aber ein Kopftuch und eine schwarze Brille.
7. Man hörte jemand im Nebenzimmer schnarchen *(ronfler)*; die Tür war aber geschlossen.

2 Reliez les phrases suivantes avec la conjonction *auch... wenn.* → B

1. Es ist die Wahrheit. Du behauptest aber das Gegenteil.
2. Tania wollte es versuchen. Ihre Chancen waren aber gering *(mince)*.
3. Die Wohnung gefällt mir gut. Sie ist aber klein.
4. Dieser Pulli steht dir gut. Er ist ein bisschen zu eng.
5. Er war immer bereit mitzuhelfen. Er hatte aber keine Lust.
6. Sie blieb immer höflich. Sie war aber schlecht gelaunt.
7. Onkel Leo war früher ein Radikaler *(un extrémiste)*. Er behauptet aber heute, das sei nicht wahr.

3 Exprimez la restriction avec *wenn... auch* à la place de *aber* (l'ellipse est possible). → B

1. Er konnte ihre Stimme hören, verstand aber nicht, was sie sagte.
2. Victoria Stadtlander sieht gut aus, aber sie ist nicht mein Typ.
3. Mit einem Internetanschluss kann man auf Weltreise gehen aber nur in Gedanken.
4. Ich verstehe Elsässisch *(Alsacien)* aber nur schwer.
5. Das Studium ist sehr interessant aber nicht immer leicht.
6. Sein Freund ist doch noch gekommen aber spät.
7. Ich habe es geschafft aber nicht ohne Mühe.

4 Exprimez l'alternative en commençant les phrases par *ob.* → C

1. Wir fahren nächsten Sommer an die Nordsee. (du bist einverstanden oder nicht)
2. Ich komme ganz bestimmt (es regnet oder schneit)
3. Er hat jedenfalls nichts gesagt. (er hat es gewusst oder nicht)
4. Wir gehen Minigolf spielen. (du kommst mit oder nicht)
5. Du gehst jetzt ins Bett. (du willst oder nicht)
6. Drachenfliegen ist immer ein Erlebnis. (man ist Anfänger oder Experte)
7. Diese Arbeit wird erledigt. (früh oder spät)

5 Traduisez en utilisant *wo / wer / wann / was / wie viel... auch (immer).* → C

1. Où que je sois, quoi que je fasse, je pense toujours à toi.
2. Vient qui veut, de toute façon on fera la fête.
3. Où qu'il soit, il se sent toujours chez lui.
4. Il viendra quand il voudra, il sera toujours le bienvenu.
5. Quoi que tu décides, je suis d'accord.
6. Quoi qu'il arrive, je ne bouge pas d'ici.

58 Les subordonnées en *als (ob)* et en *zu* + adjectif + *um... zu... / als dass...*

Es sieht so aus, als ob du Angst hättest.
Er ist zu alt, um noch Auto zu fahren.

- Les subordonnées en *als (ob)* expriment une **comparaison**.
- Les subordonnées en *zu* + adjectif + *um... zu / als dass* expriment le « **trop** » ou le « **trop peu** » empêchant la réalisation d'une action.

A Les subordonnées en *als (ob)*

1 **Construction** : il y a deux constructions possibles.

- ***Als ob*** **+ verbe à la fin.**
*Er tut, **als ob** er mich nicht gesehen **hätte**.*
Il fait comme s'il ne m'avait pas vu.

- ***Als*** **+ verbe à la suite.**
*Er tut, **als hätte** er mich nicht gesehen.* [même sens]

2 **Mode et temps du verbe** : le subjonctif II est le plus courant, le subjonctif I est plus littéraire, mais a le même sens. Le temps dépend du contexte (présent / passé) de la comparaison.

- Contexte présent.
*Er macht den Eindruck, als **sei** / **wäre** er böse.*
Il donne l'impression d'être fâché.

- Contexte passé.
*Ihm kam es vor, als **habe** / **hätte** er **geträumt**.*
Il avait l'impression d'avoir rêvé.

3 **Sens** : avec *als (ob)*, le locuteur souligne que la situation qui sert de point de comparaison est irréelle. Elle peut même être purement imaginaire.
Mir war, als wäre ich auf dem Mars gelandet.
J'avais l'impression d'avoir atterri sur Mars.

❗ Il existe une autre construction, en ***wie wenn*** (rare). Le verbe est toujours à la fin et peut être à l'indicatif ou au subjonctif II.
Hör mal, das ist, wie wenn ich zu dir käme und...
Écoute, c'est comme si j'allais te voir et...

B Les subordonnées en *zu* + adjectif + *um... zu... / als dass...*

Ces subordonnées expriment l'excès ou l'insuffisance qui rendent l'action ou l'événement impossible.

1 ***Zu*** **+ adjectif +** ***um... zu...*** s'emploie lorsque le sujet logique de l'infinitive correspond au sujet de la phrase d'accueil.
*Du bist **zu** jung, **um** das **zu** verstehen.*
Tu es trop jeune pour comprendre.

2 ***Zu*** **+ adjectif +** ***als dass*** **+ verbe au subjonctif II** est obligatoire quand le sujet de la subordonnée ne correspond pas au sujet de la phrase d'accueil (mais *als dass* reste possible quand les deux sujets coïncident).
*Das Wetter ist **zu** trocken, **als dass** die Pflanzen wachsen könnten.*
Le temps est trop sec pour que les plantes puissent pousser.

3 ***Nicht*** **+ adjectif +** ***genug*** **+** ***um... zu... / als dass...*** s'emploie comme ***zu*** + adjectif...
*Er ist **nicht** groß **genug**, **um** den Ast **zu** erreichen.*
Il n'est pas assez grand pour atteindre la branche.
*Die Arbeit ist **nicht** interessant **genug**, **als dass** man den ganzen Tag daran sitzen könnte.*
Le travail n'est pas assez intéressant pour qu'on y passe toute la journée.

1 Transformez les affirmations en interrogations selon le modèle proposé. Attention à employer le subjonctif II avec les verbes forts et « *würde* + infinitif » avec les verbes faibles. → A

Er weiß es doch. ▸ *Warum tut er, als wüsste er es nicht?*

1. Er hat es doch gesehen.
2. Er kennt mich doch!
3. Er hat deine Postkarte bestimmt erhalten.
4. Er kann doch schwimmen!
5. Er hat den Brief ganz bestimmt gelesen.
6. Wir haben ihn doch verständigt *(prévenir, informer)*!
7. Er hat es doch gehört!
8. Er hat doch den Videoclip schon gesehen.

2 Transformez les phrases obtenues dans l'exercice 1 en utilisant *als ob.* → A

Warum tut er, als wüsste er es nicht? ▸ *Warum tut er, als ob er es nicht wüsste?*

3 Reliez les couples de phrases par *um... zu...* ou *als dass...* N'utilisez *als dass...* que lorsque l'emploi de *um... zu...* est impossible. → B

1. Es war zu schön. Es kann nicht wahr sein.
2. Der Computer ist zu alt. Die neue Antivirus-Software kann nicht optimal funktionieren.
3. Amélie ist noch zu jung. Sie kann noch keinen Führerschein machen.
4. Hugo ist zu nervös. Er kann sich nicht konzentrieren.
5. Der Kaffee ist zu heiß. Du kannst ihn so nicht trinken.
6. Dieses Quad ist zu teuer. Ich werde es nicht bar *(comptant)* bezahlen können.
7. Es ist zu heiß. Man kann nicht gut arbeiten.
8. Peter ist zu unerfahren *(inexpérimenté)*. Er kann mit der Kreissäge *(scie circulaire)* nicht allein umgehen.

4 Traduisez. → A B

1. J'ai l'impression de ne pas avoir dormi depuis trois jours.
2. Tu es trop fatigué pour continuer à conduire.
3. Il fait comme s'il n'avait pas entendu ta question.
4. On dirait qu'il va neiger.
5. La mer est trop agitée pour que nous puissions nous baigner.
6. Guillaume est trop jeune pour regarder ce film d'horreur.
7. Il n'est pas assez fort *(kräftig)* pour soulever tout seul cette caisse de fruits *(Kiste)*.
8. Il est trop poli *(höflich)* pour être honnête *(aufrichtig)*.

59 Les participes I et II

ein spielendes Kind, ein renovierter Stadtteil

- Les participes I et II peuvent s'employer comme des adjectifs épithètes : ils se déclinent alors comme eux et peuvent comme eux recevoir des compléments.
- D'autres emplois existent, mais ils sont plus rares.

A Formes et valeurs

1 Les formes.

- Tous les verbes ont un participe I en *-end* (ou *-nd* pour les verbes en *-el* ou *-er*).
singen (chanter) ▸ *singend* : (en) chantant
lächeln (sourire) ▸ *lächelnd* : (en) souriant

- Pour le participe II, il y a deux formations possibles :
ge- + ***-en*** pour les verbes forts : *helfen* ▸ *geholfen, singen* ▸ *gesungen*
ge- + ***-t*** pour les verbes faibles et les irréguliers : *spielen* ▸ *gespielt, bringen* ▸ *gebracht*

❗ Attention : les verbes à préverbe non séparable ou à suffixe *-ieren* n'ont pas *ge-* au participe II : *verkaufen* (vendre) ▸ *verkauft* (vendu), *sanieren* (rénover) ▸ *saniert* (rénové).

2 Les valeurs.

- Le participe I exprime l'idée d'une **action** ou d'un **état en cours** : *der ankommende Zug* (le train qui arrive), *das schlafende Kind* (l'enfant en train de dormir).
- Le participe II exprime l'idée d'une **action achevée** ou d'un **état résultant d'une action** : *der angekommene Zug* (le train qui est arrivé), *das verkaufte Haus* (la maison qui a été vendue).

B Emplois

1 Comme membre de groupe nominal (épithète) : le groupe participe se décline comme l'adjectif épithète et peut être transformé en une relative.

- **Participe I** : le verbe de la relative est au présent ou au prétérit, selon le contexte.
Die im Sand spielenden Kinder sind / waren glücklich.
▸ *Die Kinder, die im Sand spielen, sind glücklich. / Die Kinder, die im Sand spielten, waren glücklich.*
Les enfants qui jouent / jouaient dans le sable sont / étaient contents.

- **Participe II** : le verbe est au parfait s'il est intransitif, au passif en *werden*, s'il est transitif.
die in Köln aus dem Zug ausgestiegenen Leute : les gens descendus du train à Cologne
▸ *die Leute, die in Köln aus dem Zug ausgestiegen sind* [verbe intransitif = parfait]
die vom Sturm ausgerissenen Bäume : les arbres arrachés par la tempête
▸ *die Bäume, die vom Sturm ausgerissen wurden* [verbe transitif = passif]

2 Comme membre de phrase : contrairement au français, cet emploi n'est pas très fréquent en allemand.

- Le **participe I** exprime une « manière », une **circonstance** qui accompagne l'action.
« Natürlich » sagte er lächelnd.
« Bien sûr », dit-il en souriant.
Gerade auf dem Stuhl sitzend, hörte er aufmerksam zu.
Assis droit sur sa chaise, il écoutait avec attention.

- Le **participe II** exprime une relation de **succession** ou de cause à effet.
Kaum zu Hause angekommen, stellte er das Radio an.
À peine arrivé à la maison, il mit la radio.
Vom Wasser bedroht, flüchteten die Leute auf die Dächer.
Menacés par les eaux, les gens se réfugièrent sur les toits.

3 Comme énoncé : seul le participe II peut constituer un énoncé, toujours très court.

- Exclamation : *Verdammt nochmal!* Nom de Dieu ! [*verdammen* = maudire]
- Injonction : *Aufgestanden!* Debout ! [*aufstehen* = se lever]

Maîtriser la forme

| 1 | Complétez le texte suivant avec les verbes entre parenthèses au participe II. → A

Es hat ...... *(klappen)*, ich habe ...... *(heiraten)*. Heute ist der 21. Dezember, ich gehe auf die Dreißig zu und bin ...... *(verheiraten)*. Mit dem Kinderkriegen, so haben Peggy Blue und ich ...... *(beschliessen)*, wollen wir uns noch ein bisschen Zeit lassen. Peggy ist, glaube ich, noch nicht reif genug dafür. Heute Nacht ist es ...... *(passieren)*. Gegen ein Uhr morgens habe ich das Jammern von Peggy Blue ...... *(hören)*. Sofort bin ich in meinem Bett ...... *(hochschrecken)*. Die Gespenster! Peggy Blue wurde von den Gespenstern ...... *(quälen)*, wo ich doch ...... *(versprechen)* hatte, Wache zu schieben. (...) Ich bin ...... *(aufstehen)* und in Richtung der Schreie ...... *(marschieren)*. Als ich bei Peggys Zimmer ...... *(ankommen)* war, saß sie aufrecht in ihrem Bett, ... *(überraschen)*, mich zu sehen.

Aus Eric-Emmanuel Schmitt, *Oskar und die Dame in Rosa*, Ammann Verlag, 2003.

| 2 | Répondez aux questions suivantes selon le modèle proposé. → A

Möchtest du ein Eis essen? ▸ Ich habe schon eins gegessen.

1. Möchtest du den Werbefilm sehen?
2. Möchtest du Holger Bescheid sagen?
3. Möchtest du eine Limo trinken?
4. Willst du ihm eine E-Mail schicken?
5. Willst du noch diesen Monat nach Bonn fahren?
6. Wollen Sie noch darüber nachdenken?
7. Wollen Sie ihm auch die Geschichte erzählen?
8. Wollen Sie mir nicht ein Beispiel geben?

| 3 | Complétez les phrases suivantes avec le participe I des verbes entre parenthèses. → B

1. ...... arbeitete der Gipser *(plâtrier)* auf seinem Gerüst *(échafaudage)*. (pfeifen)
2. ...... und ...... wollte ich sie in die Arme nehmen. (trösten / beschützen)
3. Dieser Thriller war bis zum Ende .... (spannen)
4. Still am Ufer des Flusses ...... angelte ich den ganzen Morgen. (stehen)
5. Stefan bat mich ...... zu kommen, weil sein Computer nicht mehr funktionierte. (dringen)
6. ...... betrat ich die Zahnarztpraxis. (zittern)

Employer

| 4 | Transformez la proposition relative en groupe participe selon le modèle. → B

Der Hund, der im Park allein herumläuft, ist vielleicht gefährlich.
▸ Der im Park allein herumlaufende Hund ist vielleicht gefährlich.

1. Die Arbeiter, die im Hof stehen, warten auf den Gewerkschaftsführer.
2. Das Geschenk, das auf dem Tisch liegt, ist für deinen Bruder.
3. Das Baby, das im Bett schreit, hat bestimmt Hunger.
4. Der Motorroller, der vor der Tür steht, gehört Matthias.
5. Die Dame, die im ersten Stock wohnt, lebt allein.

| 5 | Soulignez le groupe participe puis transformez-le en proposition relative. → B

1. Die auf dem Bahnsteig stehenden Menschen warten auf den Zug nach Frankfurt.
2. Die am Tisch lachenden Leute erzählen andauernd tolle Witze.
3. Das auf dem Schrank liegende Badetuch ist für dich.
4. Die auf der Straße spielenden Kinder sind laut.
5. Der neben dem Sofa schlafende Hund heißt Max.
6. Das im Korb liegende Brot ist Vollkornbrot.

60 L'infinitif : généralités

Ich habe es nicht geschafft, sie zu überzeugen.

A Formes

1 Les verbes font leur infinitif en *-en* (ou en *-n* lorsque leur radical se termine par *-l* ou *-r*) : *schlafen* (dormir), *lächeln* (sourire), *ärgern* (contrarier). **Exceptions** : *sein* (être), *tun* (faire).

2 Si l'infinitif ne peut pas se conjuguer, il peut se mettre au parfait et au passif.
- Parfait : *gekommen sein* (être venu), *geschlafen haben* (avoir dormi), *gespielt haben* (avoir joué).
- Passif : *geschlagen werden* (être battu), *gegessen werden* (être mangé), *geputzt werden* (être nettoyé).

B Principaux emplois

1 **Comme forme du verbe.**
- Pour former le futur.

*Ich werde es **tun**.* Je le ferai.
*Paula wird bald **kommen**.* Paula viendra bientôt.

- Pour remplacer un participe II (voir aussi p. 132).

Er hat es gewollt. Il l'a voulu. ► *Er hat kommen **wollen**.* Il a voulu venir.

2 **Comme membre de phrase.**
- Sujet d'un verbe conjugué.

***Wandern** gefällt mir.* J'aime la randonnée. [littér. : Randonner me plaît.]

- Complément de nombreux verbes.

*Er kann **lesen**.* Il sait lire.
*Ich höre ihn **schreien**.* Je l'entends crier.
*Er beschloss **heimzugehen**.* Il décida de rentrer.
*Er muss den Zug **verpasst haben**.* Il a dû rater son train.

- Complément de nom.

*Der Versuch, **den Rekord zu schlagen**, scheiterte.*
La tentative pour battre le record a échoué.

- Énoncé autonome.

[À des élèves] *Bitte **aufpassen**!* Un peu d'attention !

C Les infinitives

1 L'infinitif peut être **seul ou accompagné de compléments**, avec lesquels il forme un groupe comparable à une subordonnée, mais sans sujet. On l'appelle infinitive.

*Ich möchte **reisen**.* ► *Ich möchte **nächsten Sommer mit meinem Freund nach Polen reisen**.*
Je voudrais voyager. ► Je voudrais aller en Pologne avec mon ami l'été prochain.

*Ich habe versucht, **ihm die Lage zu erklären**.*
J'ai essayé de lui expliquer la situation.

2 Les **positions** et l'**annonce** de l'infinitive.
- Hors-phrase : l'infinitive est séparée de la phrase par une virgule et reprise par un pronom.

***Eines Tages berühmt (zu) werden**, davon träumen viele.*
Devenir un jour célèbre, beaucoup en rêvent.

- En 1re position : la virgule n'est pas obligatoire ; l'infinitive n'est pas reprise par un pronom.

***Eines Tages berühmt (zu) werden (,)** war sein größter Wunsch.*
Devenir un jour célèbre était son vœu le plus cher.

- À la fin de la phrase : elle est séparée par une virgule et parfois annoncée par un pronom.

*Er hat es sich angewöhnt, **mittags nichts zu essen**.* Il a pris l'habitude de ne rien manger à midi.
*Sie träumt davon, **Pilotin zu werden**.* Elle rêve de devenir pilote.

- À l'intérieur de la phrase : l'infinitive (en gras) n'est pas séparée par une virgule. Notez l'ordre :

*...weil er **seinen** [4] **Freund zu betrügen** [3] versucht [2] hatte [1].* ... parce qu'il avait [1] essayé [2] de tromper [3] son ami [4].

Maîtriser la forme

1 Soulignez dans l'extrait suivant les verbes conjugués et donnez leur forme infinitive. → A

Die Pizzeria war ziemlich leer. Wir sprachen ganz leise, weil unsere Stimmen so hallten *(résonner)* und der Kellner dauernd zu uns herüberglotzte. Mein Vater erzählte mir, wie er Vera kennen gelernt hatte. So lange und so ernsthaft hatten wir schon lange nicht mehr miteinander geredet. Ich kaute zwar mit möglichst gelangweilter Miene auf meiner Calzone *(sorte de pizza)* herum, ließ mir aber kein Wort von ihm entgehen.

Aus Christian Bieniek, *Immer cool bleiben*, Arena Verlag, 1998.

2 Remplacez la tournure impérative par un infinitif en commençant par *Ich bitte dich...* → A

1. Räum jetzt endlich dein Zimmer auf!
2. Tu mir doch diesen Gefallen *(plaisir)*!
3. Lass mich jetzt in Ruhe!
4. Verdirb *(gâcher)* mir nicht den Appetit!
5. Sei nett zu dem Kleinen!
6. Schließ doch die Tür auf!
7. Hör mit dem Gerede *(racontars)* auf!
8. Kümmere dich um deine Sachen!
9. Sieh dir noch die Fotos an!
10. Sprich doch lauter!

Repérer

3 Identifiez la fonction de l'infinitive. → B

1. Die Entscheidung, **das Buch doch zu lesen**, war klug. ► ....
2. **Rauchen** ist gefährlich. ► ....
3. Petra befahl, **mit dem Lärm endlich aufzuhören**. ► ....
4. **Bitte mitkommen!** ► ....
5. In Museen ist **Essen** verboten. ► ....
6. **Das Haar offen tragen** war bei Jungs damals in. ► ....
7. **Eine Konzertkarte zu bekommen**, war keine leichte Sache. ► ....
8. **Jetzt aber aufpassen!** ► ....
9. **Nichts tun** kann auch mal angenehm sein. ► ....
10. Ich sehe Maria **kommen**. ► ....

Employer

4 Traduisez. → A B C

1. Déjeuner tout seul n'est pas toujours agréable.
2. Je te conseille de faire attention la prochaine fois.
3. Pense à payer ta cotisation *(Mitgliedsbeitrag)* !
4. Je regrette de ne pas pouvoir venir ce soir.
5. Je suis désolé de ne pas t'avoir prévenu *(verständigen)* plus tôt.
6. Visiter Berlin, j'en ai envie depuis longtemps.
7. Mes parents ont l'intention de venir ce soir à la réunion.
8. Quitter le lycée avant le bac, ça serait une erreur.
9. Je n'arrive pas à m'habituer à me lever tous les matins à cinq heures.
10. Max est furieux d'avoir raté son permis de conduire.

61 L'infinitif : avec ou sans *zu* ?

Sie wollten schwimmen gehen.
Da fing es an zu regnen.

L'infinitif fonctionne avec ou sans *zu* selon les contextes.

A Avec ou sans *zu* : le principe

La présence de *zu* dépend du verbe dont l'infinitif est complément et, dans certains cas, de la longueur de l'infinitive. *Zu* peut être obligatoire, interdit ou facultatif.

1 *Zu* est **obligatoire** dans la plupart des cas où l'infinitif fonctionne comme complément de verbe.

*Es fängt an **zu regnen**.*
Il commence à pleuvoir.

*Er versucht, **die Tür zu öffnen**.*
Il essaie d'ouvrir la porte.

2 *Zu* est **interdit** quand l'infinitif est complément de verbes de modalité *(können...)* ou de quelques autres, comme *bleiben* ou *sehen*, peu nombreux mais d'emploi très courant (voir ci-dessous).

Du musst essen.
Il faut manger.

Er blieb sitzen.
Il resta assis.

3 Quand l'infinitive est complément d'un verbe comme *heißen* ou *helfen*, on met *zu* si l'infinitive comporte au moins deux compléments.

- Sans *zu* : *(In den Alpen) wandern ist herrlich.*
Faire de la randonnée (dans les Alpes), c'est magnifique.
- Avec *zu* : *Im Sommer mit Freunden in den Alpen **zu** wandern ist herrlich.*
Faire de la randonnée dans les Alpes en été avec des amis, c'est magnifique.

B Verbes appelant des infinitifs / infinitives sans *zu*

1 ***Bleiben, gehen, haben, kommen, schicken.***

- *Bleiben* avec des infinitifs exprimant une position : *hängen, liegen, sitzen, stehen.*

*Er blieb eine Minute vor dem Schild **stehen**.*
Il est resté une minute devant le panneau.

*Er ist in der Schule **sitzen** geblieben.*
Il a redoublé.

- *Gehen* et *kommen* avec des infinitifs exprimant l'activité qui motive le déplacement.

*Ich gehe die Zeitung **kaufen**.*
Je vais acheter le journal.

*Er kommt morgen **essen**.*
Il vient dîner demain.

- *Haben* avec des infinitifs exprimant une position : *hängen, liegen, sitzen, stehen.*
*Sie haben drei Autos in der Garage **stehen**.*
Ils ont trois voitures dans leur garage.

- *(Jn) schicken* avec des infinitifs exprimant l'action que l'on demande à quelqu'un d'accomplir.
*Jeden Tag schickt er seinen Sohn **die Zeitung kaufen**.*
Tous les jours, il envoie son fils acheter le journal.

2 ***Sehen, hören, fühlen.***

- Ces constructions permettent de relater un fait dans son déroulement.

*Ich sehe / sah ihn **in den Bus steigen**.*
Je le vois / vis monter dans le bus.

*Ich höre ihn **schreien**.*
Je l'entends crier.

- Au parfait, le participe II de ces verbes a le plus souvent la forme de l'infinitif (voir p. 132).
Ich habe ihn in den Bus steigen sehen. [plus fréquent que *steigen gesehen*]

3 ***(Sich) lassen.***

- Ce verbe a deux sens : « laisser faire » et « faire faire ».

[transitif]

*Bitte, lass ihn **ruhig essen**.*
Laisse-le manger tranquillement.

*Der Diktator ließ **den Schriftsteller verhaften**.*
Le dictateur fit arrêter l'écrivain.

[réfléchi]

*Der Hund lässt sich **streicheln**.*
Le chien se laisse caresser.

*Ich lasse mir **morgen die Haare schneiden**.*
Je me fais couper les cheveux demain.

- Au parfait, le participe II de *lassen* a le plus souvent la forme de l'infinitif (voir p. 132).
Er hat seine Freundin fallen lassen. Il a laissé tomber sa petite amie.

1 | Transformez la deuxième proposition en infinitive. → A

1. Er war stolz: Er hatte den ersten Preis bekommen.
2. Er beschloss: „Ich kaufe mir ein neues Handy."
3. Er wundert sich: „Ich habe nichts gesehen und nichts gehört."
4. Er glaubt: „Ich finde den Weg zu Amelie selbst."
5. Er gibt vor *(prétexter)*: „Ich habe keine Zeit."
6. Er versprach: „Ich bringe meine Freundin heute Abend mit."
7. Er warf ihm vor: „Du hast gelogen."
8. Er brachte es fertig: Er verschlang *(engloutir)* zwei Pizzas und zwei Hamburger an einem Abend.
9. Er schaffte es: Er kam noch vor der Dämmerung *(crépuscule)* am Urlaubsort an.
10. Es gelang ihm: Zu Fuß wollte er 12 Kilometer in einer Stunde zurücklegen.

2 | Avec ou sans *zu* ? Complétez les phrases suivantes. → A B

1. Bleib doch noch ein bisschen ...... sitzen!
2. Ohne Geld ist es unmöglich, das Projekt durch ...... führen.
3. Wir haben die Idee mit der Reise nach Asien fallen ...... lassen.
4. Wir hoffen, einen gemütlichen Abend zusammen ...... verbringen.
5. Hörst du den Hund ...... bellen?
6. Lass dich hier nicht so schnell wieder ...... sehen.
7. Sein kleiner Bruder blieb den ganzen Tag vor dem Fernseher ...... sitzen.
8. Du hast schon wieder vergessen, deine Zähne ...... putzen.

3 | Complétez avec *zu* si nécessaire. → A B

Sandra schafft es gerade noch, beim Klingeln in der Schule an ...... kommen. [...] In dieser Stunde vergibt der Lehrer Referate und erteilt viele Hausaufgaben. „Die Lehrer denken wohl, im Abiturstress gibt es nichts anderes ...... tun. Dabei müssen wir in dieser Woche zwei wichtige Klassenarbeiten ...... schreiben" meint Sandra.
Nach der Schule geht sie ins Internetcafé, um mit ihrem Freund [...] ...... chatten. Für diese Beziehung verbringt Sandra sehr viel Zeit im Internet oder am Telefon, da sie sich wegen der Entfernung fast nie sehen ...... können. [...] Auch ihren Job im Supermarkt macht sie zusätzlich, um damit ihr Taschengeld auf ...... bessern. Denn das Taschengeld der Eltern reicht nicht aus, um Partys, Klamotten und ihr Handy ...... finanzieren.

Nach Meike Mertens, Julia Schulenburg, *Frankfurter Rundschau.*

4 | Complétez par la réplique qui convient puis traduisez. → A B

1. Unter diesen Umständen weigern wir uns, hier weiter rumhüpfen.
2. Unter diesen Umständen weigern wir uns, hier weiter rumzuhüpfen.
3. Unter diesen Umständen weigern wir uns, hier weiter zu rumhüpfen.

http://www.olaf-cartoons.de/galerie/olaf-galerie.htm

62 L'infinitif : constructions particulières

Er scheint es vergessen zu haben.

Les infinitives dépendent souvent de verbes exprimant une obligation, une possibilité, un futur proche, une apparence... Selon le cas, elles sont ou non détachées de la phrase d'accueil par une virgule.

A Verbes appelant des infinitifs / infinitives en *zu*

1 ***Sein... zu, haben... zu, brauchen... zu.***

- *Sein... zu* exprime une **possibilité** ou une **obligation** et véhicule une valeur passive.
Die Ware ist im Voraus zu bezahlen (= muss im Voraus bezahlt werden).
La marchandise est à payer d'avance.
Diese Politik ist nicht zu verstehen (= kann nicht verstanden werden).
Cette politique est incompréhensible.

- *Haben... zu* exprime **l'obligation**. Associé à *nichts*, il exprime **l'impossibilité**.
Ich habe viel zu tun. (= Ich muss viel tun.)
J'ai beaucoup à faire.
Du hast zu folgen.
Tu dois obéir.

- *Brauchen... zu* ne s'emploie qu'avec la négation ou *nur*.
Du brauchst nur ein Wort zu sagen, und ich komme.
Tu n'as qu'un mot à dire et j'arrive.
Du brauchst nicht zu kommen.
Tu n'as pas besoin de venir.

2 ***Drohen... zu, versprechen... zu.***

- Au sens propre, les deux verbes demandent un sujet « humain » et l'infinitive est **détachée**.
*Die Terroristen drohten damit, **die Geiseln zu töten**.*
Les terroristes menacèrent de tuer les otages.
*Ralf versprach seinen Eltern, **sich zu bessern**.*
Ralf promit à ses parents de s'améliorer.

- Au sens figuré, le sujet peut être une personne ou une chose et l'infinitive **ne se détache pas**.
*Der Wagen drohte **jeden Augenblick umzukippen**.*
La voiture menaçait de se renverser à tout instant.
*Ich bleibe, weil das Wetter **besser zu werden** verspricht.*
Je reste car le temps semble vouloir s'améliorer.

3 ***Scheinen... zu, verstehen... zu, wissen... zu.***

- *Scheinen... zu* et *wissen... zu* ont des infinitives compléments toujours **intégrées** (= sans virgule).
Er scheint wirklich nichts verstanden zu haben.
Il semble n'avoir vraiment rien compris.
Er weiß sich zu helfen.
Il sait se débrouiller.

- Avec *verstehen... zu*, l'infinitive complément peut être **intégrée ou détachée**.
Er versteht es gut, mit Kindern umzugehen.
Il sait bien s'y prendre avec les enfants.
... weil er gut mit Kindern umzugehen versteht.
... parce qu'il sait bien s'y prendre avec les enfants.

4 ***Dabei sein, etw. zu tun*** (être en train de ou s'apprêter à) / ***im Begriff(e) sein, etw. zu tun*** (s'apprêter à) : l'infinitive est **détachée**, sauf si elle se réduit à l'infinitif seul.
*Ich **bin** gerade **dabei**, die Koffer zu packen.*
Je suis en train de faire les valises.
*Er **war dabei / im Begriff**, das Haus zu verlassen (, als...).*
Il s'apprêtait à quitter la maison (lorsque...).

5 ***Heißen*** (ordonner), ***helfen*** (aider), ***lehren*** (apprendre qqch à qqn), ***lernen*** (apprendre qqch) : l'emploi de *zu* n'est systématique que si l'infinitif est accompagné d'au moins deux compléments.
Er muss lernen(,) mit Fremden freundlich umzugehen.
Il doit apprendre à être aimable avec les inconnus.
Er hilft mir die Koffer packen.
Il m'aide à faire les valises.

B Les infinitives en *um... zu, ohne... zu, (an)statt... zu*

Ces infinitives se placent en tête, en milieu ou en fin de phrase. Elles correspondent au français « pour / au lieu de / sans + infinitif ».
*Er trug einen Bart, **um** nicht erkannt **zu** werden.*
Il portait une barbe pour ne pas être reconnu.
*Er bot, **ohne** (einen Augenblick) **zu** zögern, seine Hilfe an.*
Il proposa son aide sans hésiter (une seconde).
***(An)statt** ihre Hausaufgaben **zu** machen, sieht sie fern.*
Au lieu de faire ses devoirs, elle regarde la télévision.

1 Reformulez les phrases suivantes à l'aide de *sein... zu* ou *haben... zu* tout en gardant la même idée (obligation, possibilité...). → A

1. Das kann ich nicht fassen! (**sein**)
2. Früher galt das Erziehungsprinzip: „Kinder müssen gehorchen." (**haben**)
3. Der Antrag muss in drei Exemplaren eingereicht *(déposer)* werden. (**sein**)
4. Habe ich alles bezahlt? Ach nein, ich muss diesen Tennisschläger auch noch bezahlen. (**haben**)
5. Ich will meiner Antwort nichts hinzufügen. (**haben**)
6. Wir müssen noch eine Stunde fahren, bis wir angekommen sind. (**haben**)
7. Die Zähne soll man mindestens zweimal am Tag putzen. (**sein**)
8. Dieses Problem kann nicht gelöst werden. (**sein**)
9. Ich komme, aber zuerst muss ich noch etwas erledigen. (**haben**)
10. Er nahm eine Tablette, denn er konnte die Kopfschmerzen nicht mehr ertragen. (**sein**)
11. Hunde muss man an der Leine führen. (**sein**)

2 Transformez les phrases en italique en employant *um... zu, anstatt... zu* ou *ohne... zu.* → B

1. Wir müssten öfter mit dem Bus fahren. *Das würde die Umwelt schützen.*
2. Der Autofahrer fuhr bei Rot weiter. *Er hielt nicht vor der Ampel an.*
3. Clara ging einfach weg. *Sie sagte uns nicht den Grund.*
4. Wir fahren zum Bahnhof. *Wir wollen dort Onkel Karl abholen.*
5. *Guillaume sagte nicht die Wahrheit.* Er erzählte eine unglaubliche Geschichte.
6. *Sie will ihre Leistungen steigern.* Sie trainiert regelmäßig.
7. *Er beeilte sich nicht.* Er schlenderte *(se balader)* gemütlich nach Hause.
8. Ich stehe morgens sehr früh auf. *Ich will vor der Stoßzeit* (heure de pointe) *zur Arbeit fahren.*
9. Daniel denkt nur ans Spielen. *Er lernt nicht.*
10. Lea beugte sich *(se pencher)* weit vor. *Sie wollte besser sehen.*
11. Axel hat ein Taxi genommen. *Er ist nicht mit der U-Bahn gefahren.*
12. Der Pilot beschloss notzulanden. *Er zögerte keine Sekunde.*

3 Traduisez. → A B

1. Au bout d'une heure de natation, Elaine s'arrêta pour récupérer *(wieder Kräfte sammeln).*
2. Le professeur était en train d'expliquer l'exercice lorsque l'alarme a retenti *(läuten).*
3. Phil semble vraiment ne pas avoir envie de nous accompagner.
4. Assez discuté, tu dois venir, un point, c'est tout.
5. Julia doit apprendre à se débrouiller *(zurechtkommen)* sans ses parents.
6. Je m'apprêtais à lui téléphoner quand Sven est arrivé.
7. Mon père a menacé de m'interdire ma console de jeux vidéo.
8. Inge sait se taire *(schweigen)* quand il le faut.
9. Ce touriste semble ne pas comprendre l'allemand.
10. Nous allons à Düsseldorf pour rendre visite à des amis.
11. Le paquet est à retirer *(abholen)* au guichet.
12. On peut perdre du poids *(abnehmen)* sans renoncer à *(auf etwas verzichten müssen)* manger de tout.

63 Le « double infinitif »

Er hat es gewollt. ► *Er hat kommen wollen.*

L'expression « double infinitif » désigne une suite de deux infinitifs, dont l'un a souvent une valeur de participe II. **Quand** faut-il mettre l'infinitif à la place du participe II ? **Où** mettre l'auxiliaire lorsque la construction est employée en subordonnée ?

A Le « double infinitif » avec le futur

1 Lorsqu'un verbe accompagné d'un infinitif complément est conjugué au futur, on retrouve côte à côte deux infinitifs : celui qui entre dans la formation du futur du **verbe** et l'infinitif complément.
Er muss besser aufpassen. ► *Er* ***wird*** *besser aufpassen* ***müssen***. Il devra faire plus attention.

2 C'est le cas pour tous les verbes qui peuvent avoir un infinitif complément sans *zu* (voir p. 128), par exemple :
- les verbes modaux ;
Er ***wird*** *bald wieder arbeiten* ***können***.
Il pourra bientôt retravailler.
- les verbes de perception ;
Sie ***wird*** *ihn kommen* ***hören***.
Elle l'entendra venir.
- *bleiben, gehen, kommen, schicken* et *lassen*.
Gib dem Hund ein Stück Zucker, dann ***wird*** *er* ***sich*** *streicheln* ***lassen***.
Donne un morceau de sucre au chien, il se laissera caresser.

B Le « double infinitif » avec le parfait ou le plus-que-parfait

Dans ce cas de figure, l'infinitif a en fait la valeur d'un participe II. Il s'emploie pour former le **parfait**, le **plus-que-parfait** ou le **subjonctif II passé** de certains verbes à infinitif complément sans *zu*.

1 Les verbes modaux.

er muss ► *er hat gemusst* [rare, car les modaux s'emploient rarement sans infinitif complément]
Mais :
Er muss sofort kommen. ► *Er* ***hat*** *sofort kommen* ***müssen***. Il a dû venir immédiatement.
Er kann das Problem lösen. ► *Er* ***hatte*** *das Problem lösen* ***können***. Il avait pu résoudre le problème.
Du sollst das nicht sagen. ► *Du* ***hättest*** *das nicht sagen* ***sollen***. Tu n'aurais pas dû dire cela.

2 Les verbes de perception *sehen, hören, fühlen*.

Ich sehe ihn. ► *Ich* ***habe*** *ihn* ***gesehen***.
Mais : *Ich* ***habe*** *ihn aus dem Bus steigen* ***sehen***. Je l'ai vu descendre du bus.

3 *Heißen* et *lassen*.

Er ***hat*** *seinen Regenschirm hier* ***gelassen***.
Il a laissé son parapluie ici.
Mais : *Er* ***hat*** *seinen Regenschirm hier liegen* ***lassen***. Il a laissé son parapluie ici.

Remarque : en combinant *lassen* et un verbe modal, on peut avoir un triple infinitif.
Sie ***hätte*** *sich die Haare färben lassen* ***sollen***.
Elle aurait dû se faire teindre les cheveux.

C Où placer l'auxiliaire dans la subordonnée contenant un « double infinitif » ?

Dès lors que deux infinitifs se suivent, l'auxiliaire se place **avant** les infinitifs et non après.
NON : ... *weil er das Problem ~~lösen können hat~~.*
OUI : ... *weil er das Problem* ***hat*** *lösen können.* ... parce qu'il a pu résoudre le problème.

Ich weiß, dass sie sich die Haare ***hat*** *schneiden lassen.*
Je sais qu'elle s'est fait couper les cheveux.

Als ich ihn aus dem Bus ***habe*** *steigen sehen...*
Lorsque je l'ai vu descendre du bus...

Repérer

| 1 | « Double infinitif » avec le futur ou avec le parfait ? Cochez la case qui convient. → A B C

1. Thomas wird vor Mitternacht gehen müssen.
2. Du hättest besser zuhören sollen.
3. Sabine hat nicht mit in die Disco kommen dürfen.
4. In dieser schönen Gegend wird Heiko wohnen wollen.
5. Warum hat dein Freund dich gehen lassen?
6. Marco hat leider nicht kommen können.
7. Das Kind wird seinen Vater heute Abend nicht kommen hören.
8. Hoffentlich wird die Polizei den Dieb nicht wieder laufen lassen.
9. Du hättest nicht so reagieren sollen.
10. Ich werde leider nicht lange bleiben können.

avec le futur	avec le parfait

Maîtriser la forme

| 2 | Mettez au futur. → A

1. Der deutsche Sprinter Sebastian Ernst muss schneller rennen, um zu gewinnen.
2. Meine Freundin kann heute Nachmittag nicht nach Köln mitfahren.
3. So ein Benehmen braucht man sich nicht gefallen zu lassen.
4. Ihr müsst besser suchen, um den Schatz *(le trésor)* zu finden.
5. Ihr könnt bestimmt nichts sehen, wenn ihr hier sitzen bleibt.
6. Du musst deinem Bruder beim Montieren der Regale helfen.

| 3 | Mettez au parfait. → B

1. Mit 16 darf ich mit meinen Freunden in Urlaub fahren.
2. Julia will uns auf einen Drink einladen.
3. Lässt du endlich dein Auto reparieren?
4. Ich will den Weg nicht allein in der Nacht suchen.
5. Wir lassen unser Haus von einem seriösen Bauunternehmen bauen.
6. Die Reporter des ZDF müssen den Fernsehzuschauern noch heute die Wahlergebnisse mitteilen.

| 4 | Mettez les phrases au subjonctif II passé en commençant par *Ich denke, dass...* → C

1. Der verletzte Boxer muss sofort aufgeben.
2. Wenn man getrunken hat, soll man das Auto stehen lassen.
3. Er soll früher ins Bett gehen, wenn er müde ist.
4. Der Autofahrer muss besser aufpassen.
5. Sebastian soll sich die Haare kürzer schneiden lassen.
6. Du darfst nicht so streng sein.
7. Er kann die Sendung *Karambolage* auf Videokassette aufnehmen.
8. Lucie darf heute ausnahmsweise länger fernsehen.

64 Conjonctions et connecteurs (1)

Hier bade ich nicht. Das Wasser ist zu kalt. Außerdem ist es schmutzig.

Conjonctions et connecteurs servent à **relier** deux énoncés ou parties d'énoncé. Ils se distinguent par les **positions** qu'ils peuvent occuper, mais certains éléments peuvent appartenir aux deux groupes sans différence de sens.

A Conjonctions et connecteurs : à quelle place ?

1 **La conjonction** se trouve normalement en tête de phrase sans compter comme membre. On dit qu'elle occupe la **position « zéro ».** Quand la phrase est une déclarative, la conjonction est donc suivie d'un membre de phrase et non du verbe.
Les principales conjonctions sont : *aber* (mais), *denn* (car), *doch* (mais), *oder* (ou), *und* (et), *weder... noch...* (ni... ni...).

- ***Aber*** : peut être en position « zéro », après le verbe ou après le premier membre (mis en relief).
Er wollte ins Kino, ***aber*** *sie wollte nicht / sie wollte* ***aber*** *nicht // sie* ***aber*** *wollte nicht.*
Il voulait aller au cinéma, mais elle n'a pas voulu // mais elle, elle n'a pas voulu.

- ***Denn*** : toujours en position « zéro ».
Er kommt nicht, ***denn*** *er ist müde.*
Il ne viendra pas car il est fatigué.

2 **Le connecteur** est lui aussi souvent en tête de phrase, mais il compte comme membre. Dans la déclarative, il occupe alors la **1re place juste devant le verbe**. Il peut accompagner une conjonction ou figurer dans une subordonnée.
außerdem (en outre, d'ailleurs, en plus)
Ich gehe nicht hin, denn ich bin nicht eingeladen, und ***außerdem*** *habe ich keine Lust.*
Je n'y vais pas, car je ne suis pas invité, et d'ailleurs je n'ai pas envie.
Ich kann es dir nicht sagen. ***Außerdem:*** *Was geht es dich an? / Lass mich in Ruhe damit!*
Je ne peux pas te le dire. Et d'ailleurs, en quoi cela te regarde-t-il ? / laisse-moi tranquille avec ça !
Er isst zu viel. Da er ***außerdem*** *keinen Sport treibt, wird er immer dicker.*
Il mange trop. Comme en plus il ne fait pas de sport, il grossit de plus en plus.

! Attention : certaines conjonctions peuvent également s'employer comme particules.
Conjonction : *Ich habe ihn gefragt,* ***aber*** *er will nicht.* Je lui ai demandé, mais il ne veut pas.
Particule modale : °*Du bist* ***aber*** *groß geworden!* Qu'est-ce que tu as grandi !

B Ajout

Certains connecteurs servent à ajouter une information ou un argument à un(e) autre.
Il y en a plusieurs, qu'il faut être capable de reconnaître. Il y en a deux qu'il faut savoir employer : ***außerdem*** et ***übrigens***.

auch : en outre
außerdem : en outre, d'ailleurs
überdies / zudem : en outre, à cela s'ajoute que
übrigens / *im übrigen* : d'ailleurs

Der Rock ist zu teuer. ***Außerdem / Zudem / Übrigens*** *ist er nicht einmal besonders schön.*
La jupe est trop chère. En outre, / En plus, / D'ailleurs, elle n'est même pas vraiment belle.

C Ordre chronologique

Ils servent à relater les faits dans l'ordre d'apparition.
Zuerst *wollte er wissen, wann...* ***Dann*** *fragte er, ob...* ***Danach*** *(daraufhin) antwortete er, dass...* ***Später*** *sagte er, dass...* ***Schließlich*** *(zuletzt) stand er auf und ging.*
D'abord, il voulut savoir quand... Puis il demanda si... Là-dessus, il répondit que... Plus tard, il dit que... Finalement, il se leva et s'en alla.

1 | *Aber, und, doch* ou *oder* ? Complétez l'avant-dernière bulle. → A

aufhalten : retenir • *der Kessel* : le chaudron

Aus Goscinny-Uderzo, *Asterix bei den Schweizern*, Delta Verlag GmbH, 1991.

2 | *Aber, denn, oder* ou *und* ? Complétez. → A

Es gibt viele Unterschiede *(différences)* zwischen Ost ...... West. Ost- ...... Westdeutsche haben mehrere Generationen lang getrennt gelebt ...... müssen jetzt lernen, wieder miteinander zu leben.
Es ist für einen Jugendlichen sicher leichter, sich an ein neues System zu gewöhnen *(habituer)*, als für eine ältere Person. ...... es ist nie leicht, sich von einem Tag auf den anderen an ein total neues System anzupassen (adapter). Es ist, als ob man alles neu lernen muss; ...... besser gesagt, man muss umlernen (changer son comportement), was noch schwieriger ist. ...... man hat erst etwas gelernt, ... jetzt muss man so tun, als ob es nie existiert hätte ...... muss etwas ganz anderes lernen.

Die Zeit, 26. 3. 1993.

3 | *Aber, denn, oder* ou *und* ? Reliez les phrases par la conjonction qui convient. → A

1. Sascha will im Juli in die Schweiz fahren. / Er liebt die Berge.
2. Oliver möchte auch verreisen. / Er bekommt keinen Urlaub.
3. Michelle verbringt zuerst ein paar Tage allein. / Danach will sie Verwandte *(parents)* besuchen.
4. Luisa fährt wahrscheinlich mit Freunden aufs Land. / Sie bleibt zu Hause.
5. Marco macht dieses Jahr keinen Urlaub. / Er muss seine Wohnung renovieren.
6. Hannah und Max haben Glück. / Sie fliegen drei Wochen nach Australien.
7. Jasmin möchte am liebsten in die Karibik *(Caraïbes)*. / Dafür muss sie sparen *(économiser)*.
8. Was? Du fliegst schon wieder auf Guadeloupe? / Du bleibst einen ganzen Monat dort?

4 | Dans les groupes de trois phrases qui suivent, la première exprime une prise de position, les deux suivantes deux arguments. Reliez le premier argument par *denn* et le second par *außerdem* selon le modèle suivant. → B

Ich will kein Gemüse mehr. Es schmeckt mir nicht besonders. Ich bin wirklich satt.
▸ *Ich will kein Gemüse mehr, **denn** es schmeckt mir nicht besonders. **Außerdem** bin ich wirklich satt.*

1. Ich gehe heute nicht wandern. Das Wetter ist zu schlecht. Ich bin noch müde von gestern.
2. Ich kaufe mir keinen Computer. Sie sind mir zu teuer. Ich verstehe nichts davon.
3. Ich komme nicht mit zu Maureen. Sie geht mir auf die Nerven *(horripiler)*. Ich bin nicht eingeladen.
4. Ich chatte nie im Internet. Man weiß nicht, mit wem man es zu tun hat. Ich habe keine Zeit dazu.
5. Diese CD kaufe ich mir nicht. Ich finde sie nicht super. Ich habe nicht genug Geld bei mir.

65 Conjonctions et connecteurs (2)

In einem Fluss baden ist angenehm. Allerdings kann es gefährlich sein.

La conjonction peut occuper la position « zéro » ; **le connecteur** ne le peut pas : il est soit en première position, soit hors-phrase, soit après le verbe.

A Opposition / Concession

1 Une conjonction : ***aber*** (mais).
Er klopfte an der Tür, aber niemand öffnete.
Il frappa à la porte, mais personne n'ouvrit.

2 Quelques connecteurs : ***dennoch, trotzdem*** (quand même), ***vielmehr*** (plutôt, bien plutôt).
Es war gefährlich. Dennoch / Trotzdem versuchte er es.
C'était dangereux. Il essaya quand même.

3 À la fois conjonction et connecteur : ***doch*** (mais, cependant, pourtant).
*Es war schwer, **doch** er gab nicht auf.* **ou** *Es war schwer, **doch** gab er nicht auf.*
Ce fut difficile, mais il ne renonça pas.

4 ***Zwar... aber / doch*** pour exprimer une concession suivie d'une réplique (certes... mais...).
*Es war **zwar** verboten, **aber** keiner hielt sich daran.*
C'était certes interdit, mais personne ne s'en souciait.

B Explication / Conséquence

1 ***Denn*** est toujours en position « zéro ». ***Nämlich*** est généralement après le verbe conjugué.
Er kam nicht, denn er war müde.
Il n'est pas venu, car il était fatigué.
Pass gut auf! Es ist nämlich sehr wichtig.
Fais bien attention ! C'est en effet très important.

2 ***Also*** : souvent en 1re position, introduit une conclusion ou une conséquence de l'énoncé précédent.
Ich denke, also bin ich.
Je pense, donc je suis.
Er war müde, also blieb er zu Hause.
Il était fatigué, il est donc resté à la maison.

3 ***Deshalb*** : souvent en 1re position, reprend la cause évoquée dans l'énoncé précédent.
Er war müde. Deshalb kam er nicht.
Il était fatigué. C'est la raison pour laquelle il n'est pas venu.

C Restriction / Correction

- *Ich muss **allerdings** zugeben, dass...* Je dois cependant reconnaître que...
- *Die Arbeit wird schlecht bezahlt, aber **immerhin** habe ich eine Arbeit.* Le travail est mal payé, mais au moins j'ai un travail.
- *Mach, was du willst. Ich gehe **jedenfalls** hin.* Fais ce que tu veux. Moi, en tout cas, j'y vais.
- *Er ist nett, **nur** ist er nicht sehr zuverlässig.* Il est sympa, seulement il n'est pas très fiable.
- *Brot macht nicht dick. **Vielmehr** ist es die Wurst, die man drauflegt, die dick macht.* Le pain ne fait pas grossir. C'est plutôt la charcuterie qu'on met dessus qui fait grossir.
- *Es ist kalt, aber **wenigstens** regnet es nicht mehr.* Il fait froid, mais au moins il ne pleut plus.

D Connecteurs divers

- ***Einerseits** gefällt es ihm, **andererseits** fürchtet er, dass...* D'un côté, ça lui plaît, de l'autre, il craint que...
- *Es waren nur zwei gekommen, **nämlich** Felix und Ute.* Ils n'étaient que deux à être venus, à savoir Felix et Ute.
- *Zieh dich warm an, **sonst** erkältest du dich.* Mets des vêtements chauds, sinon tu vas prendre froid.
- *Er kam nicht, **und zwar** aus folgendem Grund...* Il n'est pas venu, et ce pour la raison suivante...

1 Transformez les phrases suivantes en utilisant *dennoch*. → A

Meine Tante war krank. Sie wollte aber verreisen. ▸ *Meine Tante war krank, und dennoch wollte sie verreisen.*

1. Es war sehr kalt. Er sprang aber ins Wasser.
2. Sie hatte sich viel Mühe gegeben. Sie bestand ihre Prüfung aber nicht.
3. Es war verboten zu rauchen. Er zündete sich aber eine Zigarette an.
4. Er war todmüde. Er blieb aber vor dem Fernseher sitzen.
5. Deine Eltern tun alles für dich. Du meckerst aber über jede Kleinigkeit *(bagatelles)*.
6. Der Weg bis nach Spanien ist lang. Er will ihn aber an einem Tag zurücklegen *(effectuer)*.
7. Er fühlt sich seit gestern nicht wohl. Er will aber nicht zum Arzt.
8. Sie hatte die nötigen Fähigkeiten. Sie bekam die Stelle aber nicht.

2 Exprimez la conséquence en utilisant *denn* puis *nämlich*. → B

1. Ich beeile mich. Ich will den Anfang der Vorführung nicht verpassen.
2. Ich brauche deine Hilfe. Ich schaffe es nicht allein.
3. Ich nehme meine Badesachen mit. Nach der Schule gehe ich ins Schwimmbad.
4. Mareike spricht mit keinem mehr. Sie ist sauer.
5. Bastian konnte seinen Freund nicht mehr antreffen. Er war schon weg.
6. Tommy bleibt zu Hause. Er will noch etwas erledigen.
7. Wir müssen pünktlich sein. Es fährt kein Bus mehr nach 23 Uhr.
8. Wir bleiben noch eine Weile. Es ist gemütlich hier.

3 En vous appuyant sur le contexte, complétez les phrases suivantes avec *allerdings*, *jedenfalls*, *nur*, *vielmehr* ou *wenigstens*. → C

1. Andreas kommt immer mit zum Squash, ... ist er nicht immer pünktlich.
2. Von Brot wird man nicht dick. ... sind es Fett und Zucker, die dick machen.
3. Der Film ist sehr interessant, ... etwas zu lang.
4. Wenn es dich nicht interessiert, kannst du gehen, ich ...... bleibe bis zum Ende.
5. Dass du nicht kommen konntest, verstehe ich, aber du hättest ...... schreiben können.
6. Ich komme gern, ... unter folgender Bedingung *(condition)* : ...
7. Es ist nicht sehr kalt. ...... ist es der Wind, der so unangenehm ist.
8. Bleib, wenn du willst! Ich ...... gehe nach Hause.
9. Dieser Camcorder *(caméscope)* gefällt mir gut, ... ist er nicht einfach zu bedienen.
10. Im letzten Sommer ist er in den Alpen einem Wolf begegnet. ...... behauptet er das.
11. Ich glaube nicht, dass er das alleine schafft, ich bin ...... der Meinung, wir müssen ihm helfen.

4 Modifiez les phrases suivantes en utilisant *einerseits... anderseits*. → D

1. Du willst mehr Geld, aber du willst immer weniger arbeiten.
2. Du sagst, du hättest keine Zeit, aber du sitzt den ganzen Tag lang am Computer.
3. Du möchtest immer überall dabei sein, aber du bist immer gleich müde.
4. Ich möchte keineswegs autoritär auftreten, aber Respekt ist mir sehr wichtig.
5. Technische Innovationen bieten neue Chancen, aber immer neue Vorschriften *(consignes)* müssen bedacht *(ici : élaborer)* werden.
6. Er möchte gern nach Südamerika reisen. Er fürchtet sich aber vor dem Fliegen.
7. Die Arbeit gefällt mir gut. Man verdient dabei zu wenig.

66 Les modalisateurs

wahrscheinlich, wirklich, zum Glück

- Les modalisateurs (aussi appelés « commentatifs ») sont des adjectifs ou adverbes qui expriment un **commentaire du locuteur** sur son énoncé.
- Le commentaire peut consister à exprimer un degré de certitude quant à la vérité de l'énoncé, à renforcer ou atténuer l'affirmation ou à exprimer une appréciation.

A Les degrés de certitude

1 Le **possible** : *vielleicht, möglicherweise, womöglich* (langue parlée) : tous trois signifient « peut-être ».

***Vielleicht** kommt er.*
Il viendra peut-être.

***Womöglich** ist er krank.*
Peut-être qu'il est malade.

2 Le **probable** : *vermutlich* (sans doute), *wahrscheinlich* (probablement).

*Er kommt **vermutlich** nicht.*
Il ne viendra sans doute pas.

***Wahrscheinlich** ist er tot.*
Il est probablement mort.

3 Le **certain** : *bestimmt, gewiss, sicher* (certainement) ; *zweifellos, ohne Zweifel* (sans aucun doute).

*Er ist **bestimmt** über vierzig.*
Il a certainement plus de 40 ans.

*Er hat es **sicher** vergessen.*
Il a dû oublier.

*Das war **gewiss** falsch.*
C'était assurément une erreur.

*Sie hat **zweifellos** Recht.*
C'est sûr, elle a raison.

B Le renforcement ou l'atténuation de l'affirmation

1 Le renforcement de la crédibilité : *wirklich* (vraiment) [= tu peux me croire, je dis la vérité].

*Ich habe es **wirklich** nicht gewusst.*
Je ne le savais vraiment pas.

2 La confirmation d'une hypothèse : *tatsächlich* (effectivement, de fait) [= j'ai vérifié, j'ai des preuves].

*Er war an diesem Tag **tatsächlich** in Köln.*
Ce jour-là, il était effectivement à Cologne [comme il le prétend].

3 L'appel à l'évidence logique ou visuelle : *offenbar, offensichtlich* (manifestement).

*Es handelt sich **offenbar** um einen Mord.*
Il s'agit manifestement d'un crime.

4 L'appel aux apparences : *anscheinend* (apparemment), *scheinbar* (en apparence).

***Anscheinend** ist er krank.*
Apparemment, il est malade.

*Er sucht **scheinbar** Streit.*
On dirait qu'il cherche querelle.

5 L'appel au connu : *bekanntlich* (comme on sait).

*Die Mauer ist **bekanntlich** 1989 gefallen.*
Comme on sait, le Mur [de Berlin] est tombé en 1989.

C L'appréciation

Elle consiste à émettre un jugement d'ordre affectif ou intellectuel exprimé surtout par des adverbes en *-erweise* formés à partir d'adjectifs : *komisch* (bizarre) ► *komischerweise* (bizarrement).

***Zum Glück** war er nur leicht verletzt.*
Heureusement, il n'était que légèrement blessé.

*Er konnte **bedauerlicherweise** kein Deutsch, sodass er die Stelle nicht bekam.*
Il ne savait malheureusement pas l'allemand, de sorte qu'il n'a pas eu le poste.

***Verständlicherweise** hat er das Angebot abgelehnt.*
Il a décliné l'offre, ce qui se comprend [car...]

*Ich habe **dummerweise** das Buch vergessen.*
J'ai bêtement oublié le livre.

Repérer

| 1 | **Possible, probable ou certain ? Cochez la case qui convient.** → A

1. En cas de smog, la circulation sera sûrement interdite dans de nombreuses villes allemandes.
2. Plus de 10 000 quads seront sans doute immatriculés cette année en Allemagne.
3. La météo est certainement plus qu'un divertissement pour de nombreux téléspectateurs.
4. Il est fort probable que la vente de CD continuera à diminuer *(sinken)* dans les prochains temps.
5. Le changement climatique va incontestablement réduire la disponibilité en eau *(Wasserverfügbarkeit)*.
6. Il se peut que la décision de partir en début d'après-midi ne soit pas la meilleure.
7. Pour l'été prochain, il est possible que notre destination soit la Norvège et ses fjords.
8. Yannick devrait être là. Il a vraisemblablement oublié notre rendez-vous.

possible	probable	certain

Employer

| 2 | **Traduisez les phrases de l'exercice 1 en y intégrant le modalisateur approprié.** → A

| 3 | **Renforcez l'affirmation avec un des modalisateurs proposés : *anscheinend / offenbar / wirklich / tatsächlich*.** → B

1. Hör bitte auf! Du gehst mir ...... auf die Nerven.
2. Ich kann es kaum glauben: Manuel hat den Führerschein *(permis de conduire)* ...... bestanden.
3. Die Läden sind geschlossen und niemand antwortet, wenn man klingelt: Die Leute sind ...... nicht zu Hause.
4. Plötzlich hörte er ein leises Kratzen und ging zur Tür: Da war ...... eine kleine Katze, die herein wollte.
5. Doch, doch, du kannst es mir glauben : Tamara macht uns nichts vor, sie ist ...... krank.
6. Hast du die Aufgabe schon gelöst? Dann war sie ...... nicht sehr schwer!

| 4 | **Modifiez les phrases suivantes en émettant un jugement à l'aide d'un adverbe en *-erweise* que vous placerez en tête de phrase.** → C

1. Ich habe meine Unterlagen zu Hause liegen lassen. Das ist wirklich dumm.
2. Bevor er sein ganzes Geld verspielt hatte, war der Kartenspieler vernünftig und gab auf.
3. Es ist zu bedauern, aber die Ware kann nicht rechtzeitig geliefert werden.
4. Dennis ist als Letzter gestartet und doch als Erster angekommen. Das ist wirklich erstaunlich.
5. Plötzlich waren im Wald keine Vögel mehr zu hören. Seltsam!
6. Es ist unerklärlich, aber am nächsten Morgen waren alle Unterlagen *(documents)* verschwunden.
7. Es ist merkwürdig, aber ältere Leute sagen oft, sie hätten keine Angst vorm Sterben.
8. Simon war so nett und hat der alten Dame ihren Koffer bis zum Bus getragen.

67 Mise en relief, intensification, atténuation

auch, nur, sogar / besonders, fast, ungefähr

Ces particules portent sur des mots ou groupes, **pas sur la phrase entière.**

A Les particules de mise en relief

1 Ce sont des mots invariables qui portent sur des mots ou groupes de toute nature, généralement placés juste à leur droite et qui reçoivent une accentuation très forte.
*Das gibt es **nur** in der °Stadt. [= nicht auf dem Lande]*
On ne trouve ça qu'en ville. [= pas à la campagne]

❶ Attention : certaines particules de mise en relief peuvent être placées juste avant ou juste après le mot ou groupe sur lequel elles portent : ***noch** vor einem Jahr / vor einem Jahr **noch*** (il y a encore un an).

2 Elles peuvent également porter sur des subordonnées, dont elles peuvent être séparées.
*Das hat er **nur** gesagt, um dich zu °ärgern.*
Il a dit ça rien que pour t'énerver.

3 En plus de mettre un mot ou groupe en relief, elles apportent une information variable. Dans les exemples ci-après, les équivalents français habituels sont soulignés.
- ***Auch** °er war da.* Il était là, lui aussi. ***Auch** im °Winter geht er barfuß.* Il va pieds nus, même en hiver.
- ***Eben** / **Gerade** °das habe ich gemeint.* C'est justement ce que je voulais dire.
- *Er kommt **erst** °nächste Woche.* Il ne viendra que la semaine prochaine. [= pas avant]
- ***gleich** da°nach* (tout de suite après), ***gleich** da°neben* (juste à côté), ***gleich** links* (juste à gauche)
- ***nicht gerade** °klug / °groß* (pas vraiment intelligent [= bête] / pas vraiment grand [= petit])
- *Du kannst **noch** °lange warten.* Tu peux attendre encore longtemps.
- *So etwas hate ich **noch nie** gesehen!* Je n'ai encore jamais vu une chose pareille !
- ***Nur** °Lara ist gekommen.* Seule Lara est venue. ***Nur** wenn er °kommt...* Seulement s'il vient...
- ***schon** als °Kind* (dès l'enfance), ***schon** °immer* (depuis toujours), ***schon** °lange* (depuis longtemps) / *Er wollte **schon** °deshalb nicht, weil er...* Il ne voulait pas, ne serait-ce que parce que...
- ***sogar** im °Winter* (même en hiver) / ***Selbst** °Manuel ist gekommen.* Même Manuel est venu.
- ***nicht einmal** im °Winter* (même pas en hiver) / ***Nicht einmal** °Peter ist gekommen.* Même Peter n'est pas venu.

B Les particules d'intensification / atténuation

Ces éléments portent sur des adjectifs ou des verbes. Ils sont parfois eux-mêmes issus d'adjectifs (*richtig*), mais sont invariables dans leur fonction d'intensification / atténuation.
- Degré fort : *besonders (klug)*, particulièrement (intelligent) ; *ganz (alt)*, tout (vieux) ; *richtig (kalt)*, vraiment (froid) ; *sehr (klein)*, très (petit) ; *so (nett)*, si (sympathique) ; *zu (dick)*, trop (gros).
- Degré moyen : *recht (zufrieden)*, plutôt (satisfait) ; *ziemlich (groß)*, assez (grand).
- Degré faible : *etwas (beunruhigt)*, un peu (inquiet) ; *ein bisschen (dick)*, un peu (gros).
- Incomplétude : *beinahe / fast / nahezu (alle)*, presque (tous) [*nahezu* est littéraire].
- Approximation : *ungefähr / etwa (zehn)*, environ (dix).
- Parler « impropre » : *Er war sozusagen mein Bruder.* Il était pour ainsi dire mon frère.
- Indication du minimum : *mindestens (zehn)*, au moins (dix) [et sans doute plus].
- Pour renforcer la négation : *gar / überhaupt nicht*, pas du tout.

Repérer

| 1 | Dans chacune de ces vignettes, soulignez la particule de mise en relief puis traduisez. → A

ein Wadi : un oued

http://www.olaf-cartoons.de/

Employer

| 2 | Traduisez en tenant compte des mots ou groupes de mots en italique sur lesquels porte la particule. → A

1. Nur *die Bücher* kannst du drei Wochen behalten, die CDs musst du mir morgen zurückbringen.
2. Die CDs kann ich dir nur *eine Woche* lassen, die Bücher länger.
3. Dieser Bus hält auch *am Rathaus*.
4. Auch *du* solltest dir die Sendung „*Karambolage*“ nächsten Sonntag auf Arte ansehen.
5. Ich kann diesen Kerl nicht leiden. Schon *wenn ich ihn sehe*, werde ich nervös.
6. Das Spiel „SimCity“ gibt es schon *seit 1989*.

| 3 | Traduisez en tenant compte des mots soulignés. → A

1. Dans ce pays, il fait froid même l'été.
2. Même s'il est comestible, ce poisson n'a pas vraiment l'air appétissant.
3. Il n'y a plus que quelques minutes à patienter et nous connaîtrons le vainqueur.
4. J'ai encore le temps, la prochaine séance ne démarre que dans un quart d'heure.
5. Pour arriver à la discothèque *Eishaus*, prenez au prochain feu tout de suite à droite.

| 4 | Traduisez en intégrant la particule donnée. → B

1. (äußerst) Écoute, cette information est extrêmement importante.
2. (etwa) Environ 50 000 personnes prirent part à la manifestation.
3. (recht) Eugen était plutôt satisfait de sa cinquième place au concours „Hast du Grips“ (fam. *jugeote*).
4. (richtig) Il fait vraiment froid aujourd'hui, non ?
5. (gar nicht) Je voulais lui téléphoner aujourd'hui. Mais je n'y ai plus du tout pensé.

68 Les particules modales (1)

aber, auch, bloß, denn, doch, eben, eh, einfach, etwas, halt, ja, mal, nur, ruhig, schon, vielleicht, wohl

Les particules modales sont des petits mots invariables qui renseignent sur l'attitude du locuteur ou sur le **sens** qu'il veut donner à son énoncé en contexte. Elles présentent deux difficultés : l'existence d'**homonymes** qui ont des sens assez différents et les multiples sens qu'elles ont **selon les énoncés où elles figurent**.

A Caractéristiques des particules modales

1 Elles ont des homonymes.
mot-phrase : *Kommst du nicht? – **Doch**!* Tu ne viens pas ? Si !
conjonction : *Er versuchte es, **doch** es gelang ihm nicht.* Il a essayé, mais il n'a pas réussi.
particule modale : *Sei **doch** still!* Tais-toi donc ! / *Das ist **doch** Unsinn!* Mais c'est stupide !

2 On ne les trouve **jamais en début de phrase** (mais on peut y trouver leurs homonymes).
connecteur : *Er ist klug, **nur** müsste er mehr arbeiten.* Il est intelligent, mais il devrait travailler plus.
particule : *Wenn er **nur** mehr arbeiten würde!* Si seulement il travaillait plus !

3 Elles sont toujours **intégrées dans la phrase**, jamais séparées par une virgule.
connecteur : *Ich mag ihn nicht, **ja** (,) ich hasse ihn.* Je ne l'aime pas, et même, je le déteste.
particule : *Da kommt **ja** der Ralf!* Tiens, voilà Ralf qui arrive !

4 Leur sens varie **selon les phrases où elles figurent**.
en déclarative : *Ich werde den Weg **schon** finden.* T'inquiète pas, je trouverai le chemin ! [= rassurer]
en interrogative : *Was weiß der **schon**?* Qu'est-ce qu'il en sait ? [= question rhétorique]
en impérative : *Nun mach **schon**!* Allez, grouille ! [= incitation à se dépêcher]

B Les particules modales dans les déclaratives et les exclamatives

1 ***Aber*** exprime la surprise par rapport à la taille ou l'intensité de quelque chose.
°*Das war aber nett!* Qu'est-ce que c'était sympa !

2 ***Auch*** présente l'énoncé comme une justification du fait relaté précédemment.
*„Er hat es nicht gekauft." „Es war **auch** teuer."* « Il ne l'a pas acheté. – (Il) faut dire que c'était cher. »

3 ***Doch*** présente le fait relaté comme évident face à un interlocuteur qui n'y croit pas ou l'a oublié.
*Du weißt **doch**, dass er das nicht leiden kann.* Tu sais bien qu'il a horreur de ça !

4 ***Eben*** ou ***halt*** présente le fait relaté comme incontournable ; incite à la résignation.
*Jungs sind **eben / halt** so!* Qu'est-ce que tu veux, les garçons, c'est comme ça !

5 ***Eh*** présente le fait relaté comme concordant avec le fait relaté précédemment.
*„Ich kann dir keine Cola anbieten, ich habe keine mehr." „Macht nichts, ich trinke **eh** keine."*
« Je ne peux pas te proposer de Coca, je n'en ai plus. - Ça ne fait rien, de toute façon, je n'en bois pas. »

6 ***Ja*** exprime la surprise devant un fait inattendu.
*Du bist **ja** ganz blass!* Mais tu es tout(e) pâle !

7 ***Schon*** exprime la conviction du locuteur, qui produit des effets variables selon le contexte.
- Rassurer : *Er wird **schon** noch kommen.* Il finira bien par arriver. [= Ne nous inquiétons pas.]
- Mettre en garde : *Ich werde dich **schon** kriegen.* Un jour ou l'autre, je t'aurai!
- Concéder avant de répliquer : *Es stimmt **schon**, aber...* C'est sans doute vrai, mais...

8 ***Vielleicht*** exprime la surprise par rapport au degré d'une qualité.
*Du bist **vielleicht** komisch!* Qu'est-ce que t'es bizarre !

9 ***Wohl*** exprime une présomption [= je présume que...].
*Das wird **wohl** das Beste sein, was wir tun können.* C'est sans doute ce qu'il y a de mieux à faire.

1 | Insérez la particule adéquate en vous appuyant sur le contexte. → A B

1. „Und sei nur vorsichtig auf der Straße." „Aber Mutti, ich bin ...... kein Kind mehr!" (doch / wohl)
2. „Kommt Benjamin heute Abend auch?" „Aber nein, er hat es ...... gesagt!" (aber / doch)
3. „Du hast ...... die ganze Flasche geleert!" (nur / ja) „Ich hatte ...... Durst!" (eben / schon)
4. „ Und wenn es nicht klappt?" „Ach was, es wird ...... klappen!" (schon / auch)
5. „Jetzt hat er es schon wieder vergessen." „Er hat in letzter Zeit ...... zu viel zu tun." (auch / ja)
6. „Schau mal, was ich mir gekauft habe." „Ach, das ist ...... schön!" (nur / aber)
7. „Mein Computer funktioniert nicht mehr." „Kauf dir ...... einen neuen!" (eh / doch)
8. „Tschüss, bis später!" „Komm ...... nicht so zu spät nach Hause wie gestern!" (wohl / aber)
9. „Der Ausflug fällt ins Wasser." „Macht nichts, ich hatte ...... keine Lust mitzufahren." (eh / schon)
10. „Er hat das Angebot abgelehnt." „Das kann ich ...... verstehen, so interessant war es nicht." (doch / auch)

2 | Insérez la particule adéquate en vous appuyant sur les traductions données : *etwa / denn / doch / eben / bloß / schon / ja.* → A B

1. Na, komm ...... ! *(Allez, viens !)*
2. Mach ...... keinen Quatsch! *(Arrête de faire n'importe quoi !)*
3. Hast du ...... getrunken? *(Est-ce que tu aurais bu, par hasard ?)*
4. Bleibst du ...... ? *(Est-ce que tu restes ?)*
5. Willst du ...... nicht mitmachen ? *(Tu ne veux pas participer ?)*
6. Das ist ...... möglich. *(C'est bien possible.)*
7. Ich habe es dir ...... gesagt. *(Je te l'avais bien dit.)*
8. Das °ist es ...... ! *(C'est bien là le problème.)*

3 | Traduisez. → A B

1. *[À quelqu'un qui avait assuré qu'il ne pleuvrait pas]* Siehst du, es hat °doch geregnet.
2. *[À propos de quelqu'un qui fait des choses insensées]* Der hat ja 'ne Macke!
3. *[À quelqu'un qui doute]* Es wird schon klappen!
4. *[À un enfant qui se met à table pour manger]* Hast du dir auch die Hände gewaschen?
5. *[À quelqu'un qui est toujours pressé]* Ach, wenn du nur mehr Zeit hättest!
6. *[Pour accélérer le mouvement]* Nun mach doch schon!
7. *[À quelqu'un qui vient d'éviter un accident]* Da hast du aber wieder mal Glück gehabt!
8. *[À quelqu'un qui feint de ne pas savoir]* Das hast du doch wohl gewusst, oder?
9. *[À quelqu'un qui ne se sent pas bien]* Was ist denn nur mit dir los?
10. *[À quelqu'un qui insiste]* Du weißt doch, dass ich nicht länger bleiben kann.

69 Les particules modales (2)

Wo warst du denn?
Das ist denn doch die Höhe!

A Dans les interrogatives globales

1 ***Auch*** marque une attitude soupçonneuse et l'espoir d'une réponse positive.
*Bist du **auch** sicher?* Tu es sûr, au moins ?

2 ***Denn*** marque un léger étonnement.
*Ist **denn** keine Cola mehr da?* Il n'y a plus de Coca ?

3 ***Doch*** signale que la question (de forme déclarative) est une demande de confirmation.
*Das war **doch** am Montag, oder?* C'était bien lundi, non ?
*Du kommst **doch**, oder?* Tu viendras, hein ?
*Du bist mir **doch** nicht böse?* T'es pas fâché, au moins ?

4 ***Etwa*** donne à l'interrogative la valeur d'une hypothèse.
*Du siehst ganz blass aus. Ist dir **etwa** nicht wohl?* Tu es tout(e) pâle. T'es pas malade, par hasard ?

5 ***(Ein)mal*** donne à l'interrogative la valeur d'une demande anodine.
*Kommst du **mal** her?* Tu viens là un instant ?

6 ***Ruhig***, toujours avec *können*, exprime une invitation à faire.
*Du kannst den Hund **ruhig** streicheln, er tut dir nichts.* Tu peux caresser le chien, il ne te fera rien.

B Dans les interrogatives partielles

1 ***Auch*** s'emploie avec *warum*, *wozu* ou *wann* et donne à la question une valeur de justification.
*„Hast du ihm nicht geschrieben?" „Nein. Warum **auch**? / Wozu **auch**? / Wann **auch**?"*
« Tu ne lui as pas écrit ? – Non. Pourquoi lui écrire ? / Ça servirait à quoi ? / Quand l'aurais-je fait ? »

2 ***Bloß / nur*** marquent le désir de savoir, voire le désarroi.
*Wo sind **bloß / nur** meine Schlüssel?* Où peuvent bien être mes clés ?

3 ***Denn*** marque une certaine insistance et reste le plus souvent non traduit.
*Wo warst du **denn** so lange?* Tu étais où tout ce temps ?

4 ***Noch*** signale que la question est une demande de rappel (souvent associé à *doch* ou *gleich*).
*Wie heißt er (doch) **noch** (gleich)?* Comment s'appelle-t-il déjà ?

5 ***Schon*** donne à l'interrogative la valeur d'une question rhétorique (la réponse est évidente).
*Wer kauft **schon** sowas?* Qui va acheter des trucs pareils ? [= personne]

6 ***Wohl*** signale que la question est une demande d'avis, d'opinion.
*Was kostet das **wohl**?* Qu'est-ce que ça peut bien coûter [à ton avis] ?

C Dans les impératives

1 ***Bloß / nur*** marquent que le locuteur tient à ce que l'ordre soit exécuté.
*Lass das Baby **bloß / nur** nicht allein!* Surtout ne laisse pas le bébé tout seul.
*Komm **nur**!* Allez, viens !
*Versuch's **nur**!* Essaie un peu !

2 ***Doch*** marque l'insistance ou l'agacement.
*Lass ihn **doch** in Ruhe!* Fiche-lui donc la paix !

3 ***Eben*** marque que l'action demandée est la seule chose à faire.
*Dein Rad ist platt? Dann geh **eben** zu Fuß!* Ton vélo est à plat ? Eh ben t'as qu'à aller à pied.

4 ***Ja*** ajoute à l'ordre une nuance de menace.
*Lass das Glas **ja** nicht fallen!* Ne fais surtout pas tomber le verre !

5 ***Mal*** souligne le caractère anodin de l'action demandée.
*Gib mir **mal** die Zeitung, bitte!* Donne-moi (voir) le journal, s'il te plaît !

1 | Complétez ces interrogatives globales en vous appuyant sur le contexte. Vous choisirez parmi les particules proposées. → A

1. *(Im Büro)* Hast du ...... die Unterlagen mitgebracht? Ich brauche sie dringend. (auch / mal)
2. *(Beim Joggen)* Den Mann da haben wir ...... schon vorhin gekreuzt, oder? (denn / doch)
3. Wir sind doch eben erst angekommen. Hast du ...... schon kein Geld mehr? (auch / denn)
4. Ich möchte diese Jacke anprobieren. Kannst du mir meine ...... kurz halten? (mal / doch)
5. Pass auf! Willst du dir ...... wehtun? (etwa / auch)
6. Hast du ...... die Karten? Sonst lassen sie dich nicht rein. (auch / etwa)
7. Brauchst du ...... eigentlich deinen MP3-Player nicht mehr? (doch / denn)
8. Ich brauche deine Hilfe. Würdest du bitte ...... herkommen? (auch / mal)
9. Du kommst ...... mit heute Abend, oder? (doch / mal)
10. Theo kann sich zurzeit nicht konzentrieren. Hat er ...... Probleme zu Hause? (mal / etwa)

2 | Complétez ces interrogatives partielles en vous appuyant sur le contexte. Vous choisirez parmi les particules proposées. → B

1. Ich suche nun schon zehn Minuten meinen Datastick. Wo ist er ...... ? (schon / bloß)
2. Entschuldigung, ich kann mich nicht mehr erinnern. Wie war ...... Ihr Name? (denn / noch)
3. Dieses Getränk ist wirklich ekelhaft (fam. : *infecte*). Wer trinkt ...... so etwas? (schon / noch)
4. Wir warten schon eine Stunde auf dich. Wo warst du ...... so lange? (wohl / denn)
5. Wir verstehen uns nicht mehr. Wie soll das ...... weitergehen? (bloß / schon)
6. Sie scheinen sich verlaufen zu haben. Wo wollen Sie ...... hin? (denn / wohl)
7. Ich habe keine Angst vor ihm. Was kann er mir ...... tun? (noch / schon)
8. Dragan hat einen komischen Akzent. Woher kommt er ...... ? (noch / wohl)
9. „Hast du endlich deinen Vater angerufen?" „Nein, wann ...... ?" (wohl / denn)

3 | En vous appuyant sur le contexte, complétez les ordres suivants. → C

1. *[mère mécontente de son enfant]* Sag mir jetzt, was geschehen ist und lüg mich ...... nicht an! (eben / bloß)
2. *[parents à leur enfant à propos de drogue]* Lass ...... die Finger von dieser Sache! (ja / ruhig)
3. *[enseignant lassé par des questions inutiles]* Lies ...... erst mal den Text, bevor du fragst! (doch / ja)
4. *[personne ne voulant donner de coup de main]* Er will dir nicht helfen? Dann mach es ...... allein! (eben / bloss)
5. *[demande insistante]* Komm ...... nicht wieder zu spät nach Hause! (nur / eben)
6. *[incitation à continuer un travail commencé]* Mach ...... weiter! (ruhig / ja)
7. *[recommandation à un enfant laissé seul à la maison]* Mach ...... niemandem auf! (bloss / mal)
8. *[recommandation pressante des parents]* Pass ...... auf deine kleine Schwester auf! (ja / eben)
9. *[en voiture]* Fahr ...... weiter, der Polizist hat nicht °uns gemeint! (ruhig / ja)

4 | Insérez dans les phrases suivantes la particule adéquate en vous appuyant sur le contexte. → A B C

1. Bist du neu hier? Wo wohnst du ...... ?
2. Linda hat es sich überlegt. Sie kommt ...... zum Essen.
3. Ein bisschen Geduld! Er wird ...... gleich kommen.
4. Ach, was für eine Überraschung! Das ist ...... nett von dir, dass du auch gekommen bist.
5. Hast du ein neues Handy? Zeig ......!
6. Du hast ja kaum was gegessen. Bist du ...... schon satt?
7. Denk ...... nach! Dieser Weg *(chemin)* kann es nicht sein, den sind wir schon vorhin gegangen.
8. Woran liegt es ...... , dass dir Autofahren so schwer fällt?
9. Magst du keinen Spinat *(épinards)*? Dann sag es ......, ich koche dir etwas anderes.
10. Hilf ihm ... . Du siehst doch, dass er es nicht allein schafft.

70 Le discours rapporté (1)

Er behauptet, dass es unmöglich ist / sei / wäre.

On peut « rapporter » les paroles ou les pensées d'autrui de plusieurs façons. Les principales sont le discours direct et le discours indirect.

A Le discours direct

1 Il consiste à « faire parler » celui dont on rapporte les paroles ou les pensées, ce qui ne veut pas dire que les paroles ou pensées sont rapportées fidèlement, puisqu'on peut les résumer.
Dann sagte er so ungefähr: „Wissen Sie, ..." Alors il dit à peu près : « Vous savez, ... »

2 Le verbe introducteur exprime le fait de parler ou décrit l'acte de communication accompli.
„Du lügst!", schrie sie ihn an / warf sie ihm vor. « Tu mens ! » lui cria-t-elle / lui reprocha-t-elle.

3 Il peut aussi décrire un comportement et sera alors placé après les paroles rapportées.
„ ... ", lachte sie ihn an / weinte sie / schmollte sie. « ... », dit-elle en riant / en pleurant / en boudant.

B Le discours indirect

1 Il consiste à rapporter les paroles ou pensées d'autrui en les **transposant**, c'est-à-dire en rendant l'énoncé rapporté **syntaxiquement dépendant** du verbe introducteur et en **adaptant** les pronoms et les possessifs à la perspective de celui qui rapporte.
*Er schreibt: „**Deine** Karte aus Hawai habe **ich** erhalten."* Il écrit : « J'ai reçu ta carte de Hawaï. »
► *Er schreibt, dass **er meine** Karte aus Hawai erhalten habe.* Il écrit qu'il a reçu ma carte de Hawaï.

Dass n'est pas obligatoire. L'énoncé rapporté a alors la forme d'une déclarative juxtaposée au verbe introducteur : *Er schreibt, er habe meine Karte aus Hawai erhalten.*

2 **Le discours indirect conserve le temps du discours direct.**
En français, le temps de l'énoncé rapporté au discours indirect doit être adapté au temps du verbe introducteur. C'est ce que l'on appelle la concordance des temps.
Il dit / Il a dit : « La vie **est** belle. » ► Il dit que la vie **est** belle. / Il a dit que la vie **était** belle.

En allemand, c'est plus simple : le temps du verbe de l'énoncé indirect est **le même** que celui de l'énoncé direct, quel que soit le temps du verbe introducteur.

Er sagt / hat gesagt / sagte / hatte gesagt / wird sagen:	*„Das Leben **ist** schön."*	► *..., dass das Leben schön **ist**.*
	*„Ich **werde** es tun."*	► *..., dass er es tun **wird**.*
	*„Ich **habe** nichts gewusst."*	► *..., dass er nichts gewusst **hat**.*

3 **Le choix du mode : indicatif, subjonctif I ou subjonctif II ?**
- **À l'écrit** ou dans la langue parlée soignée, on doit utiliser le **subjonctif I**.

Er sagt / hat gesagt / sagte / hatte gesagt / wird sagen:	*„Das Leben **ist** schön."*	► *..., dass das Leben schön **sei**.*
	*„Ich **werde** es tun."*	► *..., dass er es tun **werde**.*
	*„Ich **habe** nichts gewusst."*	► *..., dass er nichts gewusst **habe**.*

- On n'utilise le subjonctif II que quand le subjonctif I ne se distingue pas de l'indicatif.
*Sie sagten : „Wir **haben** nichts gewusst."* ► *..., dass sie nichts gewusst haben / **hätten**.*

Remarque : dans la langue parlée, on utilise couramment l'indicatif ou le subjonctif II (avec les verbes forts) ou la périphrase en « *würde* + infinitif » (avec les verbes faibles).
Sie hat gesagt: „Ich komme mit."
► *Sie hat gesagt, dass sie **mitkommt** / **mitkäme**.* Elle a dit qu'elle viendrait.
Sie hat gesagt: „Ich fühle mich nicht wohl."
► *Sie hat gesagt, sie **fühle sich** nicht wohl. / **würde sich** nicht wohl **fühlen**.*
Elle a dit qu'elle ne se sentait pas bien.

1 Rapportez les propos tenus par Astérix et Obélix aux soldats romains en utilisant le subjonctif I puis le subjonctif II. → A B

Aus Goscinny-Uderzo, *Asterix bei den Schweizern*, Delta Verlag GmbH, 1991.

2 Rapportez ces propos tenus par Stefan Böhmann en utilisant le subjonctif I ou le subjonctif II si besoin est. Faites toutes les autres modifications nécessaires. → A B

Stefan Böhmann stellt sich vor. Ab dem nächsten Semester gehe ich auf die Uni. Ich habe vor, Fremdsprachen zu studieren. Mehrere Sprachen zu beherrschen finde ich wichtig. Man kommt überall mit zwei oder drei Fremdsprachen aus.

Das ganze Jahr über bin ich mit Jungs und Mädels aus deutschsprachigen Ländern zusammen. Ich treffe sie mehrmals pro Monat und wir diskutieren miteinander. Meistens über unsere Hobbies. Meine Hobbies sind Judo und Motorrad. Zum Judo gehe ich 2- bis 3-mal in der Woche. Ich trainiere meistens mit meinem Freund Marco. Manchmal fahren wir auch zu Wettkämpfen. Ich trage mittlerweile den braunen Gürtel.

Motorrad fahre ich schon seit Jahren. Da ich gern reise, möchte ich im Sommer nach Österreich fahren. In Innsbruck habe ich nämlich einen Freund. Den kenne ich schon seit längerer Zeit. Wir schreiben uns regelmäßig E-Mails. Bis dahin stehen jedoch noch einige Termine auf dem Kalender. Im Juni nehme ich an einem Schüleraustausch mit unserer deutschen Partnerstadt Heidelberg teil, und in den Sommerferien arbeite ich zwei Wochen in einer Spielzeugfabrik. Das verdiente Geld spare ich für meine Reise.

Stefan Böhmann erzählt, dass...

71 Le discours rapporté (2)

Ich fragte sie, wo der Nachbar sei.
Er soll verreist sein, antwortete sie.

Il y a divers moyens de rapporter le discours ou les pensées d'un autre. Ils permettent de prendre position avec nuance par rapport aux propos rapportés.

A Verbes de modalité ou autres tournures verbales

1 *Sollen* + complément à l'infinitif pour rapporter :

- Des rumeurs, des « on-dit » ; le locuteur d'origine n'est pas nommé, le rapporteur se veut « neutre ».
*Paul **soll** reich sein / reich gewesen sein.* On dit que Paul est riche / qu'il a été riche.

- Un ordre donné par quelqu'un qui n'est pas nommé, mais identifiable grâce au contexte.
*Ich war bei Inge. Du **sollst** sie anrufen.* J'étais chez Inge. Tu dois l'appeler. [Elle m'a dit de te le dire.]

2 *Wollen* + complément à l'infinitif : le locuteur d'origine est nommé ; le rapporteur exprime une certaine incrédulité.
*Ralf **will** nichts gesehen haben.* Ralf prétend qu'il n'a rien vu. [Mais j'en doute.]

3 *Es heißt / Es hieß* + énoncé rapporté avec verbe en 2e position, pour rapporter des rumeurs.
***Es heißt**, er habe in Afrika gelebt.* On dit / Il paraît qu'il a vécu en Afrique.

4 *Ich habe gehört* + énoncé rapporté avec ou sans *dass* + indicatif (familier) ou + subjonctif I.
***Ich habe gehört**, er will nach Amerika auswandern.*
J'ai entendu dire qu'il voulait émigrer en Amérique.
***Ich habe gehört**, dass er nach Amerika ausgewandert ist / er sei nach Amerika ausgewandert.*

B Adverbes et groupes nominaux

1 Groupe nominal au datif + *zufolge* (préposition postposée).
***Dem Arzt zufolge** ist die Operation nicht gefährlich.*
D'après le médecin, l'opération n'est pas dangereuse.

2 *Angeblich* : le locuteur d'origine n'est pas nommé ; le rapporteur exprime une certaine méfiance.
*Sie ist **angeblich** verreist.* Il paraît qu'elle est en voyage. [Mais je ne garantis pas que c'est vrai.]

3 *So* + groupe nominal en incise.
*Wenn diese Maßnahmen nicht ausreichen, **so der Minister**, dann müssen härtere getroffen werden.*
Si ces mesures ne suffisent pas, dixit le ministre, alors il faudra en prendre de plus énergiques.

C Rapporter une question, un ordre

1 Question partielle.
Er fragte: „Wo wohnt sie?" ► *Er fragte, wo sie wohnt / wohne.*
Il demanda : « Où habite-t-elle ? » ► Il demanda où elle habitait.

2 Question globale.
Er fragte mich: „Kommst du auch?" ► *..., **ob** ich auch komme / käme.*
Il me demanda : « Tu viens aussi ? » ► Il me demanda si je venais aussi.

3 Exhortation atténuée.
Er bat mich: „Verzeih mir bitte!" ► *Er bat mich, ihm (bitte) zu verzeihen / ich **möge** ihm (bitte) verzeihen.* [litt.]
Il me pria : « Pardonne-moi, s'il te plaît ! » ► Il me pria de (bien vouloir) lui pardonner.

4 Exhortation ferme.
Sie sagte ihm : „Hör jetzt auf!" ► *Sie sagte ihm, er **solle** jetzt aufhören.*
Elle lui dit : « Arrête, maintenant ! » ► Elle lui dit qu'il devait arrêter, maintenant.

| 1 | Mettez le récit de l'accident au discours indirect en utilisant *sollen*. → A

Wie ist es zum Unfall gekommen?

1. An diesem Tag hatte es geregnet.
2. Es herrschte auch dichter Nebel.
3. Der Fahrer des grauen Audis war nicht ganz nüchtern.
4. Er hatte sogar über 1,2 Promille im Blut.
5. Zudem hatte sein Auto abgenutzte *(usés, lisses)* Reifen.
6. Der Fahrer hatte die Ampel *(le feu tricolore)* übersehen.
7. Der von der Hauptstraße kommende Mercedes bremste nicht rechtzeitig.
8. Der Audi hat ziemlich viel abbekommen (fam. *être esquinté*).
9. Der Fahrer war zum Glück nur leicht verletzt.
10. Nach ein paar Minuten kam die Polizei.

| 2 | Mettez au discours indirect sans *dass* en utilisant le subjonctif. → A

Ich habe gehört, ...

1. Amélie ist in Dresden.
2. Ihre Gastfamilie und ihre Austauschpartnerin sind sehr sympathisch.
3. Sie hat ihr eigenes Zimmer.
4. Die Stadt gefällt ihr sehr.
5. Sie will noch die Gemäldegalerie besichtigen.
6. Sie kommt am nächsten Dienstag zurück.

| 3 | Rapportez ce que l'on vous a dit ou demandé en employant le discours indirect. Vous utiliserez *fragen* ou *wissen wollen* pour les questions, *bitten* pour les prières et les ordres et *empfehlen* pour les conseils. → C

1. Woher kommst du?
2. Sag mir bitte die Wahrheit!
3. Bleibt nicht im Weg stehen!
4. Willst du auch ein Eis?
5. Ruf doch noch deine Eltern an!
6. Gehst du noch in die Stadt?
7. Lass mich bitte in Ruhe!
8. Bist du mit deinem Ergebnis zufrieden?
9. Verlassen Sie sofort den Raum!
10. Wie bist du gekommen?

| 4 | Traduisez. → A B C

1. Cette mesure *(Maßnahme)* est censée créer des emplois.
2. Il me demanda si je n'avais pas froid.
3. Il affirme avoir raté le train de 10h00.
4. D'après lui, j'ai de bonnes chances de décrocher le poste *(Stelle)*.
5. J'ai entendu dire que tu te maries prochainement.
6. On dit qu'il a gagné au Loto.
7. Anja prétend n'en avoir rien su.
8. Il pensait qu'il n'y arriverait jamais.

1 Nouvelle orthographe

La réforme de l'orthographe a introduit de nombreuses modifications. Voici les plus importantes. Mais elles sont encore susceptibles d'évoluer.

Orthographe d'usage

■ **Son [s]**
-ss- après une voyelle brève : *der Kuss, die Küsse* (le baiser)
-ß- après une voyelle longue ou une diphtongue : *der Fuß, die Füße* (le pied) ; *beißen* (mordre)

■ **Composés** : les suites de trois lettres ne sont plus réduites à deux, mais pour des raisons de lisibilité, il arrive qu'on sépare les deux éléments du composé par un trait d'union.
*Schi**ff** + **F**ahrt* ► *die Schi**fff**ahrt* (navigation)
*Te**e** + **E**i* ► *das Te**e-E**i* (œuf à thé)

■ **Tolérances**
*das Tele**ph**on* ou *Tele**f**on* (téléphone)
*der **Ph**otograph* ou ***F**otograf* (photographe)
*das **Gh**etto* ou ***G**etto* (ghetto)

■ **Détachement** : des expressions qu'on avait pris l'habitude d'écrire en un mot doivent être détachées.
radfahren ► *Rad fahren* (faire du vélo)
stehenbleiben ► *stehen bleiben* (s'arrêter de marcher)
saubermachen ► *sauber machen* (nettoyer)
kennenlernen ► *kennen lernen* (faire la connaissance de)
spazierengehen ► *spazieren gehen* (aller se promener)
On ne distingue plus orthographiquement les deux sens de *sitzen bleiben* : « rester assis » / « redoubler » (la classe).

■ **Attachement** : quelques groupes de mots jusqu'ici détachés s'écrivent désormais en un mot :
so dass ► *sodass* (de sorte que), *zur Zeit* ► *zurzeit* (en ce moment).

■ **Majuscule** : les noms faisant partie de locutions doivent (de nouveau) s'écrire avec majuscule.
recht haben ► ***R**echt haben* (avoir raison)
im allgemeinen ► *im **A**llgemeinen* (généralement)
zum erstenmal ► *zum ersten **M**al* (pour la première fois)
Es ist das beste, wenn wir sofort gehen. ► *Es ist das **B**este,…* (Le mieux est de partir tout de suite.)

Coupure syllabique en fin de ligne

■ Les mots sont désormais coupés à peu près comme en français, c'est-à-dire après chaque syllabe prononcée, les consonnes redoublées étant scindées : *Kaf-fee-ma-schi-ne* (cafetière électrique), *Do-sen-öff-ner* (ouvre-boîte).

■ Mots contenant *st* et *ck* : *meis-tens* (le plus souvent), *fins-ter* (sombre), *der Zu-cker* (le sucre), *der Fle-cken* (la tache).

2 Conjugaison de *sein*, *haben* et *werden*

INDICATIF		sein	haben	werden
présent	ich	bin	habe	werde
	du	bist	hast	wirst
	er/sie/es	ist	hat	wird
	wir	sind	haben	werden
	ihr	seid	habt	werdet
	sie/Sie	sind	haben	werden

INDICATIF		**sein**	**haben**	**werden**
prétérit	ich	war	hatte	wurde
	du	warst	hattest	wurdest
	er/sie/es	war	hatte	wurde
	wir	waren	hatten	wurden
	ihr	wart	hattet	wurdet
	sie/Sie	waren	hatten	wurden
parfait	ich	bin ... gewesen	habe ... gehabt	bin ... geworden
plus-que-parfait	ich	war ... gewesen	hatte ... gehabt	war ... geworden
futur I	ich	werde ... sein	werde ... haben	werde ... werden
futur II (antérieur)	ich	werde ... gewesen sein	werde ... gehabt haben	werde ... geworden sein

SUBJONCTIF I		**sein**	**haben**	**werden**
présent	ich	sei	habe	werde
	du	seist	habest	werdest
	er/sie/es	sei	habe	werde
	wir	seien	haben	werden
	ihr	seiet	habet	werdet
	sie/Sie	seien	haben	werden
passé	ich	sei ... gewesen	habe ... gehabt	sei ... geworden
futur I	ich	werde ... sein	werde ... haben	werde ... werden
futur II (antérieur)	ich	werde ... gewesen sein	werde ... gehabt haben	werde ... geworden sein

SUBJONCTIF II		**sein**	**haben**	**werden**
présent	ich	wäre	hätte	würde
	du	wärest	hättest	würdest
	er/sie/es	wäre	hätte	würde
	wir	wären	hätten	würden
	ihr	wäret	hättet	würdet
	sie/Sie	wären	hätten	würden
passé	ich	wäre ... gewesen	hätte ... gehabt	wäre ... geworden
futur I	ich	würde ... sein	würde ... haben	würde ... werden
futur II (antérieur)	ich	würde ... gewesen sein	würde ... gehabt haben	würde ... geworden sein

3 Conjugaison des verbes faibles, forts et irréguliers

Actif

		verbes faibles	verbes faibles irréguliers	verbes forts en *a*	verbes forts en *e*	*wissen* + verbe de modalité
		zählen	**denken**	**fahren**	**sprechen**	**wissen**
INDICATIF						
présent	ich	zähl**e**	denk**e**	fahr**e**	sprech**e**	weiß
	du	zähl**st**	denk**st**	fähr**st**	sprich**st**	weiß**t**
	er/sie/es	zähl**t**	denk**t**	fähr**t**	sprich**t**	weiß
	wir	zähl**en**	denk**en**	fahr**en**	sprech**en**	wiss**en**
	ihr	zähl**t**	denk**t**	fahr**t**	sprech**t**	wiss**t**
	sie/Sie	zähl**en**	denk**en**	fahr**en**	sprech**en**	wiss**en**
prétérit	ich	zählte	dachte	fuhr	sprach	wusste
	du	zählte**st**	dachte**st**	fuhr**st**	sprach**st**	wusste**st**
	er/sie/es	zählte	dachte	fuhr	sprach	wusste
	wir	zählt**en**	dacht**en**	fuhr**en**	sprach**en**	wusst**en**
	ihr	zählte**t**	dachte**t**	fuhr**t**	sprach**t**	wusste**t**
	sie/Sie	zählt**en**	dacht**en**	fuhr**en**	sprach**en**	wusst**en**

		verbes faibles	verbes faibles irréguliers	verbes forts en *a*	verbes forts en *e*	*wissen* + verbe de modalité
		zählen	**denken**	**fahren**	**sprechen**	
INDICATIF						
parfait	er/sie/es	hat ... gezählt	hat ... gedacht	ist ... gefahren	hat ... gesprochen	hat ... gewusst
plus-que-parfait	er/sie/es	hatte ... gezählt	hatte ... gedacht	war ... gefahren	hatte ... gesprochen	hatte ... gewusst
futur I	er/sie/es	wird ... zählen	wird ... denken	wird ... fahren	wird ... sprechen	wird ... wissen
futur II (antérieur)	er/sie/es	wird ... gezählt haben	wird ... gedacht haben	wird ... gefahren sein	wird ... gesprochen haben	wird ... gewusst haben

SUBJONCTIF I						
présent	ich du er/sie/es wir ihr sie/Sie	zähle zähl**est** zähle zähl**en** zähl**et** zähl**en**	denke denk**est** denke denk**en** denk**et** denk**en**	fahre fahr**est** fahre fahr**en** fahr**et** fahr**en**	spreche sprech**est** spreche sprech**en** sprech**et** sprech**en**	wisse wiss**est** wisse wiss**en** wiss**et** wiss**en**
passé	er/sie/es	habe ... gezählt	habe ... gedacht	sei ... gefahren	habe ... gesprochen	habe ... gewusst

SUBJONCTIF II						
	er/sie/es	zählte	dächte	führe	spräche	wüsste
IMPÉRATIF		zähl(e)! zähl**t**! zähl**en** Sie!	denk(e)! denk**t**! denk**en** Sie!	fahr(e)! fahr**t**! fahr**en** Sie!	sprich! sprech**t**! sprech**en** Sie!	*non usité*

Passif (ne sont données que les formes de la 3e personne)

INDICATIF	
présent	er wird eingeladen *(il est invité, on l'invite)*
prétérit	er wurde eingeladen *(il a été / il fut invité)*
parfait	er ist eingeladen worden [*sans* ge- *à* worden] *(il a été invité)*
plus-que-parfait	er war eingeladen worden *(il avait été invité)*
futur I	er wird eingeladen werden *(il sera invité, on l'invitera)*
futur II (rare)	er wird eingeladen worden sein *(il aura été invité, on l'aura invité)*

SUBJONCTIF I	
présent	er werde eingeladen *([on nous a dit qu'] il serait invité)*
passé	er sei eingeladen worden *([on nous a dit qu'] il a été invité)*

SUBJONCTIF II	
présent	er würde eingeladen *([il se disait qu'] il serait invité)*
passé	er wäre eingeladen worden *([sans cet incident] il aurait été invité)*

4 Conjugaison des verbes de modalité

		können	**dürfen**	**müssen**	**sollen**	**wollen**	**mögen**
INDICATIF							
présent	ich du er/sie/es wir ihr sie/Sie	kann kann**st** kann könn**en** könn**t** könn**en**	darf darf**st** darf dürf**en** dürf**t** dürf**en**	muss muss**t** muss müss**en** müss**t** müss**en**	soll soll**st** soll soll**en** soll**t** soll**en**	will will**st** will woll**en** woll**t** woll**en**	mag mag**st** mag mög**en** mög**t** mög**en**

		können	**dürfen**	**müssen**	**sollen**	**wollen**	**mögen**
prétérit	er/sie/es	konnte	durfte	musste	sollte	wollte	mochte
parfait	er/sie/es	hat ... gekonnt / gedurft / gemusst / gesollt / gewollt / gemocht					
plus-que-parfait	er/sie/es	hatte ... [kommen] können / dürfen / müssen / sollen / wollen / mögen					
futur	er/sie/es	wird ... [kommen] können / dürfen / müssen / sollen / wollen / mögen					

SUBJONCTIF I							
présent	ich du er/sie/es wir ihr sie/Sie	könne könne**st** könne könne**n** könne**t** könne**n**	dürfe dürfe**st** dürfe dürfe**n** dürfe**t** dürfe**n**	müsse müsse**st** müsse müsse**n** müsse**t** müsse**n**	solle solle**st** solle solle**n** solle**t** solle**n**	wolle wolle**st** wolle wolle**n** wolle**t** wolle**n**	möge möge**st** möge möge**n** möge**t** möge**n**
passé	er/sie/es	habe ... [kommen] können / dürfen / müssen / sollen / wollen / mögen					
futur	er/sie/es	werde ... [kommen] können / dürfen / müssen / sollen / wollen / mögen					

SUBJONCTIF II							
présent	ich du er/sie/es wir ihr sie/Sie	könnte könnte**st** könnte könnte**n** könnte**t** könnte**n**	dürfte dürfte**st** dürfte dürfte**n** dürfte**t** dürfte**n**	müsste müsste**st** müsste müsste**n** müsste**t** müsste**n**	sollte sollte**st** sollte sollte**n** sollte**t** sollte**n**	wollte wollte**st** wollte wollte**n** wollte**t** wollte**n**	möchte möchte**st** möchte möchte**n** möchte**t** möchte**n**
passé	er/sie/es	hätte ... [kommen] können / dürfen / müssen / sollen / wollen / mögen					
futur	er/sie/es	würde ... [kommen] können / dürfen / müssen / sollen / wollen / mögen					

5 Principaux verbes forts... et quelques verbes irréguliers

Principaux verbes forts

voyelles	infinitif	3e pers. sg ind. présent	prétérit	parfait	traduction
a i a	empfangen fangen	(empfängt) (fängt)	empfing fing	hat empfangen hat gefangen	*recevoir* *attraper*
a ie a	blasen fallen	(bläst) (fällt)	blies fiel	hat geblasen ist gefallen	*souffler* *tomber*
De même : halten *(tenir, s'arrêter)*, lassen *(laisser)*, raten *(conseiller)*.					
a u a	fahren tragen	(fährt) (trägt)	fuhr trug	ist / hat gefahren hat getragen	*aller [véhicule] / conduire qqn* *porter*
De même : backen [prétérit faible: backte] *(cuire au four)*, laden *(charger)*, schaffen *(créer)*, wachsen *(croître, pousser)*, waschen *(laver)*.					
ä i a	hängen	(hängt)	hing	hat gehangen	*être suspendu*
au ie au	laufen	(läuft)	lief	ist gelaufen	*courir, couler*
au o o	saufen	(säuft)	soff	hat gesoffen	*boire [animaux]*
e a e	stehen	(steht)	stand	hat gestanden	*être (debout)*
e a e	essen fressen	(isst) (frisst)	aß fraß	hat gegessen hat gefressen	*manger* *manger [animaux]*
De même : geben *(donner)*, geschehen *(se produire)*, messen *(mesurer)*, sehen *(voir)*, treten *(faire un pas)*, treten *(donner un coup de pied)*, vergessen *(oublier)*.					

voyelles	infinitif	3e pers. sg ind. présent	prétérit	parfait	traduction
e a o	befehlen erschrecken	(befiehlt) (erschrickt)	befahl erschrak	hat befohlen ist erschrocken	*ordonner* *s'effrayer*
De même : empfehlen *(recommander)*, gelten *(passer pour)*, helfen *(aider)*, nehmen *(prendre)*, sprechen *(parler)*, stehlen *(voler)*, sterben *(mourir)*, treffen *(atteindre, rencontrer)*, verbergen *(cacher)*, werben *(faire de la publicité)*, werfen *(jeter)*, zerbrechen *(casser qqch* [avec haben] / *se casser* [avec sein]).					
e i a	gehen	(geht)	ging	ist gegangen	*aller (à pied)*
e o o	heben	(hebt)	hob	hat gehoben	*lever*
e u o	werden	(wird)	wurde	ist geworden	*devenir*
ei i i	beißen gleichen	(beißt) (gleicht)	biss glich	hat gebissen hat geglichen	*mordre* *ressembler*
De même : greifen *(saisir)*, leiden *(souffrir)*, pfeifen *(siffler)*, reißen *(arracher* [avec haben] / *se déchirer* [avec sein]), reiten *(aller à cheval)*, schneiden *(couper)*, schreiten *(marcher)*, streiten *(se disputer)*.					
ei ie ie	beweisen bleiben	(beweist) (bleibt)	bewies blieb	hat bewiesen ist geblieben	*prouver* *rester*
De même : leihen *(prêter)*, scheinen *(briller, sembler)*, schreiben *(écrire)*, schreien *(crier)*, schweigen *(se taire)*, steigen *(monter)*, treiben *(pratiquer* [sport]), vermeiden *(éviter)*, verzeihen *(pardonner)*.					
ei ie ei	heißen	(heißt)	hieß	hat geheißen	*s'appeler*
i a u	binden empfinden	(bindet) (empfindet)	band empfand	hat gebunden hat empfunden	*attacher* *ressentir*
De même : finden *(trouver)*, gelingen *(réussir)*, singen *(chanter)*, sinken *(s'enfoncer)*, springen *(sauter)*, trinken *(boire)*, verschwinden *(disparaître)*, zwingen *(obliger)*.					
i a o	beginnen gewinnen schwimmen	(beginnt) (gewinnt) (schwimmt)	begann gewann schwamm	hat begonnen hat gewonnen ist geschwommen	*commencer* *gagner [jeu, pari]* *nager*
i a e	bitten sitzen	(bittet) (sitzt)	bat saß	hat gebeten hat gesessen	*demander, prier de* *être assis*
ie a e	liegen	(liegt)	lag	hat gelegen	*être allongé*
ie o o	fliegen frieren	(fliegt) (friert)	flog fror	ist geflogen hat gefroren	*voler [déplacement]* *geler*
De même : biegen *(tordre, tourner)*, bieten *(offrir, proposer)*, fliehen *(fuir)*, fließen *(couler [liquide])*, genießen *(profiter de)*, riechen *(sentir [odeur])*, schieben *(pousser qqch)*, schießen *(tirer [avec une arme])*, schließen *(fermer, conclure)*, verlieren *(perdre)*, ziehen *(tirer qqch* [avec haben] / *aller, passer* [avec sein]).					
o a o	kommen	(kommt)	kam	ist gekommen	*venir*
o ie o	stoßen	(stößt)	stieß	hat gestoßen	*heurter*
ö o o	erlöschen schwören	(erlischt) (schwört)	erlosch schwor	ist erloschen hat geschworen	*s'éteindre* *jurer*
u ie u	rufen	(ruft)	rief	hat gerufen	*appeler, crier*
ü o o	betrügen lügen	(betrügt) (lügt)	betrog log	hat betrogen hat gelogen	*tromper* *mentir*

Quelques verbes irréguliers

brennen, brannte, gebrannt *(brûler)* De même : kennen *(connaître)*, nennen *(nommer)*, rennen *(courir)*.

bringen, brachte, gebracht *(apporter)* De même : denken *(penser)*.

senden, sandte ou sendete, gesandt ou gesendet *(envoyer)* De même : wenden *(tourner, faire demi-tour)*.

6 Verbes à préverbes toujours inséparables

	valeurs ou fonctions principales	
be-	rend le verbe transitif produit un effet d'intensification	in das Haus treten ► das Haus betreten : *pénétrer dans la maison* im ersten Stock wohnen ► den ersten Stock bewohnen *habiter au premier étage ► occuper tout le premier étage*
emp-	(seulement dans deux verbes)	empfangen : *accueillir, recevoir [des amis]* empfinden : *éprouver, ressentir*
ent-	idée d'extraction	entstehen : *naître [au figuré]* jn entführen : *enlever qqn* Der Artikel wurde dem *Spiegel* entnommen. *L'article a été tiré du magazine* Spiegel.
er-	(entre autres) idée d'obtention réalisation de l'état indiqué par l'adjectif fait de tuer ou de trouver la mort début de l'action	 sich etwas erkämpfen : *obtenir par la lutte* erblassen = blass werden : *pâlir* / erröten = rot werden : *rougir* Die lange Fahrt hat mich ermüdet (= hat mich müde gemacht). erschießen : *fusiller* / erwürgen : *étrangler* / ersticken : *étouffer* erzittern : *se mettre à trembler*
ge-	(seulement dans quelques verbes)	jm gefallen : *plaire à qqn* / gefrieren : *geler (se transformer en glace)*
ver-	intensité transformation erreur produit des verbes à partir d'adjectifs ou de noms	eine Strafe verschärfen : *durcir une peine* / die Tür verschließen : *fermer la porte à clé* verändern : *transformer* / verlernen : *oublier (ce que l'on avait appris)* / sich verkleiden : *se déguiser* sich verrechnen : *faire une erreur de calcul* / sich vertippen : *se tromper en tapant sur un clavier* / sich verfahren : *se tromper de route* / sich verlaufen : *se tromper de chemin* / sich versprechen : *faire un lapsus* sich (um 10 Minuten) verspäten : *avoir 10 mn de retard* / ein Schaufenster vergittern : *pourvoir la vitrine d'une grille*
zer-	destruction	etw. zerstören : *détruire* / etw. zerschlagen : *casser en (mille morceaux)* / etw. zertreten : *écraser [avec les pieds]* / zerreißen : *(se) déchirer*

7 Verbes à préverbes séparables

ab-	détachement descente autres	(ein Blatt) abreißen : *arracher (une feuille)* / jn abstoßen : *repousser qqn* abstürzen : *s'écraser [avion]* / absteigen : *descendre [d'un vélo]* abrutschen : *déraper* / (ein Angebot) ablehnen : *décliner (une offre)*
an-	commencement contact physique ou figuré	anfangen : *commencer* / Der Tag bricht an. *Le jour se lève.* anfassen : *saisir* / anfahren : *heurter* / angreifen : *attaquer* / jn ansprechen : *adresser la parole à qqn* / jn ansehen : *regarder qqn*
auf-	mouvement vers le haut action d'ouvrir soudaineté fin	aufstehen : *se lever* / aufgehen : *se lever [soleil]* / aufblicken : *lever les yeux* aufmachen (aufreißen) : *ouvrir (en arrachant)* / aufklappen : *ouvrir (en soulevant)* auffahren : *sursauter* / aufschreien : *pousser un cri* aufessen : *vider son assiette [tout manger]* / (sich) auflösen : *(se) dissoudre*
aus-	sortie de fin intensification	ausgehen : *sortir [le soir]* / ausbrechen : *s'évader* ausgehen : *s'éteindre* / ausmachen : *éteindre* / aus sein : *être fini* / austrinken : *vider son verre* ausfüllen : *remplir [un questionnaire]* / jn ausfragen : *questionner qqn*
bei-	aide, assistance adjonction	jm beistehen : *assister qqn* / einem Kind das Lesen beibringen : *apprendre à lire à un enfant* einem Brief ein Bild beifügen : *joindre une photo à une lettre*
ein-	entrée début cessation d'une activité	(in ein Haus) eintreten : *entrer dans une maison* / (in ein Haus) einbrechen : *entrer par effraction* / ein Kind einschulen : *scolariser un enfant* sich einarbeiten : *s'initier, s'habituer [à un travail nouveau]* (die Produktion) einstellen : *cesser (la production)*
fern-	idée d'éloignement	fernsehen : *regarder la télé* / etw. von jm fernhalten : *tenir qqch éloigné de qqn*
fest-	idée de fixation	festbinden : *attacher [un animal]* / feststellen : *constater*

frei-	idée de non occupation	freihaben : *avoir congé* / freischaufeln : *déblayer à la pelle*
her-	rapprochement	Komm mal her! *Viens ici !* Schau mal her! *Regarde par ici !*
hin-	éloignement	Geh hin! *Vas-y !* Schau mal hin! *Regarde là-bas !*
mit-	participation accompagnement	(bei einem Fest) mitmachen : *participer (à une fête)* / mitkämpfen : *combattre [avec les autres]* mitgehen / -fahren : *accompagner [à pieds / en voiture]*
nach-	fait de suivre imitation vérification	jm nachfolgen : *succéder à qqn* / nachholen : *rattraper [un travail]* jn nachahmen : *imiter qqn* / jm etw. nachsprechen : *répéter qqch [après qqn]* nachprüfen : *vérifier* / nachzählen : *vérifier [la monnaie, un nombre]*
vor-	faire qqch devant (qqn) [pour qu'il puisse le juger ou l'imiter] idée de faire par avance	jm etw. vorlesen : *lire qqch à qqn* / etw. vorführen : *présenter [un spectacle]* / sich etw. vorstellen : *se représenter qqch, s'imaginer une scène* vorbeugen : *prévenir (éviter)* / (sich) vorbereiten : *(se) préparer*
voran-	être devant, faire avancer	vorangehen : *marcher en tête [d'un groupe]* / (eine Arbeit) voranbringen
voraus-	faire avant, à l'avance	Geh du voraus, wir kommen nach. *Vas-y déjà, nous suivons.*
zu-	action de fermer mouvement en direction de action au bénéfice de qqn	zumachen (zuschließen) : *fermer à clé* / zukleben : *fermer en collant* auf jn zugehen / zukommen : *aller / venir vers qqn* jm zustimmen : *approuver qqn* / jm zulächeln : *encourager qqn d'un sourire*

8 Verbes à préverbes tantôt séparables, tantôt inséparables

durch séparable + accentué : idée d'une traversée de part en part	Es hat (durch das Dach) °durchgeregnet. *La pluie a traversé le toit.* [au figuré] Er hat seine Meinung °durchgesetzt. *Il a imposé son point de vue.*
durch inséparable + non accentué : action étendue à tout l'espace-temps	Er hat Bayern durch°wandert. *Il a parcouru la Bavière en long et en large.* Er hat die Nacht durch°bummelt. [fam.] *Il a passé la nuit à faire la fête.*

über séparable + accentué (rare) : idée de franchissement d'une limite	Die Milch ist (über den Topfrand) °übergelaufen. *Le lait a débordé.* Sie sind zum Feind °übergelaufen. *Ils sont passés à l'ennemi.*
über inséparable + non accentué : idée d' « au-dessus » idée de dépassement idée d'excès	jn über°fahren : *écraser qqn* / etw. über°dachen : *construire un toit au-dessus de qqch* / [figuré] jn über°fallen : *agresser qqn [littéralement : lui tomber dessus]* ein Auto über°holen : *doubler* / das Gesetz über°treten : *enfreindre la loi* über°treiben : *exagérer* / über°füllt sein : *être bondé*

um séparable + accentué : idée de changement	°umsteigen : *changer de train* / °umfallen : *tomber à la renverse* / °umbauen : *faire des transformations [construction]* / °umbringen : *tuer*
um inséparable + non accentué : idée de « autour »	eine Stadt um°fahren : *contourner une ville* / jn um°armen : *prendre qqn dans ses bras* / ein Bild um°rahmen : *encadrer une photo, un tableau*

unter séparable + accentué : idée de mouvement vers le bas	Die Sonne geht °unter. *Le soleil se couche.* Ich lasse mich nicht °unterkriegen. *On ne m'écrasera pas.* [fam.]
unter inséparable + non accentué : action s'exerçant en bas, en-dessous idée d'interdiction / d'insuffisance	unter°streichen : *souligner* / unter°stützen : *soutenir, aider* unter°drücken : *opprimer* / unter°schätzen : *sous-estimer*

wider séparable + accentué : idée de retour, réflexion	widerspiegeln : *refléter* / widerhallen : *résonner*
wider inséparable + non accentué : idée d'opposition	wider°legen : *réfuter* / wider°rufen : *se rétracter* / wider°stehen : *résister*

9 Principaux verbes à compléments prépositionnels

abhängen	von + Dat.	*dépendre de*	Das hängt vom Wetter / von dir ab.
achten	auf + Acc.	*faire attention à*	Achten Sie auf die Stufe!
Angst haben	vor + Dat.	*avoir peur de*	Viele Kinder haben Angst vor Hunden.
ankommen	auf + Acc.	*dépendre de*	Es kommt aufs Wetter an.
antworten	auf + Acc.	*répondre à*	Auf solche Fragen antworte ich nicht.
sich ärgern	über + Acc.	*s'énerver après*	Sie ärgert sich über jede Kleinigkeit.
aufhören	mit + Dat.	*cesser de*	Hör auf mit diesem Blödsinn.
sich aufregen	über + Acc.	*s'énerver après*	Er regt sich über seinen Lehrer auf.
sich bedanken	für + Acc.	*remercier pour*	Er bedankt sich für die Ansichtskarte.
berichten	über + Acc.	*raconter [un événement]*	Der Artikel berichtet über den Krieg in Afrika.
	von + Dat.		Der Artikel berichtet vom Krieg in Afrika.
(sich) beschränken	auf + Acc.	*(se) limiter à*	Ich beschränke mich auf das Wichtigste.
sich beschweren	über + Acc.	*aller se plaindre de*	Er hat sich beim Lehrer über einen Klassenkameraden beschwert.
bestehen	aus + Dat.	*se composer de*	Ein Auto besteht aus vielen Einzelteilen.
bestehen	in + Dat.	*consister en*	Worin besteht die Aufgabe der Eltern?
bitten	um + Acc.	*demander [objet]*	Der Fremde bittet um Auskunft.
danken	für + Acc.	*remercier pour*	Er dankt dir für deine Hilfe.
denken	an + Acc.	*penser à*	Ich denke oft an unsere Reise.
sich entscheiden	für + Acc.	*se décider pour*	Nun sag endlich, wofür du dich entscheidest.
sich erinnern	an + Acc.	*se souvenir de*	Ich kann mich nicht mehr daran erinnern.
erschrecken	vor + Dat.	*s'effrayer (de)*	Das Kind ist vor dem Tier erschrocken.
fliehen	vor + Dat.	*fuir, s'enfuir (de)*	Jeder Mensch flieht vor der Gefahr.
fragen	nach + Dat.	*demander (qqn)*	Herr Müller hat nach dir gefragt.
sich freuen	auf + Acc.	*se réjouir de*	Ich freue mich auf die Ferien im nächsten Monat.
	über + Acc.		Sie haben sich über das Geschenk gefreut.
sich fürchten	vor + Dat.	*craindre*	Manche Kinder fürchten sich vor dem Lehrer.
es geht	um + Acc.	*être question de*	In diesem Text geht es um die Rechte der Frau.
gehören	zu + Dat.	*faire partie de*	Sie gehört zu den besten Schülerinnen.
sich gewöhnen	an + Acc.	*s'habituer à*	Ich habe mich an die neue Umgebung gewöhnt.
glauben	an + Acc.	*croire à*	Sie glaubt an seine Ehrlichkeit.
handeln	von + Dat.	*traiter de*	Das Buch handelt von der Zukunft der Welt.
es handelt sich	um + Acc.	*il s'agit de*	Worum handelt es sich denn?
hindern	an + Dat.	*empêcher de*	Er hinderte ihn daran, mit dem Auto zu fliehen.
hoffen	auf + Acc.	*espérer*	Sie hofft auf eine glückliche Nachricht von ihm.
informieren	über + Acc.	*informer sur*	Ich will mich über diesen Beruf informieren.
sich interessieren	für + Acc.	*s'intéresser à*	Er interessiert sich nur für Fußball.
klagen	über + Acc.	*se plaindre de*	Viele Leute klagen über die teuren Mieten.
sich konzentrieren	auf + Acc.	*se concentrer*	Du sollst dich auf deine Arbeit konzentrieren.
sich kümmern	um + Acc.	*s'occuper de*	Kümmere dich um deine eigenen Angelegenheiten.
lachen	über + Acc.	*se moquer de*	Lach nicht so böse über deinen Bruder!
leiden	an + Dat.	*souffrir de*	Er leidet an Rheuma. [maladie]
	unter + Acc.		Er leidet unter der Hitze.
nachdenken	über + Acc.	*réfléchir à*	Über diese Frage habe ich noch nie nachgedacht.
reagieren	auf + Acc.	*réagir à*	Warum reagierst du so heftig auf diese Frage?
rechnen	mit + Dat.	*compter sur*	Ich rechne fest damit, dass er mitmacht.
riechen	nach + Dat.	*sentir (qqch)*	Ihr Parfum riecht nach Zitrone.
Rücksicht nehmen	auf + Acc.	*tenir compte de*	Darauf kann ich leider nicht Rücksicht nehmen.
schimpfen	über + Acc.	*râler contre qqn*	Viele Arbeitnehmer schimpfen über ihren Chef.
	mit + Dat.	*disputer*	Der Vater schimpft mit dem Kind.
schließen	aus + Dat.	*conclure qqch de*	Daraus können wir schließen, dass...
sich sehnen	nach + Dat.	*avoir la nostalgie de*	Alle Menschen sehnen sich nach der Kindheit.
sich sorgen	um + Acc.	*se faire du souci pour*	Die Mutter sorgt sich um das kranke Kind.
teilnehmen	an + Dat.	*participer à*	Warum wollte er nicht an der Feier teilnehmen?
träumen	von + Dat.	*rêver de*	Sie träumt von einer Karriere als Sängerin.
sich verabreden	mit + Dat.	*fixer un rendez-vous à qqn*	Ich bin für Sonntag mit ihr verabredet.
vergleichen	mit + Dat.	*comparer*	Wenn ich seine Situation mit meiner vergleiche...
sich verlassen	auf + Acc.	*s'en remettre à*	Kann man sich auf ihn verlassen?
sich verwandeln	in + Acc.	*se transformer en*	Der Frosch hat sich in einen Prinzen verwandelt.
verzichten	auf + Acc.	*renoncer à*	Wer will schon auf einen Vorteil verzichten?
sich vorbereiten	auf + Acc.	*se préparer à*	Wir bereiten uns auf ein neues Leben vor.
warnen	vor + Dat.	*mettre en garde contre*	Die Polizei warnt vor Taschendieben.
warten	auf + Acc.	*attendre*	Er wartet auf Post von seiner Freundin.
sich wenden	an + Acc.	*s'adresser à*	An wen soll ich mich wenden?
verwechseln	mit + Dat.	*confondre avec*	Entschuldigung, ich habe Sie mit jemand anders verwechselt.
sich wundern	über + Acc.	*s'étonner de*	Alle haben sich über sein Verhalten gewundert.
zögern	mit + Dat.	*hésiter à*	Er zögerte nicht lange mit der Antwort.
zweifeln	an + Dat.	*douter de*	Daran ist nicht zu zweifeln.

10 Locutions verbales

Le verbe allemand (comme d'ailleurs le verbe français) ne se présente pas toujours sous la forme d'un mot unique, mais souvent sous celle d'une **locution**, c'est-à-dire d'une expression composée de deux ou plusieurs mots solidaires. Pour comprendre la phrase, il ne suffit pas de trouver la partie conjuguée du verbe, il faut aussi aller chercher son éventuelle partie non conjuguée.

Verbe + verbe

kennen lernen : faire la connaissance de
liegen lassen : laisser quelque part
sitzen bleiben : rester assis / redoubler (la classe)
stehen bleiben : rester debout / s'arrêter (de marcher)

Nom + verbe

Le nom porte le sens de la locution, le verbe ne sert qu'à la conjugaison.
eine Entscheidung treffen : prendre une décision
eine Maßnahme treffen : prendre une mesure
eine Rede halten : tenir un discours
ein Versprechen halten : tenir une promesse
Platz nehmen : prendre place
zu Ende gehen : tirer à sa fin

Adjectif + verbe

kalt stellen : mettre au frais
etw. von etw. fern halten : tenir qqch éloigné de qqch
sauber machen : nettoyer
fit machen : mettre en forme (= faire que qqn soit en forme)

Groupe prépositionnel + verbe

jn in Schutz nehmen : prendre la défense de qqn
etw. zur Diskussion stellen : mettre qqch en discussion
jm etw. zur Verfügung stellen : mettre qqch à la disposition de qqn
jm zur Verfügung stehen : être à la disposition de qqn
in Frage kommen : entrer en ligne de compte
Expression toute faite : *Das kommt nicht in Frage!* Il n'en est pas question !

Dans certains cas, le verbe exprime un aspect de l'action, c'est-à-dire :
– le début : *in Wut geraten* (se mettre en colère), *in Vergessenheit geraten* (tomber dans l'oubli) ;
– le déroulement : *in Bewegung sein* (être en mouvement), *in Verlegenheit sein* (être dans l'embarras) ;
– l'action exercée sur qqch ou qqn : *jn in Verlegenheit bringen* (mettre qqn dans l'embarras), *etw. zum Ausdruck bringen* (exprimer qqch), *etw. in Bewegung setzen* (mettre qqch en mouvement), *etw. in Betrieb setzen* (mettre qqch en service).

Locutions exprimant le résultat d'une action

Il s'agit de constructions dans lesquelles un verbe exprime une **action** et un autre élément (adjectif, groupe prépositionnel) le **résultat de cette action**. Elles sont fréquentes et souvent amusantes, mais difficiles à comprendre et à traduire, d'autant qu'on ne les trouve généralement pas dans les dictionnaires.

*Er hat **sich krank gearbeitet**.*
Il a tellement travaillé qu'il en est tombé malade.

*Er hat **sich heiser geschrien**.*
Il s'est enroué à force de crier.

*Sie hat **sich die Augen rot geweint**.*
Elle a les yeux rouges d'avoir pleuré.

Trink dich fit! [publicité pour un yaourt qui se boit]
Buvez la forme ! [littéralement : « Bois de façon à être en forme ! »]

Denken Sie sich schlank! [titre d'un livre de conseils pour maigrir par autosuggestion]
Maigrir par la pensée !

Les compléments à gauche : adjectifs ou participes, avec ou sans compléments.

Formes	
adjectif décliné + nom	ein **kleiner** Unterschied
adjectif invariable + nom	ein **rosa** Kleid / die **Leipziger** Messe
adjectif déterminé par un adverbe + nom	ein **kräftig farbiges** Bild *(un tableau, une photo aux couleurs saturées)*
adjectifs coordonnés + nom	die **dritte** und **schwierigste** Phase
adjectifs séparés par une virgule + nom	ein **schöner**, **großer** Park
adjectifs hiérarchisés + nom	ein **nettes kleines** Mädchen *(une mignonne petite fille)*
groupe participe I + nom	mit **vor Wut zitternder** Stimme *(la voix tremblant de colère)*
groupe participe II + nom	ein **sehr schön eingerichtetes** Haus *(une maison très joliment aménagée)*

Attention : les groupes participes (aussi appelés « qualificatives ») peuvent être longs et complexes.
Wir wollen die seit einigen Jahren auch bei uns stark zunehmende Fremdenfeindlichkeit bekämpfen.
Nous voulons combattre la xénophobie qui, chez nous aussi, s'est considérablement développée depuis quelques années.

Les compléments à droite : peuvent être de toute nature.

Formes	
nom + adjectif non décliné	Forelle **blau** *(truite au bleu)*
nom + adverbe	der Junge **links** *(le garçon à / de gauche)*
nom + adverbe + groupe prépositionnel	der Junge **links auf dem Bild** *(le garçon à gauche sur la photo)*
nom + groupe nominal au génitif	der Sohn **unseres Nachbarn** *(le fils de notre voisin)*
nom + groupe prépositionnel	das Haus **am Rande des Waldes** *(la maison au bord de la forêt)* eine Herde **von Elefanten** *(un troupeau d'éléphants)*
nom + relative	Der Computer, **den ich letzten Monat gekauft habe**, hat schon eine Panne. *L'ordinateur que j'ai acheté le mois dernier est déjà en panne.*
nom + séquence incise	Der Mann, **Polizist von Beruf**, reagierte sofort. *L'homme, un policier, réagit immédiatement.*
nom + complétive en *ob*, *dass*, *w-* ou infinitive servant à préciser le contenu du nom	Die Behauptung, **er habe es gewusst**, ist falsch. *L'affirmation selon laquelle il était au courant est fausse.* Die Frage, **ob es möglich ist**, kann ich nicht beantworten. *Je ne peux pas répondre à la question de savoir si c'est possible.* Die Frage, **wer daran schuld ist**, bleibt ein Rätsel. *La question de savoir qui est responsable reste un mystère.* Das Gefühl, **verraten worden zu sein**, ließ ihn nicht los. *Le sentiment d'avoir été trahi ne le quittait pas.*
nom + groupe nominal au nominatif nom + groupe nominal au même cas	ein großes Blatt **Papier** / zwei Glas **Bier** / zwei Tassen **Tee** *(une grande feuille de papier / deux verres de bière / deux tasses de thé)* mit einem Blatt **weißem Papier** / mit zwei Tassen **kaltem Tee** *(avec une feuille de papier blanc / avec deux tasses de thé)*
nom + complément en *als* nom + complément en *wie*	Mit Kevin Costner **als Helden** muss der Film Erfolg haben. *Avec Kevin Costner comme héros, le film devrait avoir du succès.* In einem Haus **wie diesem** möchte ich nicht wohnen. *Je n'aimerais pas habiter dans une maison comme celle-là.*
nom + phrase précisant le contenu du nom	Die Frage **Machen Walkmans taub**? interessiert mich nicht. *La question de savoir si les baladeurs rendent sourd me laisse indifférent.*

Attention : nom + cascade de compléments

die Schüler **diesseits wie jenseits des Rheins** : les élèves de ce côté-ci comme de l'autre côté du Rhin
Den Schlüssel **zur Wohnung seiner Freundin im dritten Stock des Hochhauses am Rhein** hatte er verloren.
La clé de l'appartement de son amie au troisième étage du building des bords du Rhin, il l'avait perdue.

Der Anteil **der Ausländer unter den Schulkindern der Vororte von Frankfurt am Main** ist stark gestiegen.
La proportion des élèves étrangers dans les écoles de la banlieue de Francfort-sur-le-Main a considérablement augmenté.

Es war der allerletzte Satz **der letzten Kurzmeldung auf der letzten Seite einer großen Tageszeitung**.
C'était la dernière phrase de la dernière « brève » de la dernière page d'un grand quotidien.

12 Marques de pluriel

Les cas les plus fréquents sont sur fond gris.

	remarque	masculins	féminins	neutres
-ø	surtout en -l, -r, -n	Löffel *(cuiller)*, Bürger *(citoyen)*, Kragen *(col [de chemise])*	[aucun]	Mittel *(moyen)*, Kissen *(coussin / oreiller)*, Fenster, *(fenêtre)*
-"ø		Vogel *(oiseau)*, Vater *(père)*, Boden *(sol)*, Laden *(volet)*	[seulement deux] Mutter, Tochter	[seulement deux] Kloster *(monastère)*, Abwasser *(eaux usées)*
-e		Abend *(soir)*, Tag *(jour)*, Preis *(prix)*, Tisch *(table)*	[assez rare] Mühsal *(peine)*, Kenntnis *(connaissance)*	Spiel *(jeu)*, Haar *(cheveu)*, Heft *(cahier)*
-"e		Hof *(cour)*, Sohn *(fils)*, Stock *(bâton)*, Schlag *(coup [frappe])*	Kraft *(force)*, Hand *(main)*, Auskunft *(renseignement)*	[seulement un] Floß *(radeau)*
-er	typique des neutres	[rare] Geist *(esprit)*, Schi *(ski)*	[aucun]	Kind *(enfant)*, Ei *(œuf)*, Feld *(champ)*
-"er	typique des neutres	[rare] Mann *(homme)*, Wald *(forêt)*	[aucun]	[nombreux] Blatt *(feuille)*, Land *(pays)*, Loch *(trou)*
-en	typique des féminins et masculins faibles	[typique des faibles] Chirurg [sinon rare] Staat *(État)*	Arbeit *(travail)*, Art *(espèce)*, Frau *(femme)*	[rare] Bett *(lit)*, Hemd *(chemise)*
-n	typique des féminins et masculins faibles	[typique des faibles] Junge [rare] Muskel, Pantoffel	Gabel *(fourchette)* Wolke *(nuage)*, Nase *(nez)*	[seulement deux] Auge *(œil)*, Ende *(fin, bout)*
-s	mots d'emprunt surtout	Chef, Park, Uhu *(hibou grand duc)*, Pkw *(abréviation courante pour voiture légère)*	Bar *(bar)*, Saison *(saison touristique)*, Uni *(abréviation de* Universität)	Auto, Büro, Hotel, Sofa *(canapé)*, Zebra *(zèbre)*

13 Masculins faibles

■ Ils ont la désinence *–n* ou *–en* à tous les cas sauf au nominatif singulier.

	der Affe *(le singe)*		der Mensch *(l'être humain)*		der Herr *(le monsieur)*	
Nom.	der Affe_	die Affe**n**	der Mensch	die Mensch**en**	der Herr	die Herr**en**
Acc.	den Affe**n**	die Affe**n**	den Mensch**en**	die Mensch**en**	den Herr**n**	die Herr**en**
Dat.	dem Affe**n**	den Affe**n**	dem Mensch**en**	den Mensch**en**	dem Herr**n**	den Herr**en**
Gén.	des Affe**n**	der Affe**n**	des Mensch**en**	der Mensch**en**	des Herr**n**	der Herr**en**

■ Font partie des masculins faibles :

des noms d'êtres animés souvent terminés par *-e*	der Bär *(l'ours)* der Bauer *(le paysan)* der Bulle *(le taureau)* der Held *(le héros)* der Hirt *(le berger)*	der Kunde *(le client)* der Löwe *(le lion)* der Nachbar *(le voisin)* der Narr *(le bouffon)* der Zeuge *(le témoin)*
des noms d'habitants	der Chinese *(le Chinois)* der Franzose *(le Français)*	der Pole *(le Polonais)* der Schwede *(le Suédois)*
des noms d'emprunt désignant le plus souvent des humains	der Athlet *(l'athlète)* der Abiturient *(le bachelier)* der Demonstrant *(le manifestant)*	der Patient *(le patient)* der Planet *(la planète)* der Student *(l'étudiant)*

■ **Attention** : les masculins faibles suivants font leur génitif en ***–ens***.

der Buchstabe *(la lettre)*	der Gedanke *(la pensée)*	der Name *(le nom)*
der Friede(n) *(la paix)*	der Glaube *(la foi)*	der Wille *(la volonté)*

14 Adjectifs substantivés

■ Déclinaison de l'adjectif substantivé **avec article défini : marques faibles sur l'adjectif**

	masculin	féminin	neutre	pluriel
Nom.	**der** Deutsche	**die** Deutsche	**das** Interessante	**die** Deutsch**en**
Acc.	**den** Deutsch**en**	**die** Deutsche	**das** Interessante	**die** Deutsch**en**
Dat.	**dem** Deutsch**en**	**der** Deutsch**en**	**dem** Interessant**en**	**den** Deutsch**en**
Gén.	**des** Deutsch**en**	**der** Deutsch**en**	**des** Interessant**en**	**der** Deutsch**en**

■ Déclinaison de l'adjectif substantivé **avec article indéfini ou sans article** : **marques fortes** ou **faibles** selon le cas

	masculin	féminin	neutre	pluriel
Nom.	ein_ Deutsch**er**	ein**e** Deutsche	Ø Interessant**es**	Ø Deutsch**e**
Acc.	ein**en** Deutsch**en**	ein**e** Deutsche	Ø Interessant**es**	Ø Deutsch**e**
Dat.	ein**em** Deutsch**en**	ein**er** Deutsch**en**	Ø Interessant**em**	Ø Deutsch**en**
Gén.	ein**es** Deutsch**en**	ein**er** Deutsch**en**	Ø Interessant**en**	Ø Deutsch**er**

Remarques

1. L'adjectif substantivé n'est au masculin ou au féminin que lorsqu'il désigne un homme ou une femme. Sinon, il est au neutre et désigne les « choses », souvent abstraites, qui portent la qualité qu'il exprime. Il est souvent difficile à traduire en français.
Das Interessante an diesem Buch ist... Ce que ce livre a d'intéressant, c'est...

2. Sauf exception, on ne peut pas l'utiliser avec un article indéfini. En l'absence d'article, l'adjectif suit donc la déclinaison forte.

15 Nombres cardinaux et ordinaux

Les nombres cardinaux

de 0 à 12	null • eins • zwei • drei • vier • fünf • sechs • sieben • acht • neun • zehn • elf • zwölf
de 13 à 19	dreizehn • vierzehn • fünfzehn • sechzehn • siebzehn • achtzehn • neunzehn
de 20 à 29	zwanzig • einundzwanzig • zweiundzwanzig... • siebenundzwanzig (27)...
de 30 à 100	dreißig • vierzig • fünfzig • sechzig • siebzig • achtzig • neunzig • hundert
centaines	hunderteins (101) • hundertzwei (102)... • zweihundert (200)... • dreihunderteins (301)
milliers	tausend (1000) • tausendeins (1001)... • zweitausend (2000)... • zweitausendfünf (2005)
millions...	eine Million • zwei Millionen... • eine Milliarde • zwei Milliarden
décimaux	3,8: drei Komma acht • 0,5%: null Komma fünf Prozent • 1,5: eins Komma fünf / anderthalb
fractionnels	1/3: ein Drittel • 1/4: ein Viertel • 1/5: ein Fünftel... • *1/4 de litre :* ein Viertelliter

Les adjectifs numéraux ordinaux : se déclinent comme les adjectifs ordinaires.

erst- *(premier)* • zweit- • dritt- • viert- • fünft- • sechst- • siebt- • acht- • neunt- • zehnt- • elft- • zwölft- *(douzième)*
zwanzigst- *(vingtième)*... • hundertst- *(centième)*... • hundertzweit- *(cent deuxième)*... • tausendst- *(millième)*... • letzt- *(dernier)*
zum ersten Mal / zweiten Mal / letzten Mal *(pour la première fois / deuxième fois / dernière fois)*

16 Adjectifs dérivés

Préfixes	Sens	
erz-	intensité ≈ *archi-*	erzfaul *(d'une paresse crasse)*
grund-	intensité, profondeur	grundverschieden *(complètement / foncièrement différent)*
halb-	atténuation	halbfertig *(à moitié terminé)*, halblaut *(à mi-voix)*
hoch-	intensité	hochinteressant *(très intéressant)*, hochzufrieden *(très satisfait)*
über-	excès ≈ *sur-*	überbelichtet *(surexposé [photo])* / übermächtig *(surpuissant)*
un-	contraire ≈ *in-*	unachtsam *(inattentif)*, unangenehm *(désagréable)*
ur-	intensif ≈ *hyper-*	uralt *(très vieux)*, urgesund *(d'une santé inébranlable)*
divers	intensif (fam. ou pop.)	**sau**dumm *(con comme un balai / bête comme ses pieds)*, **stink**fein *(vachement huppé [péjoratif])*, **stock**finster *(noir comme dans un tunnel)*

Suffixes	Sens	
-bar	possibilité ≈ *able*	tragbar *(portable)*, trinkbar *(potable)* **mais** : furchtbar *(terrible)*
-er	appartenance à un lieu	der **B**erliner__ Zoo [majuscule et invariable] *(le zoo de Berlin)*
-ern	matière ≈ *de, en*	eisern *(en fer)*, steinern *(de pierre)*, tönern *(en terre)*
-haft	similitude	ekelhaft *(répugnant)*, heldenhaft *(héroïque)*, traumhaft *(fantastique)*
-ig	qui possède la qualité exprimée par la base	anständig *(convenable, décent)*, farbig *(coloré)*, gläubig *(croyant)*, sandig *(sablonneux)*, hügelig *(vallonné)*, windig *(venteux)*
-isch	appartenance à la manière de	bayrisch *(bavarois)*, biologisch *(biologique)* kindisch *(puéril)*, fachmännisch *(en expert)*, modisch *(à la mode)*
-lich	possibilité effet à la manière de en relation avec	begreiflich *(compréhensible)*, erträglich *(supportable)* ärgerlich *(contrariant)*, bedrohlich *(menaçant)* beruflich *(professionnel)*, elterlich *(parental)* freundlich *(amical)*, sommerlich *(estival)*, kindlich *(enfantin)*
-los	absence	arbeitslos *(au chômage)*, wolkenlos *(sans nuage)*
-sam	qui possède la qualité exprimée par la base	arbeitsam *(travailleur)*, gewaltsam *(violent)*, schweigsam *(taciturne)*, wirksam *(efficace)*

17 Adjectifs composés

Sens

comparaison	bärenstark *(fort comme un bœuf)*, schneeweiß *(blanc comme neige)*, blutrot *(rouge sang)*, himmelblau *(bleu ciel)*
modulation (le premier élément précise / corrige le second)	hellblau *(bleu clair)*, dunkelrot *(rouge foncé)*, blaugrün *(vert tirant sur le bleu)*
addition	die blauweiße Fahne Bayerns *(le drapeau bleu et blanc de la Bavière)*, süßsaure Gurken *(des cornichons aigre-doux)*

Sens commandé par l'adjectif de base devenu quasi-suffixe

-arm	pauvre en	fettarm *(à faible teneur en graisse)*, schadstoffarm *(peu polluant)*
-artig	à la manière de	blitzartig *(en un éclair)*, wellenartig *(comme des vagues)*
-bedingt	causé / conditionné par	altersbedingt *(dû à l'âge)*, wetterbedingt *(dû au temps)*
-bereit	prêt à	startbereit *(prêt à partir)*, kompromissbereit *(prêt au compromis)*
-fähig	capable de	anpassungsfähig *([personne] adaptable)*, widerstandsfähig *(résistant)*
-feindlich	hostile à	ausländerfeindlich *(xénophobe)*, fortschrittsfeindlich *(ennemi du progrès)*
-fest	résistant à	reißfest *(indéchirable)*, wetterfest *(insensible aux intempéries)*
-förmig	de la forme de	eiförmig *(en forme d'œuf)*, glockenförmig *(en forme de cloche)*

-freundlich	favorable à	deutschfreundlich *(germanophile)*, umweltfreundlich *(respectueux de l'environnement)*
-frei	exempt de	alkoholfrei *(sans alcool)*, gebührenfrei *(libre de droits)*, rostfrei *(inoxydable)*, wartungsfrei *(sans entretien)*
-gemäß	conforme à	erfahrungsgemäß *(conformément à l'expérience, au vécu)*
-gerecht	adapté à	behindertengerecht *(adapté aux handicapés)*
-gestüzt	assisté par	computergestützter Unterricht *(enseignement assisté par ordinateur)*
-mäßig	de façon…	regelmäßig *(régulièrement)*, gewohnheitsmäßig *(de façon habituelle)*
-reich	riche en	kalkreich *([eau] très calcaire)*, vitaminreich *(riche en vitamines)*
-schwach	faible relativement à	leistungsschwach *(peu performant)*, willensschwach *(sans volonté)*
-sicher	protégé de / certitude	lawinensicher *(à l'abri des avalanches)*, schneesicher *(où l'on est sûr de trouver de la neige)*
-stark	fort relativement à	leistungsstark *(performant)*, nervenstark *(aux nerfs solides)*
-voll	plein de	taktvoll *(plein de tact)*
-wert	qui mérite de	bemerkenswert *(notable)*, empfehlenswert *(recommandable)*
-würdig	digne de	kritikwürdig *(critiquable)*, vertrauenswürdig *(digne de confiance)*

18 Principaux adjectifs à compléments nominaux ou prépositionnels

Adjectifs régissant un groupe nominal à l'accusatif (le GN est souvent un nom de mesure)

einen Monat **alt** : *âgé d'un mois*	über einen Meter **hoch** : *haut de plus d'un mètre*
einen halben Meter **breit** : *large de 50 cm*	den Hund **los** sein : *être débarrassé du chien*
die Kälte **gewohnt** : *habitué au froid*	keinen Pfenning **wert** sein : *ne rien valoir*

Adjectifs régissant un groupe nominal au datif (le GN désigne toujours des personnes)

jm ähnlich sehen : *ressembler à qqn [propre et figuré]*	jm fremd sein : *être étranger à qqn*
jm bekannt sein : *qqn connaît (qqch)*	jm gleich(gültig) sein : *qqn est indifférent à*
jm bewusst sein : *qqn est conscient de (qqch)*	jm möglich sein : *être possible à qqn*
jm böse sein : *être fâché contre qqn*	jm treu sein : *être fidèle à qqn*
jm dankbar sein : *être reconnaissant à qqn de (qqch)*	jm überlegen sein : *être supérieur à qqn*

Adjectifs régissant un groupe nominal au génitif

einer Sache bewusst sein : *être conscient de qqch*	eines Mordes schuldig sein : *être coupable d'un crime*
einer Sache gewiss / sicher sein : *être sûr de qqch*	js Vertrauens würdig sein : *être digne de la confiance de qqn*

Adjectifs régissant un complément prépositionnel

Le groupe adjectival incluant le complément prépositionnel est souligné dans l'exemple ci-dessous.
(un)abhängig **von** + Dat. : *Sie ist* ***von*** *ihren Eltern finanziell* ***abhängig***.

abhängig **von** + Dat. : *dépendant de* arm / reich **an** + Dat. : *pauvre / riche en* befreundet **mit** + Dat. : *lié d'amitié avec* begeistert **über** + Acc. : *enthousiasmé par* beliebt **bei** + Dat. : *apprécié de* bereit **zu** + Dat. : *prêt à* böse **auf** / **über** + Acc. : *fâché contre* dankbar **für** + Acc. : *reconnaissant de* einverstanden **mit** + Dat. : *d'accord avec (qqn, qqch)* empört **über** + Acc. : *indigné par* entschlossen **zu** + Dat. : *décidé à* erstaunt **über** + Acc. : *étonné de qqch*	frei **von** + Dat. : *libre de* freundlich **zu** + Dat. : *aimable envers* froh **über** + Acc. : *heureux de qqch* gefasst **auf** + Acc. : *qui s'attend à* gespannt **auf** + Acc. : *curieux de [savoir]* höflich **zu** + Dat. : *poli envers* interessiert **an** + Dat. : *intéressé par* stolz **auf** + Acc. : *fier de* typisch **für** + Acc. : *typique de* überzeugt **von** + Dat. : *convaincu de* verantwortlich **für** + Acc. : *responsable de* zufrieden **mit** + Dat. : *satisfait, content de*

19 Principales prépositions

	LIEU	TEMPS	AUTRES SENS
Acc.			
durch	*à travers* durch den Wald	*durant* durch das ganze Leben die ganze Nacht durch	*au moyen de, par* etw. durch jn erfahren *(apprendre qqch par qqn)*
für		*pour* für Montag	*pour* für seine Mutter
gegen	*vers* gegen Norden	*vers* gegen fünf (Uhr)	*contre* gegen meinen Willen
ohne			*sans* nicht ohne Mühe
um	*autour de* um den Platz	*vers* um die Mittagszeit *à* um sechs (Uhr)	*pour* um etw. kämpfen *de* um 10 cm kleiner

Dat.			
aus	*de* aus Belgien *dans* aus der Flasche trinken	*de (origine)* ein Tisch aus dem 18. Jahrhundert	*en (matière)* aus Holz *de, par, pour (cause)* etw. aus Liebe zu jm tun
bei	*chez / près de* bei den Eltern / beim Rathaus wohnen	*en + part. présent (simultanéité)* beim Essen fernsehen	*par, vu (cause)* Bei diesem Regen gehe ich nicht aus.
mit			*avec* mit ihm, mit dem Bus fahren, mit Freude
nach	*(destination)* *à* nach Köln *en* nach Spanien	*après* nach dem Sommer nach Ihnen *(après vous)* zehn nach vier (4 h 10)	*d'après, selon* meiner Meinung nach nach dem Arzt
seit		*depuis* seit gestern	
von	*de (appartenance)* das Buch von Inge	*de (date)* Brot von gestern	einer von euch Er ist Mechaniker von Beruf. ein Kind von sechs Jahren
von... ab / an		*à partir de* von nun an *(désormais)* von Montag ab, an	
von... auf		von heute auf morgen *(de... à)*, von Jugend auf *(depuis)*	
von... aus	*depuis* Vom Fenster aus sieht man den Dom.		Von mir aus kannst du es tun. *(Je n'ai rien contre.)*
von... her	*venir de* Das Geräusch kommt vom Keller her.	*depuis* Ich bin es von meiner Jugend her gewohnt.	*du point de vue de* Vom Inhalt her ist es ein gutes Buch.
zu	*chez, à (destination)* zu seinem Onkel, zum Bahnhof gehen	*à, en (époque, fête)* zur Zeit der Germanen zu Ostern	Cola zum Essen trinken *(boire du Coca au repas)* zu Fuß gehen *(à pied)* zu viert *(à quatre)*
außer			*sauf, excepté* außer ihm
dank			*grâce à* dank seiner Hilfe

	LIEU	TEMPS	AUTRES SENS
Dat.			
entgegen	*vers* der Sonne entgegen *(rare)*	*vers* dem Winter entgegen *(rare)*	*contre* Er hat es entgegen meinem Rat gekauft.
gegenüber	*en face de* gegenüber der Post / der Post gegenüber		*à l'égard de* Mir gegenüber ist er immer sehr nett.
gemäß			*conformément à* seinem Wunsch gemäß
zufolge			*selon, à en croire qqn / qqch* dem Bericht zufolge...

Gén.			
(an-)statt			*au lieu de* Er hört Musik, statt zu arbeiten.
außerhalb	*à l'extérieur de* außerhalb der Stadt	*en dehors de* außerhalb der Öffnungszeiten	
innerhalb	*à l'intérieur de* innerhalb der Stadt	*en l'espace de* innerhalb eines Monats	
diesseits	*de ce côté-ci de* diesseits der Grenze		
jenseits	*de l'autre côté de* jenseits der Grenze		
trotz			*malgré* trotz des schlechten Wetters *(datif en langue parlée)*
während		*pendant* während des Essens	
wegen			*à cause de* wegen des Nebels *(datif en langue parlée)*

	LIEU	TEMPS	AUTRES SENS
Acc. ou Dat.			
an	directif ▸ accusatif locatif ▸ datif *à, au contact de* dir.: an die Wand lehnen loc.: an der Wand hängen	*indique un moment* am Samstag am Nachmittag	*voir les verbes à compléments prépositionnels* *cause* (Dat.) an einer Krankheit leiden
auf	*sur (avec contact)* dir.: auf das Regal legen loc.: auf dem Regal liegen	*indique une durée* auf längere Zeit verreist sein	aufs Geratewohl *(au hasard)* auf jds Wohl trinken *(boire à la santé de qqn)*
entlang	*le long de* préposé: dat.: entlang der Mauer postposé: acc.: den Weg entlang		
hinter	*derrière* dir.: hinter den Baum rennen loc.: hinter dem Baum stehen		
in	*à, dans, à l'intérieur de* dir.: in den Bus steigen loc.: im Bus sitzen	*indique un cadre ou un intervalle* in der Nacht, im Mai, in einem Jahr	*indique la manière* (Dat.) in einem Zug *(d'un trait)* in aller Eile *(en toute hâte)*
neben	*à côté de* dir.: neben die Tür stellen loc.: neben der Tür stehen		*comparé à (Dat.)* Neben ihm bist du klein. *À côté de lui tu es petit.*
über	dir.: *par (passage)* über die Felder / Köln fahren loc.: *au-dessus de* über der Stadt schweben	über Mittag zu Hause sein *(être à la maison entre midi et deux heures)*	*indique le dépassement* (Acc.) : über 50 Jahre alt sein

	LIEU	TEMPS	AUTRES SENS
Acc. ou Dat.			
unter	*sous* dir.: unter den Schrank rollen loc.: unter dem Schrank liegen		*entre, parmi* (Dat.) unter uns gesagt *(entre nous...)* *indique une limite non atteinte* (Dat.) Kinder unter 10 Jahren
vor	*devant* dir.: vor die Tür stellen loc.: vor der Tür stehen	*avant* vor dem Abend *il y a* vor einem Jahr	*cause* (Dat.) vor Kälte zittern *(trembler de froid)*
zwischen	*entre* dir.: sich zwischen seine Gäste setzen loc.: zwischen seinen Gästen sitzen	*entre* zwischen dem 1. und dem 15. Juni	

Sans cas		
als	+ nominatif ou cas voulu par le verbe ou le groupe nominal de rattachement	*comme, en tant que* Als Arzt kann ich Ihnen sagen, dass... / Ich als Arzt ... / mit **ihm** als leitend**em** Arzt
wie	+ cas voulu par le groupe nominal de rattachement	*comme, de ce type* In ein**em** Haus wie dies**em** möchte ich auch wohnen.

20 Adverbes de lieu, de temps, de fréquence

Adverbes de lieu et de direction			
hier / da / dort	*ici / là / là-bas*	rechts / links	*à droite / à gauche*
oben / unten	*en haut / en bas*	nirgends / überall	*nulle part / partout*
vorn(e) / hinten	*devant / derrière*	ostwärts / westwärts	*vers l'est / vers l'ouest*
drinnen / draußen	*dedans / dehors*	aufwärts / abwärts	*vers le haut / vers le bas*

Adverbes de temps			
vorher / jetzt / nachher	*avant / maintenant / après*	damals	*à cette époque*
vorhin	*tout à l'heure [instant passé]*	eines Tages / abends	*un jour / un soir*
zuvor / danach	*auparavant / ensuite*	gleich, sofort / bald	*tout de suite / bientôt*
gestern / heute / morgen	*hier / aujourd'hui / demain*	später / hinterher	*plus tard / par la suite*
vorgestern / übermorgen	*avant-hier / après-demain*	von jetzt ab	*à partir de maintenant*
früher / künftig (adj.)	*autrefois / à l'avenir*	am Tag zuvor / danach	*la veille / le lendemain*

Adverbes de fréquence			
immer / nie	*toujours / jamais*	nochmals / wiederum	*à nouveau*
oft / selten (adj.)	*souvent / rare(ment)*	gewöhnlich / sonst	*d'habitude*
manchmal, ab und zu	*parfois, de temps en temps*	abends / nachts	*le soir / la nuit*
dann und wann, zuweilen	*de temps à autre*	montags / dienstags...	*le lundi / le mardi...*
meistens / öfters	*le plus souvent / assez souvent*	werktags	*les jours ouvrables*
jederzeit / ständig (adj.)	*à tout moment / constamment*	jeden Tag / Sommer	*tous les jours / tous les étés*

21 Structure de la phrase indépendante en un coup d'œil

hors-phrase	phrase indépendante						hors-phrase (ajout)
	pos. zéro	1re pos.	2e pos.	suite de la phrase	dern. pos.	après-dern. pos.	
Schon, *D'accord,*	aber *mais je ne pouvais pas le savoir,*	das	**konnte**	ich doch nicht	wissen,		mein Lieber! *mon vieux !*
Du, *Dis,*		**hat** *il ne t'a pas dit où il était hier*	er	dir nicht	gesagt,	wo er gestern war?	
Sag mal, *Dis donc,*		warum *pourquoi est-ce que tu n'es pas venu hier soir,*	**bist** du denn nicht		gekommen	gestern Abend,	hm? *hein ?*
Nun bitte, *Écoute,*		**hör** *arrête donc de bouder,*	doch jetzt		auf	zu schmollen,	Luise! *Louise !*

22 Choix du groupe en 1re position dans la déclarative

Le choix du groupe en 1re position ne change pas le sens fondamental de la déclarative. Il dépend du contexte et de l'information que l'on veut mettre en valeur. En gros, il y a trois cas de figure.

■ **1er cas (le plus fréquent)** : phrase neutre, sans mise en relief. Le groupe en 1re position est souvent le sujet ou un circonstanciel de lieu ou de temps. L'information centrale (en gras) apparaît à la fin de la phrase.
*In Frankreich fordern die Verkehrsunfälle jedes Jahr **über 5000 Tote**.*
En France, les accidents de la circulation font chaque année plus de 5000 morts.

■ **2e cas (pas très fréquent)** : le groupe en 1re position constitue l'information centrale. Il est fortement accentué.
***Über °5000 Tote** fordern die Verkehrsunfälle jedes Jahr in Frankreich.*
Plus de 5000 morts: c'est le nombre de tués chaque année sur les routes de France.

■ **3e cas (assez fréquent)** : l'élément en 1re position (groupe quelconque ou partie non conjuguée du verbe) fait le lien avec le contexte. Il est mis en relief par une accentuation assez forte accompagnée d'une intonation montante (°↑). L'information centrale (en gras) n'arrive qu'à la fin de la phrase et elle est fortement accentuée. Ce cas de figure comporte trois variantes :

- **Enchaînement textuel** : le 1er groupe reprend une donnée du contexte.
*„ Was habt ihr da gegessen?" „Ach, (°↑) gegessen haben wir **über°haupt nichts**."*
« Et qu'est-ce que vous y avez mangé ? – Oh, on n'a rien mangé du tout. »
*... sodass sich alle Blicke auf ihn richteten. Er aber sagte **kein Wort**.*
... de sorte que tous les regards se portèrent sur lui. Mais lui ne dit pas un mot.
- **Évocation d'une réalité donnée par la situation.**
*Schließ die Tür ab. Das (°↑) Zimmer darf °**niemand** betreten.*
Ferme la porte à clé. Personne ne doit entrer dans la chambre.
[littéralement : La chambre, personne ne doit y entrer.]
- **Contraste entre le premier groupe et un autre dans le contexte.**
*°Peter wäre gern ins **Ge°birge** gefahren, °Inge aber wollte lieber ans °Meer.*
Peter aurait aimé aller à la montagne, mais Inge préférait aller à la mer.

Conseils

1. Quand la phrase commence par un élément autre que le sujet ou un circonstanciel de lieu ou de temps, il faut se demander :
- si l'élément ne contraste pas avec un autre dans la même phrase
ou
- s'il ne reprend pas une donnée du contexte ou de la situation.

Exemple : juste avant la chute de la RDA, les manifestants scandaient : *Wir sind das Volk.*
- Si on lit cette phrase « normalement », le sens est : « Nous sommes le peuple », ce qui est une banalité sans intérêt.
- Si on la lit en accentuant fortement *wir* (2e cas évoqué ci-dessus), on obtient le sens : « Le peuple, c'est nous », qui correspond exactement à ce que les manifestants voulaient dire : ils voulaient signifier à leurs dirigeants que ce n'était pas eux (les dirigeants) qui étaient le peuple.

2. Pour savoir ce qu'une phrase **veut** dire, c'est-à-dire **quelle information elle veut donner**, il faut essayer de trouver à quelle question elle semble répondre :
- *Im nächsten Sommer fahre ich* ***nach Berlin*** répond à la question *Was machst du im nächsten Sommer?*
[*nach Berlin fahren* est l'information centrale]
- *Nach Berlin fahre ich* ***im nächsten Sommer*** : répond à la question *Wann fährst du nach Berlin?*
[*im nächsten Sommer* est l'information centrale]

23 Subordonnées circonstancielles

TEMPS

■ ***wenn*** (quand, lorsque)
- **fait répété** : verbe au présent ou prétérit
Wenn ich Musik höre, will ich nicht gestört werden. Quand j'écoute de la musique, je ne veux pas être dérangé.
- **fait unique** : verbe au futur ou au présent valant futur
Wenn du willst, könnten wir heute Abend ins Kino gehen. Si tu veux, nous pourrions aller au cinéma ce soir.

■ ***als*** (quand, lorsque)
- **fait unique dans le passé** : verbe à un temps passé
Als er ankam, fing es an zu regnen. Quand il est arrivé, il a commencé à pleuvoir.
- **produit souvent une nuance causale**
Als er sie sah, verliebte er sich sofort in sie. En la voyant, il tomba immédiatement amoureux d'elle.

■ ***bis*** + indicatif (jusqu'à ce que)
Warte hier, bis ich zurückkomme. Attends ici jusqu'à ce que je revienne.

■ ***bevor, ehe*** + indicatif (avant que **mais** avant de + infinitif si la subordonnée a le même sujet que la phrase-cadre)
Er ist abgehauen, bevor ich eingreifen konnte. Il s'est sauvé avant que j'aie pu intervenir.
Bevor man etwas tut, muss man es sich überlegen. Il faut réfléchir avant d'agir.

■ ***nachdem*** (après que) [jamais d'infinitive après *nachdem*]
Nachdem er gefrühstückt hatte, legte er sich wieder ins Bett. Après avoir pris le petit déjeuner, il se recoucha.

■ ***seit, seitdem*** (depuis que)
Seit er in Japan lebt, habe ich nichts mehr von ihm erfahren.
Depuis qu'il habite au Japon, je n'ai plus de nouvelles de lui.

■ ***sobald*** (dès que)
Sobald ich mehr (davon) weiß, sage ich es dir. Dès que j'en saurai plus, je te le dirai.

■ ***solange*** (aussi longtemps que)
Wir bleiben dort, solange es uns gefällt. Nous resterons là aussi longtemps que ça nous plaira.

■ ***sooft*** (aussi souvent que)
Ich besuche ihn, sooft ich kann. Je lui rends visite aussi souvent que je le peux.

■ ***während*** (pendant que)
Während ich das Geschirr spüle, bringt meine Frau die Kinder ins Bett.
Pendant que je fais la vaisselle, ma femme met les enfants au lit.

CAUSE

■ ***weil*** (parce que)
Er will nicht mitkommen, weil er mit seiner Arbeit nicht fertig ist.
Il ne veut pas venir avec nous / moi parce qu'il n'a pas terminé son travail.

■ ***da*** (comme)
Da das Auto eine Panne hatte, musste er mit dem Bus fahren.
Comme sa voiture était en panne, il a dû prendre le bus.

■ ***zumal*** (d'autant que)
Nett, dass ihr gekommen seid, zumal das Wetter so schlecht ist.
C'est sympa d'être venu, d'autant que le temps est si mauvais.

■ ***umso*** + adjectif + ***als*** (d'autant plus que)
Es ist umso netter von euch, dass ihr gekommen seid, als das Wetter so schlecht ist.
C'est d'autant plus sympa de votre part d'être venus que le temps est très mauvais.

CONSÉQUENCE

■ ***sodass*** (de sorte que)
Ich bin schwach in Mathe, sodass ich dir kaum helfen kann.
Je suis faible en math de sorte que je ne peux guère t'aider.

■ ***so*** + adjectif + ***dass*** (si + adjectif + que)
Er war so müde, dass er kaum noch aufrecht stehen konnte. Il était si fatigué qu'il tenait à peine debout.

■ ***zu*** + adjectif + ***als dass... / um... zu...*** (trop + adjectif + pour + infinitif)
Es ist zu spät, um mit dieser Arbeit noch anfangen zu können /... als dass wir noch mit dieser Arbeit anfangen könnten. Il est trop tard pour pouvoir commencer ce travail.

■ ***dass*** [langue parlée]
Wir mussten arbeiten, dass die Fetzen flogen. On a dû bosser comme des dingues.
[littéralement : à faire voler les petits papiers]

BUT, FINALITÉ

■ ***damit*** + indicatif (pour quc, afin que)
Sprich deutlicher, damit man dich besser versteht.
Articule plus distinctement, pour qu'on te comprenne mieux.

■ ***dass*** + indicatif [langue parlée]
Hilf ihm doch, dass er endlich fertig wird. Aide-le, pour qu'enfin il arrive à terminer [son travail].

CONDITION portant sur le contenu de l'énoncé

■ ***wenn*** (si)
Das Poster gefällt mir. Wenn es nicht zu teuer ist, kaufe ich es.
Le poster me plaît. S'il n'est pas trop cher, je l'achète.

■ ***falls*** (au cas où)
Nimm einen Schirm mit, falls es regnen sollte. Prends un parapluie, au cas où il se mettrait à pleuvoir.

■ ***sofern*** (dans la mesure où, à condition que)
Ich fahre mit dem Rad hin, sofern es nicht gerade regnet. J'irai à vélo, à condition qu'il ne pleuve pas.

RESTRICTION de la pertinence ou de la validité de ce qu'on va dire

■ ***wenn*** (si)
Wenn jemand anruft, ich bin im Keller. [hors-phrase]
Si on me demande au téléphone, je suis à la cave.
[= Je te dis que je suis à la cave pour le cas où quelqu'un voudrait me parler au téléphone.]

■ ***soviel*** (pour autant que)
Soviel ich weiß, lebt er jetzt in der Schweiz. D'après ce que je sais, il vit maintenant en Suisse.

■ ***soweit*** (autant que)
Soweit ich mich erinnern kann, trug mein Vater eine Brille.
Aussi loin que remonte mon souvenir, mon père portait des lunettes.

CONCESSION PONCTUELLE

Un fait s'oppose normalement à la réalisation d'un autre.

■ ***obwohl, obgleich*** (bien que)
Es gibt Leute, die im Bahnhof rauchen, obwohl es verboten ist.
Il y a des gens qui fument dans la gare, bien que ce soit interdit.

CONCESSION GÉNÉRALE

Un fait est affirmé malgré tout ce qui peut s'y opposer. Ces subordonnées sont hors-phrase. La 1re position avant le verbe de la principale est donc occupée par un autre membre.

■ **interrogatif** + ***auch (immer)***
Was die Regierung auch tut, sie wird kritisiert. Quoi que fasse le gouvernement, on le critique.
Wer auch immer dir das gesagt hat, es ist falsch. Qui que ce soit qui t'ait dit ça, c'est faux.
Wie dem auch sei, er hätte sich nicht rächen sollen. Quoi qu'il en soit, il n'aurait pas dû se venger.

■ ***mögen*** + ***noch so*** (avoir beau)
Man mag noch so begabt sein, lernen muss man °doch. Si doué que l'on soit, il faut travailler [pour réussir].

CONTRASTE

■ ***während*** (tandis que)
Ralf will Ingenieur werden, während Inge Jura studieren will.
Ralf veut devenir ingénieur, tandis que Inge veut faire des études de droit.

MANIÈRE, MOYEN

■ ***indem***
Indem ich alles selber repariere, spare ich eine Menge Geld.
En réparant tout moi-même, j'économise beaucoup d'argent.

■ ***dadurch, dass***
Dadurch, dass er älter ist, hat er auch viel mehr Erfahrung.
Du fait qu'il est plus âgé, il a beaucoup plus d'expérience.

COMPARAISON

■ ***als ob, als*** + subordonnée à verbe en 1re position (comme si)
comparaison irréelle = avec une situation purement imaginaire
Er hat getan, als ob er mich nicht gesehen hätte /... ***als hätte*** *er mich nicht gesehen.*
Il a fait comme s'il ne m'avait pas vu.

■ ***(als) / wie wenn*** (comme si) [rare]
Mir ist, wie wenn ich ins Leere springen müsste. J'ai la même impression que si je devais sauter dans le vide.

COMPARAISON + DEGRÉ

■ ***als*** (supériorité)
Die Arbeit ist mühsamer, als ich dachte. Le travail est plus pénible que je ne le pensais.

■ ***wie*** (égalité ou infériorité)
Sie ist nicht so jung, wie sie aussieht. Elle n'est pas aussi jeune qu'elle en a l'air.

PROGRESSION PARALLÈLE

■ ***je.. desto/um so*** (plus... plus...)
Je mehr Geld man hat, desto mehr will man haben. Plus on a d'argent, plus on en veut.

accusatif / datif / génitif « libre » : se dit d'un accusatif, datif ou génitif qui n'est pas appelé par le verbe.
Er hat den ganzen Tag gearbeitet : *arbeiten* est intransitif et n'appelle donc pas de complément à l'accusatif. L'accusatif *den ganzen Tag* est un **accusatif « libre »**.

antéposé / postposé : se dit d'un mot ou d'un groupe placé avant / après un autre.

attribut / épithète : l'adjectif **attribut** qualifie le nom par l'intermédiaire des verbes *sein*, *bleiben* ou *werden*.
Das Mädchen ist hübsch : *hübsch* est attribut de *das Mädchen*. Le verbe *sein* peut être implicite.
Ich finde das Haus schön : *schön* est attribut de l'objet *das Haus* (≈ *Ich finde, dass das Haus schön ist.*).
L'adjectif **épithète** figure à la gauche du nom : *ein hübsches Mädchen.*

autonome (énoncé) : synonyme d'indépendant.

collectif (nom) : nom au singulier désignant une « collection » d'objets (*das Gepäck* : les bagages).

complément d'objet direct / indirect : un complément est direct quand il s'adjoint au verbe sans l'intermédiaire d'une préposition. Il est indirect si le recours à une préposition est nécessaire. En allemand, les compléments d'objet à l'accusatif, au datif ou au génitif sont directs, même quand ils ont pour équivalent en français des compléments indirects.
Er schreibt seiner Freundin : complément direct au datif. /
Il écrit à son amie : complément indirect en français.

complétive (subordonnée) : se dit de toute subordonnée qui joue le rôle de sujet ou de complément d'objet par rapport au verbe de la principale : par exemple les subordonnées en *dass* et en *ob*, mais aussi les relatives ou les interrogatives introduites par un pronom en *w-* ou les infinitives en *zu*.
Er will wissen, <u>ob du kommst</u> : la subordonnée en *ob* est objet de *wissen*.
<u>Zu viel Süßigkeiten zu essen</u> ist ungesund : l'infinitive en *zu* est sujet de *ist*.

coordonné / subordonné : deux groupes ou énoncés coordonnés sont de même niveau. Une phrase est subordonnée à une autre ou à un groupe lorsqu'elle en fait partie ou qu'elle en dépend.
In dieser Stadt gibt es <u>alte Häuser</u> und <u>romantische Plätze</u> : deux groupes nominaux coordonnés.
In dieser Stadt gibt es alte Häuser <u>mit schönen Fassaden</u> : groupe nominal subordonné à *Häuser*.

décomposable / non décomposable : un mot est décomposable quand on peut le diviser en éléments dotés d'un sens : *freundlich* se décompose en *freund* (idée d'amitié) et *lich* (suffixe servant à fabriquer des adjectifs). Dans le cas contraire, il est non décomposable.

directif / locatif : une préposition de lieu est **directive** (ou **directionnelle**) lorsqu'elle introduit le lieu vers lequel quelque chose se déplace. Elle gouverne l'**accusatif**.
Elle est **locative** lorsqu'elle introduit le lieu où quelque chose se trouve, <u>même si cette chose se déplace à l'intérieur du lieu</u>. Elle gouverne le **datif**.
Peter geht in seinem Zimmer auf und ab.
Peter fait les cent pas dans sa chambre.

elliptique : un groupe est elliptique lorsqu'un de ses éléments est sous-entendu.
Gib mir den roten (Kugelschreiber)! Donne-moi le (stylo) rouge !

explétif : se dit de *es* placé en première position lorsqu'il ne remplace pas un nom ou un groupe nominal mais sert seulement de « bouche-trou », pour éviter que le verbe ne se retrouve en première position. Il n'est jamais sujet.
Es kamen viele Leute : sans *es*, la phrase serait comprise comme interrogative (*Kamen viele Leute?*). Avec *es*, le verbe est en 2e position, la phrase est déclarative et signifie la même chose que : *Viele Leute kamen.* (Beaucoup de gens sont venus.)

gouverner, régir, appeler : on dit qu'un complément est « appelé / régi / gouverné » par un verbe, lorsqu'il est en quelque sorte « préprogrammé » par ce verbe.
Geben appelle deux compléments : un à l'accusatif, qui représente l'objet donné et un autre au datif, qui représente la personne à qui l'objet est donné.
Ces compléments ne sont pas toujours explicités.
Essen régit un complément à l'accusatif (*einen Apfel essen* : manger une pomme) mais on peut l'employer sans complément (*ich esse* : je mange).

homonymes : se dit de deux mots qui ont la même forme mais des sens complètement différents (*die Bremse* : le frein / *die Bremse* : le taon).

hors-phrase : se dit d'un mot ou d'un groupe placé en tête de phrase mais séparé d'elle par une virgule.
*<u>Aber Paul</u>, das **weißt** du doch!* Mais voyons Paul, tu le sais bien !
La phrase proprement dite ne commence qu'avec *das*, le verbe est alors bien en 2e position.
Certaines subordonnées peuvent également (ou doivent) être placées hors-phrase. La phrase déclarative qui suit commence par le sujet ou un autre membre et le verbe est toujours en 2e position.
*<u>Wer nicht verstanden hat</u>, dem **kann** ich es nochmal erklären.*
Celui qui n'a pas compris, je peux le lui réexpliquer.

incise : se dit d'un mot ou groupe de mots inséré dans une phrase comme une sorte de corps étranger. Il est toujours entouré de virgules.

indénombrable : se dit d'un nom qui désigne une réalité concrète que l'on ne peut pas compter (*das Wasser* : l'eau, *der Sand* : le sable, *das Fett* : la graisse).

inflexion / *Umlaut* / " : modification de timbre qui affecte certaines voyelles : *a* ► *ä*, *o* ► *ö*, *u* ► *ü*.

juxtaposé : placé à côté, sans élément de liaison.

locuteur : celui qui parle.

locution : expression formée de deux mots ou plus et formant un tout (*eine Entscheidung treffen* : prendre une décision).

partitif : se dit de l'article lorsqu'il exprime la partie d'un tout ou (par extension) une certaine quantité d'un ensemble.
du pain = une certaine quantité de pain, mais pas le pain tout entier
des pains = une certaine quantité de pains, mais pas l'ensemble des pains
En allemand, le partitif est marqué par l'absence d'article aussi bien au singulier (*Wasser* : de l'eau) qu'au pluriel (*Schüler* : des élèves).

préverbe : élément séparable ou inséparable d'un verbe (***auf**stehen* : se lever ► *er steht auf*, *verstehen* : comprendre ► *er versteht*).

rhétorique (question) : fausse question, qui équivaut en fait à une affirmation.

verbe plein / auxiliaire : les verbes *haben*, *sein*, *werden* peuvent être employés comme auxiliaires (pour former le parfait ou le futur) ou comme verbes pleins pour exprimer la possession *(haben)*, l'existence *(sein)* ou le devenir *(werden)*.

verbe de position : verbes servant à localiser un objet tout en indiquant sa position *(stehen, sitzen, liegen)*.

01 L'accent de mot

1

1. ausgehen	7. missglücken	13. die Kriminalität	19. bezahlbar
2. unsympathisch	8. zerbrechen	14. blamieren	20. die Gesundheit
3. mitmachen	9. gefallen	15. der Lieferant	21. die Einsamkeit
4. loslassen	10. bekommen	16. das Projekt	22. furchtbar
5. hinwerfen	11. verständlich	17. der Radikalismus	23. die Mannschaft
6. abschneiden	12. die Entfernung	18. die Malerei	24. aufwachen

2 1. Wir sind mit der Fähre **übergefahren**. 2. Der Verkehrsrowdy hat beinah zwei Fußgänger **überfahren**. 3. Du hättest mir das **vorher** sagen können. 4. Laut **Vorhersage** soll es morgen wieder regnen. 5. Gestern wurde hier ein Radfahrer **umgefahren.** 6. Wir haben den Stau **umfahren**. 7. Der Clown **August** ist weltweit bekannt. 8. Am liebsten fahre ich im **August** in Urlaub. 9. Manche Soldaten sind seit dem Konflikt zum Feind **übergelaufen**. 10. Es **überlief** mich eiskalt.

3 1. das ZDF • 2. die BRD • 3. die FAZ • 4. die EU • 5. die GmbH • 6. die UNO • 7. der ADAC • 8. die NATO • der BMW • 9. der Pkw

4 Oma (A) schließt im Vorübergehen (B) den Deckel (A) ihres Klaviers (D). Sie unterrichtet (B) für die Musikschule (C), aber die Schüler (A) kommen (A) zu ihr nach Hause (A). Sie hat meinem (A) Vater (A) schon Unterricht (A) gegeben (B), als er noch ganz klein war. Und sie ist stolz darauf (D), dass er es weiter (B) gebracht (B) hat als sie. Er ist nämlich (B) Lehrer (B) am Konservatorium (D). Die drei wichtigsten (A) Menschen (A) in meinem Leben (A) spielen (A) Klavier (D). Das reicht, finde (A) ich. Es ist ein weiterer (B) Grund, warum (D) ich selbst damit (D) aufgehört (B) habe (A).

02 *Haben*

1 Toor, Toor! Deutschland hat ein Tor geschossen!

2 1. Kann ich bitte mal den Zucker haben? 2. Kann ich bitte mal das Dokument haben? 3. Kann er bitte mal seinen Regenschirm haben? 4. Kann ich bitte mal meine Brille dort haben? 5. Kann ich bitte mal eure Hefte haben? 6. Kann ich bitte mal die Zeitung haben? 7. Kann ich bitte mal Ihren Ausweis haben? 8. Kann ich bitte mal die Unterlagen haben?

3 ...hatten... gewusst / ... hatten... gehört / hatte... getan

4 1. Il a dix personnes sous ses ordres. 2. Il tient cette habitude de son père. 3. Tu as l'air bizarre, qu'as-tu donc ? 4. Ce n'est pas simple pour lui. 5. Aujourd'hui je ne peux rien manger, j'ai mal à l'estomac. 6. Tous les deux sont pressés. 7. A-t-il quelque chose contre moi ? / M'en veut-il ? 8. As-tu ton portable sur toi ? 9. Merci beaucoup. 10. Il a de la chance.

03 *Sein*

1 Phrases où *sein* est verbe plein : 1. • 2. • 3. • 5. • 6.
Traduction : 1. « Qui est là ? C'est moi. » 2. Il est onze heures. 3. Est-elle bonne vendeuse ? 5. Je suis d'accord. 6. C'est à peine croyable.

2 *(rosa) wäre* ► subjonctif II, verbe plein • *ist* ► présent, tournure idiomatique • *sind (Sie)* ► présent, forme de politesse • *(Andy) ist* ► présent, verbe plein

3 1. Le voilà ! 2. Que lui arrive-t-il ? Il a l'air si triste. 3. C'est un comble. 4. Lorsque je suis arrivé chez lui, il était encore en train de prendre le petit déjeuner. 5. Le magasin marche bien. 6. Ce n'est pas la peine (de le faire) tout de suite. 7. Écoute ! Elle est en train d'expliquer. 8. Je n'ai pas envie de travailler aujourd'hui.

04 *Haben* ou *sein* ?

1 1. Wie lange **seid** ihr am Strand geblieben? 2. Ich glaube, ich **habe** geträumt. 3. Der Junge **ist** mit dem Fahrrad zu seinen Großeltern gefahren. 4. **Hast** du deine Zähne schon geputzt? 5. Jennifer **hat** ihren Weblog gestern gestartet. 6. Bismarck **ist** mit 83 Jahren gestorben. 7. Der Reisende **hat** den Zug verpasst. 8. Klaus Kordon **hat** das Abitur an einer Abendschule gemacht.

2 1. Matthias **ist** mit seinen Eltern nach Heidelberg **umgezogen**. 2. Ich **bin** immer mit der Lufthansa **geflogen**. 3. Sie **hat** manchmal bei ALDI **eingekauft**. 4. Der Arzt **hat** sich gründlich die Hände **gewaschen**. 5. Der verletzte Spieler **ist** vom Spielfeld **gehinkt**. 6. Mein Freund **hat** nie Bier **getrunken**. 7. Er **hat** sich **geschämt**, weil er **gelogen hat**. 8. Am Wochenende **haben** wir wirklich **ausgeschlafen**.

3 1. Il s'est réveillé à 7 heures. 2. Je n'ai pas encore reçu ton mèl. 3. La semaine dernière, nous sommes allés à Bâle. 4. Lothar Leder a sauté très loin lors de son premier essai. 5. Il s'est vraiment dépêché. 6. Ne t'es-tu pas peigné ce matin ? 7. Son chat a traversé la rue lorsque la voiture est arrivée. 8. T'es-tu lavé comme je te l'avais demandé ?

4 1. Letztes Jahr ist er nach Dänemark gefahren. 2. Ich habe ein Kalbsschnitzel gegessen und ein Bier getrunken. 3. Beim Spielen ist Lisa ins Wasser gefallen. 4. Etwas Schlimmes ist geschehen. 5. Ich bin nach Hause gerannt, um meine Eltern zu benachrichtigen. 6. Gestern bin ich im Schwimmbad eine ganze Stunde lang geschwommen. 7. Sie haben sich wegen der Fernsehsendung gestritten. 8. Sabrina hat sich endlich entschieden, uns ins Museum zu begleiten.

05 *Werden*

1 1. Mensch, ist der Junge groß geworden. 2. Er wird lange arbeiten müssen. 3. Mir war bei diesem Anblick schlecht geworden. 4. Nach einer Viertelstunde wurde der Film sehr spannend. 5. Werde doch nicht gleich böse!

2 1. passif • 2. futur • 3. passif • 4. futur • 5. passif • 6. futur

3 *Wird...werden* : futur avec l'auxiliaire *werden*. « Courage chérie ! Ce ne sera pas si grave ! »

4 1. Par amour, il ferait tout pour elle. 2. Le temps s'améliorera la semaine prochaine. 3. Les piercings sont à nouveau à la mode. 4. Il se sent mal. 5. Cela ne donnera rien. 6. Le ciel s'assombrit.

06 Les verbes modaux : vue d'ensemble

demande	refus	nécessité / obligation
Möchtest du mir bitte ... Lena, willst du... Kannst du mir...	Das darfst du nicht... Ich kann jetzt nicht!	Die muss ich einfach... Anna soll hingehen! Warum muss ich...

07 Les verbes modaux : *können* et *dürfen*

1 1. Meine norwegischen Freunde können jetzt mehrere Fremdsprachen sprechen. 2. Mein kleiner Bruder kann bald lesen. 3. Kann er denn nicht antworten? 4. Kann das Baby schon ein paar Schritte allein gehen? 5. Er konnte sich nicht in dieser Stadt orientieren.

2 1. Der Marathonläufer war so erschöpft, dass er nicht mehr gehen **konnte**. 2. Ich **darf** nicht baden, ich bin erkältet. 3. Der Stuhl ist noch frei, du **kannst** dich setzen. 4. Sie **kann** so um die zwanzig Jahre alt sein. 5. **Kannst** du deinem Freund helfen? Allein schafft er es nicht. 6. **Darf** ich eintreten? 7. Wenn du willst, sage ich es dir, aber du **darfst** es nicht weitersagen. 8. Kennst du das Sprichwort „Wer will, der **kann**"?

3 1. Früher **durften** die Frauen nicht wählen. 2. Das **konnte** er nicht wissen, er bekam die Nachricht erst heute. 3. Ich **durfte** nicht kommen, meine Eltern hatten es mir verboten. 4. Man **konnte / durfte** nicht zuviel von diesem Kind verlangen. 5. Es war nicht sein Fehler. Er **konnte** wirklich nichts dafür.

4 1. Kannst du bitte deine MP3 mitbringen? 2. Du darfst dein Päckchen aufmachen. 3. Du darfst ruhig lauter sprechen. 4. Kannst du mir sagen, warum du nicht mehr mit mir redest? 5. Können Sie mir seine Telefonnummer geben?

08 Les verbes modaux : *müssen* et *sollen*

1 1. Du **musst**… 2. Der Taxifahrer sagt, er **muss**… 3. **Soll** ich dir Bescheid sagen… 4. Alle Bürger **müssen**… 5. So eine komische Frage, was **soll**… 6. Sag ihm, er **soll**… 7. Jeder Mensch **muss**… 8. Du **musst** aufpassen…

2 1. Du **sollst** schnell deine Eltern anrufen, sie haben versucht, dich zu erreichen. 2. Sagen Sie der Kandidatin, sie **soll** morgen wieder kommen. 3. Morgen **musst** du schon um 6 aufstehen, sonst verpasst du deinen Flug. 4. **Muss** immer alles so bleiben, wie es ist? 5. Er **muss** noch schnell in die Stadt fahren, um ein paar Einkäufe zu machen. 6. **Soll** sie nicht zu ihrem Personalleiter gehen? 7. Stehlen **soll** man nicht. 8. Er **muss** wirklich reich sein, um sich jedes Jahr einen neuen BMW leisten zu können.

3 1. Tu dois récupérer ta petite sœur au judo, non ? 2. Cela ne doit plus arriver. 3. Je n'avais pas songé à cette solution, tu dois avoir raison. 4. Les voisins doivent être partis : les volets sont clos et leur voiture n'est plus garée devant la porte. 5. Nous n'avons pas pu nous empêcher de rire en la voyant avec ce chapeau bizarre. 6. Il faut que je te le dise, même si cela doit faire mal. 7. Tu n'as pas à râler perpétuellement lorsque je dis quelque chose. 8. L'homme qui m'a expliqué le chemin a dû se tromper : nous devrions être arrivés depuis longtemps.

4 1. Wenn du keine Zeit hast, brauchst du diesen Bericht nicht ganz zu lesen. 2. Das brauchen Sie mir nicht zu sagen, ich weiß es. 3. Du brauchst dich nicht zu wundern, wenn du es nicht schaffst. 4. Du brauchst keine Angst zu haben, ich passe schon gut auf! 5. Wenn du keine Lust hast, brauchst du nicht mitzukommen. 6. Mit dieser Buslinie brauchen Sie nicht am Bahnhofsplatz umzusteigen.

09 Les verbes modaux : *wollen* et *mögen*

1 1. Wegen des schlechten Wetters **hat** Hanna nicht **hinausgehen wollen**. 2. Hast du deiner Freundin nicht bei ihrer Hausaufgabe **helfen wollen**? Sie hat die Übung nämlich nicht verstanden. 3. Entschuldigung, ich **habe** dich nicht **beleidigen wollen**. 4. Dein Vater hatte dich gewarnt, aber du **hast** ihm nicht **glauben wollen**. 5. Das **habe** ich nicht **sagen wollen**, du hast mich falsch verstanden. 6. Lisa **hat** ihre Freundin sowieso auf der Rückfahrt **mitnehmen wollen**.

2 1. Heute **möchte** ich mir diesen Film **ansehen**. 2. Hier gefällt es uns so gut, dass wir noch **bleiben möchten**. 3. Es ist zu laut hier, ich **möchte** nicht länger in diesem Raum **bleiben**. 4. Wann **möchten** Sie morgen früh **aufstehen**? 5. Er **möchte** nichts **entscheiden**, bevor er jede Einzelheit über diese Affäre weiß. 6. Ich **möchte** es dir schon **beibringen**, aber du musst Geduld haben. 7. Mein Bruder sagt, dass er ab September einen neuen Sport **treiben möchte**: Bogenschießen. 8. Wenn du heute Abend nichts vorhast, dann **möchte** ich dich **einladen**, mit deinem Freund vorbeizukommen.

3 1. Seit ich klein bin, **mag** ich keinen Fisch. 2. Er versteht überhaupt nicht, was du von ihm **willst**. 3. Obwohl er keine guten Noten hat, **will** er immer noch Ingenieur werden. 4. Unsere Spanischassistentin ist sehr lustig. Alle **mögen** sie sehr. 5. Er ist 20 und will lieber mit Freunden in einer WG als zu Hause bei seinen Eltern wohnen. 6. Dieses Problem **will** der Lehrer unter die Lupe nehmen. 7. Schluss jetzt, von dieser Sache **will** ich nichts mehr hören. 8. Ich bastle schon eine halbe Stunde an dem Gerät, aber es **will** und **will** nicht funktionieren.

4 1. Es sieht aus, als wollte dieser Hund sprechen. 2. Christian hat dir nur bei deiner Arbeit helfen wollen. 3. Möchtest du heute Abend nicht mit mir in die Eissporthalle gehen? 4. Die richtige Antwort will mir einfach nicht einfallen. 5. Die Angestellten wollten gerade gehen, als der Direktor kam. 6. Möge Marion doch schnell kommen! 7. Ich will dem Roten Kreuz Geld spenden, möchte aber wissen, was damit geschieht. 8. Ob du willst oder nicht, du musst es machen.

10 Le présent et le futur de l'indicatif

1 Wir **fahren** in langer Reihe mit anderen Urlaubern auf einer schnurgraden Straße, die kein Ende nehmen **will**. Da **fängt** Toni plötzlich **an**, über Durst zu klagen. Onkel Paul **verspricht** zu halten, sobald wir einen schönen Platz **finden**. Toni **jammert** weiter, nicht irgendwo halten, nein, Limonade **will** er, jetzt gleich. Sein Bitten **wird** so eindringlich, dass Onkel Paul bei der nächsten Gelegenheit **ausschert**. Da **steht** eine hässliche, unappetitliche Bude. Aber es **gibt** Limonade. Nach zehn Minuten **fahren** wir weiter.

2 1. Noch in diesem Monat lernen wir Sabines Freund kennen. 2. Bald fängt die Ernte an. 3. Im April beendet Stefan sein Praktikum. 4. Noch heute schicke ich diesen Brief ab. 5. An Weihnachten geben meine Eltern wieder viel Geld für Geschenke aus.

3

	valeur de présent	valeur de futur
1.		X
2.	X	
3.	X	
4.		X
5.		X

4

	probable	certain
1.		X
2.		X
3.	X	
4.	X	
5.	X	

5 1. Ich wollte ihm gerade antworten, als man mich unterbrach. 2. Einen Augenblick, ich will dir die Lage erklären. 3. Er wollte dich gerade anrufen, als er gestört wurde. 4. Sei unbesorgt, ich werde stumm sein wie ein Fisch. 5. Kein Problem, ich werde es schon schaffen.

11 Le prétérit et le parfait de l'indicatif

1 Montags **ging** es in der Schule immer besonders lebhaft zu. […] Alle **wirkten** munterer als sonst. Erholt und erfrischt nach dem Wochenende, **hatten** sie montags mehr Energie in sich als freitags. Stephanie **war** auf dem Weg zur ersten Unterrichtsstunde: Mathe. Sie **hatte** Probleme mit Mathe. Nicht, weil sie das Fach nicht **mochte**, sondern weil sie es nicht **kapierte**. […] Sie setzte sich auf ihren Platz ganz hinten im Klassenzimmer, **breitete** ihre Bücher auf dem Pult aus und **wartete**, dass die Lehrerin **kam** und mit dem Unterricht **begann**.

2 Im letzten Sommer **habe** ich an einem Workcamp (chantier jeunes) im Schwarzwald **teilgenommen**. Wir **haben** in einer Hütte im Wald **gewohnt** und den ganzen Tag im Freien **gearbeitet**. Die Betreuer **haben** für abwechslungsreiche Arbeit **gesorgt**. Als Erstes **haben** wir den Wald sauber machen **müssen**. Dabei **haben** wir fast drei Zentner Papier, Dosen, Flaschen und sonstigen Müll **eingesammelt**. Dann **haben** wir dürres Holz **zusammengetragen**, abgestorbene Äste **entfernt** und kranke Bäume **gepflegt**. Junge Bäume **haben** wir mit einem Drahtzaun gegen das Wild **geschützt**. Dabei **haben** wir viel über die Bäume, die Pflanzen und auch über uns selbst **gelernt**. Ein Betreuer hat uns **beigebracht**, wie man die Spuren von Rehen, Luchsen (lynx) oder Wildschweinen identifiziert. Für Naturliebhaber wie mich **ist** das ein einmaliges Erlebnis **gewesen**.

3 1. Deine Meinung **habe** ich sehr gut **verstanden**. 2. Es **hat** sich nichts mehr an der Sache **geändert**. 3. Ich **habe** mich nie an dieses exotische Essen **gewöhnt**. 4. Ein Kollege **hat** mir **empfohlen**, diesen Bericht zu lesen. 5. Nach der Sportstunde **habe** ich immer **geduscht**. 6. Seit dem letzten Jahr **hat** die Regionalpresse wieder viele Leser **verloren**. 7. Ulrich **hat** sich den MP3-Player von seinem eigenen Taschengeld **gekauft**. 8. Ich **habe** mir auf ARTE eine interessante Reportage über Solarenergie **angesehen**.

4 1. Ich hoffe, dass ich bis nächste Woche eine Praktikantenstelle **gefunden habe**. 2. Ich bin sicher, dass Martin schon gestern **zurückgekommen ist**. 3. Ich bin froh, dass du noch **angerufen hast**. 4. Er verspricht, dass er den DVD-Player bis Montag **gekauft hat**. 5. Der alte Mann klagte, dass die Sonne wieder sehr heiß **schien**. 6. Ich kann mich gut erinnern, dass letztes Jahr die Bäume voller Mirabellen **hingen**. 7. Weißt du, wie die ganze Geschichte **anfing**? 8. Ich wollte die Straße überqueren, als von links ein Motorrad **kam**. 9. Ich bin sicher, dass ich den Brief gestern **weggeschickt habe**. 10. Ich sah, wie der Delfin plötzlich aus dem Wasser **sprang**.

12 Le subjonctif I

1

1. sie geht ▸ sie gehe	X
2. es regnete ▸ es habe geregnet	X
3. er hat es nicht gewusst ▸ er hätte es nicht gewusst	
4. ich konnte ▸ ich hätte gekonnt	
5. wir sind gefahren ▸ wir seien gefahren	X
6. es ist passiert ▸ es wäre passiert	
7. er schläft ▸ er schlafe	X
8. du kommst ▸ du kommest	X
9. ich verlor ▸ ich habe verloren	X
10. er war ▸ er wäre	

2 1. Ich erklärte dem Passanten, der Bus habe 10 Minuten Verspätung. 2. Der Journalist sagte zu seiner Kollegin, er müsse noch über die Demonstration berichten. 3. Der Direktor teilte seinen Mitarbeitern mit, die Arbeit müsse bis Ende der Woche fertig sein. 4. Tina sagte zu ihrem Freund, sie gehe jetzt, sie müsse um Mitternacht zu Hause sein. 5. Mein Freund hat mir eine SMS geschickt, er sei krank und könne leider nicht kommen. 6. Leo erzählte, er sei gestern zum ersten Mal mit dem Zug gefahren. 7. Thomas sagte mir vorhin, er wolle sich heute Abend den Thriller im Ersten ansehen. 8. Michaela seufzte und sagte, sie könne heute nicht zum Basketballspiel mitkommen. 9. Bernd erklärte uns, er trainiere 2- bis 3-mal wöchentlich, um seine Leistungen zu verbessern.

3 1. Charlotte hat mich gefragt, ob sie heute Abend mit mir ins Kino kommen könne. 2. Ich habe ihm gesagt, ich sei damit einverstanden, ihn nächste Woche zum Kegeln zu begleiten. 3. Ich habe in der Zeitung gelesen, in Indien seien viele Dörfer überschwemmt worden. 4. Mein Vater teilte uns mit, er wisse nicht, wann er zurückkomme. 5. In der Zeitschrift *Focus* habe ich gelesen, Kanada sei ein Wachstumsland. 6. Peter erklärte uns, er bekomme kein Stipendium mehr. 7. Am Telefon sagte ich ihr, sie solle lauter sprechen, wegen des Geräuschs im Hintergrund.

13 Le subjonctif II

1 1. Wenn ich mehr Geld hätte, würde ich mir das neueste Snowboard kaufen. 2. Wenn Matthias nicht so schüchtern wäre, würde er spontaner antworten. 3. Wenn Thomas nicht so unsympathisch wäre, würde ich ihn zur Grillparty einladen. 4. Wenn es nicht regnete, würden wir bis zum Wochenende hier bleiben. 5. Wenn Silke in Heidelberg übernachten müsste, würde ich ihr die Jugendherberge empfehlen. 6. Wenn ich ein paar Tage Urlaub nehmen könnte, würde ich auf den Kölner Karneval mitkommen.

2 1. Hätte ich mehr Geld, würde ich mir das neueste Snowboard kaufen. 2. Wäre Matthias nicht so schüchtern, würde er spontaner antworten. 3. Wäre Thomas nicht so unsympathisch, würde ich ihn zur Grillparty einladen. 4. Regnete es nicht, würden wir bis zum Wochenende hier bleiben. 5. Müsste Silke in Heidelberg übernachten, würde ich ihr die Jugendherberge empfehlen. 6. Könnte ich ein paar Tage Urlaub nehmen, würde ich auf den Kölner Karneval mitkommen.

3 1. Hätte ich doch nicht den ganzen Tag lang auf die Nachbarskinder aufpassen müssen! 2. Hätte die Sonne doch die ganze Woche geschienen! 3. Hätte ich meinen Eltern doch die ganze Geschichte nicht erzählt! 4. Hätte Bernd doch gestern vorbeikommen können! 5. Hätte ich doch auf ihn gehört! 6. Hätte ich doch im Unterricht aufgepasst!

4 1. Der Angeber tut so, als ob er reich wäre. 2. Mir war, als ob ich auf einem anderen Planeten leben würde. 3. Mein Bruder sieht aus, als ob er drei Tage nicht geschlafen hätte. 4. Ali spricht so gut Deutsch, als ob er schon mehrere Jahre in Deutschland verbracht hätte. 5. Meine Freundin machte den Eindruck, als ob es ihr schon viel besser gehen würde. 6. Ich hatte das Gefühl, als ob ich in dieser Lage nicht anders handeln könnte.

5 1. Ich hoffte, dass mein Patenonkel mir den Computer kaufen würde. 2. Keiner hätte gedacht, dass dieser Athlet den Wettbewerb gewinnen würde. 3. Hattest du nicht behauptet, dass du mir helfen würdest? 4. Du hattest doch gesagt, dass wir heute in den Zoo gehen würden. 5. Niemand hatte erwartet, dass ich so früh aufstehen würde. 6. Tina hoffte schon immer, dass sie dem Schriftsteller begegnen würde.

6 1. Würde dein Bruder mehr schlafen, dann könnte er sich besser auf seine Arbeit konzentrieren. 2. Hättest du ihm doch nichts erzählt! 3. Es wäre wunderbar, wenn du uns in Darmstadt besuchen könntest. 4. Karl tut so, als ob er nichts verstehen würde. 5. Könntest du mir sagen, wo deine Kusine wohnt? 6. Ach, hätte ich dich doch früher kennen gelernt!

14 Le passif personnel en « *werden* + participe II »

1

	présent passif	futur actif
1.		X
2.	X	
3.		X
4.	X	
5.		X
6.		X
7.		X
8.	X	

2 1. Dieses Armband **wurde** mir von meiner Kusine Emma **geschenkt**. 2. Berlin **wurde** in diesem Sommer von vielen Touristen **besucht**. 3. Mein Computer **ist** vom Techniker **repariert worden**. 4. In Zukunft **wird** der Haushalt von Robotern **erledigt werden**. 5. Die Rede **ist** vom Dolmetscher ausgezeichnet ins Französische **übersetzt worden**. 6. Wir **sind** von Simone und Matthias zu ihrer Hochzeit **eingeladen worden**. 7. Von wem **ist**

dieses Buch **geschrieben worden**? 8. Er **wurde** vom Bundespräsidenten zum Bundeskanzler **ernannt**.

3 1. Die Botschaft wurde **durch das Attentat** zerstört. 2. Der Patient wurde **von Professor Müller** untersucht. 3. In dieser Fabrik wurden viele Arbeiter **durch leistungsfähige Maschinen** ersetzt. 4. Der Radfahrer wurde **von einem Wagen** überfahren. 5. Das Getreide wird **von neuen Viren** bedroht. 6. Die Autofahrer werden **durch dichten Nebel** behindert. 7. Der Dollar wird **durch die Zinserhöhung** gestärkt. 8. Der FC Bayern wurde am ersten Spieltag **vom Hamburger SV** geschlagen.

4 1. Die Schlüssel müssen unbedingt wieder gefunden werden. 2. Heute werden die Geschäfte um 10 Uhr geöffnet. 3. Kein einziger Arbeiter wird mehr von dieser Fabrik eingestellt. 4. Sie ist für die Qualität ihrer Forschungen gelobt worden. 5. Die Lage muss schnellstens geklärt werden.

15 Le passif impersonnel en « *werden* + participe II »

1 1. Es wird viel von Aids gesprochen. 2. Es wird oft an die Geiseln gedacht. 3. Es wurde für die Obdachlosen gesammelt. 4. Es wurde die ganze Nacht gesungen und getrunken. 5. Es wird in diesem Abteil nicht geraucht. 6. Es wurde Tag und Nacht in dieser Küche gearbeitet.

2 1. Uns wurde erklärt, wie man den Blinden das Lesen beibringt. 2. Ihnen wurde erzählt, dass die Polizei nichts von der Affäre gewusst habe. 3. Ihm wurde geraten, nicht so viel zu essen. 4. Uns wurde mitgeteilt, dass der Zug Verspätung hatte. 5. In den Nachrichten wurde berichtet, wie das Unglück geschehen war. 6. Den Geschworenen wurde gesagt, dass sie kein Interview geben sollten.

3 1. Im Museum sollte nicht so laut gesprochen werden. 2. Im Büro sollte nicht geschlafen werden. 3. In Anwesenheit von Kindern sollte nicht geraucht werden. 4. In der Stadt sollte nicht über 50 Stundenkilometer gefahren werden. 5. Während des Unterrichts sollte nicht geplaudert werden. 6. Während einer Filmvorführung sollte nicht telefoniert werden.

4 1. Jetzt wird kräftig mitgesungen! 2. Jetzt wird getanzt! 3. Jetzt wird gut aufgepasst! 4. Jetzt wird endlich geschlafen! 5. Jetzt wird zuerst geduscht! 6. Jetzt wird das Zimmer aufgeräumt!

16 Le passif personnel en « *sein* + participe II »

1

	passif	parfait	relation attributive
1.		X	
2.	X		
3.		X	
4.			X
5.	X		
6.		X	
7.			X
8.			X
9.	X		

2 1. Die Techniker waren von den Leistungen der Maschine überrascht. 2. Der Angestellte war von der Reaktion seiner Kollegen ermutigt. 3. Die Zuschauer waren von der Show begeistert. 4. Die Jury war von der Qualität des Vortrags beeindruckt. 5. Ich war sofort von diesem Roman von Thomas Bernhardt fasziniert. 6. Ich war von den dummen Antworten wirklich irritiert.

3 1. Das Motorrad war schon letzte Woche verkauft. 2. Das Publikum war von der Niederlage ihrer Eishockeymannschaft enttäuscht. 3. Mein neuer Computer ist seit gestern bestellt. 4. Es war geplant, dass er mit seiner Freundin kommt. 5. Seit heute Nacht sind die Straßen mit Schnee bedeckt.

17 Les constructions actives à sens passif

1 1. Meine Eltern **bekamen** die CDs der Paulys Realencyclopädie frei Haus **geschickt**. 2. Morgen **bekomme** ich meinen neuen Flachbildschirm **geliefert**. 3. Die Kundin **bekommt** noch die Haare **gewaschen**. 4. Der Herr **bekommt** auch ein Glas Bier **serviert**. 5. Tania **bekam** von Angelina eine Ohrfeige **verpasst**. 6. Ich **habe** diese CD von meiner Freundin **geschenkt bekommen**. 7. Er **bekam** die Einladung offiziell **mitgeteilt**.

2 1. Das Handy **lässt sich** sehr gut und einfach **bedienen**. 2. Dieses sportliche Auto **lässt sich** leicht **fahren**. 3. Der Vorfall **lässt sich** einfach **erklären**. 4. Bei großen Demonstrationen **lassen sich** Ausschreitungen nur schwer **verhindern**. 5. Es **lässt** sich nicht **leugnen**, dass er als Minister erfolgreich war.

3 1. Es **sind** keine Eintrittskarten fürs Konzert mehr **zu bekommen**. 2. Die Radfahrer **sind** von hier aus gut **zu sehen**. 3. Die Regale **sind** jetzt zum halben Preis **zu kaufen**. 4. Der Text **ist** gut ins Deutsche **zu übersetzen**. 5. Die Zahnschmerzen **sind** kaum **zu ertragen**. 6. Er spricht zu leise. Seine Worte **sind** kaum **zu verstehen**.

4 1. Diese Arbeit muss noch erledigt werden. 2. Das Geschirr muss noch gespült werden. 3. Dieses Hemd muss noch gebügelt werden. 4. Der Tisch muss noch abgedeckt werden. 5. Der Text muss noch ins Reine geschrieben werden. 6. Der Rasen muss noch gemäht werden.

18 Le genre : généralités

1

masculin	féminin	neutre	sans article
der Aufenthalt der Schatz	die Weltkulturerbestätte die Nähe die Natur die Burg die Qual die Wahl	das Beste das Motto das Dreiländereck das Schloss das Restaurant das Bistro	Deutschland Frankreich Luxemburg

2 1. der Student 2. der Mechaniker 3. der Neckar 4. das Weiß 5. der Kater 6. das Pferd 7. das Stühlchen 8. die Bäckerin 9. das Schweinchen 10. die Sängerin 11. der Schnee 12. die Tochter 13. die Königin 14. der Löwe 15. der Fahrer 16. der Dienstag 17. der Maler 18. der Peugeot 19. der Dezember 20. der BMW 21. das Eisen 22. der Schüler 23. der Sportler 24. der Herbst 25. die Größe 26. die Tulpe 27. die Zwei 28. der Nebel

3 1. Der Sonntag… 2. Der heutige Nachmittag… 3. Das heutige Berlin… 4. Die Eiche… 5. Die Dreizehn… 6. Das Kätzchen… 7. Der Rhein… / in die Nordsee 8. Der Golf IV…

4 1. der Frost 2. der Mond 3. der Frühling 4. der Platz 5. das Baby 6. die Traube 7. das Wetter 8. der Regen 9. das Mädchen 10. die Mosel 11. der Bahnhof 12. der Marienkäfer

5 1. der Bund *(l'alliance)* / das Bund *(le trousseau)* • der Gehalt *(le contenu, la teneur)* / das Gehalt *(le salaire)* • der Hut *(le chapeau)* / die Hut *(la garde)* • der Kiefer *(la mâchoire)* / die Kiefer *(le pin)* • der Kunde *(le client)* / die Kunde *(la nouvelle)* • der Leiter *(le conducteur)* / die Leiter *(l'échelle)* • der Taube *(le sourd)* / die Taube *(le pigeon)* • der Tor *(le fou)* / das Tor *(le portail)* • der Verdienst *(le gain)* / das Verdienst *(le mérite)*
2. der / die Abscheu *(le dégoût)* • der / das Bonbon *(le bonbon)* • der / das Dschungel *(la jungle)* • der / das Solo

19 Le genre : cas particuliers

1 1. beißen 2. danken 3. fallen 4. fliegen 5. genießen 6. greifen 7. grüßen 8. pfeifen 9. schließen 10. schneiden 11. schreiten 12. schreien 13. sprechen 14. trinken 15. treiben 16. ziehen

2 1. Bewegung : fém. car dérivé par suffixe *–ung*
2. Höflichkeit : fém. car dérivé par suffixe *–keit*
3. Journalist : masc. car dérivé par suffixe *–ist*
4. Nekrose : fém. syllabe finale en *–ose*
5. Märchen : neutre. syllabe finale en *–chen*
6. Flüchtling : masc. car dérivé par suffixe *–ing*
7. Minister : masc. les mots terminés en *–er* sont majoritairement au masc.
8. Geschrei : neutre. préfixe en *ge*
9. Praktikant : masc. car dérivé par suffixe *–kant*
10. Optimismus : masc. car dérivé par suffixe *–ismus*
11. Mannschaft : fém. car dérivé par suffixe *–schaft*
12. Studentin : fém. car dérivé par suffixe *–in*
13. Gesundheit : fém. car dérivé par suffixe *–heit*
14. Gläschen : neutre car dérivé par suffixe *–chen*
15. Kanzlei : fém. car dérivé par suffixe *–ei*
16. Praktikum : neutre. car dérivé par suffixe *–ikum*
17. Datum : neutre syllabe finale en *–tum*
18. Wirtschaft : fém. car dérivé par suffixe *–schaft*
19. Christentum : neutre. car dérivé par suffixe *–tum*
20. Polizist : masc. car dérivé par suffixe *–ist*

3 1. die Arbeitslosigkeit 2. der Bankier 3. die Bücherei / die Buchung 4. das Gedicht 5. die Fabrikation 6. die Gesundheit 7. die Größe 8. die Herrlichkeit 9. der Kapitalismus 10. die Meinung 11. die Menschheit 12. die Nähe 13. die Öffnung 14. die Schönheit 15. das Geschrei 16. der Gesang 17. die Tiefe 18. die Überraschung 19. die Wahrheit 20. die Dummheit

4 ***Häuptling*** : masculin / suffixe en *–ing* • ***Diskussion*** : féminin / suffixe étranger en *–ion* • ***Arbeit*** : féminin

5 1. Beim Frühstücken liest Marco die Zeitung. 2. Zur Abwechslung fahren wir dieses Jahr nicht ans Meer, sondern aufs Land. 3. Während der Wanderung haben wir mehrmals Eichhörnchen gesehen. 4. Zum Tanken brauche ich meine Kreditkarte. 5. Trotz Regen wurde das Spiel nicht unterbrochen. 6. Nach Beginn der Konferenz waren alle Anwesenden aufmerksam. 7. Beim Lesen der Bedienungsanleitung habe ich verstanden, wie der Camcorder funktioniert. 8. Trotz Bremsen konnte der Autofahrer den Unfall nicht vermeiden.

20 Le pluriel des noms : vue d'ensemble

1

Ø	¨+-e	¨+-er	-e	-er	-n	-en	-s
Fehler Messer Schlüssel	Hüte Städte	Länder Räder Völker	Briefe Jahre	Felder	Augen Farben Formeln	Büchereien Helden Staaten	Discos Fotos Streiks

2 1. deine Hunde 2. eure Ausrüstungen 3. deine Freunde 4. die Vögel 5. seine Motorräder 6. die Fenster 7. Diese Zeitschriften 8. die Gläser 9. die Kinder 10. die Zimmer

3 1. Was kosten diese Bücher von Peter Härtling? 2. Nachts hört man die Züge vorbeifahren. 3. Wie heißen die Sänger? 4. Sonntags schließen die Discos hier in Köln um fünf Uhr morgens. 5. Dort liegen die CD-ROMs. 6. Die Nächte werden langsam kalt. 7. Wo stehen die Flaschen? 8. Die Bauten werden Jahre dauern.

4 1. Der Autofahrer hat die **Verkehrsschilder** bestimmt nicht beachtet. 2. Die Porta Nigra in Trier, das Holstentor in Lübeck und das Brandenburger Tor in Berlin sind berühmte deutsche **Stadttore**. 3. Schillers Werke gibt es in 8 **Bänden**. 4. Die **Personalleiter** haben eine wichtige Entscheidung getroffen. 5. In diesem Park stehen sehr hohe **Kiefern**. 6. Der Wächter hat mehrere **Schlüsselbunde**, um alle Türen öffnen zu können. 7. ***Worte***, ***Worte*** *nichts als* ***Worte***! (W. Shakespeare)

21 Les pluriels particuliers

1

-a	Minima, Examina
-en	Daten, Dogmen, Gremien, Konten, Mechanismen, Stipendien, Villen, Zyklen
-s	Büros, Cafés, Sofas

2 1. das Werkzeug 2. das Spielzeug 3. das Obst 4. der Adel 5. das Gemüse 6. der Schmuck

3 1. Les pompiers arrivèrent en dix minutes sur le lieu de l'accident. 2. Plusieurs sortes de bois sont utilisées pour la fabrication de meubles. 3. Avez-vous des frères et sœurs ? 4. Thomas a effectué deux stages durant sa formation. 5. Les bus partent toutes les cinq minutes. 6. La plupart des banques allemandes proposent des comptes pour jeunes dans leur offre. 7. En Allemagne, on fabrique plusieurs centaines de sortes de pains. 8. Afin de rester en bonne santé, on devrait manger des fruits et légumes.

4 1. Viele Unternehmen sind am Wochenende geschlossen. 2. Haben Sie Gepäck? 3. In München gibt es zahlreiche Museen. 4. In kurzer Zeit wuchert Unkraut im Garten. 5. Zum Basteln, findest du das nötige Werkzeug in der Werkstatt. 6. Diese Buchhandlung bietet eine große Auswahl an Wörterbüchern. 7. Wegen der Trockenheit ist das Obst zurzeit teuer. 8. Spielzeug finden Sie im zweiten Stock unseres Geschäfts.

22 L'article défini *(der, die, das)*

1 die Möblierung • die Stereoanlage • der Fernseher • der Rest • der Wohnung • die Küche • die Wohnung • das Badezimmer • das Bild • der Wand

2 Phrases 2 • 4 • 5 • 6

3 1. Stell die Gitarre **an** die Wand. 2. Liegst du noch **im** Bett? 3. Leg die Servietten bitte **ins** Badezimmer! 4. Gehst du manchmal **ins** Kino? 5. Im Winter fahren wir wieder **in** die Berge. 6. **Am** Montag war meine Schwester krank. 7. Das Mofa steht **im** Keller. 8. Letztes Jahr verbrachten wir den Urlaub **am** Meer. 9. Eine Schülerin soll jetzt **an** die Tafel gehen. 10. Er war leider noch nie **im** Theater.

4 1. Österreich ist ein herrliches Land. 2. Nächsten Sommer macht Familie Fischer Urlaub an **der** schönen Donau. 3. Es gibt einen neuen Friedensplan für **den** Nahen Osten. 4. England nennt man zu Unrecht Großbritannien. 5. Liegt Polen in Asien? 6. **Die** EU besteht schon aus 25 Ländern. 7. Julian kommt bestimmt nächstes Wochenende. 8. **Die** Vereinigten Staaten sind kaum sechs Flugstunden von Europa entfernt. 9. Sie kommt aus Berlin. 10. **Das** schöne Elsass ist auch eine Reise wert.

23 L'article indéfini *(ein, kein)*

1 1. die Nummer 2. das Ding 3. der Mensch 4. das Paar 5. das Glas 6. das Klima 7. die Stunde 8. das Jahr 9. das Gefühl 10. der Gruß 11. das Hemd 12. die Formel 13. der Regentropfen 14. das Tier 15. das Spiel 16. der Sonnenschirm

2 1. Meine Tante hat **einen** Hund und auch **ein** Meerschweinchen. 2. Er hat es in **einer** Zeitschrift gelesen. 3. Hanna lebt seit **einem** Jahr in Österreich. 4. Bald fahren wir durch **ein** kleines Dorf. 5. Arbeitest du zu Hause auch an **einem** Computer? 6. Sein Wagen ist **ein** Audi. 7. Ich habe **einen** tollen Preis gewonnen. 8. Matthias ist **ein** netter Freund.

3 1. Nachher treffe ich **einen** Freund in einer Kneipe. 2. Heidi will noch **einen** Brief schreiben. 3. Sie liest **ein** Science-Fiction-Buch von Michael Shea. 4. **Ein** Kind spielt dort im Sandkasten. 5. **Eine** ältere Person hört meistens schlecht. 6. **Ein** Forscher vom Pariser Observatorium hat **einen** neuen Planeten entdeckt.

4 1. Heute habe ich mich **kein** einziges Mal müde oder schlapp gefühlt. 2. Er besitzt **nicht ein** Haus, sondern zwei. 3. Das ist **keine** gute Idee. 4. „Möchtest du was trinken?" „Nein, danke, ich habe **keinen** Durst." 5. Seit Stefan in Heidelberg studiert, hat er **kein** einziges Mal angerufen. 6. Du hast **nicht °einen** Fehler gemacht, sondern °mehrere. 7. Er hat **nicht** 100 (°hundert) Euro gewonnen, sondern 1 000 (°tausend).

24 L'absence d'article

1 1. In Rom habe ich **tolle Pizzas** gegessen. 2. Er trinkt gern **helles Bier**. 3. Sie liest gern **japanische Romane**. 4. Dieses Geschäft verkauft nur **frisches Obst**. 5. Nach der Arbeit hat er oft **schmutzige Hände**. 6. Nur mit **großer Mühe** gelang es ihm, die schwere Kiste in den Kofferraum zu laden.

2 **Der** Andrang ist groß an diesem Vormittag. **Ø** Alte Herren am Stock stehen in **der** Schlange hinter **Ø** Arbeitern im Blaumann, die ihre Mittagspause für **den** Umtausch nutzen, und **Ø** Schülern mit **Ø** tief hängenden Jeans und **Ø** Baseball-Kappe, die sich mit **Ø** Bargeld aus **der** elterlichen Wohnung **das** Taschengeld aufbessern. An **die** 100 Kunden kommen im Laufe dieses Tages mit **Ø** D-Mark-Resten in **die** Bundesbank. Sie wollen **Ø** Pfennigmünzen umtauschen, die sie in **einer** alten Spardose gefunden haben, oder **Ø** Scheine aus **dem** Sparstrumpf der verstorbenen Oma.

3 1. Demain il sera reçu par le président fédéral Köhler. 2. Elle aimerait apprendre le polonais. 3. Il ne joue pas de la guitare mais de la mandoline. 4. L'argent seul ne rend pas heureux. (L'argent ne fait pas le bonheur.) 5. La plupart du temps, on ne prend (mange) pas de pain au déjeuner en Allemagne. 6. Il est plus facile de traduire de l'allemand vers le français que l'inverse.

25 Les déterminants démonstratifs et possessifs

1 1. **Derselbe** Mann hat mich schon vorhin angesprochen. 2. Mareike und ich nehmen morgens **denselben** Bus. 3. Jeden Tag hören wir **dieselben** Lieder im Radio. 4. Wir haben **dasselbe** Auto seit 5 Jahren. 5. Heiko und ich kommen aus **demselben** Ort. 6. Peter und seine Freundin Klara sind an **demselben** Tag geboren. (am selben) 7. **Denselben** Film habe ich schon vor einem Monat gesehen. 8. Meine Großeltern und wir wohnen in **demselben** Hochhaus. (im selben) 9. **Dasselbe** Dartboard wollte ich mir auch kaufen! 10. Mein Freund hat mir **dieselben** Orchideen wie diese hier gestern geschenkt.

2 1. Komm, ich zeige dir **meine** neue Digitalkamera. 2. Wir haben **unsere** Autoschlüssel verloren. 3. An **deiner** Stelle würde ich gleich zu Hause anrufen. 4. Kommen die Blumen aus **eurem** Garten? 5. Sag **deinem** Freund, dass wir bis 20.00 Uhr auf ihn warten. 6. Herr Simmer, Sie haben **Ihren** Terminkalender vergessen. 7. Simone, wo hast du **unsere** Unterlagen hingelegt? 8. Fahrt ihr am Wochenende mit **euren** Kollegen an den Bodensee? 9. Habe ich dir schon **meine** Austauschspartnerin Christa aus Innsbruck vorgestellt? 10. Wo ist denn **eure** chinesische Vase? Ist sie kaputt? 11. Was hast du mit **deinem** ganzen Taschengeld gemacht? Doch nicht schon ausgegeben? 12. Herrn Rothenmacher, **unseren** älteren Untermieter sehen wir kaum.

3 1. Monika und **ihre** Kusine Lea lade ich auch zur Rave-Veranstaltung ein. 2. Ich sehe Herrn Hamann, aber **seine** Frau sehe ich nicht. 3. Heiko probiert den Roller **seines** Freundes Bruno. 4. Frau Clemens geht jeden Abend mit **ihrem** Hund spazieren. 5. Matthias wartet auf **seinen** Rollenspielpartner. 6. Katja und **ihr** Tanzpartner Klaus kommen auch zur Salsaparty. 7. Und Brigitte? Braucht sie auch **ihre** Unterlagen? 8. Franz erzählte **seinen** Gästen, wie schön es in Nürnberg war. 9. Ist **dein** Onkel mit **seinem** neuen DVD-Player zufrieden? 10. Unserer Nachbarin, Frau Reitinger, ist **ihr** Wellensittich heute Morgen entflogen. 11. Schau mal, da kommt Axel mit **seiner** neuen Freundin Rebecca. 12. Christel ist mit **ihren** Eltern letzten Sommer nach Mallorca geflogen.

26 Les chiffres et les nombres

1
6 = sechs
12 = zwölf
17 = siebzehn
27 = siebenundzwanzig
30 = dreißig
60 = sechzig
201 = zweihunderteins
664 = sechshundertvierundsechzig
831 = achthunderteinunddreißig
1789 = tausendsiebenhundertneunundachtzig
1993 = tausendneunhundertdreiundneunzig
2005 = zweitausendfünf
7065 = siebentausendfünfundsechzig
11 111 = elftausendeinhundertelf
456 789 = vierhundertsechsundfünfzigtausendsiebenhundertneunundachtzig
800 333 = achthunderttausenddreihundertdreiunddreißig

Telefonnummer des ARD-Hauptstadtstudios Berlin :
(+49) 30 2288-0 = vier-neun-drei-null, zweimal die „zwo", zweimal die „acht", null

2 1. neunzehnhundertneunundachtzig 2. eine Dreiviertelstunde 3. ein oder zwei... 4. eineinhalb Stunden 5. neunzehnhundertfünfundvierzig 6. fünfunddreißig 7. erster

3 1. 582 + 177 = siebenhundertneunundfünfzig
2. 712 + 82 = siebenhundertvierundneunzig
3. 99 – 33 = sechsundsechzig
4. 25 x 61 = tausendfünfhundertfünfundzwanzig
5. 16 x 10 = hundertsechzig
6. 400 : 50 = acht
7. 2675 : 10 = zweihundertsiebenundsechzig Komma fünf

4 1. einundzwanzigsten 2. im sechzehnten 3. zwölfte 4. ersten 5. Zweites 6. dritte / hundert / zweitausendvier

5 1. Diese Geschichte spielte in den achtziger Jahren. 2. Der erste Mai ist ein Feiertag. 3. Das erste Kapitel ist entscheidend, um den Rest zu verstehen. 4. Berlin zählt ungefähr drei Komma siebenundvierzig Millionen Einwohner. 5. Zu zweit werden wir bestimmt ein besseres Resultat erreichen. 6. Der dritte Oktober ist seit neunzehnhundertneunzig (der) Tag der Deutschen Einheit. 7. Mehrere Tausend Menschen waren in den Straßen.

27 La quantité non chiffrée

1 1. Schnell! In **wenigen** Minuten fährt der Zug ab. 2. **Alle** anwesenden Gäste waren froh, sich wieder zu sehen. 3. Wegen einer Demonstration blieben wir **mehrere** Stunden in einem Stau stecken. 4. Hast du noch **andere** interessante DVDs? 5. Beeile dich, wir haben nicht **viel** Zeit, um **alle** Einkäufe zu erledigen. 6. **Manche** Leute brauchen **wenig** Schlaf. 7. Meiner Meinung nach ist eine **solche** Entscheidung nicht akzeptabel. 8. Ich habe ihn schon lange nicht mehr gesehen. Er ist ein ganz **anderer** Mensch geworden. 9. **Jedes** Mal, wenn man sie anspricht, ist sie verlegen. 10. Du willst immer **viel** Geld für **wenig** Arbeit verdienen. 11. In Deutschland gibt es **viele** herrliche Urlaubsorte zu entdecken. 12. **Welche** Jahreszeit magst du am liebsten: Frühling, Sommer, Herbst oder Winter? 13. **Einige** deutsche Freunde haben mich diesen Sommer besucht. 14. Du kannst zu **jeder** Zeit zu mir kommen. 15. Mit **solchen** guten Verkaufsergebnissen hatten die Autohändler nicht gerechnet. 16. An **welchem** Tag hast du nur bis 14 Uhr Schule? 17. **Folgende** Bücher von Erich Kästner habe ich schon gelesen: *Das doppelte Lottchen, Pünktchen und Anton, Emil und die Detektive.*

2 1. Hör zu, ich habe dir **manches** zu erzählen. 2. **Jeder** wusste gleich, dass Max sich aufregen würde. 3. Im **Folgenden** wird erklärt, wie man mit dem Computer umgeht. 4. **Solch** einen wie du kann man in der Küche gut gebrauchen. 5. Er hat schon so **manches** erlebt. 6. Nur **wenige** Zeitungen haben über dieses Ereignis berichtet. 7. **Jeder** hier kann dir bestätigen, dass dieses Handy mir gehört. 8. Sahnetorte oder Apfelstrudel? Am liebsten möchte ich **beide(s)**! 9. Komm, wir gehen. Hier gibt es wirklich nicht **viel** zu sehen. 10. Mit **solch** einem wie dir ist es nicht sehr angenehm, den Abend zu verbringen. 11. Fühlst du dich besonders gestresst? Wird dir alles ein **wenig** zu viel? Dann setz mal aus! 12. Ich mache mehr als **manche** meinen.

3 1. Das Essen hat sehr gut geschmeckt (*ou* : war ausgezeichnet), aber ich habe viel zu viel gegessen. 2. Welcher Badeanzug gefällt dir besser: der blaue oder der rote? 3. Meine beiden (*ou* : meine zwei) Schwestern sind älter als ich. 4. Außer denen hier habe ich noch andere interessante Münzen. 5. Die Einbrecher sind mit sämtlichem Schmuck verschwunden. 6. Von all meinen Kollegen ist nur einer gekommen. 7. Jede Versammlung vor dem Präsidentenpalast ist verboten. 8. Mit folgenden Links werdet ihr alle vorhandenen Stellenangebote auf einer Seite sehen.

28 Le groupe nominal : structure

1 Das **Erlebnis**, das ich im Sinn habe, begann im Theater, und zwar im **Old Vic Theater** von London, bei einer **Aufführung** Richards II. von Shakespeare. Ich war damals zum ersten **Mal** in London und mein Mann auch, und die Stadt machte einen gewaltigen **Eindruck** auf uns. Wir wohnten ja für gewöhnlich auf dem Lande, in Österreich, und natürlich kannten wir Wien und auch München und Rom, aber was eine Weltstadt war, wussten wir nicht. Ich erinnere mich, dass wir schon auf dem **Weg** ins Theater, auf den steilen **Rolltreppen** der Untergrundbahn hinab- und hinaufschwebend und im eisigen **Schluchtenwind** der Bahnsteige den Zügen nacheilend, in eine seltsame **Stimmung** von Erregung und Freude gerieten und dass wir dann vor dem noch geschlossenen **Vorhang** saßen, wie **Kinder**, die zum ersten Mal ein Weihnachtsmärchen auf der Bühne sehen.

2 1. Inkrafttreten des Abkommens über die Personenfreizügigkeit im Jahr 2002 / **base** : Inkrafttreten • (bei) der Passkontrolle an Flughäfen / **base** : Passkontrolle
2. Der Absatz von biologisch angebauten Lebensmitteln / **base** : Absatz • im vergangenen Jahr / **base** : Jahr
3. Der geographische Mittelpunkt aller 25 EU-Länder / **base** : Mittelpunkt • das Pariser Institut Géographique National / **base** : Institut Géographique National (nom propre constituant un tout indivisible) • (in) dem rheinland-pfälzischen Kleinmaischeid / **base** : Kleinmaischeid
4. 6,6 Millionen Roboter / **base** : Roboter

3 1. Es ist eine helle, moderne, und gut eingerichtete Wohnung. 2. Es ist ein fleißiger, pünktlicher und zuverlässiger Handwerker. 3. Es ist ein brandneues, gut geschriebenes und spannendes Buch. 4. Es sind duftige, bunte und aus Holland kommende Tulpen. 5. Es sind frische, schöne, braune und knusprige Brezeln. 6. Es ist ein alter, verrosteter und schmutziger aber nicht wertloser VW-Käfer.

4 1. Jugendliche aus verschiedenen europäischen Ländern treffen sich am kommenden Wochenende in Brüssel. 2. Meine zwölfjährige Schwester bekam von meinen Eltern ein neues Handy zum Geburtstag. 3. Der blaue Smart Roadster meines Nachbarn, der vor der Tür steht, ist ganz neu. 4. Anne ruft noch heute ihre Kusine Lea wegen der Einladung am Samstag an. 5. Thomas macht im nächsten Sommer mit seinem Freund Alex eine Wanderreise an der Küste Florida. 6. Bettina schickt ihren Großeltern eine Ansichtskarte aus Kopenhagen. 7. Die Tageszeitung berichtet über Ereignisse, die gestern im Irak passiert sind. 8. Meine Eltern finanzieren mir im Juli einen intensiven Sprachkurs in Köln.

29 Le groupe nominal : déclinaison

1

	Nom.	Acc.	Dat.	Gén.
1.		X		
2.			X	
3.		X		
4.	X			
5.				X
6.	X			
7.			X	
8.				X
9.	X			
10.		X		

2 1. Ich habe **eine tolle** Digitalkamera. Willst du **die tolle** Digitalkamera mal sehen? 2. Ich habe **einen bequemen** Chefsessel. Willst du **den bequemen** Chefsessel mal sehen? 3. Ich habe **ein aktuelles** Wörterbuch. Willst du **das aktuelle** Wörterbuch mal sehen? 4. Ich habe eine **wertvolle** Briefmarke. Willst du **die wertvolle** Briefmarke mal sehen? 5. Ich habe **eine sportliche** Uhr. Willst du **die sportliche** Uhr mal sehen? 6. Ich habe ein **besticktes** Taschentuch. Willst du **das bestickte** Taschentuch mal sehen? 7. Ich habe **einen teuren** Squashschläger. Willst du **den teuren** Squashschläger mal sehen? 8. Ich habe **eine modische** Sonnenbrille. Willst du **die modische** Sonnenbrille mal sehen?

3 1. Auf dem Tisch stehen **leere Suppenteller**. 2. Im Schrank findest du **kleine Kaffeetassen**. 3. Hast du noch **frische Taschentücher**? 4. Auf dem Regal stehen **rote Feuerwehr-Modellautos**. 5. Auf der Kellertreppe stehen **gute Flaschen Rotwein**. 6. Da im Korb liegen **grüne Äpfel**. 7. Hier unter dem Schuhschrank liegen bestimmt noch **alte Sportschuhe**. 8. Dort an der Wand hängen **schöne Gemälde** von Gustav Klimt.

4 Der Vater stand ohne Zweifel, so wie immer, in seinem groß**en**, still**en** Atelier und malte an seinen Bildern. Da war es eigentlich nicht gut, ihn zu stören. Aber er hatte ja erst kürzlich gesagt, Pierre solle nur immer zu ihm kommen, wenn er Lust habe. [...]
Vorsichtig drückte er die Klinke herab, öffnete die Tür leise und steckte den Kopf hinein. Der heftig**e** Geruch von Terpentin und Lack war ihm zuwider aber die breit**e**, stark**e** Gestalt des Vaters erweckte Hoffnung. Pierre trat ein und schloss die Tür hinter sich [...]
Der Junge sah den Maler auf sein Bild blicken, sah seine Augen gespannt starren und seine stark**e**, nervös**e** Hand mit dem dünn**en** Pinsel zielen.

30 L'emploi des cas : l'accusatif

1 ... einem Aperitif ► ... **einen** Aperitif • ...dass wir dem haben... ► ... dass wir **den** haben...

2 „Ich fühle mich einfach nicht wohl. Wäre lieber bei Oma auf dem Land geblieben. Aber mein Vater meint, jetzt, da Ma ausgezogen ist, brauchen wir die große Wohnung nicht mehr. Dabei wollte er doch nur in die Stadt ziehen, weil hier seine Freundin wohnt. Ich habe gar keinen Bedarf, sie kennen zu lernen."

3 1. sich in die Höhle des Löwen begeben 2. jemanden durch den Kakao ziehen 3. etwas für einen Apfel und ein Ei bekommen 4. jemandem auf den Leim gehen 5. jemandem den Kopf waschen 6. etwas an die große Glocke hängen 7. sein Schäfchen ins Trockene bringen 8. jemandem auf den Wecker fallen

4 1. den Computer 2. mehrere Jahre 3. deine Gitarre 4. einen Freund 5. den MP3-Player 6. jeden Teilnehmer

5 1. ... in **den** Wald... (masc. sing.) 2. ... **das** nötige Geld (neutre sing.) für **die** CDs (fém. plur.) auf **den** Tisch. (masc. sing.)

3. Warte **einen** Augenblick (masc. sing.), ich bin gleich mit der Arbeit fertig! 4. Denken Sie oft an **Ihre** Kindheit (fém. sing.) zurück? 5. Die Katastrophe wurde durch **menschliches** Versagen (neutre sing.) verursacht. 6. Warum kommst du ohne **deine** Freundinnen (fém. plur.)? Hatten sie denn keine Lust? (fém. sing.) 7. Was gibt es **Neues** (neutre sing.) seit dem letzten Treffen? 8. Pass bitte auf **das** Baby (neutre sing.) auf!

31 L'emploi des cas : le datif

1 Ich drückte meine Zigarette aus und wollte mich abwenden. Da fiel mein Blick auf ein blondes Mädchen, das bei den Möbelträgern stand. Es lehnte neben dem Hauseingang. Ich behielt das Mädchen im Auge, bis es im Haus verschwand. Dann suchte ich die Fenster des gegenüberliegenden Hauses ab. [...] Ich fand die Wohnung; sie gehörte zu einem Balkon im dritten Stock. Nicht lange, und das Mädchen stand auf diesem Balkon.

2 1. sein Fähnchen nach dem Wind drehen 2. in der Tinte sitzen 3. jemandem den Boden unter den Füßen wegziehen 4. zwei Fliegen mit einer Klappe schlagen 5. jemandem einen Bären aufbinden 6. einen Frosch im Hals haben 7. das Pferd beim Schwanz aufzäumen 8. wie aus dem Ei gepellt sein

3 1. Meine Praktikumswahl hängt nicht nur von **mir** ab. 2. Thomas hat an **dem** Wettbewerb unbedingt teilnehmen wollen. 3. Sebastian begegnete unerwartet **seinem ehemaligen** Freund in **der** Stadt. 4. Vera zu **ihrer** Freundin Katrin: Musst du denn immer **der neuesten** Mode folgen? 5. Der Mörder wurde zu **einer lebenslänglichen** Freiheitsstrafe verurteilt. 6. Meine Freunde fragen mich oft nach **meiner** Muttersprache, Koreanisch. 7. Daniel sieht **seinem** Bruder wirklich ähnlich.

4 1. Er hatte gelogen und schämte sich **vor seinen Freunden**. 2. Bettina zieht **mit ihren Eltern** nach Köln. 3. Was versteht man **unter dem Fremdwort Hijacker**? 4. Ich lade dich herzlich **zu meinem Geburtstag** ein. 5. Sie sprachen **mit der Dame**, als wäre sie eine Freundin. 6. Mein Vater leidet **an einer schweren Grippe**.

5 1. Kannst du mit deinem Handy auch Fotos knipsen und senden? 2. Willst du mit mir Schach spielen? 3. Er leidet unter der übertriebenen Strenge seiner Eltern. 4. Sie neigte sich zum ihm hinüber, um ihm etwas zuzuflüstern. 5. Mit diesem seltsamen Heißluftballon schaffte Bertrand Piccard die Weltumrundung in 19 Tagen.

32 L'emploi des cas : le génitif

1 eines Abends (génitif libre = temps) / Rudolfs Stimme (complément du nom)

2 1. Ich habe den neuen Wagen **meiner Schwester** noch nicht ausprobiert. 2. Ich habe mich sehr über den Besuch **meiner besten** Freundin gefreut. 3. Die schönste Stadt **eines Landes** ist oft seine Hauptstadt. 4. Hast du die Fotos **deiner letzten** Ferien wieder gefunden? 5. Die Besichtigung **dieses Museums** ist heute leider nicht möglich. 6. Das Ende **des Romans** ist wirklich spannend. 7. Ich habe den tollen Computer **meines Nachbarn** noch nicht ausprobiert. 8. **Eines Tages** wirst du verstehen, dass meine Entscheidung die richtige war.

3 1. Unweit **der Großstadt** liegt ein ländliches Gasthaus. 2. Wegen **eines plötzlichen Streiks** fahren in der Stadtmitte keine Busse. 3. Außerhalb **des Gebäudes** ist das Rauchen erlaubt. 4. Längs **des Kanals** können die Spaziergänger unberührte Natur bewundern. 5. Trotz **des dritten Mahnschreibens** blieb die Zahlung aus. 6. Diesseits **des Rheins** wirkt die Landschaft romantischer.

4 1. Na na, schämst du dich denn nicht deiner Dummheiten? 2. Anstatt des Direktors ist sein Stellvertreter gekommen. 3. Erinnerst du dich an den Gewinner der letzten Fußballweltmeisterschaft? 4. Trotz der Kälte muss der Maurer draußen arbeiten. 5. Kennst du Michaëls deutsche Freundin? 6. Meines Wissens war er gestern abwesend. 7. Die Tastatur meines Computers funktioniert nicht mehr. 8. Während der Ferien nutze ich die Gelegenheit, länger zu schlafen.

33 L'adjectif et ses compléments

1 1. gefährlich 2. neugierig 3. sportlich 4. ruhig 5. langweilig 6. lustig 7. musikalisch 8. mutig 9. Französisch, Englisch, Spanisch 10. notwendig

2 1. bildhübsch 2. bärenstark 3. humorvoll 4. alkoholfrei 5. steinhart 6. riesengroß 7. glasklar 8. schneeweiß 9. blitzschnell

3 1. Ich war völlig sprachlos, als man mir deine endgültige Entscheidung mitteilte. 2. Deine jüngere Schwester ist eine unglaublich sympathische Person. 3. Den Mindestlohn um 20% erhöhen? Das wäre eine wirtschaftlich problematische Entscheidung. 4. Lass diesen anderthalb Zentner schweren Koffer nicht vor der Tür stehen! 5. Dieser unendlich lange Film war nicht so interessant wie ich gedacht hatte. Ich bin sogar eingeschlafen. 6. Der gut ausgerüstete Wanderer wurde vom plötzlich schlechten Wetter nicht überrascht. 7. Er ist sich seines Fehlers bewusst.

4 1. Sie ist eine **gut** aussehende Person.
▸ déterminant du participe *aussehend*
2. Die Sportlerin Daniela Rath springt sehr **hoch**.
▸ déterminant du verbe *springen*
3. Die Schweizer Swissair bekam eine **staatliche** Hilfe.
▸ déterminant du nom *Hilfe*
4. Sprich doch nicht so **laut**! ▸ déterminant du verbe *sprechen*
5. Das ist eine **schwer** verständliche Aufgabe. ▸ déterminant de l'adjectif *verständlich*
6. Diese Website von Uschi Disl ist sehr **attraktiv**.
▸ attribut du sujet *die Website*
7. Der Vortrag des Bundeskanzlers war **leicht** *verständlich*.
▸ déterminant de l'adjectif *verständlich*
8. Er muss noch in die **mündliche** Prüfung.
▸ déterminant du nom *Prüfung*
9. Der Film *Das Wunder von Bern* war **interessant**.
▸ attribut du sujet *der Film*
10. Fliegen ist ein **unglaublich** teurer Spaß.
▸ déterminant de l'adjectif *teuer*
11. Dieser Lehrling war schon immer **fleißig**.
▸ attribut du sujet *Dieser Lehrling*

34 Comparatif et superlatif

1 Besser / frischer / voller / vielfältiger / nicht so schnell
« Notre conseil ! Le fromage à la coupe est tout simplement meilleur car il est plus frais, a meilleur goût, permet une utilisation plus variée et ne dessèche pas aussi vite. »

2 1. billiger ≠ teurer 2. mehr ≠ weniger 3. schneller ≠ langsamer 4. wärmer ≠ kälter 5. öfter ≠ seltener 6. leiser ≠ lauter 7. besser ≠ schlechter 8. reicher ≠ ärmer

3 1. Der Mont Blanc ist **höher als** die Zugspitze. 2. Ein ICE-Zug fährt **schneller als** ein IR-Zug. 3. Die Diddl-Maus ist **bekannter als** der Lumi-Bär. 4. Michael Schumacher ist **erfolgreicher als** Ralf Schumacher. 5. Goethe lebte **länger als** Schiller. 6. Das Saarland ist **kleiner als** Bayern. 7. Cola ist **süßer als** Sprudel. 8. Wasser ist **gesünder als** Alkohol.

4 1. ... die interessantesten Bücher. 2. ... die bequemsten Schuhe... 3. ... der wärmste Sommertag. 4. ... das beste Marzipan... 5. ... den höchsten Lotto-Gewinn... 6. ... der wertvollste Orientteppich... 7. ... die verrücktesten Gartenzwerge...

5 1. Zu zweit ist es einfacher. 2. Je später der Abend wird, desto mehr rede ich mit erstaunlichen Leuten. 3. Geht es dir besser? 4. Meine ältere Schwester ist 22 (Jahre alt.) 5. Was ich in diesem Menü am liebsten mag, ist das Dessert. 6. Es ist das schönste Geschenk, das ich je(mals) bekommen habe. 7. Ich mag Wim Wenders Filme lieber als die von Margarethe von Trotta.

35 Les adjectifs substantivés

1 schön / russische / große / ausländischen / russische / Deutschen / Schönen / Blassen / hellen

2 1. Interessantes 2. Neues 3. Erwachsene 4. Deutscher 5. Guten / Bösen 6. Jugendliche 7. Schlimmes

3 1. Der **schwerØ Verletzte** starb noch vor Ankunft des Arztes. 2. Ein **alter Verwandter** kam mich heute überraschend besuchen. 3. Thomas ist mit einer **netten Deutschen** aus Leipzig verheiratet. 4. Ich habe euch etwas **Kleines** mitgebracht. 5. Am kommenden Wochenende werden wieder **viele Reisende** mit der Bahn fahren. 6. Gegen Stress kenne ich nichts **Besseres** als Musik. 7. Das **hochØ Interessante** an der Geschichte ist **Folgendes**: „...".

4 der Arbeitslose (adjectif substantivé) / der Junge (masculin faible) / der Kamerad (masculin faible) / der Reisende (adjectif substantivé) / der Fremde (adjectif substantivé) / der Chinese (masculin faible) / der Mensch (masculin faible) / der Angeklagte (adjectif substantivé) / der Student (masculin faible) / der Beamte (adjectif substantivé)

5 1. Es steht auf Französisch im Text. 2. Ich muss dir etwas Komisches mitteilen. 3. Unangenehmes vergisst man nicht so leicht. 4. Er hat mir nichts Außergewöhnliches erzählt. 5. Man weiß nichts Genaues über den Täter. 6. Das Merkwürdige / Sonderbare an seinem Verhalten ist, dass er gar nicht reagiert.

36 Les pronoms personnels, réfléchis et réciproques

1 *„Tritt näher, mein Kind", sagte* ***er*** (pronom personnel - nominatif, 3e pers. du singulier).
Er (pronom personnel - nominatif, 3e pers. du singulier) *rückte den Stuhl etwas zurück und lehnte* ***sich*** (pronom réfléchi - 3e pers. du singulier) *nach hinten.*
Seine Blicke ruhten prüfend auf ***mir*** (pronom personnel - datif, 1re pers. du singulier), *und für einen Augenblick wollten* ***sich*** *(pronom réfléchi* - 3e pers. du pluriel) *meine Beine nicht bewegen, aber dann gab* ***ich*** (pronom personnel - nominatif, 1re pers. du singulier) ***mir*** (pronom personnel - datif, 1re pers. du singulier) *einen kleinen Ruck und ging zum Schreibtisch.*
Ich (pronom personnel - nominatif, 1re pers. du singulier) *blieb einige Schritte davor stehen.*
Er (pronom personnel - nominatif, 3e pers. du singulier) *lächelte.*
„Willst ***du*** (pronom personnel - nominatif, 2e pers. du singulier) ***dich*** (pronom réfléchi - accusatif, 2e pers. du singulier) *nicht setzen, Lara?"*

2 ***mich*** ou ***mir***
1. Dieser Film interessiert **mich** nicht.
2. Kannst du **mir** sagen, wie spät es ist?
3. Ich frage **mich**, wo Anton nur steckt.
4. Gib **mir** bitte den Schlüssel.
5. Das habe ich **mir** auch gedacht.
6. **Mich** geht diese Geschichte nichts an.
7. Das ist **mir** egal.

dich ou ***dir***
1. Willst du **dir** diesen Fotoapparat wirklich kaufen?
2. Grüß **dich**!
3. Hat es **dir** denn eigentlich geschmeckt?
4. Ich habe **dir** etwas Schönes mitgebracht.
5. Ich muss **dich** vor unserem Hund warnen.
6. Möchtest du **dich** nicht zuerst erfrischen?
7. **Dir** soll er die Wahrheit gesagt haben?

3 1. **sich** 2. **uns** 3. **dir** 4. **dich** 5. **sich** 6. **euch** 7. **sich**

4 1. **Sie** 2. **ihnen** 3. **Wir** 4. **ihnen** 5. **ihn** 6. **ihr** 7. **sie** 8. **sie**

5 1. Es tut mir Leid, aber du denkst nur an dich. 2. Wir sind uns letztes Jahr am Flughafen begegnet. 3. Dieses komische Geräusch, hörst du das auch? 4. Nimm dieses Geld! Es gehört dir. 5 Siehst du dir das Spiel heute Abend im Fernsehen an?

37 Les emplois de *es*

1

	pronom personnel	pronom impersonnel	pronom relais	*es* explétif
1.		X		
2.			X	
3.				X
4.		X		
5.	X			
6.				X
7.			X	
8.		X		
9.		X		
10.	X			
11.				X
12.				X
13.	X			
14.			X	
15.	X			
16.				X
17.			X	
18.	X			
19.			X	
20.	X			

2 1. Wie geht **es** dir? 2. Gestern ist **Ø** viel Schnee gefallen. Ja, **es** hat wirklich viel geschneit. 3. Mir wurde **Ø** nicht gesagt, dass du Verspätung hast. 4. Gefällt **es** dir hier? 5. Ich halte **es** vor Müdigkeit nicht mehr aus. 6. Während du in Weimar warst, ist **Ø** nichts Besonderes passiert. 7. Ist **es** nicht erstaunlich, dass Christel und Gilbert sich nicht mehr melden? 8. Dass du **es** nicht vergessen hast, freut **Ø** mich sehr. 9. Mir hat **es** in Salzburg besonders gut gefallen.

3 1. Hörst du dieses Pfeifen? Ja, ich höre es. Was kann das sein? 2. Und das Geschenk für deinen Freund Rudi? Hast du es ihm gegeben? 3. Es ist zum Verzweifeln! 4. Es sind zwei Leute da, die auf dich warten. 5. Du kommst immer zu spät. Ich bin es satt. 6. Es gibt wichtige Themen, die ich mit dir besprechen möchte. 7. Gehört dieses Armband dir? Ja, es gehört mir. Martha hat es mir gegeben. 8. Ob er gut angekommen ist? Ich weiß es noch nicht.

38 Les pronoms indéfinis

1 1. „Brauchst du auch ein Lexikon?" „Nein, ich habe schon **eins**." 2. „Möchtest du auch ein Croissant?" „Nein, danke, ich möchte **keins**." 3. „Hat jemand einen Stadtplan für mich?" „Ja, hier habe ich **einen**." 4. „Weißt du, wo ich eine Serviette bekommen kann? Ich habe noch **keine**." 5. „Und du, hast du noch keinen MP3-Player?" „Nein, ich habe noch **keinen**." 6. „Brauchen Sie vielleicht einen Schraubenzieher?" „Nein, ich habe **einen** dabei." 7. „Haben Sie noch Zeit?" „Nein, ich habe **keine** Zeit mehr. Überhaupt **keine** mehr." 8. „Möchten Sie **einen** Kaffee?" „Nein danke, ich möchte jetzt **keinen**."

2 1. Überlegen hat noch **niemandem** geschadet. 2. Stellen Sie sich vor, Sie treffen **jemanden** zufällig auf dem Markt und er erkennt Sie nicht. 3. Hat **jemand** hier noch eine Frage? 4. Wir mussten alles allein erledigen. **Niemand** hat uns geholfen. 5. Hast du **jemanden** gefunden, der dir dein Motorrad reparieren kann?

6. Ich kenne glücklicherweise **jemanden**, mit dem du über dieses Problem reden könntest. 7. Sein Geheimnis hat er leider **niemandem** verraten. Keiner wird wirklich wissen, was genau passiert ist.

3 1. Es ist eine Freude, mit **einem** zu reden, der etwas von Kunstgeschichte versteht. 2. **Einen** von den beiden darfst du mitnehmen. 3. Gérard ist **einer**, der immer Recht haben will. 4. Was **einem** gefällt, muss nicht unbedingt allen gefallen. 5. Weiß **einer** von euch, was man unter dem Begriff „downloaden" versteht? 6. Die Tasche hier kann nur **einem** meiner Kollegen gehören. 7. Herr Haas ist **einer** der ältesten, die hier arbeiten. 8. **Einer** von ihnen muss es gewesen sein, es war ja sonst niemand da.

4 1. Walter, einer meiner besten Freunde, kennt dich auch. 2. Man versteht nicht gut, was er sagt. 3. Soll ich dir etwas aus Basel mitbringen? 4. Haben Sie noch etwas hinzuzufügen? 5. Jedermann weiß hier, dass du es allein geschafft hast. 6. Einer von euch wird auf die Frage antworten müssen. 7. In den / Während der Ferien kann man machen, was man will. 8. Sei doch still, ich höre nichts.

39 Les pronoms démonstratifs et possessifs

1 1. nach dieser Frau 2. trotz dieser Beamtin 3. mit jener Freundin 4. von der Architektin 5. wegen jener Hündin 6. bei jener Anwältin 7. durch diejenige Abgeordnete 8. für jene Kauffrau

2 1. Die 2. Dem 3. Den / den 4. Die 5. deren 6. Die(jenigen) 7. dem 8. die 9. diejenigen

3 1. mein(e)s 2. meiner 3. sein(e)s 4. deine 5. eure 6. dein(e)s 7. Ihrer 8. euren

4 1. Hier kommt deine Freundin. Siehst du meine nicht? 2. Ich wiederhole es für diejenigen, die es nicht gehört haben. 3. Jeden Tag ist es das gleiche. Er kommt zu spät. 4. Welch ein Zufall! Wir tragen denselben Vornamen. 5. Diese Word-Version ist aktueller als jene. 6. Was? Dieses Auto gefällt dir wirklich besser als jenes? 7. „Ich kann dir nur eine einzige DVD leihen." „Dann gib mir lieber die (da) als die (da)!" 8. Diese Mütze? Das ist meine und nicht deine.

40 Les pronoms relatifs

1 ... auf dem **Teppich**, der... • ... einem steinreichen **Spanier** gehört, der... • ... keine **Finca** mehr, die...

2 1. meinem Freund Max, **a.** der **b.** dem **c.** den
2. die Person, **a.** der **b.** die **c.** die
3. das Buch..., **a.** das **b.** das **c.** dem
4. Mayers, **a.** die **b.** denen **c.** die

3 1. Michele Tiziano, **dessen** Belcantostimme so rein ist, ist auch Solotänzer in der Deutschen Oper. 2. Matthias, mit **dessen** Bruder ich schon lange befreundet bin, hat sich in meine Schwester verliebt. 3. Martina, **deren** Söhne auch Fußball spielen, schlägt vor, uns zum Sportplatz mitzunehmen. 4. Frau Rebstock, **deren** Wohnung wirklich zu klein ist, will demnächst umziehen. 5. Thomas, **dessen** Ausweis nicht mehr gültig war, durfte nicht an der Klassenfahrt teilnehmen. 6. Gillian und David, **deren** Mutter so krank war, wurden bei der Nachbarin untergebracht.

4 1. eine Jacke, die schick ist 2. ein Spiel, das toll ist 3. ein Künstler, der erfolgreich ist 4. eine Kollegin, die nett ist 5. eine Geschichte, die unglaublich ist 6. ein Mensch, der unsympathisch ist 7. ein Problem, das unlösbar ist 8. ein Apfel, der faul ist

5 1. Lena spricht von ihrem Motorrad, das brandneu ist. 2. Wem gehört das Foto, das da auf dem Tisch liegt? 3. Wo ist dein Cousin, der doch auch mitkommen wollte? 4. Dort liegt der Kugelschreiber, den du gestern gesucht hast. 5. Das ist Max, mein Austauschpartner, dem ich die Schule zeigen soll.

41 Les relatives

1 1. Da kommt gerade Benno, **der** dir die ganze Geschichte erzählen kann. 2. Das Eis, **das** ich dort in der italienischen Eisdiele gekauft habe, hat gut geschmeckt. 3. Hier ist die Dame, **die** mir die Auskunft gegeben hat. 4. Der Camcorder HC20, **der** hier vorgeführt wird, ist ultrakompakt und sehr preisgünstig. 5. Der Personalleiter, **dem** du deine Bewerbung persönlich gegeben hast, kann bestimmt etwas für dich tun. 6. Die Dokumentarfilme, **die** mich interessieren, werden oft spätabends ausgestrahlt. 7. Dort steht ein Polizist, **der** dir sagen kann, wie du zum Zeppelin-Museum kommst. 8. Das kleine Mädchen, **das** im Supermarkt herumirrt, sucht seine Mutter. 9. Ich warte auf den Bus, **der** zum Schwimmbad fährt. 10. Ich möchte das Geld, **das** ich dir letzte Woche geliehen habe, zurück haben. 11. Mit dem Motorroller, **den** ich Anfang April gekauft habe, fahre ich nur bei gutem Wetter. 12. Für die Diddl-Maus, **die** Thomas Goletz entwarf, begann 1990 eine internationale Karriere.

2 1. Hier kommt gerade meine Kollegin, **mit der** ich zweimal in der Woche Squash spiele. 2. Frau Niederländer, **zu der** du noch gehen wolltest, ist nicht da. 3. Im Berufsleben gibt es viele unangenehme Situationen, **über die** ich mich oft ärgern könnte. 4. Mein Onkel, **bei dem** ich gestern war, hat mir sein neues Home Cinema System erklärt. 5. Die Stelle als Dolmetscher im Institut „Perl", **für die** ich mich bewerbe, ist sehr interessant. 6. Der Mann an der Theke, **mit dem** die Bedienung spricht, ist bestimmt ein Privatdetektiv. 7. Mein Hund Bello, **mit dem** ich jeden Tag jogge, ist unermüdlich. 8. Deine Freundin Christiane, **bei der** du normalerweise heute Nachmittag eingeladen bist, ist krank.

3 1. Wie heißt denn das Restaurant, **wo** wir am Sonntag waren? 2. Das ist die Stelle, **wo** wir uns schon letztes Mal verlaufen haben. 3. Das Ferienhaus liegt am Bodensee, **wo** es gute Möglichkeiten für Radtouren gibt. 4. Ich zeige dir noch das Büro, **wo** mein Vater arbeitet. 5. Hier ist die Kneipe, **wo** wir uns nach der Arbeit treffen. 6. Wir fuhren am Wochenende zur Wartburg, **wo** Luther das neue Testament ins Deutsche übersetzt hat. 7. Das Museum „Checkpoint Charlie", **wo** früher ein Grenzübergang zwischen der BRD und der DDR war, steht in Berlin. 8. Er erklärte uns die Geschichte der Paulskirche in Frankfurt, **wo** 1848 die erste Nationalversammlung zusammentrat.

4 1. Ich suche jemanden, **der** nachher in die Bücherei fährt. 2. Wir haben eine Freundin getroffen, **die** ein Auto hat, und die uns mitgenommen hat. 3. Wo sind die Fotos, **die** du mir zeigen willst? 4. Ist das der Schlager, **von dem** alle gestern gesprochen haben? 5. Heute Abend ziehe ich die Jeans an, **die** ich gestern gekauft habe. 6. Der Film, **den** wir im Kino gesehen haben, ist von Wim Wenders. 7. Die Kirche, **vor der** wir stehen, ist die Gedächtniskirche. 8. Das Gebäude, **das** du dort erblickst, befindet sich auf der Museumsinsel.

42 Les pronoms adverbiaux (*da / wo* + préposition)

1 1. **Woran** erkenne ich ihn? Erkenne ich ihn wirklich **daran**? 2. **Worauf** wartest du? Wartest du wirklich **darauf**? 3. **Womit** kommt Stefan? Kommt er wirklich **damit**? 4. **Woran** denkst du, wenn du das Foto siehst? Denkst du wirklich **daran**? 5. **Wofür** ist Vitamin B gut? Ist es wirklich gut **dafür**? 6. **Wonach** streben die Sportler bei den Olympischen Spielen? Streben sie wirklich **danach**? 7. **Worüber** habt iht im letzten Deutschunterricht gesprochen? Habt ihr wirklich **darüber** gesprochen?

2 1. Denk bitte **daran**, die Rechnung noch heute zu bezahlen. 2. Ich danke dir **dafür**, so schnell gekommen zu sein. 3. Jetzt ist er **davon** überzeugt, dass er seine Chance verpasst hat. 4. Gestern war die Rede **davon**, dass du mit mir arbeiten würdest. 5. Marsmenschen ? Ach was, **daran** kann doch kein Mensch glauben! 6. Der Minister hätte **damit** beginnen sollen, den Betroffenen die Wahrheit zu sagen. 7. Nun geht es **darum**, schnell zu reagieren. 8. Alkohol und Rauchen: **darüber** kann man lange diskutieren.

3 1. **Wogegen** hilft dieses Spray? Ist es gegen Mücken *(moustiques)*? 2. **Wodurch** entstehen die hohen Temperaturen am Rande unserer Atmosphäre? 3. **Woran** könnte er mich erkennen? Er hat mich doch noch nie gesehen! 4. **Wovor** hast du denn Angst? Doch nicht vor dieser kleinen Spinne? 5. Ich weiß wirklich nicht, **worum** es geht. 6. Er will mit mir nach Frankfurt fahren, **wozu** ich aber gar keine Lust habe. 7. Rede nicht so viel von etwas, **wovon** du nichts verstehst. 8. Die Dunkelheit ist das, **wovor** sich ein Kind am meisten fürchtet.

4 1. Mir die Wahrheit (zu) sagen, (das) ist alles, worum ich dich bitte. 2. Woran siehst du, dass er gemogelt hat? 3. Sie haben Ihr Möglichstes getan und wir sind Ihnen dafür dankbar. 4. Damit hatte ich nicht gerechnet. 5. Ich habe ihn davon überzeugt, dass er Urlaub machen muss. 6. Hast du daran gedacht, deinem kanadischen Brieffreund eine Postkarte zu schreiben? 7. Ich möchte wissen, worüber ihr während meiner Abwesenheit gesprochen habt.

43 Les pronoms en *w-*

1 1. Wie spät ist es denn? 2. Mit wem gehst du heute Abend ins Kino? 3. Wie geht es Ihrem Mann? 4. Wann gibst du mir die CD zurück? 5. Wer kann mir das erklären? 6. Wem gehört dieser Geldbeutel? 7. Warum ist er noch nicht da? 8. Wovon habt ihr eben geredet? 9. Seit wann hast du ihn nicht mehr gesehen? 10. Wie oft warst du schon in Heidelberg?

2 1. **Wer** war der erste deutsche Bundeskanzler? 2. **Was** war das KunstHausWien früher? 3. **Wie** viel(e) Einwohner zählt das Bundesland Hessen ungefähr? 4. **Wann** wurde die Deutsche Fernsehlotterie gegründet? 5. **Wer** ließ Schloss Neuschwanstein errichten? 6. **Wo** befindet sich Schloss Nymphenburg? 7. **Wohin** ist der Bundeskanzler am Wochenende geflogen? 8. **Wie** heißt Julis neuer Song?

3 Seit wann • wieso (*ou* : warum)

4 1. Ich weiß nicht, **was** du davon hältst. 2. Ich kann mir nicht erklären, **warum/ wie** er das getan hat. 3. So schlimm, **wie** er erzählt hat, war es bestimmt nicht. 4. In der Kneipe, **wo** wir gestern waren, war es sehr gemütlich. 5. Michèle hat mir nicht gesagt, **warum** sie auf mich wütend war. 6. Er hat mir erklärt, **wie** ich zum Schwimmbad komme.

44 Prépositions et groupe prépositionnel

1 1. Aus **ihr** wird mit Sicherheit später was! 2. Ist der Fahrlehrer mit **deiner** Technik zufrieden? 3. Ich brauche eine Batterie für **mein** MP3-Gerät. 4. Sie wurde von **einem** Unbekannten überfallen. 5. Mit **meinen** Eltern kann ich über alles reden. 6. Zu **diesen** Bedingungen kaufe ich das Gerät nicht! 7. Zu **deiner** Vorführung kann ich leider nicht kommen. 8. Was hast du gegen **ihr** Outfit? 9. Ich tue alles für **dich**. 10. **Meiner** Meinung nach kommt Theo nicht. 11. Gehen wir zu **mir** oder zu **dir**? 12. Fährst du auch mit **der** Bahn in Urlaub? 13. Wann kommst du aus **dem** Urlaub zurück? 14. Ohne **dich** fühle ich mich einsam.

2 1. Unsere Firma spendete **für** das Rote Kreuz. 2. Ich bin mit Freunden **durch** die Altstadt gebummelt. 3. **Ohne** Modem kannst du keine E-Mail schicken. 4. **Um** diesen kleinen See herum führt ein Wanderweg. 5. Es ist schwer, **gegen** den Wind zu segeln. 6. Ich verreise nie **ohne** meinen Laptop. 7. Ich erfuhr die Nachricht **durch** die Presse. 8. Die Temperatur ist **um** 10 Grad gesunken. 9. Es kamen **um** die 100 Personen. 10. Das ist **gegen** meinen Willen geschehen.

3 1. **Seit** zwei Monaten arbeite ich an dem Projekt. 2. Ist dieses Schmuckstück **aus** echtem Gold? 3. **Bei** diesem Wetter bleibe ich **zu** Hause. 4. Dieses Glossar erklärt Begriffe **aus** der Computerwelt. 5. Fred habe ich **seit** einer Woche nicht gesehen. 6. Ich nehme ein Taxi und fahre **zu** meinem Hotel. 7. Ich habe schon lange nichts mehr **von** ihm gehört. 8. Ich habe die Uhr **von** Petra bekommen. 9. Bist du **mit** dem Auto gekommen? 10. Geh doch endlich **zum** Arzt! 11. **Bei** Antje gefällt es mir besonders gut. 12. Er kommt gerade **aus** Italien zurück. 13. **Nach** dir komme °ich dran. 14. Fährt dieser Zug **nach** Frankfurt?

4 1. **Von** Anfang **an** wusste ich, dass hier irgendetwas nicht stimmt. 2. Die wirtschaftliche Lage wird sich bestimmt nicht **von** heute **auf** morgen bessern. 3. Dieses Buch dokumentiert die Architektur **von** der Antike **bis** heute. 4. Die Chinesische Mauer ist **vom** All **aus** sichtbar. 5. **Von** Norden **her** wehte ein kalter Wind. 6. **Von** klein **auf** hat er sich immer für Musik interessiert. 7. Er beschloss: „**Von** heute **ab/an** trinke ich keinen Tropfen Alkohol mehr." 8. **Vom** Fernsehturm **aus** hast du einen schönen Blick auf ganz Berlin.

5 1. Der Hund lief **hinter** seinem Herr(chen) **her**. 2. Der Fuchs kroch **aus** seinem Bau **hervor**. 3. Die Kunden stürmten sofort **nach** Beginn des Schlussverkaufs **in** die Geschäfte **hinein**. 4. Elfriede Jelinek wurde für ihren Literatur-Nobelpreis **von** allen Seiten **her** beglückwünscht. 5. Die Gegend **um** Köln **herum** ist dicht besiedelt. 6. **Um** den Platz **herum** stehen hundertjährige Platanen. 7. Plötzlich tauchten die Angreifer **von** allen Seiten **her** auf : mein Raumschiff war verloren. Zum Glück wachte ich **auf**.

45 Les relations spatiales

1 1. Es liegt viel Schnee **auf den** Dächern. 2. Komm doch mit **zum** (= zu dem) Fußballspiel! 3. **Über den** Wolken ist der Himmel immer blau. 4. Soll ich das Bild dort **an die** Wand hängen? 5. Bist du schon mal **über die** Alpen geflogen? 6. Pass auf! Eine Spinne hängt **über dem** Bett. 7. Wohnst du **auf dem** Land oder **in der** Stadt? 8. Spielkonsolen werden hauptsächlich **aus** Japan importiert. 9. Mein Nachbar ist gestern **aus den** USA zurückgekommen. 10. Hugo sitzt **zwischen seinem** Freund Nico und **seiner** Freundin Clara.

2 1. Darf ich dieses Poster **an die** Wand hängen? 2. Deine neue CD von Rammstein liegt hier **neben der** von Phil Collins. 3. **Auf einem** Hocker sitzt man bestimmt nicht so bequem wie **in einem** Sessel. 4. Deine Tasche steht dort **in der** Ecke. 5. Er setzte sich **auf eine** Bank und las gemütlich die Zeitung. 6. Warum hängt nur ein Gemälde **an dieser** Wand? 7. Leg bitte deine Sachen hier **in den** Schrank! 8. Stellt bitte beide Kartons hier **auf den** Tisch!

3 *Der Heidelberger Philosophenweg*: **Auf dem** Naturbalkon des Philosophenweges sitzt jeder Zuschauer **in der** ersten Reihe und kann Natur und Ausblick **auf die** Stadt gleichzeitig auf sich wirken lassen. Ungeschützt gedeihen **auf dieser** Klima-Insel (...) die Exoten: japanische Wollmistel und amerikanische Zypresse (...) Bambus, Palmen, Pinien. Alles blüht um Wochen früher als **in dem / im** Tal.

4 1. Sie kommt gerade **vom** Friseur zurück. 2. Das Boot entfernt sich langsam **von** dem Ufer. 3. Messer und Gabel nimmst du bitte **aus** der Schublade links. 4. Marwin sprang **von** der Mauer herunter. 5. Mein Freund Janosch stammt **aus** Polen. 6. HH? Kommt dieses Auto **aus** Hamburg? 7. Dieser kalte Wind weht **von** Norden. 8. Das Buch *Maus* von Art Spiegelman wurde **aus** dem Englischen ins Deutsche übersetzt.

5 1. Le train pour Francfort part à 10 heures 12. 2. Ces pièces datent du XVIIIe siècle. 3. La porte des toilettes est celle de gauche. 4. Quand viens-tu chez moi ? 5. Dites-le en allemand, s'il vous plaît ! 6. Leverkusen se situe près de Cologne. 7. Pose l'échelle contre le cerisier. 8.Le soleil est déjà haut dans le ciel.

46 Les relations temporelles

1 1. viertel nach zwei 2. zehn vor zwölf 3. zehn nach zehn 4. halb vier 5. viertel vor zwei 6. fünf vor halb zehn 7. zwanzig nach vier 8. zwanzig vor sechs

2 *Es geschah…*
letzten Monat ▸ **1** • vor kurzem ▸ **2** • vorige Woche ▸ **3** • vorgestern ▸ **4** • gestern ▸ **5** • heute Morgen ▸ **6** • vorhin ▸ **7** • soeben ▸ **8**

3 1. Zu (an) Weihnachten… 2. Am Wochenende… 3. Vor kurzem… 4. Um elf (Uhr) 5. Im Februar… 6. Zu dieser Stunde… 7. Am 1. Dezember… 8. In einer Woche… 9. Um diese Zeit…

4 1. monatlich 2. Abends 3. Donnerstags 4. stündlich 5. Sonntags 6. täglich 7. Morgens 8. jährlich 9. Nachmittags

5 1. Das Schwimmbad ist vorübergehend geschlossen. 2. Du kannst bis morgen bei mir bleiben. 3. Der Benzinpreis soll ab nächster Woche sinken. 4. Seit einer Woche ist Léa krank. 5. Guillaume hat am Brigitte Sauzay-Programm teilgenommen: Er ist drei Monate in Köln geblieben. 6. Es hat den ganzen Tag geregnet. 7. Meine Schulergebnisse in Französisch haben sich seit letztem September verbessert. 8. Bis vor kurzem funktionierte mein Rechner noch richtig.

47 La phrase déclarative

1 1. In Frankreich sind der erste und der achte Mai Feiertage. 2. Gegen 10 Uhr morgens sind wir in Salzburg angekommen. 3. Jeden Samstag wäscht mein Nachbar sein Auto. 4. Nun möchte ich schlafen. 5. Nach meinem Abitur möchte ich studieren. 6. Abends sitzt er im Sessel und sieht fern. 7. Im letzten *Spiegel* kann man einen interessanten Bericht lesen. 8. Am Sonntag fährt der Zug nach Dresden ein paar Minuten später. 9. Ausnahmsweise kannst du bei deinen Freunden übernachten. 10. Am Brunnen auf dem Marktplatz wollen wir uns heute Abend treffen.

1

	adverbe	groupe prépositionnel	groupe nominal	adjectif
1.				X
2.	X			
3.	X			
4.		X		
5.			X	
6.				X
7.			X	
8.			X	
9.	X			
10.		X		
11.			X	
12.	X			
13.			X	

3 1. Der Kerl in der dritten Reihe hat sein Handy immer noch nicht abgeschaltet. 2. Die Kinokarten für morgen Abend habe ich schon gekauft. 3. Dieser neue Zeichentrickfilm gefällt meinem kleinen Bruder bestimmt. 4. Ihre ältere Schwester hilft ihr bei den Hausaufgaben. 5. Dieses Jahr organisiert unsere Klasse ein Sommerfest. 6. Die urige Berghütte liegt am Fuß der Skipisten. 7. Der Aufenthaltsraum ist mit einem gemütlichen Kachelofen ausgestattet. 8. Meinen alten VW-Käfer bin ich noch für 3 000,- Euro losgeworden. 9. Heute war keine einzige Wolke am Himmel. 10. So etwas ist mir noch nie vorgekommen.

48 Les phrases interrogatives

1 Norbert, sagt die Frau streng, hast du das Auto abgeschlossen? Norbert nickt müde. Bist du sicher? Norbert nickt. Das hier ist zwar die Schweiz, aber man kann nie wissen. Für die Kinder nur Obstsalat. Ihr wollt doch Obstsalat, oder? Die Kinder schweigen und starren dumpf in das orangerote Licht. Also zweimal Obstsalat, sagt Norbert gehorsam wie ein Kellner und steht wieder auf. Was soll ich für dich mitbringen? Egal, sagt die Frau, (…) du kennst mich doch. Bring irgendwas mit, was ich mag.

2 1. Muss ich wirklich zum Zahnarzt gehen? 2. Bekommt er nicht genug Taschengeld von seinen Eltern? 3. Können Sie heute Nachmittag im Büro vorbeikommen? 4. Kann meine Schwester morgen wirklich nicht mit ins Wellenbad? 5. Sind deine Klamotten in der Waschmaschine? 6. Steht noch eine Kiste Apfelschorle im Keller?

3 1. Und wie gefällt dir mein Outfit nun? 2. Wieso können wir nicht warten, bis deine Mutter zurückkommt? 3. An welcher Ampel muss ich links abbiegen? 4. Guillaume ist doch nichts passiert? 5. Was, er hat dir dein Heft immer noch nicht zurück gegeben? 6. Elaine hat dir doch nicht weh getan, oder? 7. Lief der Film denn nicht schon letzten Monat im Fernsehen? 8. Warum kommt denn dein Freund nicht mit? 9. Amélie spricht doch auch Deutsch, oder?

4 1. **Wen** fahren Fahrradtaxis durch die deutsche Hauptstadt? 2. **Wie viele** Handys liegen laut Schätzungen unbenutzt in europäischen Haushalten herum? 3. **Von wem** ist Sarah Biasini die Tochter? 4. **Wann** investierte die ostdeutsche Industrie ungefähr 7,3 Mrd. Euro? 5. **Wo** gewann die deutsche Fußballnationalmannschaft 1990 die Weltmeisterschaft? 6. **Welcher** Hafen ist der zweitgrößte Hafen Europas nach Rotterdam? 7. **Mit welchem** Kinoerfolg kam Anfang 2003 die „Ostalgie" in Mode? 8. **Was** ist / **Wie** nennt man mit englischen Ausdrücken vermischtes Deutsch? 9. **Ab wann** soll jährlich eine Million Tonnen umweltfreundlicher Treibstoff produziert werden?

49 La phrase impérative

1 1. Reich mir bitte den Senf! 2. Komm bitte her! 3. Warte bitte einen Augenblick! 4. Zeig mir bitte, wo das Rathaus ist! 5. Wiederhol das, bitte! 6. Gib mir bitte die Zeitung! 7. Sag mir bitte, was ich jetzt tun soll!

2 1. Bleib mal stehen! 2. Hör endlich mit deinen Faxen auf! 3. Denk bitte nicht mehr an diese Geschichte! 4. Versuchen wir es doch! 5. Frag doch deine Mutter! 6. Fahr bitte nicht zu spät los! 7. Erzähle es aber bitte nicht weiter!

3 1. Sprich lauter! 2. Sagt Theo die Wahrheit! 3. Erkundigen Sie sich am Schalter! 4. Steh jetzt endlich auf! 5. Fragen Sie lieber Jutta! 6. Passt besser auf! 7. Halt(e) deinen Hund fest!

4 1. Wählen Sie die Maschinennummer! 2. Werfen Sie den entsprechenden Betrag ein! 3. Drücken Sie auf den aufleuchtenden Knopf! Entnehmen Sie das Waschpulver! 4. Starten Sie die Maschine!

50 La négation (1) : *nicht* et *kein*

1 1. Ronald isst **keinen** Käse zum Frühstück. 2. Peter sollte heute anrufen, er hat es aber **nicht** getan. 3. Leider habe ich **kein** Geld mehr, um mir dieses Videospiel zu kaufen. 4. Nein, ich habe **keine** Lust, länger über diese Sache zu diskutieren. 5. Nein, dieses Wochenende machen wir **keine** Fahrt ins Grüne. 6. Wurst esse ich **nicht** gerne. 7. Er hatte **nicht** die Absicht, dir weh zu tun. 8. Meinen Motorroller habe ich **nicht** zu Weihnachten bekommen, sondern zu meinem Geburtstag. 9. Ob ich einen Laptop habe? Nein, ich habe noch **keinen**. 10. An diesem Wochenende will ich **nicht** zu Hause bleiben.

2 1. Das ist **nicht** mein Problem. 2. In Deutschland gibt es **nicht** so viele Käsesorten wie in Frankreich. 3. Ich habe **keine** Zeit, dich zum Reiten zu begleiten. 4. In Sachen Rettungsschwimmen bin ich **kein** Anfänger 5. Ich spreche **nicht** fließend Deutsch. 6. Die Fahndung nach den Tätern hatte **keinen** Erfolg. 7. Ich fühle mich **nicht** wohl. 8. Ich kaufe mir **keinen** neuen Skianzug für die Wintersportferien. 9. Heute Nacht habe ich **nicht** gut geschlafen. 10. Ich habe **kein** Haustier.

3 1. Nein, ich bin vorhin dem Direktor nicht begegnet. 2. Nein, ich habe mein Taschengeld (noch) nicht ausgegeben. 3. Nein, ich bin dir nicht böse. 4. Nein, ich weiß (noch) nicht, was ich am Wochenende mache. 5. Nein, ich will heute Abend nicht mit zur Fete (gehen). 6. Nein, ich muss noch nicht nach Hause (gehen). 7. Nein, ich habe keine Lust, mir Nenas neuesten Song anzuhören. 8. Nein, ich war noch nicht auf der Website der Deutschen Botschaft in Paris. 9. Nein, ich brauche keine Hilfe. 10. Nein, mir hat der letzte Roman von Kristina Dunker nicht gefallen.

4 1. Es regnet nicht, ich brauche keinen Parka. 2. Unsere Nachbarn haben nicht °ein Auto, sondern °zwei: einen Trabant und einen Opel. 3. Ich habe keine Lust, mit ihm zu reden. 4. Mein Freund hat mich gestern nach dem Training nicht abgeholt. 5. Ich habe weder am °Samstag noch am °Sonntag Zeit. 6. Er hat nicht °100 (°hundert) sondern °1 000 (°tausend) Euro im Lotto gewonnen. 7. Kommst du nicht mit (mir) in den Park? 8. Hattet ihr keine Schwierigkeiten, pünktlich da zu sein?

51 La négation (2) : autres moyens

1 1. **Niemand** kann genau erklären, wie der Streit angefangen hat. 2. Judith trat ein, begrüßte jedoch **niemanden**. 3. Es hat mich **niemand** gefragt, ob ich mit dem Vorschlag einverstanden bin. 4. Er möchte mit **niemandem** außer mir über diese Angelegenheit reden. 5. Sprich bitte lauter! **Keiner** hier versteht, was du sagst. 6. **Keine** von den hier liegenden Sachen gehört mir. 7. Lesen hat noch **niemandem** geschadet. 8. Ich kenne **niemanden**, der mir weiterhelfen kann. 9. Es ist eine belanglose Angelegenheit und ich glaube, **niemand** erinnert sich daran.

2 1. Ein Gegenstand, der keinen Wert hat, ist **wertlos**. 2. Eine Person, die keine Mittel *(moyens)* hat, ist **mittellos**. 3. Ein Kind, das keine Geduld hat, ist **ungeduldig**. 4. Ein Haus, das nicht bewohnbar ist, ist **unbewohnbar**. 5. Ein Mensch ohne Gefühle, ist **gefühllos**. 6. Ein Apfel, der nicht reif ist, ist **unreif**. 7. Eine Anzeige, die nichts kostet, ist **kostenlos**. 8. Ein Tag, an dem es nicht regnet, ist **regenfrei**. 9. Ein Spender, den man nicht nennt, ist **ungenannt**. 10. Ein Tag ohne Auto ist **autofrei**. 11. Eine Person, die nicht auffällt, ist **unauffällig**. 12. Ein Kind ohne Mutter, ist **mutterlos**.

3 1. Caroline Links Film *Nirgendwo in Afrika*, hat 2003 einen Oscar in München bekommen. 2. Schwöre mir, niemals mein Geheimnis zu verraten! 3. Nichts ist schneller als das Licht. 4. Letztes Jahr war ich in Wien. Nirgendwo anders hatte ich solch ein gutes Gebäck gegessen. 5. Es steht nichts Neues in diesem Zeitungsartikel. 6. Der gestrige Abend ist unvergesslich. 7. Alcopops sind keine alkoholfreien Getränke. 8. Alle seine Kollegen waren zu seiner Abschiedsfeier eingeladen, aber keiner ist gekommen. 9. Hast du denn wirklich nichts zu tun? 10. Besser / Lieber spät als nie!

52 Les subordonnées en *dass* et *ob*

1 *In der Zeitung habe ich gelesen, dass...*
1. ... die LKW-Maut auf deutschen Autobahnen am 1. Januar 2005 eingeführt wurde. 2. ... ab 2010 in Deutschland jährlich eine Million Tonnen umweltfreundlicher Treibstoff produziert werden soll. 3. ... am Ende des Jahrzehnts weltweit 1,3 Mrd. PCs im Einsatz sein werden. 4. ... Apple seinen Musik-Player iPod mit einer aktualisierten Software ausstattet. 5. ... deutsche Frauen sich beim Online-Kauf weniger lange in der virtuellen Welt aufhalten als Männer. 6. ... Berliner Velotaxis voll im Trend liegen. 7. ... der Gartenzwerg seit der Ostalgie-Welle ein Comeback feiert. 8. ... Berlin das beliebteste deutsche Reiseziel ist.

2 1. Es ist noch nicht sicher, **ob** ich diesen Sommer wieder auf der Insel Sylt verbringen werde. 2. Er behauptet, **dass** der Teddybär 1998 hundert Jahre alt wurde. 3. Ich bin sicher, **dass** Franka Potente die Hauptdarstellerin im Film *Lola rennt* ist. 4. Stefan fragt sich, **ob** er eines Tages als Journalist bei der FAZ arbeiten wird. 5. Ich möchte gern wissen, **ob** Karl Lagerfeld immer noch bei Chanel ist. 6. Ich glaube, **dass** Jan Ulrich als erster Deutscher die Tour de France gewonnen hat. 7. Es ärgert ihn, **dass** er den Film *Kebab Connection* im Kino verpasst hat. 8. Ich glaube, **dass** die Weltausstellung *Expo 2000* in Hannover stattfand. 9. Die Wirtschaftsexperten sind sich nicht einig, **ob** die Arbeitszeit weiterhin sinken wird. 10. Es ist zu hoffen, **dass** wir keine zweite Katastrophe wie Tschernobyl erleben werden.

3 1. Ich habe immer gedacht, du wirst es bis zum Abitur schaffen. 2. Ich hoffe, du kannst noch vor dem Wochenende kommen. 3. Er erzählt, er will nächstes Jahr am Voltaire-Programm teilnehmen. 4. Lisa fürchtet, ihre Eltern sind mit dem Vorschlag, allein nach Linz zu trampen, nicht einverstanden. 5. Der Redakteur weiß, es handelt sich um etwas Wichtiges. 6. Wir hoffen alle, Sabine wird die Schachmeisterschaft gewinnen. 7. Ich glaube, Beatrice wohnt immer noch im Norden. 8. Ich bin sicher, Gabi hat die Wahrheit gesagt.

4 1. Ich nehme an, er hat unseren Termin vergessen. 2. Antworte ihr doch, damit sie endlich aufhört, unnötige Fragen zu stellen. 3. Jeder weiß, dass du später gerne in Deutschland arbeiten möchtest. 4. Ich weiß noch nicht, ob ich diesen Ferienjob bekomme. 5. Es wundert mich, dass dein Bruder noch nicht zurück ist. 6. Es kann sein, dass wir heute Abend spät essen müssen. 7. Weißt du, ob er seinen Führerschein bestanden hat? 8. Es ärgert mich, dass du Samstagabend nicht kommen kannst.

53 *Als* ou *wenn* ?

1 1. Als das Telefon klingelte, war Katja schon weg. 2. Wenn ich ihm nicht sofort antworte, ärgert sich mein Vater. 3. Wenn mein Bruder nachts aufwachte, rief er immer nach meiner Mutter. 4. Als ich gestern einkaufen war, hat es stark geregnet. 5. Als ich acht Jahre alt war, zogen wir nach Düsseldorf um. 6. Wenn die Prüfungen vorbei sind, sind alle Schüler froh. 7. Als er sie sah, verliebte er sich sofort in sie. 8. Als ich drei Jahre alt war, kam ich in den Kindergarten.

2 1. **Wenn** das Wetter morgen schön ist, machen wir einen Ausflug ins Grüne. 2. **Wenn** wir ankommen, wird es sicher schon dunkel sein. 3. **Wenn** ich in Zürich bin, verstehe ich die Leute kaum, weil sie Dialekt sprechen. 4. **Wenn** ich den letzten Roman von Dan Brown gelesen habe, leih ich ihn dir. 5. **Als** Jamel Debbouze mit seiner Show begann, wurde das Publikum still. 6. **Wenn** du älter bist, verstehst du besser, was ich meine. 7. **Als** er mich erblickte, lief er davon. 8. **Wenn** ich schlafe, höre ich nichts. 9. Gerade **als** ich gehen wollte, rief er mich an.

3 1. **Wenn** Thomas mir gezeigt hat, wie die Software funktioniert, verstehe ich sie vielleicht besser. 2. **Als** wir zu Hause ankamen, schliefen meine Eltern schon. 3. **Wenn** ich im Lotto gewinne, spende ich einen Teil des Geldes einer Hilfsorganisation. 4. **Wenn** wir den Weg nicht bald gefunden haben, weiß ich mir keinen Rat mehr. 5. **Als** ich hier angefangen habe zu arbeiten, war die Stimmung noch gut. 6. **Wenn** ich dich richtig verstanden habe, willst du mich verlassen. 7. **Als** Erich Kästner starb, warst du noch nicht geboren. 8. **Wenn** Luise und Erich da sind, geht die Party erst richtig los.

4 1. **Wenn** ich Angst hatte, blieb meine Großmutter immer bei mir. 2. **Wenn** ich bei meiner Brieffreundin angekommen bin (sein werde), schicke ich dir eine E-Mail. 3. **Als** er das Wort ergriff, wurde es still. 4. **Wenn** Mareike kommt, sag ihr, dass ich bei Max auf sie warte. 5. **Wenn** ich über den Weihnachtsmarkt gehe, kaufe ich immer Lebkuchen. 6. **Als** mein Vater ein Kind war, gab es noch keine Handys. 7. **Wenn** es heiß war, aßen wir ein Eis. 8. **Wenn** ich den Führerschein bestehe, wird mein Vater mir das Auto leihen.

54 Les subordonnées temporelles

1 1. als 2. als 3. wenn 4. als 5. wenn 6. als 7. wenn 8. wenn

2 1. Als ich den Briefumschlag öffnete, sah ich einen Scheck über 100,- Euro. 2. Wenn ich im Kino bin, esse ich Popcorn. 3. Wenn ich meiner Freundin eine E-Mail geschickt habe, warte ich ungeduldig auf ihre Antwort. 4. Wenn es klingelte, bellte unser Hund immer. 5. Als wir am Wochenende im Freibad waren, fing es plötzlich an zu regnen. 6. Wenn ich abends ausgehe, will meine Mutter wissen, wann ich zurückkomme. 7. Als mein Vater noch ein Kind war, gab es noch keine DVDs. 8. Als ich gestern meine Freundin Martina im Supermarkt traf, freute ich mich sehr. 9. Wenn er Geld hat, gibt er es aus. 10. Als ich Student war, reiste ich durch ganz Europa.

3 1. **Bevor** mein Freund und ich das Restaurant betreten, schauen wir uns draußen die Speisekarte an. 2. **Während** ich auf den Zug warte, mache ich Kreuzworträtsel. 3. **Bevor** wir in Urlaub fahren, müssen wir die Koffer packen. 4. **Bevor** ich zu Tisch gehe, wasche ich mir die Hände. 5. **Nachdem** ich 10 Kilometer gejoggt war, war ich total erschöpft. 6. **Während** ich mit meinem Freund Otto telefonierte, störte mein kleiner Bruder mich dauernd. 7. **Nachdem** meine Schwester sich eine DVD angesehen hatte, spielte sie mit meinem Gameboy. 8. **Nachdem** ich den Horrorfilm *Sleepy Hollow* gesehen hatte, konnte ich die ganze Nacht nicht schlafen.

4 1. Viele Preise sind gestiegen, **seit** der Euro eingeführt wurde. 2. Einige Stadien müssen noch umgebaut werden, **bis** die Fußball-WM 2006 in Deutschland beginnt. 3. Es vergehen bestimmt noch Jahre, **bis** die Türkei der EU beitreten kann. 4. Zu viele Menschen werden noch sterben, **bis** im Irak wieder Frieden herrscht. 5. Meine Eltern sind von Heidelberg total begeistert, **seit** sie dort ein Wochenende verbracht haben. 6. Wie lange sollen wir noch warten, **bis** endlich wieder bessere Zeiten kommen? 7. **Auf** deutschen Autobahnen bezahlen die LKWs 0,12 Euro pro km, seit die Maut eingeführt wurde. 8. Es dauert bestimmt noch lange, **bis** die Ozonschicht wieder dichter wird. 9. Es gibt für die Deutschen wieder Grund zur Enttäuschung, **seit** die Ergebnisse von PISA II veröffentlicht wurden.

55 Les subordonnées de cause, de conséquence et de but

1 1. Er bleibt heute zu Hause, weil er sich nicht wohl fühlt. 2. Thomas muss zu Fuß gehen, weil er die Straßenbahn verpasst hat. 3. Ich bin erleichtert, weil ich den Job als Babysitter bekommen habe. 4. Toni macht sich Sorgen, weil sein Großvater ins Krankenhaus musste. 5. Sophie hat sich heute verspätet, weil ihr Wecker nicht geklingelt hat. 6. Mein Kollege ärgert sich, weil er seinen Datastick nicht mehr findet. 7. Ich komme nicht mit in die Kneipe, weil ich keinen Zigarettenrauch vertrage. 8. Er kann sich endlich einen 4x4-Geländewagen leisten, weil er im Lotto gewonnen hat.

2 1. Ich hatte die ganze Woche gut geübt, sodass meine Gitarrenlehrerin froh war. 2. Unser Auto war in der Reparatur, sodass wir den Bus nehmen mussten. 3. Die Musik war zu laut, sodass wir unsere Eltern nicht kommen hörten. 4. Mein Vater bekam keinen Urlaub, sodass wir unsere Reise verschieben mussten. 5. Unser Team gewann kein einziges Spiel, sodass wir nicht qualifiziert wurden. 6. Es hatte den ganzen Tag geschneit, sodass der Fernpass gesperrt wurde. 7. Eric hat sich beruhigt, sodass ich endlich mit ihm reden kann. 8. Die Leute haben nicht verstanden, dass ein Tsunami auf sie zukam, sodass sie zu spät geflohen sind.

3 1. **a.** Stefan hat so fest geschlafen, dass er uns nicht hat kommen hören. **b.** Stefan hat geschlafen, sodass er uns nicht hat kommen hören. 2. **a.** Die Kinder hatten so laut geschrieen, dass wir alle erschraken. **b.** Die Kinder hatten geschrieen, sodass wir alle erschraken. 3. **a.** Gestern hat Alex so viel Alkohol getrunken, dass (es) ihm die ganze Nacht übel war. **b.** Gestern hat Alex Alkohol getrunken, sodass (es) ihm die ganze Nacht übel war.
1. **a.** *Stefan dormait si profondément qu'il ne nous a pas entendus rentrer.* **b.** *Stefan dormait de sorte qu'il ne nous a pas entendus rentrer.* 2. **a.** *Les enfants ont crié si fort que nous avons tous sursauté.* **b.** *Les enfants ont crié de sorte que nous avons tous sursauté.* 3. **a.** *Hier Axel a tellement bu d'alcool qu'il s'est senti mal toute la nuit.* **b.** *Hier Axel a bu de l'alcool de sorte qu'il s'est senti mal toute la nuit.*

4 1. um… zu 2. damit 3. damit 4. um… zu 5. um… zu 6. um… zu 7. damit 8. um… zu

56 Les subordonnées conditionnelles

1 1. Wenn du einen DSL-Anschluss hast, schicke ich dir eine 2 MByte schwere Datei. 2. Wenn Paul nicht mit seinem Blödsinn aufhört, gehe ich sofort. 3. Wenn ihr früher aufhört, kann ich euch abholen. 4. Wenn du bei mir bist, geht es mir besser. 5. Wenn Sophie mitkommt, zeige ich ihr mein neues Home-Cinema. 6. Wenn Sie hier warten, werden Sie ihn bestimmt sehen. 7. Wenn Sie Fragen haben, gibt es mehrere Möglichkeiten uns zu kontaktieren. 8. Wenn ich Tom anrufen soll, brauche ich seine Telefonnummer.

2 1. Hast du einen DSL-Anschluss, dann schicke ich dir eine 2 MByte schwere Datei. 2. Hört Paul nicht mit seinem Blödsinn auf, dann gehe ich sofort. 3. Hört ihr früher auf, dann kann ich euch abholen. 4. Bist du bei mir, dann geht es mir besser. 5. Kommt Sophie mit, dann zeige ich Ihr mein neues Home-Cinema. 6. Warten Sie hier, dann werden Sie ihn bestimmt sehen. 7. Haben Sie Fragen, dann gibt es mehrere Möglichkeiten uns zu kontaktieren. 8. Soll ich Tom anrufen, dann brauche ich seine Telefonnummer.

3 1. Wenn ich ein paar Tage Urlaub gehabt hätte, wäre ich ins Grüne gefahren. 2. Wenn ich die Antwort gewusst hätte, hätte ich nicht so dumm gefragt. 3. Wenn ich keinen Fehler gemacht hätte, hätte ich eine ausgezeichnete Note bekommen. 4. Wenn deine Digitalkamera besser gewesen wäre, wären die Fotos besser ausgefallen. 5. Wenn du pünktlich gewesen wärst, hättest du deinen Bus nicht verpasst. 6. Wenn du früher ins Bett gegangen wärest, wärst du am anderen Morgen nicht so müde gewesen. 7. Wenn wir im Lotto gewonnen hätten, hätten wir uns ein Haus gekauft und eine Weltreise gemacht. 8. Wenn es nicht so kalt gewesen wäre, wäre es hier angenehm gewesen.

4 1. Fahr langsamer, wenn du heil ankommen willst! 2. Nimm ein Taxi, wenn du es eilig hast. 3. Ruf mich einfach an, wenn du mich brauchst. 4. Komm mit, wenn du den Film sehen willst. 5. Zieh dich wärmer an, wenn dir kalt ist. 6. Schließ die Augen, wenn du dich entspannen willst.

5 1. Ich habe ein Medikament mitgenommen, für den Fall, dass mir auf dem Schiff schlecht werden sollte. 2. Wäre Fanny zu Hause, hätte sie schon abgehoben. 3. Hätte ich das gewusst, dann hätte ich meine Sportsachen mitgebracht. 4. Nimm deinen Schlüssel mit, für den Fall, dass niemand zu Hause ist. 5. Kauf Erdbeeren, wenn du auf den Markt gehst! 6. Wärst du zwei Minuten früher gekommen, hättest du Denis getroffen. 7. Hier (ist) meine Telefonnummer, falls du mich brauchst. 8. Du würdest deine Papiere wieder finden, wenn bei dir mehr Ordnung herrschen würde.

57 Les subordonnées concessives

1 1. Nun gut, ich erzähle dir alles, obwohl ich es nicht tun dürfte. 2. Ich erkannte John sofort wieder, obwohl er sich sehr verändert hatte. 3. Es war immer noch heiß, obwohl die Sonne schon ziemlich tief stand. 4. Peter fühlte sich schuldig, obwohl er nichts getan hatte. 5. Er steckte sich eine Zigarette an, obwohl das Rauchen verboten war. 6. Ich erkannte sie sofort, obwohl sie ein Kopftuch und eine schwarze Brille trug. 7. Man hörte jemand im Nebenzimmer schnarchen, obwohl die Tür geschlossen war.

2 1. Es ist die Wahrheit, auch wenn du das Gegenteil behauptest. 2. Tania wollte es versuchen, auch wenn ihre Chancen gering waren. 3. Die Wohnung gefällt mir gut, auch wenn sie klein ist. 4. Dieser Pulli steht dir gut, auch wenn er ein bisschen zu eng ist. 5. Er war immer bereit mitzuhelfen, auch wenn er keine Lust hatte. 6. Sie blieb immer höflich, auch wenn sie schlecht gelaunt war. 7. Onkel Leo war früher ein Radikaler, auch wenn er heute behauptet, das sei nicht wahr.

3 1. Er konnte ihre Stimme hören, wenn er auch nicht verstand, was sie sagte. 2. Victoria Stadtlander sieht gut aus, wenn sie auch nicht mein Typ ist. 3. Mit einem Internetanschluss kann man auf Weltreise gehen, wenn auch nur in Gedanken. 4. Ich verstehe Elsässisch, wenn auch nur schwer. 5. Das Studium ist sehr interessant, wenn auch nicht immer leicht. 6. Sein Freund ist doch noch gekommen, wenn auch spät. 7. Ich habe es geschafft, wenn auch nicht ohne Mühe.

4 1. Ob du damit einverstanden bist oder nicht, wir fahren nächsten Sommer an die Nordsee. 2. Ob es regnet oder schneit, ich komme ganz bestimmt. 3. Ob er es gewusst hat oder nicht, er hat jedenfalls nichts gesagt. 4. Ob du mitkommst oder nicht, wir gehen Minigolf spielen. 5. Ob du (es) willst oder nicht, du gehst jetzt ins Bett. 6. Ob man Anfänger oder Experte ist, Drachenfliegen ist immer ein Erlebnis. 7. Ob früh oder spät, diese Arbeit wird erledigt.

5 1. Wo ich auch bin, was ich auch tue, immer denke ich an dich. 2. Komme wer wolle, das Fest wird stattfinden (wir werden feiern). 3. Wo er sich auch befindet, immer fühlt er sich zu Hause. 4. Wann er auch kommt, er ist immer willkommen. 5. Was immer du entscheidest, ich bin (damit) einverstanden. 6. Was auch geschehen mag, ich bleibe hier.

58 Les subordonnées en *als (ob)* et en *zu* + adjectif + *um... zu... / als dass...*

1 1. Warum tut er, als hätte er es nicht gesehen? 2. Warum tut er, als würde er mich nicht kennen? 3. Warum tut er, als hätte er deine Postkarte nicht erhalten? 4. Warum tut er, als könnte er nicht schwimmen? 5. Warum tut er, als hätte er den Brief nicht gelesen? 6. Warum tut er, als hätten wir ihn nicht verständigt? 7. Warum tut er, als hätte er es nicht gehört? 8. Warum tut er, als hätte er den Videoclip nicht gesehen?

2 1. Warum tut er, als ob er es nicht gesehen hätte? 2. Warum tut er, als ob er mich nicht kennen würde? 3. Warum tut er, als ob er deine Postkarte nicht erhalten hätte? 4. Warum tut er, als ob er nicht schwimmen könnte? 5. Warum tut er, als ob er den Brief nicht gelesen hätte? 6. Warum tut er, als ob wir ihn nicht verständigt hätten? 7. Warum tut er, als ob er es nicht gehört hätte? 8. Warum tut er, als ob er den Videoclip nicht gesehen hätte?

3 1. Es war zu schön, um wahr zu sein. 2. Der Computer ist zu alt, als dass die Antivirus-Software optimal funktionieren könnte. 3. Amélie ist noch zu jung, um den Führerschein zu machen. 4. Hugo ist zu nervös, um sich konzentrieren zu können. 5. Der Kaffee ist zu heiß, als dass du ihn so trinken könntest. 6. Dieses Quad ist zu teuer, als dass ich es bar bezahlen könnte. 7. Es ist zu heiß, als dass man gut arbeiten könnte. 8. Peter ist zu unerfahren, um allein mit der Kreissäge umgehen zu können.

4 1. Mir ist, als hätte ich schon drei Tage nicht geschlafen. 2. Du bist zu müde, um weiterzufahren. 3. Er tut, als hätte er deine Frage nicht gehört. 4. Es sieht aus, als ob es schneien wollte. 5. Das Meer ist zu unruhig, als dass wir baden könnten. 6. Guillaume ist zu jung, um sich diesen Horrorfilm anzusehen. 7. Er ist nicht kräftig genug, um allein diese Obstkiste zu heben. 8. Er ist zu höflich, um aufrichtig zu sein.

59 Les participes I et II

1 geklappt / geheiratet / verheiratet / beschlossen / passiert / gehört / hoch geschreckt / gequält / versprochen / aufgestanden / marschiert / angekommen / überrascht

2 1. Ich habe ihn schon gesehen. 2. Ich habe ihm schon Bescheid gesagt. 3. Ich habe schon eine getrunken. 4. Ich habe ihm schon eine geschickt. 5. Ich bin schon gefahren. 6. Ich habe schon darüber nachgedacht. 7. Ich habe sie ihm schon erzählt. 8. Ich habe Ihnen schon eins gegeben.

3 1. Pfeifend 2. Tröstend / beschützend 3. spannend 4. stehend 5. dringend 6. Zitternd

4 1. Die im Hof **stehenden** Arbeiter warten auf den Gewerkschaftsführer. 2. Das auf dem Tisch **liegende** Geschenk ist für deinen Bruder. 3. Das im Bett **schreiende** Baby hat bestimmt Hunger. 4. Der vor der Tür **stehende** Motorroller gehört Matthias. 5. Die im ersten Stock **wohnende** Dame lebt allein.

5 1. Die auf dem Bahnsteig stehenden Menschen warten auf den Zug aus Frankfurt. ► Die Menschen, die auf dem Bahnsteig stehen, warten auf den Zug aus Frankfurt.
2. Die am Tisch lachenden Leute erzählen andauernd tolle Witze. ► Die Leute, die am Tisch lachen, erzählen andauernd tolle Witze.
3. Das auf dem Schrank liegende Badetuch ist für dich. ► Das Badetuch, das auf dem Schrank liegt, ist für dich.
4. Die auf der Straße spielenden Kinder sind laut. ► Die Kinder, die auf der Straße spielen, sind laut.
5. Der neben dem Sofa schlafende Hund heißt Max. ► Der Hund, der neben dem Sofa schläft, heißt Max.
6. Das im Korb liegende Brot ist Vollkornbrot. ► Das Brot, das im Korb liegt, ist Vollkornbrot.

60 L'infinitif : généralités

1 Die Pizzeria war (**sein**) ziemlich leer. Wir sprachen (**sprechen**) ganz leise, weil unsere Stimmen so hallten (**hallen**) und der Kellner dauernd zu uns herüberglotzte (**herüberglotzen**). Mein Vater erzählte (**erzählen**) mir, wie er Vera kennen gelernt hatte (**kennen lernen**). So lange und so ernsthaft hatten wir schon lange nicht mehr miteinander geredet (**reden**). Ich kaute (**kauen**) zwar mit möglichst gelangweilter Miene auf meiner Calzone herum, ließ mir aber kein Wort von ihm entgehen (**entgehen lassen**).

2 *Ich bitte dich,*
1. ... jetzt endlich dein Zimmer aufzuräumen.
2. ... mir doch diesen Gefallen zu tun.
3. ... mich jetzt in Ruhe zu lassen.
4. ... mir nicht den Appetit zu verderben.
5. ... nett zu dem Kleinen zu sein.
6. ... doch die Tür aufzuschließen.
7. ... mit dem Gerede aufzuhören.
8. ... dich um deine Sachen zu kümmern.
9. ... dir noch die Fotos anzusehen.
10. ... doch lauter zu sprechen.

3 1. Die Entscheidung, **das Buch doch zu lesen**, war klug.
► complément du nom *Entscheidung*
2. **Rauchen** ist gefährlich. ► sujet du verbe *sein*
3. Petra befahl, **mit dem Lärm endlich aufzuhören**.
► complément du verbe *befehlen*
4. **Bitte mitkommen!** ► énoncé autonome
5. In Museen ist **Essen** verboten. v sujet du verbe *sein*
6. **Das Haar offen tragen** war bei Jungs damals in.
► sujet du verbe *sein*
7. **Eine Konzertkarte zu bekommen**, war keine leichte Sache.
► sujet du verbe *sein*
8. **Jetzt aber aufpassen!** ► énoncé autonome
9. **Nichts tun** kann auch mal angenehm sein.
► sujet du verbe *können*
10. Ich sehe Maria **kommen**. ► complément du verbe *sehen*

4 1. Allein zu Mittag essen ist nicht immer angenehm. 2. Ich rate dir, das nächste Mal aufzupassen. 3. Denk daran, deinen Mitliedsbeitrag zu bezahlen! 4. Ich bedaure (es), heute Abend nicht kommen zu können. 5. Es tut mir Leid, dich nicht früher verständigt zu haben. 6. Berlin zu besuchen, dazu habe ich schon lange Lust. 7. Meine Eltern haben vor, heute Abend zur Versammlung zu kommen. 8. Das Gymnasium vor dem Abitur zu verlassen, wäre ein Fehler. 9. Ich kann mich nicht daran gewöhnen, jeden Morgen um fünf aufzustehen. 10. Max ist wütend, seinen Führerschein nicht bestanden zu haben.

61 L'infinitif : avec ou sans *zu* ?

1 1. Er war stolz, den ersten Preis bekommen **zu** haben. 2. Er beschloss, sich ein neues Handy **zu** kaufen. 3. Er wundert sich, nichts gesehen und nichts gehört **zu** haben. 4. Er glaubt, den Weg zu Amelie selbst **zu** finden. 5. Er gibt vor, keine Zeit **zu** haben. 6. Er versprach, seine Freundin heute Abend mit**zu**bringen. 7. Er warf ihm vor, gelogen **zu** haben. 8. Er brachte es fertig, zwei Pizzas und zwei Hamburger an einem Abend **zu** verschlingen. 9. Er schaffte es, noch vor der Dämmerung am Urlaubsort an**zu**kommen. 10. Es gelang ihm, **zu** Fuß 12 Kilometer in einer Stunde zurück**zu**legen.

2 1. Bleib doch noch ein bisschen **Ø** sitzen! 2. Ohne Geld ist es unmöglich, das Projekt durch**zu**führen. 3. Wir haben die Idee mit der Reise nach Asien fallen **Ø** lassen. 4. Wir hoffen, einen gemütlichen Abend zusammen **zu** verbringen. 5. Hörst du den Hund **Ø** bellen? 6. Lass dich hier nicht so schnell wieder **Ø** sehen. 7. Sein kleiner Bruder blieb den ganzen Tag vor dem Fernseher **Ø** sitzen. 8. Du hast schon wieder vergessen, deine Zähne **zu** putzen.

3 zu (anzukommen) / zu / Ø / zu / Ø / zu (aufzubessern) / zu

4 Réplique 2 :
« Dans ces conditions, nous refusons de continuer à sauter. »

62 L'infinitif : constructions particulières

1 1. Das ist nicht zu fassen! 2. Früher galt das Erziehungsprinzip: „Kinder haben zu gehorchen." 3. Der Antrag ist in drei Exemplaren einzureichen. 4. Habe ich alles bezahlt? Ach nein, ich habe auch noch diesen Tennisschläger zu bezahlen. 5. Ich habe meiner Antwort nichts hinzuzufügen. 6. Wir haben noch eine Stunde zu fahren, bis wir angekommen sind. 7. Die Zähne sind mindestens zweimal am Tag zu putzen. 8. Dieses Problem ist nicht zu lösen. 9. Ich komme, aber zuerst habe ich noch etwas zu erledigen. 10. Er nahm eine Tablette, denn die Kopfschmerzen waren nicht mehr zu ertragen. 11. Hunde sind an der Leine zu führen.

2 1. Wir müssten öfter mit dem Bus fahren, **um** die Umwelt **zu** schützen. 2. Der Autofahrer fuhr bei Rot weiter, **anstatt** vor der Ampel an**zu**halten. 3. Clara ging einfach weg, **ohne** uns den Grund **zu** sagen. 4. Wir fahren zum Bahnhof, **um** dort Onkel Karl ab**zu**holen. 5. **Anstatt** die Wahrheit **zu** sagen, erzählte Guillaume eine unglaubliche Geschichte. 6. **Um** ihre Leistungen **zu** steigern, trainiert sie regelmäßig. 7. **Anstatt** sich **zu** beeilen, schlenderte er gemütlich nach Hause. 8. Ich stehe morgens sehr früh auf, **um** vor der Stoßzeit **zur** Arbeit zu fahren. 9. Daniel denkt nur ans Spielen, **anstatt zu** lernen. 10. Lea beugte sich weit vor, **um** besser **zu** sehen. 11. Axel hat ein Taxi genommen, **anstatt** mit der U-Bahn **zu** fahren. 12. Der Pilot beschloss notzulanden, **ohne** eine Sekunde **zu** zögern.

3 1. Nach einer Stunde Schwimmen machte Elaine eine Pause, um wieder Kräfte zu sammeln. 2. Der Lehrer war dabei, die Übung zu erklären, als die Alarmglocke läutete. 3. Phil scheint wirklich keine Lust zu haben, uns zu begleiten. 4. Genug geredet. Du hast mitzukommen, und damit basta! 5. Julia muss lernen, ohne ihre Eltern zurechtzukommen. 6. Ich war im Begriff ihn anzurufen, als Sven eintraf. 7. Mein Vater drohte, mir zu verbieten, mit meiner Videospielkonsole zu spielen. 8. Inge weiß zu schweigen, wenn es sein muss. 9. Dieser Tourist scheint kein Deutsch zu verstehen. 10. Wir fahren nach Düsseldorf, um Freunde zu besuchen. 11. Das Paket ist am Schalter abzuholen. 12. Man kann abnehmen, ohne darauf verzichten zu müssen, von allem zu essen.

63 Le « double infinitif »

1

	avec le futur	avec le parfait
1.	X	
2.		X
3.		X
4.	X	
5.		X
6.		X
7.	X	
8.	X	
9.		X
10.	X	

2 1. Der deutsche Sprinter Sebastian Ernst **wird** schneller rennen **müssen**, um zu gewinnen. 2. Meine Freundin **wird** heute Nachmittag nicht nach Köln **mitfahren können**. 3. So ein Benehmen **wird** man sich nicht **gefallen zu lassen brauchen**. 4. Ihr **werdet** besser **suchen müssen**, um den Schatz zu finden. 5. Ihr **werdet** bestimmt nichts **sehen können**, wenn ihr hier sitzen bleibt. 6. Du **wirst** deinem Bruder beim Montieren der Regale **helfen müssen**.

3 1. Mit 16 **habe** ich mit meinen Freunden in Urlaub **fahren dürfen**. 2. Julia **hat** uns auf einen Drink **einladen wollen**. 3. **Hast** du endlich dein Auto **reparieren lassen**? 4. Ich **habe** den Weg nicht allein in der Nacht **suchen wollen**. 5. Wir **haben** unser Haus von einem seriösen Bauunternehmen **bauen lassen**. 6. Die Reporter des ZDF **haben** den Fernsehzuschauern noch heute die Wahlergebnisse **mitteilen müssen**.

4 1. Ich denke, dass der verletzte Boxer sofort hätte aufgeben müssen. 2. Ich denke, dass man das Auto stehen lassen sollte, wenn man getrunken hat. 3. Ich denke, dass er hätte früher ins Bett gehen sollen, wenn er müde ist. 4. Ich denke, dass der Autofahrer besser hätte aufpassen müssen. 5. Ich denke, dass Sebastian sich die Haare hätte kürzer schneiden lassen sollen. 6. Ich denke, dass du hättest nicht so streng sein dürfen. 7. Ich denke, dass er die Sendung *Karambolage* auf Videokassette hätte aufnehmen können. 8. Ich denke, dass Lucie heute ausnahmsweise hätte länger fernsehen dürfen.

64 Conjonctions et connecteurs (1)

1 und

2 Es gibt viele Unterschiede zwischen Ost **und** West. Ost- **und** Westdeutsche haben mehrere Generationen lang getrennt gelebt **und** müssen jetzt lernen, wieder miteinander zu leben. Es ist für einen Jugendlichen sicher leichter, sich an ein neues System zu gewöhnen, als für eine ältere Person. **Aber** es ist nie leicht, sich von einem Tag auf den anderen an ein total neues System anzupassen. Es ist, als ob man alles neu lernen muss; **oder** besser gesagt, man muss umlernen, was noch schwieriger ist. **Denn** man hat erst etwas gelernt, und jetzt muss man so tun, als ob es nie existiert hätte **und** muss etwas ganz anderes lernen.

3 1. Sascha will im Juli in die Schweiz fahren, **denn** er liebt die Berge. 2. Oliver möchte auch verreisen, **aber** er bekommt keinen Urlaub. 3. Michelle verbringt zuerst ein paar Tage allein, **und / aber** danach will sie Verwandte besuchen. 4. Luisa fährt wahrscheinlich mit Freunden aufs Land, **oder** sie bleibt zu Hause. 5. Marco macht dieses Jahr keinen Urlaub, **denn** er muss seine Wohnung renovieren. 6. Hannah und Max haben Glück, **denn** sie fliegen drei Wochen nach Australien. 7. Jasmin möchte am liebsten in die Karibik, **aber** dafür muss sie sparen. 8. Was? Du fliegst schon wieder auf Guadeloupe, **und** du bleibst einen ganzen Monat dort?

4 1. Ich gehe heute nicht wandern, denn das Wetter ist zu schlecht. Außerdem bin ich noch müde von gestern. 2. Ich kaufe mir keinen Computer, denn sie sind mir zu teuer. Außerdem verstehe ich nichts davon. 3. Ich komme nicht mit zu Maureen, denn sie geht mir auf die Nerven. Außerdem bin ich nicht eingeladen. 4. Ich chatte nie im Internet, denn man weiß nicht, mit wem man es zu tun hat. Außerdem habe ich keine Zeit dazu. 5. Diese CD kaufe ich mir nicht, denn ich finde sie nicht super. Außerdem habe ich nicht genug Geld bei mir.

65 Conjonctions et connecteurs (2)

1 1. Es war sehr kalt, und dennoch sprang er ins Wasser. 2. Sie hatte sich viel Mühe gegeben, und dennoch bestand sie ihre Prüfung nicht. 3. Es war verboten zu rauchen, und dennoch zündete er sich eine Zigarette an. 4. Er war todmüde, und dennoch blieb er vor dem Fernseher sitzen. 5. Deine Eltern tun alles für dich, und dennoch meckerst du über jede Kleinigkeit. 6. Der Weg bis nach Spanien ist lang, und dennoch will er ihn an einem Tag zurücklegen. 7. Er fühlt sich seit gestern nicht wohl, und dennoch geht er nicht zum Arzt. 8. Sie hatte die nötigen Fähigkeiten, und dennoch bekam sie die Stelle nicht.

2 1. Ich beeile mich, denn ich will den Anfang der Vorführung nicht verpassen. Ich beeile mich; ich will nämlich den Anfang der Vorführung nicht verpassen. 2. Ich brauche deine Hilfe, denn ich schaffe es nicht allein. Ich brauche deine Hilfe; ich schaffe es nämlich nicht allein. 3. Ich nehme meine Badesachen mit, denn nach der Schule gehe ich ins Schwimmbad. Ich nehme meine Badesachen mit, nach der Schule gehe ich nämlich ins Schwimmbad. 4. Mareike spricht mit keinem mehr, denn sie ist sauer. Mareike spricht mit keinem mehr, sie ist nämlich sauer. 5. Bastian konnte seinen Freund nicht mehr antreffen, denn er war schon weg. Bastian konnte seinen Freund nicht mehr antreffen, er war nämlich schon weg. 6. Tommy bleibt zu Hause, denn er will noch etwas erledigen. Tommy bleibt zu Hause, er will nämlich noch etwas erledigen. 7. Wir müssen pünktlich sein, denn es fährt kein Bus mehr nach 23 Uhr. Wir müssen pünktlich sein, es fährt nämlich kein Bus mehr nach 23 Uhr. 8. Wir bleiben noch eine Weile, denn es ist gemütlich hier. Wir bleiben noch eine Weile, es ist nämlich gemütlich hier.

3 1. nur / allerdings 2. vielmehr 3. nur / allerdings 4. jedenfalls 5. wenigstens 6. allerdings 7. vielmehr 8. jedenfalls 9. nur / allerdings 10. jedenfalls / wenigstens 11. vielmehr

4 1. Einerseits willst du mehr Geld, andererseits willst du immer weniger arbeiten. 2. Einerseits sagst du, du hättest keine Zeit, andererseits sitzt du den ganzen Tag lang am Computer. 3. Einerseits möchtest du immer überall dabei sein, andererseits bist du immer gleich müde. 4. Einerseits möchte ich keineswegs autoritär auftreten, andererseits ist mir Respekt sehr wichtig. 5. Einerseits bieten technische Innovationen neue Chancen, andererseits müssen immer neue Vorschriften bedacht werden. 6. Einerseits möchte er gern nach Südamerika reisen, andererseits fürchtet er sich vor dem Fliegen. 7. Einerseits gefällt mir die Arbeit gut, andererseits verdient man dabei zu wenig.

66 Les modalisateurs

1

	possible	probable	certain
1.			X
2.		X	
3.			X
4.		X	
5.			X
6.	X		
7.	X		
8.		X	

2 1. Bei Smog gibt es mit Sicherheit Fahrverbot in vielen deutschen Städten. 2. Über 10 000 Quads werden wahrscheinlich dieses Jahr in Deutschland zugelassen. 3. Der Wetterbericht ist zweifellos für viele Fernsehzuschauer mehr als eine Unterhaltungsshow. 4. Vermutlich wird der Verkauf von Cds in der nächsten Zeit weiter(hin) sinken. 5. Die Klimaveränderung wird bestimmt die Wasserverfügbarkeit verringern. 6. Vielleicht ist die Entscheidung, zu Beginn des Nachmittags loszufahren, nicht die Beste. 7. Nächsten Sommer ist unser Ziel möglicherweise Norwegen und seine Fjords. 8. Yannick müsste da sein. Er hat unseren Termin wahrscheinlich vergessen.

3 1. Hör bitte auf! Du gehst mir **wirklich** auf die Nerven. 2. Ich kann es kaum glauben: Manuel hat den Führerschein **tatsächlich** bestanden. 3. Die Läden sind geschlossen und niemand antwortet, wenn man klingelt: Die Leute sind **offenbar** nicht zu Hause. 4. Plötzlich hörte er ein leises Kratzen und ging zur Tür: Da war **tatsächlich** eine kleine Katze, die herein wollte. 5. Doch, doch, du kannst es mir glauben : Tamara macht uns nichts vor, sie ist **wirklich** krank. 6. Hast du die Aufgabe schon gelöst? Dann war sie **anscheinend** nicht sehr schwer!

4 1. Dummerweise habe ich meine Unterlagen zu Hause liegen lassen. 2. Vernünftigerweise gab der Kartenspieler auf, bevor er sein ganzes Geld vespielt hatte. 3. Bedauerlicherweise kann die Ware nicht rechtzeitig geliefert werden. 4. Erstaunlicherweise ist Dennis als Letzter gestartet und doch als Erster angekommen. 5. Seltsamerweise waren im Wald plötzlich keine Vögel mehr zu hören. 6. Unerklärlicherweise waren alle Unterlagen am nächsten Morgen verschwunden. 7. Merkwürdigerweise sagen ältere Leute oft, sie hätten keine Angst vorm Sterben. 8. Netterweise hat Simon der alten Dame ihren Koffer bis zum Bus getragen.

67 Mise en relief, intensification, atténuation

1 noch ▸ *heute* = avant que la journée ne se termine
« Tu verras, il arrivera encore quelque chose aujourd'hui. »
nur ▸ subordonnée en *wenn* = seulement à cette condition
« Eh, écoute ce qui est écrit dans le guide touristique… Un oued est bien un cours d'eau mais seulement lorsqu'il pleut… »

2 1. Il n'y a que les livres que tu puisses garder trois semaines, les CD, il faut me les rapporter demain. 2. Je ne peux te laisser les CD qu'une semaine, les livres plus longtemps. 3. Ce bus s'arrête aussi à l'hôtel de ville. 4. Toi aussi, tu devrais regarder l'émission *Karambolage* dimanche prochain sur Arte. 5. Je ne supporte pas ce gars. Rien qu'en le voyant, je m'énerve. 6. Le jeu *SimCity* existe depuis 1989.

3 1. In diesem Land ist es **auch** im Sommer kalt. 2. **Auch wenn** er essbar ist, sieht dieser Fisch nicht gerade appetitlich aus. 3. **Nur noch** ein paar Minuten Geduld, und wir werden den Sieger kennen. 4. Ich habe noch Zeit, die nächste Vorstellung beginnt **erst** in einer Viertelstunde. 5. Zur Disco *Eishaus* biegen Sie an der nächsten Ampel **gleich** rechts ab.

4 1. Hör zu, diese Information ist **äußerst** wichtig 2. Es nahmen **etwa** 50 000 Personen an der Demonstration teil. 3. Eugen war mit seinem fünften Platz beim Wettbewerb *Hast du Grips?* **recht** zufrieden. 4. (Es ist) **richtig** kalt heute, was? 5. Ich wollte ihn heute anrufen, aber ich habe **gar nicht** mehr daran gedacht.

68 Les particules modales (1)

1 1. „Und sei nur vorsichtig auf der Straße." „Aber Mutti, ich bin **doch** kein Kind mehr!" 2. „Kommt Benjamin heute Abend auch?" „Aber nein, er hat es **doch** gesagt!" 3. „Du hast **ja** die ganze Flasche geleert!" „Ich hatte **eben** Durst!" 4. „ Und wenn es nicht klappt?" „Ach was, es wird **schon** klappen!" 5. „Jetzt hat er es schon wieder vergessen." „Er hat in letzter Zeit **auch** zu viel zu tun." 6. „Schau mal, was ich mir gekauft habe." „Ach, das ist **aber** schön!" 7. „Mein Computer funktioniert nicht mehr." „Kauf dir **doch** einen neuen!" 8. „Tschüss, bis später!" „Komm **aber** nicht so zu spät nach Hause wie gestern!" 9. „Der Ausflug fällt ins Wasser." „Macht nichts, ich hatte **eh** keine Lust mitzufahren." 10. „Er hat das Angebot abgelehnt." „Das kann ich **auch** verstehen, so interessant war es nicht."

2 1. Na, komm **doch**! 2. Mach **bloß** keinen Quatsch! 3. Hast du **etwa** getrunken? 4. Bleibst du **denn**? 5. Willst du **denn** nicht mitmachen? 6. Das ist **schon** möglich. 7. Ich habe es dir **ja / doch** gesagt. 8. Das ist es **eben**!

3 1. Tu vois, il a quand même plu. 2. Mais il est fou, ce type ! 3. (T'inquiète pas !) Ça va marcher. 4. Tu t'es lavé les mains, au moins ? 5. Ah, si seulement tu avais plus de temps ! 6. Allez, dépêche-toi ! 7. Là tu peux dire que tu as eu de la chance, à nouveau ! 8. Et pourtant, tu le savais, non ? 9. Mais qu'est-ce qui t'arrive ? 10. Tu sais bien que je ne peux pas rester plus longtemps.

69 Les particules modales (2)

1 1. Hast du **auch** die Unterlagen mitgebracht? Ich brauche sie dringend. 2. Den Mann da haben wir **doch** schon vorhin gekreuzt, oder? 3. Wir sind doch eben erst angekommen. Hast du **denn** schon kein Geld mehr? 4. Ich möchte diese Jacke anprobieren. Kannst du mir meine **mal** kurz halten? 5. Pass auf! Willst du dir **etwa** wehtun? 6. Hast du **auch** die Karten? Sonst lassen sie dich nicht rein. 7. Brauchst du **denn** eigentlich deinen MP3-Player nicht mehr? 8. Ich brauche deine Hilfe. Würdest du bitte **mal** herkommen? 9. Du kommst **doch** mit heute Abend, oder? 10. Theo kann sich zurzeit nicht konzentrieren. Hat er **etwa** Probleme zu Hause?

2 1. Ich suche nun schon zehn Minuten meinen Datastick. Wo ist er **bloß**? 2. Entschuldigung, ich kann mich nicht mehr erinnern. Wie war **noch** Ihr Name? 3. Dieses Getränk ist wirklich ekelhaft. Wer trinkt **schon** so etwas? 4. Wir warten schon eine Stunde auf dich. Wo warst du **denn** so lange? 5. Wir verstehen uns nicht mehr. Wie soll das **bloß** weitergehen? 6. Sie scheinen sich verlaufen zu haben. Wo wollen Sie **denn** hin? 7. Ich habe keine Angst vor ihm. Was kann er mir **schon** tun? 8. Dragan hat einen komischen Akzent. Woher kommt er **wohl**? 9. „ Hast du endlich deinen Vater angerufen?" „Nein, wann **denn**?"

3 1. Sag mir jetzt, was geschehen ist und lüg mich **bloß** nicht an! 2. Lass **ja** die Finger von dieser Sache! 3. Lies **doch** erst mal den Text, bevor du fragst! 4. Er will dir nicht helfen? Dann mach es **eben** allein! 5. Komm **nur** nicht wieder zu spät nach Hause! 6. Mach ruhig **weiter**! 7. Mach **bloß** niemandem auf! 8. Pass **ja** auf deine kleine Schwester auf! 9. Fahr **ruhig** weiter, der Polizist hat nicht °uns gemeint!

4 1. Bist du neu hier? Wo wohnst du **denn**? 2. Linda hat es sich überlegt. Sie kommt °**doch** zum Essen. 3. Ein bisschen Geduld! Er wird **schon** gleich kommen. 4. Ach, was für eine Überraschung! Das ist **aber** nett von dir, dass du auch gekommen bist . 5. Hast du ein neues Handy? Zeig **mal**! 6. Du hast ja kaum was gegessen. Bist du **denn / etwa** schon satt? 7. Denk **mal** nach! Dieser Weg kann es nicht sein, den sind wir schon vorhin gegangen. 8. Woran liegt es **bloß / denn**, dass dir Autofahren so schwer fällt? 9. Magst du keinen Spinat? Dann sag es **doch**, ich koche dir etwas anderes. 10. Hilf ihm **doch**. Du siehst doch, dass er es nicht allein schafft.

70 Le discours rapporté (1)

1 Asterix sagt, dass das ein Zaubertrank **ist / sei**, den ihr Druide **braut / braue** und der ihnen übermenschliche Kräfte **verleiht / verleihe**. Obelix sagt, dass er ihn nicht extra zu trinken **braucht / brauche**. Er sagt, dass er als kleiner Junge hineingefallen **ist / sei**.

2 Stefan Böhmann erzählt, dass er ab dem nächsten Semester auf die Uni **gehe**. Er **habe** vor, Fremdsprachen zu studieren. Mehrere Sprachen zu beherrschen **finde** er wichtig. Man **komme** überall mit zwei oder drei Fremdsprachen aus.
Das ganze Jahr über **sei** er mit Jungs und Mädels aus deutschsprachigen Ländern zusammen. Er **treffe** sie mehrmals pro Monat und sie **diskutierten** (subj. II) miteinander. Meistens über ihre Hobbies. Seine Hobbies **seien** Judo und Motorrad. Zum Judo **gehe** er 2- bis 3-mal in der Woche. Er **trainiere** meistens mit seinem Freund Marco. Manchmal **führen** (subj. II) sie auch zu Wettkämpfen. Er **trage** mittlerweile den braunen Gürtel. Motorrad **fahre** er schon seit Jahren. Da er gern **reise**, möchte er im Sommer nach Österreich fahren. In Innsbruck **habe** er nämlich einen Freund. Den **kenne** er schon seit längerer Zeit. Sie **schrieben** (subj. II) sich regelmäßig E-Mails. Bis dahin **stünden** (subj. II) jedoch noch einige Termine auf dem Kalender. Im Juni **nehme** er an einem Schüleraustausch mit seiner deutschen Partnerstadt Heidelberg teil, und in den Sommerferien **arbeite** er zwei Wochen in einer Spielzeugfabrik. Das verdiente Geld **spare** er für seine Reise.

71 Le discours rapporté (2)

1 1. An diesem Tag soll es geregnet haben. 2. Es soll auch dichter Nebel geherrscht haben. 3. Der Fahrer des grauen Audis soll nicht ganz nüchtern gewesen sein. 4. Er soll sogar über 1,2 Promille im Blut gehabt haben. 5. Zudem soll sein Auto abgenutzte Reifen gehabt haben. 6. Der Fahrer soll die Ampel übersehen haben. 7. Der von der Hauptstraße kommende Mercedes soll nicht rechtzeitig gebremst haben. 8. Der Audi soll ziemlich viel abbekommen haben. 9. Der Fahrer soll zum Glück nur leicht verletzt gewesen sein. 10. Nach ein paar Minuten soll die Polizei gekommen sein.

2 *Ich habe gehört,*
1. Amélie sei in Dresden. 2. Ihre Gastfamilie und ihre Austauschpartnerin seien sehr sympathisch. 3 Sie habe ihr eigenes Zimmer. 4. Die Stadt gefalle ihr sehr. 5. Sie wolle noch die Gemäldegalerie besichtigen. 6. Sie komme am nächsten Dienstag zurück.

3 1. Er fragte mich, woher ich komme. 2. Er bat mich, ihm die Wahrheit zu sagen. 3. Er bat mich, nicht im Weg stehen zu bleiben. 4. Er fragte mich, ob ich auch ein Eis wolle. 5. Er empfahl mir, meine Eltern anzurufen. 6. Er fragte mich, ob ich noch in die Stadt gehe. 7. Er bat mich, ihn in Ruhe zu lassen. 8. Er wollte wissen, ob ich mit meinem Ergebnis zufrieden sei. 9. Er bat mich, sofort den Raum zu verlassen. 10. Er wollte wissen, wie ich gekommen sei.

4 1. Diese Maßnahme soll Arbeitsplätze schaffen. 2. Er fragte mich, ob mir nicht kalt sei. 3. Er behauptet, den 10.00 Uhr Zug verpasst zu haben. 4. Ihm zufolge habe ich gute Chancen, die Stelle zu bekommen. 5. Ich habe gehört, dass du demnächst heiratest. 6. Er soll im Lotto gewonnen haben. 7. Anja will nichts davon gewusst haben. 8. Er dachte, er würde es nie schaffen.

Cet index renvoie aux numéros des fiches (pages de gauche).
Donc 04 = fiche 04 (*Haben* ou *sein* ?). Les renvois essentiels sont en **gras**.

A

à deux, à trois… 26
aber 64, **65**, 68
abréviations 01
absence d'article **24**
accusatif **30**
adjectifs **33**
adjectifs substantivés 22, **35**
afin que 55
all- **27**
aller + infinitif 10
als (ob) 58
als **53**
an 30, 31, 45
ander- **27**
(an)statt… zu 62
appréciation 66
après que 54
article défini **22**
article indéfini **23**
attribut de l'objet 33, (du sujet) 24, 33
au cas où 56
au lieu de + infinitif 62
auch wenn 57
auf 30, 31, 45
aus 31, 45
auxiliaire *(haben)* 02, *(sein)* 03, *(werden)* 05
außerhalb 32
avant de / que 54

B / C

bei 31, 45
beide **27**
bekommen + participe II 17
bevor 54
bien que 57
bis 54
bleiben + infinitif 61
brauchen… zu 62
but (subordonnées de) **55**
cardinaux 26
cause (subordonnées de) **55**
certain 10, 66
chiffres 26
comparatif **34**
complément du nom 32
compléments d'objet (à l'accusatif) 30, (au datif) 31, (au génitif) 32
compléments de « manière » 30
compléments de distance parcourue 30
compléments de l'adjectif 33
compléments de mesure 30
concession 12, (subordonnées de) **57**
condition (subordonnées de) 56
condition irréelle 13
conjonctions **64**, **65**
connecteurs **64**, **65**
conséquence (subordonnées de) **55**
constructions actives à sens passif **17**

D

d'autant plus que 55
d'autant que 55
da + préposition *(dafür…)* **42**
damit 55
dans la mesure où **55**
dass **52**
date 26, 46
datif **31**
de sorte que 55
démonstratifs (déterminants) 25
denn 64, 65, 69
depuis que 54
der, die, das (article) **21**, (démonstratif) **39**, (relatif) **40**
deren 25, **39**, **40**
derjenige, diejenige, dasjenige 39
derselbe, dieselbe, dasselbe 25
dès que 54
deshalb 65
dessen 25, 39, 40
déterminant (d'adjectif, de nom, de verbe) 33
devenir 05
dieser, diese, dies(es) (démonstratif) **25**, **39**
directif / locatif 45
discours rapporté (direct) **70**, (indirect) **71**
doch 65, 68, 69
durch 14, 30
durée 46
dürfen **07**

E / F

eben 67, 68, 69
ehe 54
ein 23
einander **36**
einer / eine / ein(s) 38
einig- **27**
épithète **28**, (adjectif) 33
es **37**, 02
étant donné que 55
etwa 69
etwas 38
exception *(es sei denn)* 12
explication / conséquence 65
faire faire 61
falls 56
folgen 04
folgend- 27
fréquence 46
fühlen + infinitif 61
für 30

futur **10**, (werden) **05**
futur imminent 09
futur proche dans le passé 08

G / H / I

gegen 30
gegenüber 31
gehen + infinitif 61
génitif **32**, (antéposé) 24
genre du nom **18**, (cas particuliers) **19**
groupe en 1re position tableau de synthèse **p. 167**
groupe nominal (structure) **28**, (marques) **29**
haben **02**, (associé à *können*) 02,
(+ infinitif avec ou sans *zu*) 02, 08, 61, 62
haben ou *sein* **04**
heißen (+ infinitif) 62, (double infinitif) 63
helfen (+ infinitif) 62
heure 46
hin / her 44
hinter 30, 31, 45
hören (+ infinitif) 61
hypothèse 12, 13
im Begriff(e) sein, etw. zu tun 62
imparfait français 11
in 30, 31, 45
infinitif **60**, (avec ou sans *zu*) 61, (double infinitif) 63,
(avec les modaux) 06
infinitives 60
injonction 13
insofern als 55
interrogatives **48**
irréel 13

J / K / L

ja 68, 69
jed- **27**
jedermann 38
jemand 38
jener, jene, jenes **25**, **39**
kaum 54
kein 23, 50
keiner 51
kommen (+ infinitif) 61
können **07**
laisser faire 61
(sich) lassen (+ infinitif) 61, (double infinitif) 63
lehren (+ infinitif) 62
lernen (+ infinitif) 62

M

man 38
manch- **27**
marque faible, forte **29**
marques du pluriel 20
mehrere **27**
mise en relief 67
mit 31
modalisateurs **66**
modalité / modalisation 06
modaux (verbes) **06**
mögen **09**
mögen + essen / trinken 06
mois, saison, année 46
mots simples, dérivés, composés (accentuation) 01
müssen 06, **08**

N / O

nach 31, 45
nachdem 54
neben 30, 31, 45
nécessité 06
négation **50**, **51**
nicht **50**
nicht ein 23, 50
nicht einmal 67
nichts 38, 51
nie 51
niemals 51
niemand 38, 51
nirgends 51
nirgendwo 51
nirgendwohin 51
noch 48, 67, 69
nombres **26**
noms (accord avec les cardinaux) 26, (éléments à droite
et à gauche du nom) 28, (à double genre) **18**,
(dérivés de verbes) **19**, (formés avec *ge-*) 19
noms propres (article devant les) 22
numéros de téléphone 26
nur 48, 65, 67, 69
ob **52**
ob… oder (nicht) 57
obligation 08
obwohl 57
ohne 30, (*ohne… zu*) 62
on 38
opérations 26
opposition / concession 65
ordinaux 26
ordre chronologique 64

P

parce que 55
parfait 11
participe I 59
participe II 59, (des verbes modaux) 06
partitif 24
pas un seul 23
pas assez + adjectif + pour + infinitif 58
passé simple français 11
passif **03**, (« état » ou « action ») **16**,
(en *sein* ou en *werden*) **16**
passif impersonnel en *werden* + participe II **15**
passif personnel en *sein* + participe II **16**
passif personnel en *werden* + participe II **14**
pendant que 54
permission (avec *dürfen*) 07
phrase (déclarative) **47**, (impérative) **49**, (interrogatives) **48**
pluriel des noms **20**, (particuliers) 21
possessifs (déterminants) **25**, (pronoms) **39**
possibilité 06, (avec *können*) 07, 66
pour + infinitif 62
pour que 55
préfixes (accentuation) 01
prépositions **44**, (+ article) 22, (+ pronom relatif) 41,
(+ prépositions) 44
prépositions (+ accusatif) 30, (+ datif) 31, (+ génitif) 32

présent **10**
prétérit **11**
probabilité 05, 66
pronoms adverbiaux 42
pronoms démonstratifs et possessifs **39**
pronoms en *w-* **43**, (dans les interrogatives) 48
pronoms indéfinis **38**
pronoms personnels **36**, *(es)* **37**
pronoms réciproques **36**
pronoms réfléchis **36**
pronoms relatifs **40**

Q / R / S

quand 53, 54
quantité indéfinie 24, (non chiffrée) 27
relations spatiales **45**
relations temporelles **46**
relatives **41**
renforcement / atténuation 66, 67
restriction / correction 65
sans + infinitif 62
scheinen... zu 62
schicken + infinitif 61
sehen + infinitif 61
sein **03**, *(sein + sein / haben / werden)* 04,
(+ verbes intransitifs) 04
sein zu + infinitif 03, 08, **17**, 62
sein ou *ihr?* 25
seit 31, 54
seitdem 54
selbst 67
si 53, 56
sich lassen 17, 61, 63
sigles 01
so (+ verbe / adjectif) 55
sobald 54
sodass 55
sogar 67
solch- **27**
sollen **08**
souhait 09, (avec le subjonctif I) 12, (avec le subjonctif II) 13
subjonctif I **12**, (avec *mögen*) 09
subjonctif II 05, (avec *mögen*) 09, 13,
(dans les conditionnelles) 56
suffixes 01, (déterminant le genre) 19
superlatif **34**

T / U

temps (subordonnées de) **54**
tournures impersonnelles 03
trop + adjectif + pour + infinitif 58
trotz 32
trotzdem 65
über 30, 31, 45
übrigens 64
um 30
um... zu 55, 62
Umlaut 20
umso mehr als 55
unité de mesure 21
unter 30, 31, 45

V / W / Z

valeur générique 24
verbe réfléchi 17
verbes de position 03
verbes en *be-* 30
verbes modaux **06**
versprechen + infinitif en *zu* 62
verstehen + infinitif en *zu* 62
viel- **27**
volonté **06**, 09
von 14, 31, 45
vor 30, 31, 45
während 32, 54
wann **43**
warum **43**
was **43**
was / wer / wie / wo / wann... auch (immer) 57
was für (ein) **27**
weder... noch 51
wegen 32
weil 55
welch- **27**
wenig- **27**
wenn **53**, 56
wenn... auch 57
wer **43**
werden **05**, (+ infinitif) 05, (+ participe II) **14**, **15**
werden zu 05
wider 30
wie wenn 58
wie **43**
wissen + infinitif en *zu* 62
wo **41**
wo / wohin **43**
wo + préposition *(wofür...)* **42**
wollen **09**
würde + infinitif 05, 13
zu 61
zu (+ datif) 31, (+ accusatif) 45
zu *(sein zu)* 17
zumal (da) 55
zwar... aber / doch 65
zwischen 30, 31, 45

Table des illustrations

Iconographie : Hatier Illustration
Conception graphique et réalisation : Marc & Yvette

Achevé d'imprimer chez Grafica Veneta S.p.A. - Italie
Dépôt légal n° 104779 - Juin 2008